"十三五"规划全媒体人才培养丛书编辑委员会 >>>

编委会主任　　胡正荣
编委会成员　　（按姓氏笔画）

丁俊杰　王永滨　王　宇　乔保平　刘大年　刘剑波

许一新　李佐文　李怀亮　张鸿声　张毓强　范　周

段　鹏　高晓虹　隋　岩　鲁景超

"十三五"规划全媒体人才培养丛书·数据科学系列 >>>

主　　编　石民勇

"十三五"规划教材
13th Five-Year Plan Textbook

"十三五"规划全媒体人才培养丛书·数据科学系列

数据分析与数据挖掘实用教程

INTRODUCTION TO BIG DATA TECHNOLOGY

殷复莲　编著

中国传媒大学出版社
·北京·

前　言

人类的智慧使文明不断地从陈旧桎梏中破壳而出，21世纪是大数据的时代，以数字形态存储的数据中蕴藏着巨大的信息和智慧，正如人们早已对"啤酒和尿不湿"的故事耳熟能详，在如今大数据的浪潮之下，数据分析和数据挖掘技术作为大数据的核心技术基础，其理论和应用价值不言而喻。本书从实际应用的角度，深入浅出地介绍了数据分析和数据挖掘的基本概念和典型技术，以案例的形式进行讲授，并配以基于R语言的实验仿真，帮助读者了解数据挖掘的基本理论体系、掌握数据分析和数据挖掘的基本方法。本书共8章：

第1章为绪论，首先介绍了数据和大数据的基本概念，以明晰数据和大数据各自的特点，继而讲述数据分析和数据挖掘的区别，同时指明笔者非常赞同的证析的观点："无论是数据分析还是数据挖掘，无论采用的分析手段是简单还是复杂，只要能够达到指导决策的效果就是非常优秀的方法。"第1章还重点介绍了数据挖掘的作用、标准流程和工具，最后对R语言的基本操作进行了描述。

第2章为初识数据，作为数据分析和数据挖掘的主体，本章首先对数据类型进行了定义，包括数据的定义和数据集的类型。接下来介绍了包括中心趋势度量和数据离散程度度量的数据统计特性以及数据的相似性和相异性度量。最后为读入数据与列联分析和图形显示的案例分析。

第3章为初始数据获取，本部分首先介绍数据获取的方式以及信息搜索方式，并对爬虫程序的基本原理和网络爬虫的分类进行了介绍。第3章重点介绍了简单HTML网页页面爬取、HTML网页中复杂表格爬取和非规整多页网页数据爬取的实际操作。

第4章为数据预处理，本部分在明确为什么进行数据预处理的基础上，介绍了数据清理（包括处理缺失值和处理噪声数据）、数据集成、数据变换（包括光滑、聚集、数据泛化、规范化、特征构造和数据离散化）、数据归约（包括数据立方体聚集、属性子集选择、维度归约、数值归约、离散化和概念分层）。第4章给出了数据预处理中非常重要的缺失值处理和主成分分析的案例讲解。

第5章为关联分析，关联分析以"啤酒和尿不湿"的实际案例开篇，引出关联分析的基本概念，对关联分析的基本术语、频繁项集等预备知识进行介绍，重点介绍了频繁项集的产生和规则的产生，并对关联模式的评估进行介绍，包括兴趣度度量、支持度和置信度度量、基于统计的度量。最后以案例的形式进行了Apriori算法和FPgrowth算法的应用分析。

第6章为回归,该部分首先介绍了回归、分类和聚类的关系,重点介绍了回归的基本概念。此外,对线性回归、非线性回归方法也进行了介绍,同时给出回归模型的评估,最后以案例的形式进行了线性回归和非线性回归算法的应用分析。

第7章为分类,该部分首先介绍了分类的基本概念,重点介绍了决策树分类,包括ID3算法、C4.5算法、CART算法,而后介绍了其他一些分类算法,包括k-最近邻分类、贝叶斯分类、人工神经网络分类、支持向量机分类和组合方法分类,同时给出分类模型的评估,最后以案例的形式给出了以上算法的应用分析。

第8章为聚类,首先介绍了聚类的基本概念,对基于划分的方法,如k-means和k-medoids、基于层次的方法、基于密度的方法和基于聚类的方法进行了介绍,同时给出了聚类方法的评估,最后以案例的形式给出了以上算法的应用分析。

本书的修订受到了中国传媒大学理工学部和中传大数据分析挖掘研究所全体师生的大力支持,编者在此表示诚挚的谢意。由于编者水平有限,书中难免存在一些缺点和错误,因此殷切期望广大读者批评指正。

目　录

第1章　绪论 /1

1.1　数据和大数据　/1

1.2　数据分析和数据挖掘　/7

1.3　数据挖掘的基本概念　/12

1.4　R语言　/16

第2章　初识数据 /24

2.1　数据类型　/24

2.2　数据的统计特性　/32

2.3　相似性和相异性度量　/35

2.4　实验　/42

第3章　初始数据获取 /49

3.1　数据获取　/49

3.2　信息搜索　/50

3.3　爬虫程序基本原理　/53

3.4　网络爬虫　/58

3.5　实验　/62

第4章　数据预处理 /73

4.1　为什么进行数据预处理　/73

4.2　数据清理　/75

4.3　数据集成　/80

4.4　数据变换　/82

4.5　数据归约　/89

4.6　实验　/97

第5章 关联分析 /106

5.1 关联分析的基本概念 /106

5.2 关联分析的预备知识 /107

5.3 频繁项集的产生 /113

5.4 规则产生 /132

5.5 关联模式的评估 /133

5.6 实验 /138

第6章 回归 /146

6.1 回归、分类和聚类的关系 /146

6.2 回归的基本概念 /147

6.3 线性回归 /148

6.4 非线性回归 /151

6.5 回归模型的评估 /155

6.6 实验 /156

第7章 分类 /167

7.1 分类的基本概念 /167

7.2 决策树分类 /168

7.3 k-最近邻分类 /191

7.4 贝叶斯分类 /194

7.5 人工神经网络分类 /198

7.6 支持向量机分类 /201

7.7 组合方法分类 /206

7.8 分类模型的评估 /211

7.9 实验 /216

第8章 聚类 /234

8.1 聚类的基本概念 /234

8.2 划分方法 /239

8.3 层次方法 /251

8.4 基于密度的方法 /259

8.5 聚类方法的评估 /265

8.6 实验 /267

参考文献 /280

第 1 章　绪论

1.1　数据和大数据

1.1.1　数据

数据是我们耳熟能详的一个名词，百度百科给出的定义是：

"数据（Data）是事实或观察的结果，是对客观事物的逻辑归纳，是用于表示客观事物的、未经加工的原始素材。

数据是信息的表现形式和载体，可以是符号、文字、数字、语音、图像、视频等。数据和信息是不可分离的，数据是信息的表达，信息是数据的内涵。数据本身没有意义，数据只有对实体行为产生影响时才成为信息。

数据可以是连续的值，比如声音、图像，称为模拟数据；也可以是离散的，如符号、文字，称为数字数据。

在计算机系统中，数据以二进制信息单元0和1的形式表示。"

由此可见，数据本身是没有价值的，本书将从数据、信息、知识、智慧四者的定义和关系出发进行阐述，如图1-1所示。

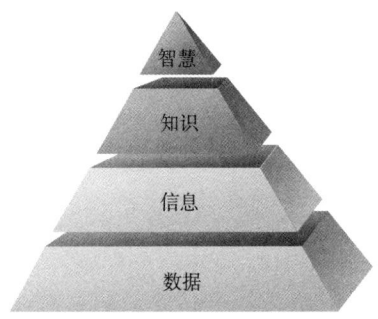

图 1-1　数据、信息、知识、智慧

数据：是信息和知识的符号表示。

数据是用来记录、描述和识别事物的按一定规律排列组合的物理符号，是一组表示数量、行动和目标的非随机的可鉴别的符号，是客观事物的属性、数量、位置及其相互关系等的抽象表示，以适合用人工或自然的方式进行保存、传递和处理。它既可以是数字、文字、图形、图像、声音或者味道，也可以是计算机代码。在计算机科学中，数据是指所有能输入到计算机中具有一定意义的数字、字母、符号和模拟量等并能够被计算机程序处理的符号的介质的总称，同时也具有能被计算机识别的二进制数的形式。

数据本身是孤立的、互不关联的客观事实、文字、数字或符号，没有上下文和解释，数据表达的仅仅是一种描述，如19491001只是一串数字。

数据用属性描述，属性也称变量、特征、字段或维。数据经过处理仍然是数据，但只有经过解释，数据才有意义，才能成为信息。

信息：数据的内涵意义。

信息是人们对数据进行系统地收集、整理、管理和分析的结果，是经过一系列的提炼、加工和集成后的数据。信息是对客观世界各种事物的特征的反映。数据是信息的符号表示，或称载体，数据不经过加工只是一种原始材料，其价值只是在于记录了客观数据的事实。信息是数据的内涵，是对数据的解释。如对某人来说，19491001可以指示他的生日，也可以指示中华人民共和国成立的日期。

信息来源于数据，是对数据进行加工处理的产物，信息对决策或者行动是有价值的，其价值在于人类认识世界和改造世界活动的现实意义。

数据资源中所有信息量的多少是由消除事物认识的不确定程度来决定的，数据资料消除的人们认识上的不确定性的大小也就是数据资料中所含信息量的大小。

知识：是具有前因后果的信息，是人们在长期的实践中总结出来的正确的内容。

所谓知识，就它反映的内容而言，是客观事物的属性与联系的反映，是客观世界在人脑中的相对正确的反映。就它反映的活动形式而言，有时表现为主体对事物的感性直觉或表象，属于感性知识，有时表现为关于事物的概念或规律，属于理性知识。知识是人们在实践活动中获得的有关世界的最本质的认识，是对信息的提炼、比较、挖掘、分析、概括、判断和推论。

一般而言，知识具有共享性、传递性、非损耗性（可以反复使用，其价值不会减小）及再生性等特点。

按知识的复杂性可将其分为显性知识和隐性知识。显性知识是用系统的、正式的语言传递的知识，可以编码和度量，可以清晰地表达出来，易于传播，可以在人与人之间进行直接交流，通常以语言文字的形式存在；显性知识的处理可以用计算机实现。隐性知识是存在于人脑中的、非结构化的、与特定语境相关的知识，很难编码和度量。隐性知识是人们在实践中不断摸索和反复体验形成的，通常以直觉、价值观、推断、经验、技能等形式表现出来。它难以描述，但却是个人能力的直接表现且更为宝贵。

隐性知识的处理只能通过人脑实现，一般要通过言传身教和师传徒授等形式传播。

智慧：是指富有洞察力的知识。

智慧是富有洞察力的知识，指人在了解多方面的知识后，能够预见一些事情的发生并主动地采取行动。智慧是人类特有的解决问题的一种能力，是人类基于已有的知识和信息，针对物质世界运动过程中产生的问题，根据获得的信息进行分析、对比、演绎、推理从而找出解决方案的能力。这种能力运用的结果是将信息的有价值部分挖掘出来并使之成为已有知识架构的一部分。

比如大家都知道国庆假期去北京旅游的车票非常紧张（知识），若是你已经非常有预见性地提前购买了车票，那么你就先人一步（智慧）。

由此可见，数据≠信息≠知识，可以从数据中提取信息，从信息中挖掘知识，而智慧是一种高层次的知识。

1.1.2　大数据

大数据是近年来新兴的一个名词，也由此引发了大数据浪潮，率先给出大数据定义的是麦肯锡全球研究所报告《大数据：创新、竞争和生产力的下一个前沿》：

"大数据是指大小超出了传统数据库软件工具的抓取、存储、管理和分析能力的数据群。"

这个定义有意地带有主观性，对于"究竟多大才算是大数据"，其标准是可以调整的，即，我们不以超过多少TB（1TB=1024GB）为大数据的标准，我们假设随着时间的推移和技术的进步，大数据的"量"仍会增加。还应注意到，该定义可以因部门的不同而有所差异，这取决于什么类型的软件工具是通用的以及某个特定行业的数据集通常的大小。因此，今天众多行业的大数据可以从几十TB到数千TB不等。

麦肯锡全球研究所报告从数量级的角度给出了大数据的概念，下面是量级的转化规则：

➤ **b 和 B**

b：bit，位，一个位代表一个0或1。

B：字节，8个位组成一个字节。

➤ **内存（B，b）**

1B＝8b，相当于一个英文字母。

1KB（千）=2^{10}B=1024B，相当于一则短篇故事的内容。

1MB（兆）=2^{20}B=1,048,576B，相当于一则短篇小说的内容。

1GB（吉）=2^{30}B=1,073,741,824B，相当于贝多芬第五乐章交响曲的乐谱内容。

1TB（太）=2^{40}B=1,099,511,627,776B，相当于一家大型医院中所有的X光图片

的信息量。

1PB（拍）=2^{50}B=1,125,899,906,842,624B，相当于50%全美学术研究图书馆藏书的信息内容。

1EB（艾）=2^{60}B=1,152,921,504,606,846,976B，5EB相当于全世界人类所讲过的话语。

1ZB（泽）=2^{70}B，如同全世界海滩上的沙子数量总和，目前正在进入。

1YB=2^{80}B，人类尚未进入的数字时代，但已并不遥远。

1NB=2^{90}B。

1DB=2^{100}B。

以超过TB的数量级作为大数据和普通数据的界线是目前较为广泛的一种区分标准，除此之外，在维克托·迈尔-舍恩伯格和肯尼斯·库克耶编写的《大数据时代》中给出了不从数量级出发的其他特征定义：

更多：不是随机样本，而是全体数据。

当数据处理技术发生了翻天覆地的变化时，在大数据时代进行抽样分析就像是在汽车时代骑马一样。一切都改变了，我们需要的是所有的数据，"样本=总体"。

更杂：不是精确性，而是混杂性。

执迷于精确性是信息匮乏时代和模拟时代的产物。只有5%的数据是结构化且能适用于传统数据库的。如果不接受混乱，剩下的95%的非结构化数据都无法被利用，只有接受不精确性，我们才能打开一扇从未涉足的世界的窗户。

更好：不是因果关系，而是相关关系。

知道"是什么"就够了，没必要知道"为什么"。在大数据时代，我们不必非得知道现象背后的原因，而是要让数据自己"发声"。

由以上定义可知，大数据的精髓在于分析信息时代的三个转变，这些转变将改变理解和组建社会的方法。

第一个转变就是，在大数据时代，可以分析更多的数据，有时候甚至可以处理和某个特别现象相关的所有数据，而不再依赖于随机采样。

19世纪以来，当面对大量数据时，社会都依赖于采样分析。但是采样分析是信息匮乏时代和信息流通受限的模拟时代的产物。以前我们通常把这看成是理所当然的限制，但高性能数字技术的流行让我们意识到，这其实是一种人为的限制。与局限在小数据的范围内相比，使用一切数据为我们带来了更高的精确性，也让我们看到了一些以前无法发现的细节——大数据让我们更清楚地看到了样本无法揭示的细节信息。

第1章 绪论

第二个转变就是，研究数据如此之多，以至于不再热衷于追求精度。

当测量事物的能力受限时，关注最重要的事情和获取最精确的结果是可取的。如果购买者不知道牛群里有80头牛还是100头牛，那么交易就无法进行。直到今天，数字技术依然建立在精准的基础上。假设只要电子数据表格把数据排序，那么数据库引擎就可以找出和检索的内容完全一致的检索记录。

这种思维方式适合于掌握"小数据量"的情况，因为需要分析的数据很少，所以必须尽可能精准地量化记录。在某些方面，人们已经意识到了差别。例如，一个小商店在晚上打烊的时候要把收银台里的每分钱都数清楚，但是人们不会、也不可能用"分"这个单位去精确度量国民生产总值。随着数据规模的扩大，人们对精确度的痴迷将减弱。

达到精确需要有专业的数据库。针对小数据量和特定事情，追求精确性依然是可行的，比如一个人的银行账户上是否有足够的钱开具支票。但是，在这个大数据时代，很多时候，追求精确度已经变得不可行，甚至不受欢迎了。当拥有海量即时数据时，绝对的精确不再是追求的主要目标。

大数据纷繁多样，优劣掺杂，分布在全球多个服务器上。拥有了大数据，人们不再需要对一个现象刨根究底，只要掌握了大体的发展方向即可。当然，人们也不是完全放弃了精确度，只是不再沉迷于此。适当忽略微观层面上的精确度会让人们在宏观层面拥有更好的洞察力。

第三个转变因前两个转变而促成，即不再热衷于寻找因果关系。

寻找因果关系是人类长久以来的习惯。即使确定因果关系很困难而且用途不大，人类还是习惯性地寻找缘由。相反，在大数据时代，人们无须再紧盯事物之间的因果关系，而应该寻找事物之间的相关关系，这会给人们提供非常新颖且有价值的观点。相关关系也许不能准确地告诉某件事情为何发生，但是它会提醒这件事情正在发生。在许多情况下，这种提醒的帮助已经足够大了。

如果数百万条电子医疗记录显示橙汁和阿司匹林的特定组合可以治疗癌症，那么找出具体的药理机制就没有这种治疗方法本身来得重要。同样，只要知道什么时候是买机票的最佳时机，就算不知道机票价格疯狂变动的原因也无所谓。大数据告诉人们"是什么"，而不是"为什么"。在大数据时代，不必知道现象背后的原因，也不再需要在还没有搜集数据之前，就把分析建立在早已设立的少量假设的基础上，只要让数据自己发声，人们就会注意到很多以前从来没有意识到的联系的存在。

例如：对冲基金通过剖析社交网络Twitter上的数据信息来预测股市的表现，亚马逊和奈飞（Netflix）根据用户在其网站上的类似查询来进行产品推荐，Twitter、Facebook和LinkedIn通过用户的社交网络图来得知用户的喜好。

除此之外，IBM提出的"三V"概念，即大量化（Volume）、多样化（Variety）和快速化（Velocity），是"大数据"时代的显著特征，这些特征正在给现在的IT企业带

5

来巨大挑战。而最近这两年，着眼于数据应用的专家们提出了大数据的"四V"概念。"四V"概念是在原有的"三V"概念基础上增加了第四个首字母为V的词——Value（价值），即企业要实现的是大数据的价值。第四个"V"才是关键，如果我们不能实现数据的价值，那么再多的数据也是没有意义的。

大量化（Volume）

在大数据的四"V"中，Volume是显而易见的。如果没有大量的数据，我们就无法称其为"大数据"。如今，各家企业的数据量正在从GB、TB向着PB、EB级大踏步迈进。

多样化（Variety）

Variety是指半结构化、非结构化数据的量和结构化数据一样在飞速增长。全世界40亿手机用户已经将自己变成了数据流的提供者，同时手机制造商在他们的产品中嵌入了3千万个传感器，而且这一装机量正以每年30%的速度增长。各个企业采集的数据并不限于传统的数据格式，非结构化数据的增长速度超过了结构化数据的增长速率。所谓半结构化，是指数据有一定结构，但又没有固定的模型描述。结构化和半结构化数据通常能够用普通的XML模式来描述，但是非结构化数据就需要特殊处理了。

快速化（Velocity）

Velocity主要是指商业和各种相关领域处理的交易以及数据在以越来越高的速度和频率产生。每一分钟都有大量的数据在商业环境和互联网环境中产生。

价值（Value）

"四V"中的Value，则是指数据运营和应用的重要性。如果没有数据分析和数据挖掘，数据就只是数据。只有通过处理和分析的数据才能转化成信息，归纳成知识。

除了这四个"V"之外，业内也有学者和从业者提出不少其他关于大数据的"V"概念，这值得我们关注。在这之前恐怕很少有人能意识到有这么多有趣的英文词是以"V"为首字母的：数据的可验证性（Verification）、可变性（Variability）、真实性（Veracity）和近邻性（Vicinity）。

可验证性（Verification）

Verification指的是数据需要经过验证，因为数据量大了之后，带来的一个后果必然是数据质量的良莠不齐以及不同级别的用户介入而产生的数据安全问题。

可变性（Variability）

Variability指的主要是数据格式的可变性，着重于非关系型数据。

真实性（Veracity）

Veracity指的是因为数据来自不同的源头，而有些数据的来源（比如Facebook上的评论和Twitter上的跟帖）的可信度是需要被考虑在内的。

近邻性（Vicinity）

Vicinity和大数据的存储相关，处理数据的程序和服务器需要能够就近获取资源，否则会造成大量的浪费和效率的降低。

21世纪是大数据的时代，而关于大数据的故事，才刚刚开始。新兴的大数据学科有自己特有的基础架构、计算和应用体系，也有自己特有的价值链，作为数据分析和数据挖掘的初级教程，本书并不专注于大数据的分析和挖掘，而仅介绍大数据的基本概念，并将更多的关注点集中在普通数据的分析和挖掘上。

1.2 数据分析和数据挖掘

1.2.1 数据分析和数据挖掘的定义

数据分析和数据挖掘实际上很难有一个严格意义上的分界线，百度百科分别给出的定义是：

"数据分析是指用适当的统计分析方法对收集来的大量数据进行分析，提取有用信息、形成结论并对数据加以详细研究和概括总结的过程。这一过程也是质量管理体系的支持过程。在实用中，数据分析可帮助人们做出判断，以便适当采取行动。"

"数据挖掘（Data mining），又译为资料探勘、数据采矿。它是数据库知识发现（KDD，Knowledge-Discovery in Databases）中的一个步骤。数据挖掘一般是指从大量数据中通过算法搜索隐藏于其中信息的过程。数据挖掘通常与计算机科学有关，并通过统计、在线分析处理、情报检索、机器学习、专家系统（依靠过去的经验法则）和模式识别等诸多方法来实现上述目标。"

另有学者将知识发现看作数据分析的一个方面，而数据挖掘作为知识发现的一个步骤，便自然而然地被归为其中，如表1-1所示。

表1-1 数据分析的四个方面

名称	功能	描述	分析场景
报表	实现预定义和用户自定义报表功能。	通过报表工具实现预定义报表的自动生成和分发，并能够灵活地实现用户自定义报表功能。	静态数据 预定义报表 受限数据交互
即席查询	进行准实时的业务查询。	通常即席查询的功能会涉及准实时的业务信息，可以由DOS区提供此类业务，通过即席查询，不需要非常专业的SQL知识即可完成信息的即席查看。	事实发现 查询 报表
联机分析	利用联机分析处理（OLAP，On-Line Analytical Processing）分析手段实现多维度的交叉分析。	利用OLAP分析工具，配合设计良好的OLAP数据模型，可以完成业务人员对业务的分析需求。联机分析的手段包括各种图形和表格的表现以及在其上进行的多维度的交叉分析，帮助用户快速定位和解决问题。	多维分析 例外管理 问题发现 What-if分析

（续表1-1）

名称	功　能	描　述	分析场景
知识发现	利用数据挖掘、统计建模等知识发现技术实现特定的专题分析。	用户获取有用信息的能力体现了数据仓库系统的价值，通过数据挖掘等高级统计分析技术，企业能够将数据源中有价值的信息（知识）识别出来并建立模型，同时通过自动化或半自动化的工具进行分析。	规则发现 方案验证 交互图表 方案识别 相关性分析 聚类分析

从上面的各种定义可以看出，数据分析和数据挖掘都用到了统计分析等技术手段，数据分析强调对数据的概括总结，而数据挖掘强调的是搜索隐藏信息。本书将能否发现先前未知的信息作为数据分析和数据挖掘的主要区别，但不过分强调数据分析和数据挖掘的界线和包含关系，而是将它们同视为对数据进行处理、得到我们所需要的信息、提炼成知识和智慧的方法。

1.2.2　证析

《证析》一书的英文书名为 *Analytics*，其中文翻译是一个熟悉的"新词"——证析。证，是证据的证，这个证据更多地强调定量的证据，也就是数据；析，仍然是分析的析，"析万物之理"，分析数据以产生新的洞察，以此影响决策，从而提升绩效。证析就是指对量化证据进行分析以影响决策的实践。当人们想到使用数据指导商业决策时，往往过于强调证析中"析"的一面，强调使用数理统计模型、数据挖掘工具等数学手段分析数据，这是一个相对被动的过程。"证"的一面同样重要，也就是需要主动地搜集数据和证据以指导决策。并且，"分析"一词中的"分"字强调的是分解的手段和还原论的方法论。而在证析的具体实践中，采用还原论还是整体论的方法论并不重要，重要的是找到能够指导决策的、证明什么样的做法是有效的证据。

这是本书非常看重的一个概念，无论是数据分析还是数据挖掘，无论采用的分析手段是简单还是复杂，只要能够达到指导决策的效果就是非常优秀的方法，如图1-2所示。

前沿、深奥

图1-2　数据分析和数据挖掘的误区

证析的目的是使用数学手段、利用客观证据影响业务决策，在实践过程中它可能会涉及企业管理、数学与统计学、计算机科学与技术等诸多领域的知识和技能。下面对证析过程中可能用到的技能、所需进行的工作按顺序进行一个简单的罗列。

1．需求分析

证析是为解决业务问题、提升业务决策服务的，所以分析师需要理解业务人员的问题与需求是什么，需理解业务人员所处的业务背景、通用的业务术语、所面临的挑战、不足及痛点。需求分析不仅仅是证析项目需要完成的工作，它是任何项目的起点。当很多人强调分析师应"以客户为中心"时，更好的提法是"以客户的价值为中心"，分析师应该考虑客户（即决策者）如何实现其价值，而不应受困于客户说了什么。

2．决策流程分析

企业通过其价值链实现客户价值，企业为实现企业价值、获取利润，需优化价值链中各环节的决策。提升企业业务流程中决策流程的决策效果是证析项目的主要目标。若不能从流程的观点考虑问题，证析将只能提供一些相互割裂的独立应用与优化，这些优化为局部的目标服务，只能达到局部优化的目的，甚至这些局部优化的结果是以损害其他环节的绩效或损害全局绩效为代价的。而如果能以流程的观点考虑问题，那么证析就只是流程中一些黑盒子，是整合在全部流程中的一部分。

3．数据管理

数据的极大丰富是当前社会的重要特征，是证析在当前日益受到关注与普及的基础。数据的来源多种多样。例如：企业运营系统自然而然地产生了大量的电子化数据，射频识别（RFID，Radio Frequency Identification）等感知技术的日益普及，在博客、微博、Facebook 发表各种意见等。随着数据源的丰富，企业的数据管理工作面临着更艰巨的挑战。从各个来源抽取与搜集数据、建立数据仓库、管理数据是证析项目的基础和重要组成部分，并且这部分动辄需要购买昂贵的软硬件系统，占用大量投资。

4．度量

数据是度量的基础，但数据不等同于度量。度量除了收集数字之外还需要知道这个数字的含义是什么，所处的语境是什么。度量指标不仅仅描述了企业运行的状况，也指引着企业运行的目标与方向。一方面，度量指标决定了证析项目所需要优化的决策的目标，有缺陷的度量指标有可能得出偏颇、歪曲、有缺陷的结论。正确的度量是成功证析项目的基础；另一方面，作为企业内部量化沟通的重要手段，度量指标是证析影响企业各个层次决策的有力工具。发现并实施新的、有洞察力的、合理的度量指标是证析项目的重要工作。

5．探索性数据分析与数据可视化

在数据的分析和处理过程中，人类的模式识别能力仍然占有重要的地位。图形以及表格是有效组织数据、协助研究人员对数据进行探索的重要手段。数据可视化不仅用于探索性数据分析，也是传递分析结果的重要手段。可视化的方式使得分析师能够有效地将分析结论传递给消费数据的人，并与之高效沟通。在证析项目中，常常需要由分析师设计图表、仪表盘或者信息图来向业务人员传递分析结论、绩效指标等信息，这就要求分析师不仅要对数字有深刻的理解，还应具备一定的审美和设计能力。

6．提出假设，发现模型、关联与模式

为了获得对世界的认识并对环境施加控制，人们在决策前希望发现外部世界存在的模式并做出关于环境的假设。这些假设可能来自人们的经验与直觉，可能来自已有知识的演绎，也可能来自探索性数据分析或对图表解读过程中形成的认识。随着海量数据的出现，"假设驱动"这种传统的研究方法受到了挑战，有人认为传统的假设没有足够的能力描述海量数据中蕴含的外界环境中存在的复杂关系。以数据挖掘和模式识别为代表的、在海量数据中自动发现关系和模式的机械化数据处理工具为人们分析海量数据提供了可能。这些关系和模式可能是以算法或计算机语言的形式存储在计算机中，而不以传统的假设中所使用的自然语言、数学语言及其他形式化语言显式表现。商业领域的一些特性也决定了数据驱动的数据挖掘算法对机械化数据分析和模式识别有着独特的优势。

7．检验与评估

假设可能成立，也可能不成立，假设成立与否需要使用数据统计的方法进行检验。另一方面，对于不同的数据挖掘模型也有不同的检验标准，例如，预测类模型的预测准确率就是一个对模型的检验指标。分析师可以用建模数据之外的另外一部分数据验证这个模型的预测是否准确。这种从数字的角度对模型进行的检验是在检验模型做得怎么样。另一方面，因为模型都是为了解决特定的业务问题而建立的，所以也需要从模型是否能够满足业务目标的角度对其进行改进型检验，也就是检验模型是否在做正确的事情。检验与评估是保证证析项目质量、确保证析项目的资源朝着正确方向努力的重要手段。

8．形成理论与洞察

人们在观察和分析数据的过程中会进一步加深对现象的认识，然而人们不满足于只是描述观测到的现象与数据，而是更希望利用自己的归纳和推理能力，对数据的产生机理做出猜测，从而形成理论。人们拥有理论之后将不满足于只是利用理论对已观察到的现象进行描述，而是希望将其外推到未知领域，并对其进行预测。分析师需要跳出日常商业运营的细节，在对经验总结的基础之上获得新的认知，从而形成更有普遍意义的理论。这需要分析师具有足够的洞察力与创造力，然而这样的分析师可遇而不可求。

9．推理与优化

有时虽然我们掌握了可靠的理论和事实，但如果要得出有用的结论还需经过一定的推理工作。分析师就是证析项目中的福尔摩斯，虽然了解了很多业务知识、构建了很多理论、观察到很多事实，但如果他不具备推理的能力，还是不能从这些知识、理论、事实中抽取出对解决问题有帮助的信息。

10．干预与解决方案设计

如果说前面几个阶段的工作主要是以分析为导向的、是与数学打交道的，那么这个阶段的工作则需要更多的创意。前面的分析工作的目的大多是为设计出能够改善业务的解决方案做准备，为了完成这个任务，分析师及合作者要能够理解分析结果，要具备丰富的行业知识以及对企业的深入理解。前面的分析结果以及模型可能是以计算机系统的形式作为解决方案的一部分出现，也可能只是为解决方案指明方向而不出现在其中。所以，计算机系统绝不是干预和解决方案的全部，甚至不是其中最重要的部分，解决方案可能是针对人、组织、文化、系统等不同方面。这一阶段的工作大致包括产生创意、细化创意、选择方案等几个步骤。

11．模拟与仿真

随着计算能力的日益强大，耗费大量计算资源的模拟与仿真的方法开始变得可行，并受到重视。模拟与仿真是人们获取数据和经验的一种经济、有效的方式。如有可能，决策者在推行一项新的方案之前进行一番"沙盘推演"也能快速、低成本、直观地评估出方案的优劣。通过模拟的方式能够让决策者认识到不同选择对结果的影响。并且，仿真也是分析师和决策者进行沟通的有力工具。另外，当证析得出的模型与公式包含很多主观经验时，使用模拟的方法能够让决策者评估出在不同的权重假设下会得到什么样的不同结果。当模型中涉及对未来的假设时，模拟仿真的方法可以让决策者评估出当未来以不同的方式展开时，不同的决策会产生什么样的不同后果。

12．实验

虽然理论和洞察能够帮助人们设计干预手段、设计实验，但对许多还没有成熟理论支撑的、不能得出"为什么"的满意答案的领域，实验能够让研究者更加关注结果，通过实验设计与分析来关注"怎么做才是有效"。在这种思路下，对历史数据的占有与挖掘并产生洞察并不是设计干预手段与实验设计的必要条件。所以，实验也是那些还不具备充足数据的领域和企业主动搜集数据的一种有效手段。

13．应用与推广

证析是为决策服务的，决策者包括但不限于企业经理、高管等高层决策者，也包括企业一线的运营人员。虽然证析项目是由企业的管理者发起并推动的，数据的搜集与分析是由分析师完成的，但是证析所产生的知识不是由管理者和分析师所专有的，这些知识可能对整个企业产生影响。只有这样，证析才有可能发挥其最大价值。证析对企业的影响主要以三种形式体现：工具或系统、组织与流程、人力资源。

14．监控

证析项目不应是毕其功于一役的"运动式"项目，而应该能够对企业做出持久的改善。如果没有持续的监控，证析项目所带来的改善很可能会快速消失，企业退回到项目开展前的状态。分析师会参与监控的全部过程，同时将监控的大部分任务交给决策者和其他企业员工完成。并且，分析师应该能够设计监控的方法和流程、设计数据获取的方式、设计度量绩效的监控指标与监控方式以及设计绩效仪表盘将监控结果以可视化的方式展现给用户。监控指标应当在一定范围内波动，如果监控指标超过了预期的范围，无论偏高还是偏低都有可能发起新一轮改善的契机。

证析是本书作者非常赞同的一个观点，它有着"黑猫白猫抓住耗子即是好猫"的思想精髓，上述过程虽然较为繁琐，却涵盖了数据分析和数据挖掘的精华过程：需求分析、数据获取、数据存储、数据清洗、数据分析及挖掘方法和可视化。本书的后续章节将着重介绍数据特征、数据获取、数据预处理以及数据分析和数据挖掘的方法，鉴于数据挖掘已是一个成型的学科体系，1.3 节将对数据挖掘的基本概念进行介绍。

1.3 数据挖掘的基本概念

1.3.1 数据挖掘的作用

1989 年，在第 11 届国际人工智能的专题研讨会上，学者们首次提出了基于数据挖掘的知识发现概念。1995 年在美国计算机年会上，一些学者开始把数据挖掘视为数据库知识发现的一个基本步骤或把二者视为近义词，如图 1-3 所示。

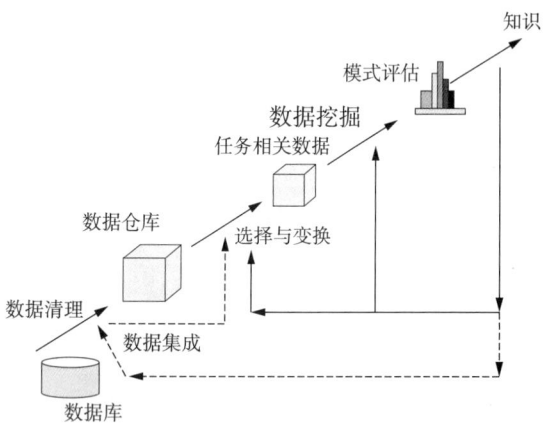

图 1-3 数据挖掘与知识发现

知识发现（KDD，Knowledge Discovery in Databases）是从数据集中找出有效的、新颖的、潜在有用的以及最终可理解的模式的非平凡过程。知识发现将信息变为知识，从数据矿山中找到蕴藏的知识金块，为知识创新和知识经济的发展做出贡献。这里所包含的主要步骤包括：

1．数据清洗

数据清洗的作用是清除数据噪声和与挖掘主题明显无关的数据。

2．数据集成

数据集成的作用是将来自多个数据源中的相关数据组合到一起。

3．数据选择

数据选择的作用是根据数据挖掘的目标选取待处理的数据。

4．数据转换

数据转换的作用是将数据转换为易于进行数据挖掘的数据存储形式。

5．数据挖掘

数据挖掘的作用是利用智能方法挖掘数据模式或规律知识。

6．模式评估

模式评估的作用是根据一定的评估标准，从挖掘结果中筛选出有意义的相关知识。

7．知识表示

知识表示的作用是利用可视化和知识表达技术，向用户展示所挖掘的相关知识。

图1-4非常形象地给出了数据挖掘的作用。通过数据挖掘的技术手段，可以从数据金矿中挖掘出有价值的知识金块，数据挖掘就是实现从金矿到金块的工具。

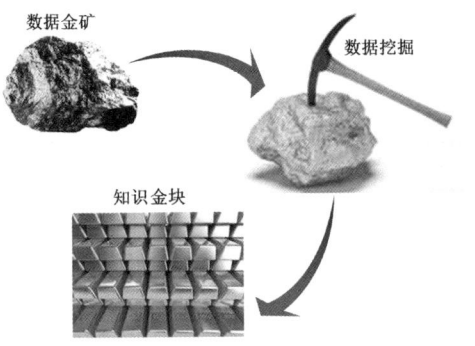

图1-4　数据挖掘的作用

数据挖掘的思想来自于机器学习、信息科学、统计学和数据库技术等，是一个名副其实的交叉学科，如图1-5所示。

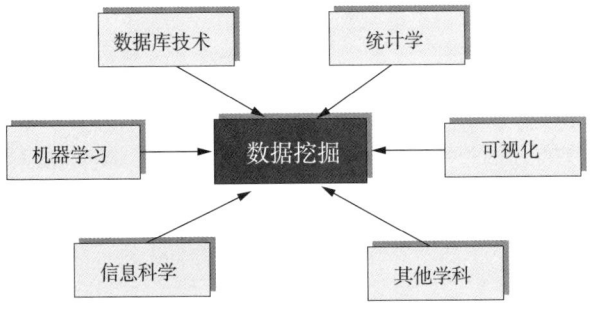

图1-5　数据挖掘的学科交叉性

1.3.2 数据挖掘的标准流程

在近年的研究中，戴维·奥尔森和石勇于2007年介绍了被广为应用的跨行业数据挖掘标准流程（CRISP-DM），如图1-6所示。

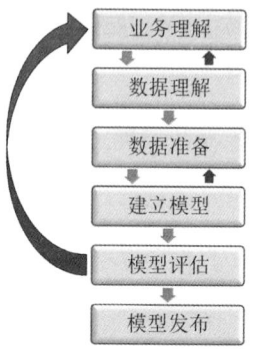

图1-6 数据挖掘的标准流程

1．业务理解

业务理解是数据挖掘人员确定工作对象、了解现状，制定工作目标和工作计划的过程。

2．数据理解

一旦对象和工作计划拟定了，就要考虑所需要的数据。这一步骤包括原始数据搜集、数据描述、数据探索和质量核查。这一步骤和第一步常常需要反复进行。

3．数据准备

就像做菜需要对食材进行筛选、洗净、切成一定形状一样，原始数据中有大量错误、重复的信息，需要删除、整理和转化。数据准备可以视为一次数据探索，为之后的模型建立做准备。

4．建立模型

这一阶段需要描绘数据并建立关联，然后用一定的分析方法借助数据挖掘工具进行数据的基础分析。

5．模型评估

模型结果要对在第一步建立的工作目标进行评估，这将导致频繁地返回到前面的步骤。这是一个缓慢推进的过程，各种可视化分析结果、统计和人工智能工具将向数据挖掘人员展现更深层次的数据运行的关系。

6．模型发布

将数据挖掘应用于先前提到的两种途径中，借助CRISP-DM前期步骤中发现的知识，可以获得更加健全的模型。这个模型可以用于预测或识别关键特征，需要在实际情况下检测其变化。如果发生重大变化，模型就需要被重新制定。模型发布让从实验数据库中建立起来的模型在实践中受到检验。

Pyle在被广泛引用的《数据挖掘中的数据准备》一书中强调了数据挖掘前准备工作的重要性。他把数据挖掘的工作分为四大部分：探究问题、探究解决方案、特定工具选择、数据挖掘。这个划分方法虽然与CRISP-DM的六步模型不同，但是两者都强调了第一步——思考问题及其相关的方案和选择合适工具的重要性。前三部分工作占用的时间占总时间的20%，在重要性上却占到关键的80%，如表1-2所示。

表1-2 前期准备的重要性

	占总时间的百分比 /%	合计	对于成功重要性的百分比 /%	合计
1. 探究问题	10		15	
2. 探究解决方案	9	20	14	80
3. 特定工具选择	1		51	
4. 数据挖掘				
a. 数据准备	60		15	
b. 数据调研	15	80	3	20
c. 数据建模	5		2	

1.3.3 数据分析和数据挖掘的工具

数据分析和数据挖掘的常用工具非常多，这里仅简单罗列几种：

➢ R，现今最受欢迎的数据分析和可视化平台之一。它是自由的开源软件，并同时提供Windows、MAC OSX和Linux系统的版本。

➢ SAS/Enterprise Miner，支持SAS统计模块，数据挖掘市场的强劲竞争者。

➢ SPSS，2009年被IBM收购，2000~2009年数据挖掘产品用户数排行冠军。

➢ MATLAB，与Mathematic、Maple并称为三大数学软件。

➢ Python，是一种面向对象、解释型的语言，能够把用其他语言制作的各种模块联结在一起，擅长文本处理。

➢ WEKA，基于Java环境下的开源机器学习和数据挖掘软件。

➢ RapidMiner，基于WEKA构建的一款开源数据挖掘软件，提供GUI数据处理和分析环境，提供JAVA API。

➢ ARMiner，专注于关联规则挖掘的C/S结构应用程序。

➢ IBM Intelligent Miner，Microsoft SQL Server 2008 Data Mining，XLMiner，Knowledge Discovery Workbench，QUEST，Mineset，DB Miner等。

鉴于R的开源特性和对各种系统支持的通用性以及各种包的强大功能，本书将R作为所有数据分析和数据挖掘案例的工具，1.4节仅对本书需要的基本操作进行简要的介绍，更细致的操作请参考其他书籍或参考文献。

数据分析与数据挖掘实用教程

1.4　R语言

1.4.1　安装

本书的R语言将在RStudio集成环境下操作，首先安装R，再安装RStudio，R和RStudio的安装地址如下：

◇　R的下载网址：http://cran.r-project.org/。

◇　RStudio的下载网址：https://www.rstudio.com/。

R和RStudio的下载和安装都非常方便，需要选择对应的系统和版本，本书仅给出Windows环境下的操作和示例。安装完成后的界面分别如图1-7和图1-8所示。

图1-7　R界面

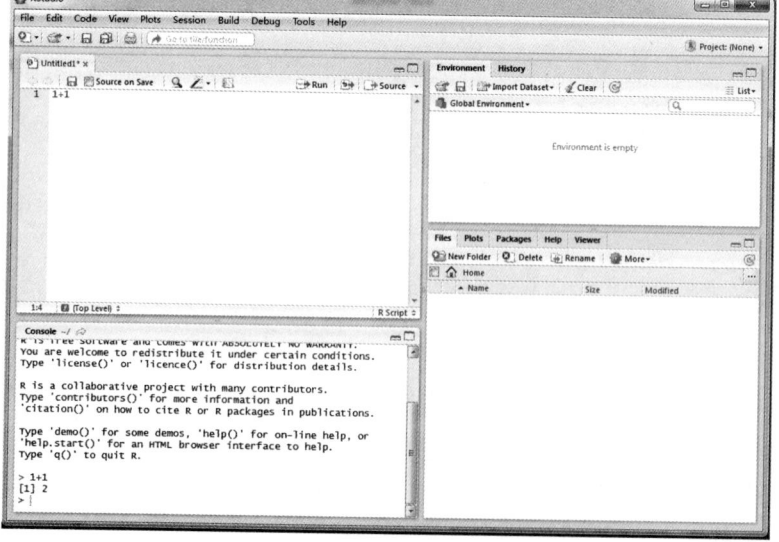

图1-8　RStudio界面

16

Rstudio 的操作界面包括：

Source（源代码版面）：Source 版面可以读入写好的 R 脚本。每一行可以输入多个语句，之间用半角分号";"分隔。点击 RStudio 中"Run"运行光标所在行，快捷键为 Ctrl+Enter。选中需要运行文本，可一次运行多行，终止运行按 Esc 键。

Console（控制版面）：Source 版面与 Console 版面均可编辑代码，Console 版面下，在提示码">"后逐行输入指令。执行命令提示符">"至当前光标所在位置的代码，按 Enter 键执行。如果回车之后出现"+"号，则说明语句不完整（需在"+"后面继续输入）或者已输入的语句有错误。

Environment，History，Build（环境变量、历史、记录）：可以查看当前工程下的环境变量、历史、记录等。可以选中或删除不需要的过程变量。

Files,Plots,PackagesHelp,Viewer（文件列表、画图、已安装 R 包列表、帮助文档、图视窗）：Files 为当前目录下的文件列表，将 R 脚本存在工程文件夹下，可以在这个版面中双击 R 脚本，将 R 脚本文件快速载入到 Source 版面。帮助文档中，点击 Help 选项可以搜索相关包、相关函数的帮助文档。

RStudio 的快捷键操作包括：

Tab 键：补全函数名、变量名。

半符：选中需要加""或()或{}的代码，输入"或(或{可以将自动补全"或)或}。

Ctrl+1：将光标转到 Source 版面。

Ctrl+2：将光标转到 Console 版面。

Ctrl+L：清除 Console 版面的历史代码。

在使用时要特别注意的是：

如果无法运行过去已经成功运行的一些代码或者得到不同的结果，原因往往是这些程序包经过更新，一些函数选项（甚至函数名称和代码）已经改变，解决方法是查看该函数，或者查看提供有关函数的程序包来探索究竟。

中文无法正常显示的情况，是因为 RStudio 对中文的兼容性偏差，可以直接使用 R 软件进行运行。

1.4.2 包

1. 包的安装

R 语言提供了许多程序包，可以非常便捷地安装和调用。安装方法 install.packages() 非常简单。例如：

```
install.packages("ggplot2")
```

直接使用 CRAN 的源经常会出现如下错误：Warning in install.packages：InternetOpenUrl failed：'无法解析服务器的名称或地址'Warning in install.packages：unable to access index for repository http://cran.rstudio.com/bin/windows/contrib/3.1。解

决方法是在tools中设置中国地区的mirror即可（tools->Global Options->Packages->CRAN mirror）。

一个包仅需安装一次，若包被作者更新，使用命令update.packages()可以更新已经安装的包。例如：

```
update.packages("ggplot2")
```

2．包的载入

包安装后，必须加载到会话中才能使用。search()可以查看哪些包已加载并可以使用。

载入包命令：library("ggplot2")。

取消载入命令：detach("package: ggplot2")。

3．使用一个新包的举例

```
help.start()
install.packages("vcd")
help(package="vcd")
library(vcd)
help(Arthritis)
Arthritis
example(Arthritis)
```

1.4.3　R语言的基本操作

1．程序来源

可以自行键入。所有代码中的标点符号都用半角格式（基本ASCII码）。R的代码对字母的大小写敏感。变量名字、定性变量的水平以及外部文件路径和名字都可以使用中文。

可以从其他地方粘贴（注意，从ppt或word等各种非文本文件中复制并粘贴到R中的代码，可能存在由于这些软件自动变换的首字母大写或者左右引号等造成R无法执行的问题）。

可以打开以R为扩展名的文件（或其他文本文件）作为运行脚本。

2．数据来源

R软件中内置，可以直接读取。例如：

```
data(iris)
```

可导入外部数据集。例如：

```
read.table("names.txt",header=TRUE)
```

3．数据结构

R语言的赋值方式较为灵活，向左边变量赋值使用"＝"号或者"<–"，向右边变量赋值使用"–>"。赋值的变量可以包括：

（1）标量

只含有一个元素的向量。例如：

```
a<-1
b<-"US"
c<-TRUE
```

（2）向量

用于存储数值型、字符型或逻辑型数据的一维数组。例如：

```
a<-c(1,2,5,3,6,-2,4)
b<-c("one","two","three")
c<-c(TRUE,TRUE,TRUE,FALSE,TRUE,FALSE)
```

其中，函数c()以向量形式输入数据。

（3）矩阵

是一个二维数组，只是每个元素都拥有相同的模式（数值型、字符型或逻辑型）。

```
Mymatrix<-matrix(vector,nrow=number_of_rows,ncol=number_of_
columns,byrow=logical_value,dimnames=list(char_vector_rownames,char_
vector_colnames))
```

其中vector包含了矩阵的元素，nrow和ncol用来制定行和列的维数，dimnames包含了可选的、以字符型向量表示的行名和列名，选项byrow表明矩阵应当按行填充(byrow=TRUE)还是按列填充(byrow=FALSE)，默认情况下按列填充。例如：

```
a<-matrix(1:20,nrow=5,ncol=4)
```

（4）数组

与矩阵类似，但是维度可以大于2。

```
myarray<-array(vector,dimensions,dimnames)
```

其中vector包含了数组中的数据，dimensions是一个数值型向量，给出了各个维度下标的最大值，而dimnames是可选的、各维度名称标签的列表。例如：

```
dim1<-c("A1","A2")
dim2<-c("B1","B2","B3")
dim3<-c("C1","C2","C3","C4")
a<-array(1:24,c(2,3,4),dimnames=list(dim1,dim2,dim3))
```

（5）数据框

数据框的概念较矩阵来说更为一般，不同的列可以包含不同模式（数值型、字符型等）。

```
Mydata<-data.frame(col1,col2,col3,…)
```

其中的列向量col1,col2,col3,……可为任何类型（如字符型、数值型或逻辑型），名称可由函数names指定。例如：

```
patientID<-c(1,2,3,4)
age<-c(25,34,28,52)
diabetes<-c("Type1","Type2","Type1","Type1")
status<-c("Poor","Improved","Excellent","Poor")
patientdata<-data.frame(patientID,age,diabetes,status)
```

（6）因子

类别（名义型）变量和有序类别（有序型）变量在R中称为因子。例如：

```
status<-factor(status)
diabetes<-c("Type1","Type2","Type1","Type1")
diabetes<-factor(diabetes)
```

（7）列表

列表是R的数据类型中最为复杂的一种。一般来说，列表就是一些对象（或成份）的有序集合。列表允许整合若干（可能无关）对象到单个对象名下。某个列表中可能是若干向量、矩阵、数据框甚至其他列表的组合。例如：

```
Mylist<-list(object1,object2,…)
Mylist<-list(name1=object1,name2=object2,…)
g<-"My First List"
h<-c(25,26,18,39)
j<-matrix(1:10,nrow=5)
k<-c("one","two","three")
mylist<-list(title=g,ages=h,j,k)
```

4．控制语句

（1）循环

包括for，while，repeat，break。例如：

```
x=c(5,12,13)
for(n in x){
  print(n^2)
}
或：
i=1
while(i<=10){
i=i+4
  print(i)
}
或：
```

```
i=1
while(TRUE){
i=i+4
  print(i)
  if(i>10) break
}
```

或：

```
i=1
repeat{
i=i+4
  print(i)
  if(i>10) break
}
```

（2）选择

如if-else。例如：

```
r=3
if(r==4){
  x=1
}
else{
  x=3
  y=4
}
```

5．函数

R语言编程的核心是编写"函数"。函数就是一组指令的集合，用来读取输入、执行计算、返回结果。例如：

```
oddcount=function(x){
  k=0;
  for(n in x){
    if(n%2==1) k=k+1
  }
  return(k)
}
```

（1）参数

只在函数体内可见的变量，对这个函数来说是"局部变量"。在函数返回值以后就被撤销。

R函数中的形式参数是局部变量。在计算函数调用的取值时，R会把每个实际参数复制给对应的局部参数变量，继而改变那些在函数外不可见的变量的取值。

全部变量是在函数之外创建的变量，在函数内部也可以访问。

（2）函数都是对象

函数是第一类对象，这意味着函数在绝大多数情况下也可以作为对象来操作。可以给它们赋值，可以在函数所组成的列表上做循环。

输入对象名称可以打印对象到屏幕上。

function()是一个内置的R函数，其功能就是创建函数。在它右边，其实是funciton()的两个参数：第一个参数是所创建函数的形式参数列表，上面这段代码中仅仅是x；第二个参数是函数的主体部分，简称函数体。第二个参数必须是"expression"类，即表达式类。

function()的这两个参数在创建函数之后能够通过函数formals()和body()来获得。formals()和body()可以当作替代函数来用。

可以使用edit()编辑代码。

（3）环境和变量作用域

在R语言的文献中，函数被正式地称为"闭包"（closure），函数不仅包括参数和函数体，也包括它的"环境"。环境由创建函数时出现的对象集构成。

函数中可以定义函数，作用域分层定义。

调用不带参数的ls()会返回当前的局部变量（包括参数）。使用envir参数，ls()会输出函数调用链中任何一个框架的局部变量名。

（4）函数没有副作用

函数的代码可以读但不能写其局部变量。

6．绘图

可视化是数据分析和数据挖掘非常重要的展示形式，R语言也拥有着非常丰富的绘图功能，后续还将使用ggplot2等专门的包来实现。

（1）创建图形：plot()

（2）添加线：lines()

（3）添加点对：points()

（4）添加图例：legend()

（5）添加文字：text()

（6）精确定位：locator()

（7）参考线：abline()

7．帮助

help，可以找到各种常用函数的内容。

问号＋函数名（或数据名）可以得到该函数或数据的细节。Eg："?lm"可以得到关于线性函数"lm"的各种细节。

若想查看MASS程序包中的稳健线性模型"rlm"，如果已载入包，可使用"?rlm"；如果未载入包，或者不知道"rlm"在哪个程序包，可以用"??rlm"来得到其位置。

8．注释

"#"后的内容为注释语句。

9．工作空间

getwd()：显示当前的工作目录。

setwd("mydirectory")：修改当前的工作目录为mydirectory。

第 2 章　初识数据

2.1　数据类型

2.1.1　数据的定义

数据是数据库存储的基本对象。

狭义上，人们对数据的第一反应就是数字，如 1100，￥125，-26℃ 等，数字是数据的一种传统理解，是最简单的数据形式。无论是从数学的角度看，还是从计算机处理的角度看，数据的内涵都是随着时间的推移而扩展的。

广义上，可以把数据理解为记录（在不同场合也可以称为数据对象、点、向量、模式、事件、案例、样本、观测或实体等）在介质中的信息，是数据对象及其属性的集合，其表现形式可以是数字、符号、文字、图像或计算机代码等。

对于数据的理解不仅需要了解其表现形式，还需要了解数据的语义，所以数据和数据的语义是不可分割的。**数据的语义**是指对数据含义的说明，是数据对象（记录）所有属性的集合。这里的属性（也称为特征、维或字段）是指一个对象某方面的特质或特性，它因对象而异，或随时间而变化。一个对象通过若干属性来刻画。

根据属性的不同性质，如相异性（＝和≠）、序（＜、≤、＞和≥）、加法（＋和－）、乘法（＊和／），属性可分为四种：标称、序数、区间和比率。如表 2-1 所示。

表 2-1　不同的属性类型数据对比

属性类型		描　　述	例　　子	操　　作
分类的（定性的）	标称	标称属性的值仅仅只是不同的名字，即标称值只提供足够的信息以区分对象（=，≠）。	邮政编码、雇员 ID 号、眼球颜色、性别。	众数、熵、列联相关、χ^2 检验。
	序数	序数属性的值提供足够的信息确定对象的序（＜，＞）。	矿石硬度 {好，较好，最好}、成绩、街道号码。	中值、百分位、秩相关、游程检验、符号检验。

24

（续表2-1）

属性类型		描　述	例　子	操　作
数值的 （定量的）	区间	对于区间属性，值之间的差是有意义的，即存在测量单位（+，−）。	日历日期、摄氏或华氏温度。	均值、标准差、皮尔逊相关、t 和 F 检验。
	比率	对于比率变量，差和比率都是有意义的（*，/）。	绝对温度、货币量、计数、年龄、质量、长度、电流。	几何平均、调和平均。

标称和序数属性：统称为分类的或定性的属性，取值为集合。

区间和比率属性：统称为数值的或定量的属性，取值为区间。注意：定量属性可以是整数值或者连续值。

表2-1中的众数、中值、百分位、均值、标准差、皮尔逊相关、几何平均等概念将在2.2节中进行详细的介绍，并在2.4节进行实验演示。如表2-2所示，对分类变量和数值变量可以采用差异化的方法进行属性层次的变换，通常对变换后的数据进行进一步的分析和挖掘。

表2-2　属性层次的变换

属性类型		变　换	注　释
分类的 （定性的）	标称	任何一对一变换，例如值的一个排列。	如果所有雇员的ID号都重新赋值，不会导致任何不同。
	序数	值的保序变换，即新值 =f(旧值)，其中 f 是单调函数。	包括"好、较好、最好"的属性可以完全等价地用值 {1,2,3} 或用 {0,5,10} 表示。
数值的 （定量的）	区间	新值 =a* 旧值 +b，其中 a、b 是常数。	华氏和摄氏温度标度 0 值的位置和 1 度的大小（单位）不同。
	比率	新值 =a* 旧值。	长度可以用米或英尺度量。

2.1.2　数据集的类型

数据集可以看作是具有相同属性的数据对象的集合。表2-3给出了包含电信客户信息的样本数据集。如表2-3所示，每一列表示一个属性，每一行表示一个对象，而整个样本集由许多具有相同属性的记录组成。在同一列中，各行的取值不完全相同，这是因为不同数据对象在同一个属性上体现的属性值相异。

表2-3　包含电信客户信息的样本数据集

客户编号	客户类别	行业大类	通话级别	通话总费用	……
N22011002518	大客户	采矿业和一般制造业	市话	16352	……
C14004839358	商业客户	批发和零售业	市话 + 国内长途（含国内 IP）	27891	……
N22004895555	商业客户	批发和零售业	市话 + 国际长途（含国内 IP）	63124	……

（续表 2-3）

客户编号	客户类别	行业大类	通话级别	通话总费用	……
3221026196	大客户	科学教育和文化卫生	市话＋国内长途（含国内 IP）	53057	……
D14004737444	大客户	房地产和建筑业	市话＋国内长途（含国内 IP）	80827	……
……	……	……	……	……	……

数据集具有三个重要**特性**：维度、稀疏性和分辨率。

维度

指数据集中的对象具有的属性个数总和。根据数据集的维度大小，可将其分为高维、中维、低维，高维易导致维数灾难，数据预处理时需要进行维归约。

稀疏性

在某些数据集中，有意义的数据非常少，对象在大部分属性上取 0，非零项不到1%，如超市购物记录或事务数据集。

分辨率

不同分辨率和粒度下得到的数据，在不同的分辨率下对象性质也不同。例如，在肉眼看来，一张光滑的桌面是十分平坦的，在显微镜下观察，则发现其表面十分粗糙。数据的模式依赖于分辨率，分辨率太高或太低，都得不到有效的模式，针对具体应用，需要选择合适的分辨率或粒度。

随着数据挖掘技术的发展和成熟，数据集呈现出多样化的趋势。为方便起见，我们将数据集的**类型**分为三类：记录数据、基于图形的数据和有序的数据。

记录数据

包括事务数据、购物篮数据以及数据矩阵。其中事务数据是一种特殊类型的记录数据，其中每个记录涉及一个项的集合。对于数据矩阵，如果一个数据集中的所有数据对象都具有相同的数据属性集，则该对象可以看作多维空间中的点（向量），其中每一维代表描述对象的不同属性。这样的数据对象集可以用一个 $n*m$ 的矩阵表示，其中 n 表示行数，一个对象一行，m 表示列数，一个属性一列。例如：文本数据是数据矩阵的一种特殊情况，通过稀疏数据矩阵表示，其中属性类型相同并且是非对称的，即只有非零值才是重要的。

基于图形的数据

包括带有对象之间联系的数据和具有图形对象的数据。带有对象之间联系的数据可以是万维网的网页上包含文本和指向其他页面的链接、电话通信中形成不同的社会网络群等。对于具有图形对象的数据，化合物的结构就可以用图形表示，其中结点是原子，结点之间的链是化学键。

有序数据

包括时序数据、序列数据、时间序列数据、空间数据和流数据。时序数据或时态数据，可以看作是记录数据的扩充，其中每个记录包含一个与之相关联的时间，通常存放包含相关属性的关系数据。序列数据是一个数据集合，是个体项的序列，如词或字母的序列。时间序列数据是一种特殊的时序数据，其中每个记录都是一个时间序列，即一段时间的测量序列，如股票交易、库存控制和自然现象等。空间数据包含涉及空间的数据，如地理信息系统、医学图像等。流数据是一种可以动态地从观测台流进和流出的数据，具有海量甚至无限的动态变化、以固定的次序流进和流出、只允许一遍或少数几遍扫描、求快速响应时间等特征。

数据分析和数据挖掘的对象从原则上来讲可以说是各种存储方式的信息。在这些数据库的研究中，数据分析和数据挖掘可以起到相当大的作用，这里的各种**数据库**包括关系数据库、数据仓库、事务数据库、空间数据库、时态数据库和时间序列数据库、流数据、多媒体数据库、文本数据库以及万维网数据库。

关系数据库

关系数据库是建立在关系数据库模型基础上的数据库，借助于集合代数等概念和方法来处理数据库中的数据。关系数据库可以通过数据库查询获取信息，当数据挖掘用于关系数据库时，可以进一步搜索趋势或数据模式。关系数据库广泛应用于各行各业，是数据挖掘最常见、最丰富的数据源。

数据仓库

数据仓库是一个从多个数据源收集信息的存储库，并将其存放在一个一致的模式下。数据仓库是一个面向主题的、集成的、相对稳定的、反映历史变化的数据集合，用于支持管理决策，适用于OLAP。银行、电信等行业，数据集中后通常需要保存在数据仓库中。图2-1给出了数据仓库的位置示意图。通常，数据仓库用多维数据库结构建模。数据仓库的实际物理结构可以是关系数据存储或多维数据立方体，可以进行下钻和上卷的操作，如图2-2所示。

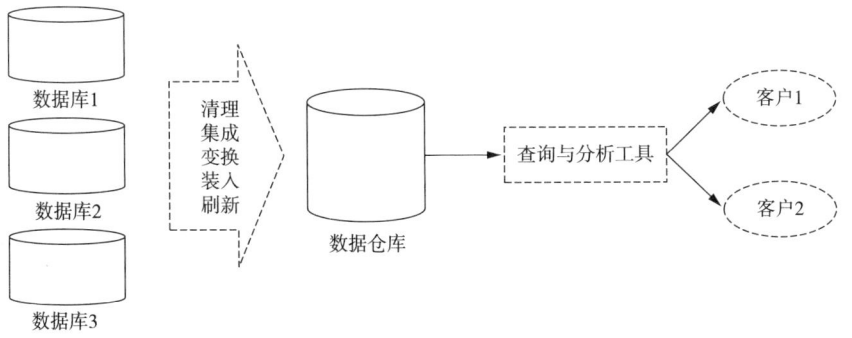

图2-1　数据仓库

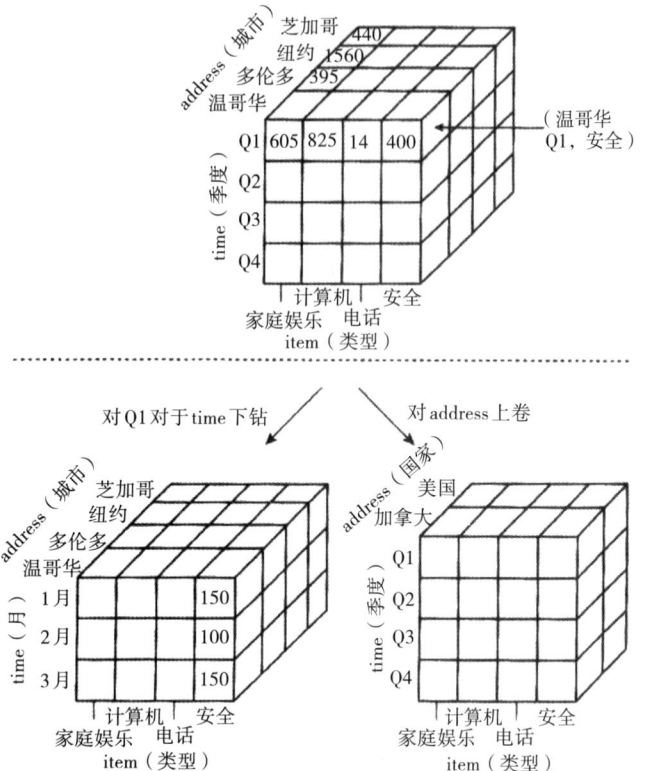

图 2-2　数据仓库下钻和上卷示意图

事务数据库

在事务数据库中，每个记录代表一个事物。通常，一个事物包含唯一的事物标识号和组成该事物的项的列表（如在超市中购买的商品）。超市的销售数据是典型的事务型数据。事务数据库可能有一些与之关联的附加表，如包含关于销售的其他信息：事务的日期、顾客的编号、销售者的编号、连锁分店的编号等。表2-4给出了事务数据事例。

表 2-4　事务数据事例

事务 ID	商品的 ID 列表
T100	Bread, Milk, Beer
T200	Soda, Cup, Diaper
……	……

空间数据库

空间数据库是指在关系数据库内部对地理信息进行物理存储。空间数据库中存储的海量数据包括对象的空间拓扑特征、非空间属性特征、对象在时间上的状态变化。

常见的空间数据库的数据类型包括地理信息系统、遥感图像数据、医学图像数据。

空间数据库的特点是数据量庞大、空间数据模型复杂、属性数据和空间数据联合管理、应用范围广泛等。空间数据库已在海洋生态研究、太空探险、遥感、交通状况分布和气候研究等领域中获得了实际应用。

从空间数据库中能够挖掘到的知识类型主要包括：

（1）一般几何知识

指一般几何对象的形状特征、数量等几何特征。

（2）空间分布规律

指地理对象在地理空间上的分布规律。

（3）空间关联规则

指描述空间对象之间的相邻、相连、共生、包涵等空间关联的规则。

（4）空间分类（聚类）规则

指根据空间对象特征的聚散程度将它们分成不同的类别，空间分类规则是根据空间对象的某个或某些空间或非空间特征将它们划分到不同类别的规则。

（5）空间特征规则

指描述某类或者几类空间对象的空间属性和非空间属性的普遍特征的规则。

（6）空间区分规则

指两类或多个类之间的空间属性或非空间属性的不同特点，是对各个类别个性的描述。

（7）空间演变规则

指空间目标依时间的变化规则。

（8）面向对象的知识

指某类复杂对象的子类构成及其普遍特征的知识。

时态数据库和时间序列数据库

时态数据库和时间序列数据库都存放与时间有关的数据。

时态数据库通常存放与时间相关的属性值，如与时间相关的职务、工资等个人信息及个人简历信息等。

时间序列数据库存放随时间变化的值序列，如零售行业的产品销售数据、股票数据、气象观测数据等。时间序列是反映事物运动、发展、变化的一种最常见的图形化描述方式。曲线打点的方法，非常有利于人们在高层次上展现和理解事物的变化。如，1974年到1989年学者对多种具有国际影响力的报纸中包含的各种图形进行采样统计后，发现其中至少75%的图形采用时间序列方式进行描述。

时态数据库和时间序列数据库的数据挖掘研究事物发生、发展的过程，有助于揭示事物发展的本质规律，可以发现数据对象的演变特征或变化趋势。表2-5和表2-6给出了时态事务数据的两种表现形式。

表 2-5 时态事务数据事例 1

时间	顾客	购买的商品
T1	C1	A, B
T2	C3	A, C
T2	C1	C, D
T3	C2	A, D
T4	C2	E
T5	C1	A, E

表 2-6 时态事务数据事例 2

顾客	购买时间与购买商品
C1	（T1：A, B）（T2：C, D）（T5：A,E）
C2	（T3：A,D）（T4：E）
C3	（T2：A,C）

流数据

与传统数据库中的静态数据不同，流数据是连续的、有序的、变化的、快速的、大量的输入数据，主要应用场合包括网络监控、网页点击流、股票市场、流媒体等。

与传统数据库相比，流数据在存储、查询、访问、实时性的要求等方面有很大区别。流数据具有以下特点：数据实时到达；数据到达次序独立；不受应用系统控制；数据规模宏大且不能预知其最大值；数据一经处理，除非特意保持，否则不能被再次取出处理，或者再次提取数据的代价昂贵。

多媒体数据库

多媒体数据库是数据库技术与多媒体技术相结合的产物。多媒体数据库不是对现有的数据进行界面上的包装，而是从多媒体数据和信息本身的特性出发。

多媒体数据库用计算机管理庞大复杂的多媒体数据，主要包括图形、图像、音频、视频等，现代数据库技术一般将这些多媒体数据以二进制对象的形式进行存储。

多媒体数据库的数据挖掘需要将存储和检索技术相结合，处理方式不同于数值和文本数据的处理。目前，对多媒体数据的挖掘包括构造多媒体数据立方体、多媒体数据的特征提取和基于相似性的模式匹配等。

多媒体数据挖掘是目前国际上数据库、多媒体技术和信息决策领域最前沿的研究方向之一，是数据挖掘的一个新兴且富有挑战性的领域。多媒体数据挖掘系统的三个主要阶段是：

（1）数据准备

在完成数据库集成和特征库建立后，将用户提出的挖掘要求送入挖掘引擎，用相似检索技术，从特征库中抽取与用户要求相关的数据，接着用与请求相关的特征建立特征立方体。

（2）多媒体数据知识挖掘

根据用户请求，对特征立方体实施切片、切块、下钻、上卷等处理技术和其他数据挖掘技术，发现媒体特征间的关系。基于媒体特征的图像或视频的分类，可实施交互式或自动知识挖掘，从而发现用户感兴趣的隐藏知识。

（3）知识表示与解释

将结果以图形界面的方式呈现给用户，并加以解释和说明。若用户不满意，则重新执行上述操作。用户也可以通过挖掘出的数据再进行相关数据的检索。

文本数据库

文本数据库是一种常用的数据库，也是最简单的数据库。任何文件都可以存入文本数据库。文本数据库存储的是对对象的文字性描述。文本数据的处理广泛应用于办公资料的处理，如法院、检察院的案件资料的处理，现在也广泛应用于互联网文字信息、评论信息的处理等。

文本数据类型包括：无结构类型（大部分的文本资料和网页）、半结构类型（XML数据）、结构类型（图书馆数据）。

文本数据库存在以下缺点：一是并发访问麻烦，无法实现多个程序同时修改数据里面的不同记录；二是查询、修改、删除非常麻烦，只能顺序查找，修改、删除需要更新整个文件。文本数据库的优点显而易见：程序简单，数据库管理方便。

万维网数据库

万维网数据库被看成是最大的文本数据库。随着Internet的广泛使用，万维网这一巨大的海洋中蕴藏着极其丰富的有用信息。面向万维网的数据挖掘比面向数据库和数据仓库的数据挖掘要复杂得多，这是由互联网上异构数据源环境、数据结构的复杂性、动态变化的应用环境等特征决定的。

为了处理Web上的异质、非结构化或半结构化数据，Web数据挖掘成为数据挖掘研究的一个重要分支。

尽管Web数据挖掘是比Web信息检索更高层次的技术，但它并不是用来取代Web信息检索技术的，二者是相辅相成的。Web数据挖掘与传统数据挖掘相比有许多独特之处：

首先，Web数据挖掘的对象是大量异质分布的Web文档。

其次，Web逻辑上是一个由文档节点和超链接构成的图，因此Web挖掘所得到的模式可能是关于Web内容的，也可能是关于Web结构的。

最后，由于Web文档本身是半结构化或无结构化的，缺乏机器可理解的语义，而传统数据挖掘的对象局限于数据库中的结构化数据并利用关系表格等存储结构来发现知识，因此有些数据挖掘技术并不适用于Web挖掘，即使可用也需要建立在对Web文档进行预处理的基础之上。

Web挖掘包括：

Web内容挖掘，是从文档内容或其描述中抽取知识的过程。

Web结构挖掘，是从WWW的组织结构和连接关系中推导知识的过程。

用户访问模式挖掘。

2.2 数据的统计特性

数据统计又称汇总统计，用单个数或数的小集合来捕获大的数据集的各种属性特征。汇总统计的日常例子有家庭平均收入、四年内达到本科学位要求的学生比例等。数据预处理是数据分析和数据挖掘的第一步，成功的数据预处理，对获得数据的总体印象是至关重要的。描述型数据汇总技术可以用来识别数据的典型性质，凸显应当视为噪声或者离群点的数据值。

对于许多数据预处理任务，用户希望知道关于数据的中心趋势和离中趋势特征。中心趋势度量包括均值、中位数、众数和中列数，数据离散程度度量包括4–分位数、4–分位数极差和方差等。从数据挖掘的角度来看，我们需要考虑如何在大型数据库中有效地计算它们。

2.2.1 中心趋势度量

中心趋势度量是数据的一种常用汇总统计量，包括均值、中位数、众数和中列数。

1．均值

数据集"中心"的最常用、最有效的数值度量是算数均值。计算如公式（2–1）所示。

$$\bar{x} = \frac{\sum_{i=1}^{N} x_i}{N} = \frac{x_1 + x_2 + \ldots + x_N}{N} \qquad （2-1）$$

式中$\bar{x}$表示均值，$\{x_1, x_2, \ldots, x_N\}$表示数据集，$N$表示数据集元素的个数。

有时，集合中每个值与一个权值相关联。权值反映对应值的显著性、重要性或出现频率。此时，使用**加权算数均值**。计算如公式（2–2）所示。

$$\bar{x} = \frac{\sum_{i=1}^{N} w_i x_i}{\sum_{i=1}^{N} w_i} = \frac{w_1 x_1 + w_2 x_2 + \ldots + w_N x_N}{w_1 + w_2 + \ldots + w_N} \qquad （2-2）$$

式中$\bar{x}$表示加权算术均值，$\{x_1, x_2, \ldots, x_N\}$表示数据集，$\{w_1, w_2, \ldots, w_N\}$表示加权系数，$N$表示数据集元素的个数。

尽管均值是描述数据集的最常用的单个度量方法，但通常不是度量数据中心的最好方法。均值的主要问题是对极端值（如离群值）很敏感，即使少量极端值也可能影响均值。例如，公司的平均工资可能被少数高报酬的经理的工资显著抬高。为了减少极端值的影响，可以使用**截断均值**。

截断均值指定 0~100 间的百分位数 p，丢弃高端和低端 $(p/2)\%$ 的数据，然后用常规方法计算均值，所得结果即是截断均值。标准均值是对应于 $p=0$ 的截断均值。

举例：计算 {1,2,3,4,90} 值集的均值和 $p=40$ 的截断均值。

解：均值为 20，截断均值为 3。

2．中位数

对于倾斜的（非对称的）数据，数据中心的一个较好度量是中位数。

将给定的 N 个不同值的数据集按数值升序排序。如果 N 是奇数，则中位数是有序集的中间值，否则（N 是偶数）中位数是中间两个值的平均值。

3．众数

分类数据可以使用众数来度量中心趋势，众数是集合中出现频率最高的值。

图 2-3 给出了对称、正倾斜数据、负倾斜数据情况下的均值、中位数和众数位置示意图。在完全对称的数据分布中，均值、中位数和众数都是相同的中心值。然而，在实际应用中，数据往往是不对称的，它们可能是正倾斜的，其中众数出现在小于中位数的值上；或者是负倾斜的，其中众数出现在大于中位数的值上。

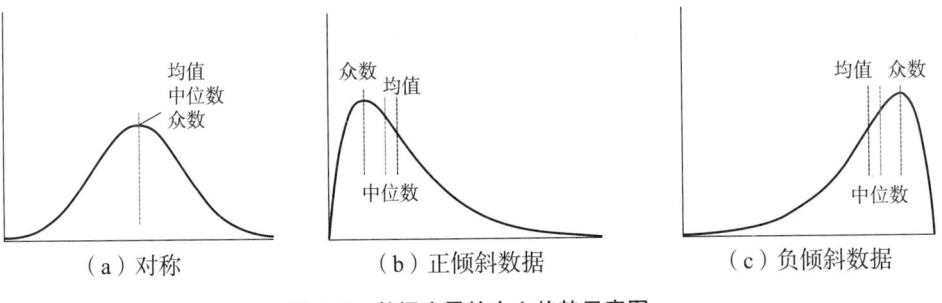

图 2-3　数据度量的中心趋势示意图

4．中列数

中列数也可用来评估数据集的中心趋势，是数据集的最大值和最小值的平均值。

2.2.2　数据离散程度度量

数据的另一种常用汇总统计量是值集的散布度量，这种度量表明属性值是否散布很宽，或者是否相对集中在单个点（如均值）附近。

1．4-分位数

假设属性 X 的数据以数值递增序排列。我们可以挑选某些数据点，以便把数据分布划分成大小相等的连贯集，这些数据点称作分位数。分位数是数据分布中每隔一定间隔上的点，以此把数据划分成大小基本相等的连贯集合（这里说"基本上"，因为可能不存在把数据划分成大小恰好相等的诸子集的 X 的数据值。为简单起见，故称它们相等）。给定数据分布的第 k 个 q-分位数是值 x，使得小于 x 的数据值最多为 k/q，而 2-分位数是一个数据点，它把数据分布划分成高低两半。2-分位数对应中位数。4 分位数是 3 个数据点，它们把数据分布划分成 4 个相等的部分，使每部分表示数据分布的四分之一。通常称它们为 4-分位数。100-分位数通常称作百分位数，它们把数据分布划分成 100 个大小相等的连贯集。

除中位数外，最常用的百分位数是 4-分位数。第一个 4-分位数 Q_1 是第 25 个百分位数，第三个 4-分位数 Q_3 是第 75 个百分位数。

4-分位数（包括中位数）给出分布的中心、离散和形状的某种指示。第一个和第三个 4-分位数之间的距离是分布的一个简单度量，给出被数据的中间一半所覆盖的距离范围，该距离称为中间 4-分位数极差 IQR，定义如公式（2-3）所示。

$$IQR = Q_3 - Q_1 \qquad (2-3)$$

在描述倾斜分布时，单个分布数值度量（如 IQR）不是非常有用。倾斜分布时，两边的分布是不等的，两个 4-分位数 Q_1 和 Q_3 以及中位数的信息更加丰富。

2．极差

最简单的散布度量是极差，其为最大值和最小值的差。给定一个属性 x，它具有 m 个值 $\{x_1, x_2, \ldots, x_m\}$，$x$ 的极差定义如公式（2-4）所示。

$$range(x) = max(x) - min(x) = x_m - x_1 \qquad (2-4)$$

式中 $range(\cdot)$ 表示极差，$max(\cdot)$ 表示最大值，$min(\cdot)$ 表示最小值。

3．方差

尽管极差标识最大散布，但如果大部分值都集中在一个较窄的范围内，极差值的个数相对较少，可能会出现误解。此时采用方差作为散布的度量更可取。低方差意味数据观测趋向于非常靠近均值，而高方差表示数据散布在一个大的值域中。属性 x 的方差记为 S_x^2，其定义如下：

$$variance(x) = S_x^2 = \frac{1}{m-1} \sum_{i=1}^{m} (x - \overline{x})^2 \qquad (2-5)$$

式中 $variance(\cdot)$ 表示方差，$\overline{x}$ 表示均值，m 表示数据个数。

因为方差用到了均值，而均值容易被离群值扭曲，所以方差对离群值很敏感。更加稳健的值集散布估计方法有绝对平均偏差、中位数绝对偏差和 4-分位数极差。

第 2 章 初识数据

2.3 相似性和相异性度量

2.3.1 相似性和相异性的定义

相似性度量是衡量变量间相互关系强弱、联系紧密程度的重要手段，因此，相似性度量经常被许多数据挖掘技术使用，如聚类、最近邻分类和离群点检测等。

两个对象之间的**相似度**的非正式定义是这两个对象相似程度的数值度量。因而，两个对象越相似，它们的相似度就越高。通常，相似度是非负的，并常常在 0（不相似）和 1（完全相似）之间取值。

两个对象之间的**相异度**是这两个对象差异程度的数值度量。对象越相似，它们的相异度就越低。通常，将术语**距离**用作相异度的同义词，距离常常用来表示特定类型的相异度。有时，相异度在区间 [0,1] 中取值，但是相异度在 0 和 ∞ 之间取值也很常见。

相似性和相异性是有关联的。如果两个对象 i 和 j 不相似，则它们的相似性度量将返回 0。相似性值越高，对象之间的相似性越大，和相异性度量正好相反。如果对象相同（远非不相似），则它返回值 0。相异性值越高，两个对象越相异。

相似性和相异性都称**邻近性**，邻近性是相异性的高层定义，这里，我们使用术语邻近度表示相似性或相异性，邻近度常被定义或变换至 [0,1] 中取值。由于两个对象之间的邻近度是两个对象对应属性之间的邻近度的函数，本章 2.3.2 节将首先介绍如何度量仅包含一个简单属性的对象之间的邻近度，2.3.3 节将进一步介绍具有多个属性的对象的邻近度度量。

2.3.2 简单属性之间的相似度和相异度

通常，具有若干属性的对象之间的邻近度用单个属性的邻近度的组合来定义，因此我们首先讨论具有单个属性的对象之间的邻近度。由一个**标称属性**描述的对象，对于两个这样的对象，相似意味着什么呢？由于标称属性只携带了对象的相异性信息，因此我们只能说两个对象有相同的值，或者没有。因而在这种情况下，如果属性值匹配，则相似度定义为 1，否则为 0。相异度用相反的方法定义：如果属性值匹配，相异度为 0，否则为 1。

对于具有单个**序列属性**的对象，情况更为复杂，因为必须考虑到序列信息。如一个在标度 {poor, fair, OK, good, wonderful} 上测量的产品（例如糖块）质量的属性。一个评定为 wonderful 的产品 P1 与一个评定为 good 的产品 P2 应当比 P1 与一个评定为 OK 的产品 P3 更接近。为了量化这种观察，序列属性的值常常映射到从 0 或 1 开始的相继整数，例如，{poor=0, fair=1, OK=2, good=3, wonderful=4}。于是，P1 与 P2 之间的相异度 $d(P1,P2)=(3-2)=1$，或者，如果我们希望相异度在 0 和 1 之间取值，那么 $d(P1,P2)=(3-2)/4=0.25$；序列属性的相似度可以定义为 $s=1-d$。

序列属性相似度（相异度）的这种定义可能使读者感到有点担心，因为这里我们

35

定义了相等的区间，而事实并非如此，如果根据实际情况，我们应该计算出区间或比率属性。值 fair 与 good 的差真的和 OK 与 wonderful 的差相同吗？可能不相同，但是在实践中，我们的选择是有限的，并且在缺乏更多信息的情况下，这是定义序列属性之间邻近度的标准方法。

对于**区间或比率属性**，两个对象之间的相异性的自然度量是它们的值之差的绝对值。例如，我们可能将自己现在的体重与一年前的体重相比较，说："我重了 10 磅。"在这种情况下，相异度通常在 0 和 ∞ 之间，而不是在 0 和 1 之间取值。如前所述，区间或比率属性的相似度通常会转换成相异度。

表 2-7 总结了简单属性的相似性和相异性度量方法。在该表中，x 和 y 是两个对象，它们具有一个指明类型的属性，$d(x,y)$ 和 $s(x,y)$ 分别是 x、y 之间的相异度和相似度（分别用 d 和 s 表示）。其他方法也是可能的，但是表中的这些是最常用的。

表 2-7 简单属性的相似性和相异性

属性类型	相异度	相似度
标称的	$d = \begin{cases} 0 & \text{if } x = y \\ 1 & \text{if } x \neq y \end{cases}$	$s = \begin{cases} 1 & \text{if } x = y \\ 0 & \text{if } x \neq y \end{cases}$
序数的	$d = |x - y|/(n-1)$ （值映射到整数 0 到 $n-1$，其中 n 是值的个数）	$s = 1 - d$
区间或比率的	$d = |x - y|$	$s = -d,\ s = \dfrac{1}{1 + d}$ $s = e^{-d},\ s = 1 - \dfrac{d - \min\_d}{\max\_d - \min\_d}$

2.3.3 数据对象之间的相异度

距离是具有特定性质的相异度，公式（2-6）给出了一维、二维、三维或高维空间中两个点 x 和 y 之间的**欧几里得距离**的定义。

$$d(x, y) = \sqrt{\sum_{k=1}^{n} (x_k - y_k)^2} \qquad (2\text{-}6)$$

式中 n 是维数，而 x_k 和 y_k 分别是 x 和 y 的第 k 个属性值（分量）。

图 2-4、表 2-8 和表 2-9 展示了点集、这些点的 x 和 y 坐标以及包含这些点之间距离的距离矩阵。

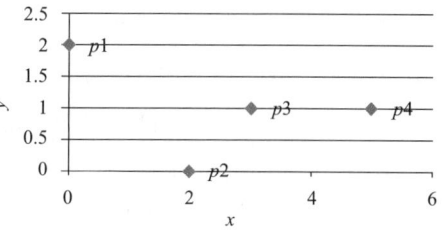

图 2-4 四个二维点

第 2 章 初识数据

表 2-8 四个二维点坐标

点	x 坐标	y 坐标
$p1$	0	2
$p2$	2	0
$p3$	3	1
$p4$	5	1

表 2-9 欧几里得距离矩阵

	$p1$	$p2$	$P3$	$p4$
$p1$	0.0	2.8	3.2	5.1
$p2$	2.8	0.0	1.4	3.2
$p3$	3.2	1.4	0.0	2.0
$p4$	5.1	3.2	2.0	0.0

闵可夫斯基距离是欧几里得距离的推广，定义如公式（2-7）所示。

$$d(x,y) = \left(\sum\nolimits_{k=1}^{n} |x_k - y_k|^r\right)^{1/r} \tag{2-7}$$

式中 r 为参数，r 的不同定义，给出了闵可夫斯基距离的三个最常见的例子：

• $r=1$，城市街区距离（也称**曼哈顿距离**、出租车距离、L_1 范数距离）。一个常见的例子是汉明距离，它是两个具有二元属性的对象（即两个二元向量）之间不同的二进制位个数。

• $r=2$，欧几里得距离（L_2 范数）。

• $r=\infty$，上确界（L_{max} 或 L_∞ 范数）距离，这是对象属性之间的最大距离。更正式的 L_∞ 距离由公式（2-8）定义。

$$d(x,y) = \lim_{r\to\infty} \left(\sum\nolimits_{k=1}^{n} |x_k - y_k|^r\right)^{1/r} \tag{2-8}$$

表 2-10 和表 2-11 分别给出了表 2-9 数据点的 L_1 距离和 L_∞ 距离的邻近度矩阵。注意，所有的距离矩阵都是对称的。

表 2-10 L_1 距离矩阵

	$p1$	$p2$	$P3$	$p4$
$p1$	0.0	4.0	4.0	6.0
$p2$	4.0	0.0	2.0	4.0
$p3$	4.0	2.0	0.0	2.0
$p4$	6.0	4.0	2.0	0.0

表 2-11　L_∞ 距离矩阵

	$p1$	$p2$	$P3$	$p4$
$p1$	0.0	2.0	3.0	5.0
$p2$	2.0	0.0	1.0	3.0
$p3$	3.0	1.0	0.0	2.0
$p4$	5.0	3.0	2.0	0.0

距离（如欧几里得距离）具有一些众所周知的性质。如果 $d(x,y)$ 是两个点 x 和 y 之间的距离，则如下三个性质成立，且满足如下性质的测度称为**度量**。

（1）非负性。对于所有 x 和 y，$d(x,y) \geqslant 0$；仅当 $x = y$ 时，$d(x,y) = 0$。

（2）对称性。对于所有 x 和 y，$d(x,y) = d(y,x)$。

（3）三角不等式。对于所有 x，y 和 z，$d(x,z) \leqslant d(x,y) + d(y,z)$。

2.3.4　数据对象之间的相似度

对于相似度，三角不等式（或类似的性质）通常不成立，但是对称性和非负性通常成立。更明确地说，如果 $s(x,y)$ 是数据点 x 和 y 之间的相似度，则相似度具有如下典型性质：

（1）仅当 $x = y$ 时，$s(x,y) = 1$。（$0 \leqslant s \leqslant 1$）

（2）对称性。对于所有 x 和 y，$s(x,y) = s(y,x)$。

对于相似度，没有与三角不等式对应的一般性质。然而，有时可以将相似度简单地变换成一种度量距离，这里给出几种相似性度量。

1．二元数据的相似性度量

两个仅包含二元属性的对象之间的相似性度量也称为相似系数，并且通常在 0 和 1 之间取值，值为 1 表明两个对象完全相似，而值为 0 表明对象完全相异。

设 x 和 y 是两个对象，都由 n 个二元属性组成。这样的两个对象（即两个二元向量）的比较可生成如下四个量：

f_{00} 表示 x 取 0 并且 y 取 0 的属性个数；

f_{01} 表示 x 取 0 并且 y 取 1 的属性个数；

f_{10} 表示 x 取 1 并且 y 取 0 的属性个数；

f_{11} 表示 x 取 1 并且 y 取 1 的属性个数。

（1）简单匹配系数（SMC，Simple Matching Coefficient）

一种常用的相似性系数是简单匹配系数，定义如公式（2-9）所示，用 SMC 表示，该度量对出现和不出现都进行计数。

$$SMC = \frac{\text{值匹配的属性个数}}{\text{属性个数}} = \frac{f_{11} + f_{00}}{f_{01} + f_{10} + f_{11} + f_{00}} \tag{2-9}$$

第 2 章　初识数据

（2）Jaccard 系数（J, Jaccard Coefficient）

假定 x 和 y 是两个数据对象，代表一个事务矩阵的两行（两个事务）。如果每个非对称的二元属性对应商店的一种商品，则 1 表示该商品被购买，而 0 表示该商品未被购买。由于未被顾客购买的商品数远大于被购买的商品数，因而像 SMC 这样的相似性度量将会判定所有的事务都是类似的。这样，常常使用 Jaccard 系数来处理仅包含非对称的二元属性的对象。Jaccard 系数通常用符号 J 表示，由公式（2-10）定义。

$$J = \frac{\text{匹配的个数}}{\text{不涉及 0-0 匹配的属性个数}} = \frac{f_{11}}{f_{01} + f_{10} + f_{11}} \qquad （2-10）$$

为了解释这两种相似性度量之间的差别，我们对如下二元向量计算 SMC 和 J：

$x = (1,0,0,0,0,0,0,0,0,0)$

$y = (0,0,0,0,0,0,1,0,0,1)$

可以得到：

$f_{00} = 7$ 表示 x 取 0 并且 y 取 0 的属性个数；

$f_{01} = 2$ 表示 x 取 0 并且 y 取 1 的属性个数；

$f_{10} = 1$ 表示 x 取 1 并且 y 取 0 的属性个数；

$f_{11} = 0$ 表示 x 取 1 并且 y 取 1 的属性个数。

由此可以计算 SMC 系数和 J 系数

$$SMC = \frac{f_{11} + f_{00}}{f_{01} + f_{10} + f_{11} + f_{00}} = \frac{0 + 7}{2 + 1 + 0 + 7} = 0.7 \qquad （2-11）$$

$$J = \frac{f_{11}}{f_{01} + f_{10} + f_{11}} = \frac{0}{2 + 1 + 0} = 0 \qquad （2-12）$$

2．余弦相似度

通常，文档用向量表示，向量的每个属性代表一个特定的词（术语）在文档中出现的频率。尽管文档具有数以千计或数以万计的属性（词），但是每个文档向量都是稀疏的，因为它具有相对较少的非零属性值。与事务数据一样，相似性不能依赖共享 0 的个数，因为任意两个文档多半都不会包含许多相同的词，所以，如果统计 0-0 匹配，则大多数文档都与其他大部分文档非常类似。因此，文档的相似性度量不仅应当像 Jaccard 度量一样忽略 0-0 匹配，而且还必须能够处理非二元向量。**余弦相似度**就是文档相似性最常用的度量之一，由公式（2-13）定义。

$$\cos(\boldsymbol{x}, \boldsymbol{y}) = \frac{\boldsymbol{x} \cdot \boldsymbol{y}}{\|\boldsymbol{x}\| \|\boldsymbol{y}\|} \qquad （2-13）$$

式中 $\boldsymbol{x}$ 和 $\boldsymbol{y}$ 可以理解为两个文档向量；"·"表示向量点积，$\boldsymbol{x} \cdot \boldsymbol{y} = \sum_{k=1}^{n} x_k y_k$；$\boldsymbol{x} = \sqrt{\sum_{k=1}^{n} x_k^2} = \sqrt{\boldsymbol{x} \cdot \boldsymbol{x}}$ 是向量 $\boldsymbol{x}$ 的长度。

如图 2-5 所示，余弦相似度实际上是 $\boldsymbol{x}$ 和 $\boldsymbol{y}$ 之间夹角（余弦）的度量。这样，如果余弦相似度为1，则x和y之间夹角为0，并且除大小（长度）之外，x和y是相同的；如果，余弦相似度为0，则x和y之间夹角为90度，并且它们不包含任何相同的词（术语）。

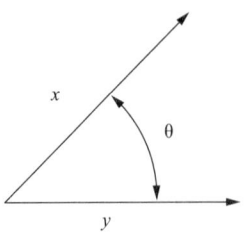

图 2-5　余弦定理的集合解释

因此，上述公式可以写成以下形式：

$$\cos(x, y) = \frac{x}{\|x\|} \cdot \frac{y}{\|y\|} = x' \cdot y' \quad (2-14)$$

其中，$x' = x / \|x\|$，$y' = y / \|y\|$。x和y除以它们的长度，可以将它们规范化成长度为1的向量。这意味着在计算相似度时，余弦相似度不考虑两个数据对象的量值。（当量值是重要的时候，欧几里得距离可能是一种更好的选择。）对于长度为1的向量，余弦度量可以通过简单的取点积计算。从而，在需要计算大量对象之间的余弦相似度时，将对象规范化，使之具有单位长度可以减少计算时间。

计算下面两个数据对象的余弦相似度，这些数据对象可能代表文档向量：

$x = (3,2,0,5,0,0,0,2,0,0)$

$y = (1,0,0,0,0,0,0,1,0,2)$

可以计算得到：

$$x \cdot y = 3 \times 1 + 2 \times 0 + 0 \times 0 + 5 \times 0 + 0 \times 0 + 0 \times 0 + 0 \times 0 + 2 \times 1 + 0 \times 0 + 0 \times 2 = 5 \quad (2-15)$$

$$\|x\| = \sqrt{3 \times 3 + 2 \times 2 + 0 \times 0 + 5 \times 5 + 0 \times 0 + 0 \times 0 + 0 \times 0 + 2 \times 2 + 0 \times 0 + 0 \times 0} = 6.48 \quad (2-16)$$

$$\|y\| = \sqrt{1 \times 1 + 0 \times 0 + 0 \times 0 + 0 \times 0 + 0 \times 0 + 0 \times 0 + 0 \times 0 + 1 \times 1 + 0 \times 0 + 2 \times 2} = 2.45 \quad (2-17)$$

$$\cos(x, y) = 0.31 \quad (2-18)$$

3．广义 Jaccard 系数（Tanimoto 系数）

广义 Jaccard 系数也可以用于文档数据，并在二元属性情况下归约为 Jaccard 系数。广义 Jaccard 系数又称 Tanimoto 系数，由公式（2-19）定义，用 EJ 表示。

$$EJ(x, y) = \frac{x \cdot y}{\|x\|^2 + \|y\|^2 - x \cdot y} \quad (2-19)$$

第 2 章 初识数据

4．相关性

两个具有二元变量或连续变量的数据对象之间的相关性是对象属性之间线性联系的度量。两个数据对象 x 和 y 之间的**皮尔森相关系数**由公式（2-20）定义。

$$\operatorname{corr}(\boldsymbol{x}, \boldsymbol{y}) = \frac{covariance(\boldsymbol{x}, \boldsymbol{y})}{standard\_deviation(\boldsymbol{x}) \times standard\_deviation(\boldsymbol{y})} = \frac{s_{xy}}{s_x s_y} \qquad （2-20）$$

式中：

$$covariance(\boldsymbol{x}, \boldsymbol{y}) = s_{xy} = \frac{1}{n-1} \sum_{k=1}^{n} (x_k - \overline{x})(y_k - \overline{y}) \qquad （2-21）$$

$$standard\_deviation(\boldsymbol{x}) = s_x = \sqrt{\frac{1}{n-1} \sum_{k=1}^{n} (x_k - \overline{x})^2} \qquad （2-22）$$

$$standard\_deviation(\boldsymbol{y}) = s_y = \sqrt{\frac{1}{n-1} \sum_{k=1}^{n} (y_k - \overline{y})^2} \qquad （2-23）$$

其中 $\overline{x}$ 和 $\overline{y}$ 分别是 x 和 y 的均值：

$$\overline{x} = \frac{1}{n} \sum_{k=1}^{n} x_k \qquad （2-24）$$

$$\overline{y} = \frac{1}{n} \sum_{k=1}^{n} y_k \qquad （2-25）$$

通过绘制对应属性值对可以很容易地判定两个数据对象 x 和 y 之间的相关性。图 2-6 给出了相关度从 -1 到 1 的散点图。x 和 y 具有 30 个属性，这些属性的值随机产生（服从正态分布），使得 x 和 y 的相关度从 -1 到 1。图中每个小圆圈代表 30 个属性中的一个，其中横坐标表示一个属性的值，纵坐标表示具有相同属性的值。

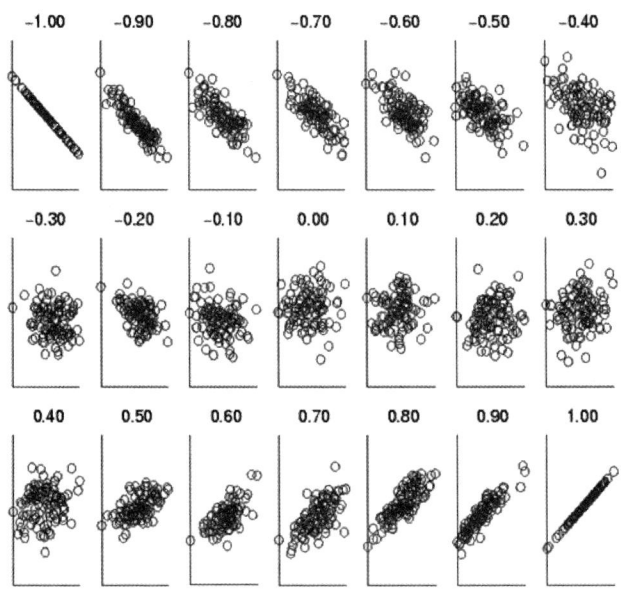

图 2-6　相关度散点图

2.4 实验

2.4.1 实验1：读入数据与列联分析

实验目的：使用R读入数据，并进行列联显示。

实验数据集："names.txt"数据集，如图2-7所示。

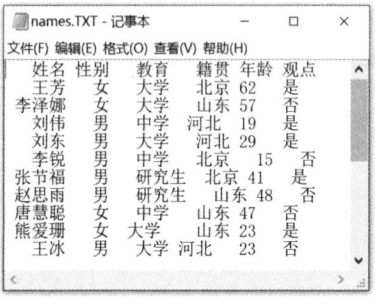

图2-7 "names.txt"数据集

实验内容：

1．将性别、观点和籍贯进行二维列联显示。

代码：

```
w=read.table("names.txt",header=TRUE)  #1
v=w[,-c(1,4,5)]  #2
tt=table(v)  #3
```

代码解释：

#1：函数read.table()读入数据，数据源为"names.txt"，参数header=TRUE表示首行属性标题有效。读入的姓名、性别、籍贯、观点为标称数据，教育为序数数据，年龄为比率数据，我们感兴趣的性别、教育、观点分别为第2、3、6列。

#2：去除数据集的1、4、5列，得到感兴趣的属性列。

#3：二维列联显示。

结果：

```
, , 观点 = 否

        教育
性别 大学 研究生 中学
   男    1      1    1
   女    1      0    1

, , 观点 = 是

        教育
性别 大学 研究生 中学
   男    1      1    1
   女    2      0    0
```

图2-8 二维列联显示

分析：

图2-8：显示结果的可读性偏差。

2．将性别、教育和观点进行平面表多维列联显示。

代码：

```
ftable(tt)
```

结果：

```
                  观点 否 是
性别 教育
男   大学           1  1
     研究生         1  1
     中学           1  1
女   大学           1  2
     研究生         0  0
     中学           1  0
```

图 2-9　平面表多维列联显示

分析：

图2-9：显示结果的可读性得到了明显提升。

3．自行挑选行列变量进行排列，如挑选性别和观点形成列联表。

代码：

```
ftable(tt,col.vars=c(1,3))   #1
ftable(tt,col.vars=c("性别","观点"))   #2
```

代码解释：

#1#2：显示结果相同。

结果：

```
     性别 男      女
     观点 否 是 否 是
教育
大学         1  1  1  2
研究生       1  1  0  0
中学         1  1  1  0
```

图 2-10　自选多维列联显示

分析：

图2-10：显示结果的自主分析性很强。

2.4.2　实验2：图形显示

实验目的：分类变量和定量变量的图形显示。

实验数据集：分类变量"rich.csv"数据集，为2013年世界净资产总值在十亿美元以上的富翁数据；定量变量"Forbes2000.csv"数据集，为2013年全球最强2000个企业的数据。

实验内容：

1．分析分类变量"rich.csv"数据集，生成富翁最多的前10个国家的富翁数目和前10个行业的富翁数目的饼图和条形图。

代码：

```
w=read.csv("Rich.csv")
w[1:20,]  #1
summary(w)  #2
v=sort(table(w[,6]),decreasing=T)[1:10]  #3
u=sort(table(w[,5]),decreasing=T)[1:10]  #3
par(mfrow=c(1,2))  #4
pie(v,cex.names=0.8,main="By residency")  #4
pie(u,cex.names=0.8,main="By source")  #4
par(mfrow=c(2,1))  #5
barplot(v[1:10],cex.names=0.8,main="By residency")  #5
barplot(u[1:10],cex.names=0.8,main="By source")  #5
```

代码解释：

#1：显示前20行数据。

#2：显示数据集的统计特性。

#3：分别按照Residency（居住地区）和Source（行业）的富翁数目进行降序排列，并取出排列的前10名分别赋给v和u。

#4：画出一行两列饼状图。

#5：画出两行一列柱状图。

结果：

```
> w[1:20,]
   Rank                    Name Net.Worth Age             Source     Residency
1     1 Carlos Slim Helu & family      73.0  73            telecom        Mexico
2     2               Bill Gates      67.0  57          Microsoft United States
3     3           Amancio Ortega      57.0  77               Zara         Spain
4     4              warrenuffett      53.5  82 Berkshire Hathaway United States
5     5            Larry Ellison      43.0  68             Oracle United States
6     6             Charles Koch      34.0  77        diversified United States
7     6               David Koch      34.0  73        diversified United States
8     8             Li Ka-shing      31.0  84        diversified     Hong Kong
9     9 Lilianeettencourt & family      30.0  90            L'Oreal        France
10   10    Bernard Arnault & family      29.0  64               LVMH        France
11   11     Christy Walton & family      28.2  58           Wal-Mart United States
12   12            Stefan Persson      28.0  65                H&M        Sweden
13   13            Michaelloomberg      27.0  71       Bloomberg LP United States
14   14               Jim walton      26.7  65           Wal-Mart United States
15   15           Sheldon Adelson      26.5  79            casinos United States
16   16              Alice Walton      26.3  63           Wal-Mart United States
17   17         S. Robson Walton      26.1  69           Wal-Mart United States
18   18            Karl Albrecht      26.0  93               Aldi       Germany
19   19                 Jeffezos      25.2  49         Amazon.com United States
20   20              Larry Page      23.0  40             Google United States
```

图2-11 "rich.csv"数据集前20行数据显示

第 2 章 初识数据

```
> summary(w)
      Rank                                         Name              Net.Worth
 Min.   :   1.0   Robert Miller                   :   2   Min.   : 1.000
 1st Qu.: 353.0   A. Jerrold Perenchio            :   1   1st Qu.: 1.400
 Median : 704.0   Abdulla Al Futtaim              :   1   Median : 2.100
 Mean   : 697.9   Abdullah Al Rajhi               :   1   Mean   : 3.809
 3rd Qu.:1031.0   Abdullain Ahmad Al Ghurair & family:  1   3rd Qu.: 3.800
 Max.   :1342.0   Abigail Johnson                 :   1   Max.   :73.000
                  (Other)                         :1419
      Age                Source              Residency
 Min.   :29.00   real estate   : 108   United States:442
 1st Qu.:53.00   diversified   :  72   China        :122
 Median :62.00   investments   :  58   Russia       :110
 Mean   :63.08   retail        :  58   Germany      : 58
 3rd Qu.:72.00   hedge funds   :  34   India        : 55
 Max.   :97.00   pharmaceuticals:  33  Brazil       : 46
 NA's   :45      (Other)       :1063   (Other)      :593
```

图 2-12　"rich.csv"数据集统计特性显示

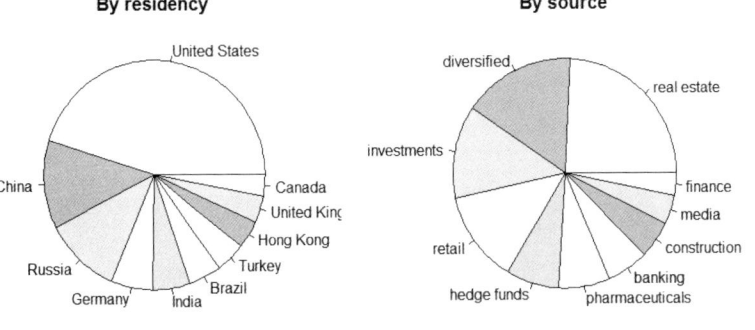

图 2-13　"rich.csv"数据集富翁数目饼状图显示

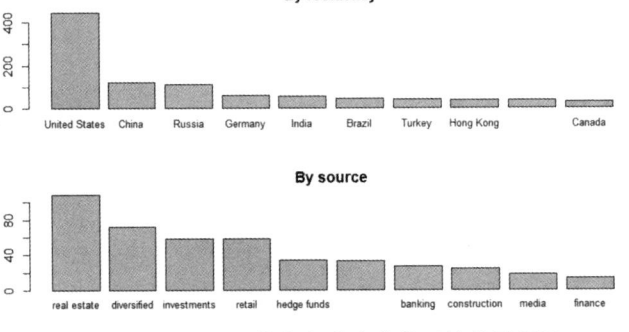

图 2-14　"rich.csv"数据集富翁数目柱状图显示

分析：

图 2-11：Rank（排名）是按照财产多少排列的，是序数变量；Name（姓名）是标签类标称变量；Net.Worth（净资产）和 Age（年龄）数据变量是比率变量；Source（行业）、Residency（居住地区）是分类变量、标称变量。

图 2-12：Rank（排名）、Net.Worth（净资产）、Age（年龄）统计特征给出了最小值、第一 4-分位数、中值、均值、第三 4-分位数、最大值；Name（姓名）、Source（行业）、Residency（居住地区）给出了标称变量出现的频次。

45

2．分析定量变量"Forbes2000.csv"数据集，生成 4 个连续变量的直方图，画出中国公司（没有取对数的）市场价值的盒形图。

代码：

```
w=read.csv("forbes2000.csv")
head(w,20)  #1
summary(w)  #2
par(mfrow=c(2,2))  #3
for(i in 4:7){  #3
hist(log(w[,i]),main=paste("Log",names(w)[i]),xlab="")  #3
rug(log(w[,i]))  #3
}  #3
par(mfrow=c(1,1))  #4
boxplot(w[w[,3]=="China",7],horizontal=T,main="Market Value (China
Companies)")  #4
rug(w[w[,3]=="China",7])  #4
```

代码解释：

#1：显示前 20 行数据。

#2：显示数据集的统计特性。

#3：hist() 为画直方图，其中 main 是标题，paste() 是把一些文字连接起来的函数，rug() 是在直方图下面加上数据点的具体位置。这里之所以取对数，是因为企业差别较大，如果不取对数，直方图会集中在最小端。对于经济领域的正数数据进行取对数变量（或其他变换）是很常见的做法。这里会出现 R 的警告，这是因为有一个公司的销售额为 0，有 56 个公司的利润为 0，有一个公司的市场价值为 0，对 0 取对数是没有意义的。忽略警告即可，并不影响显示。

#4：boxplot() 为画盒图，其中，用 horizontal=T 或 horizontal=F（默认值）来确定盒形图是横向显示还是竖向显示。w[w[,3]=="China",7] 充分利用了两个下标分别表示观测值和变量。这里还使用了返回 TRUE 或 FALSE 的逻辑表达式 w[,3]=="China" 来选择对应于 TRUE 的观测值。

结果：

```
> head(w,20)
    Rank            Company         Country Sales Profits Assets Market.Value
1      1               ICBC           China 134.8    37.8 2813.5        237.3
2      2 China Constructionank        China 113.1    30.6 2241.0        202.0
3      3       JPMorgan Chase  United States 108.2    21.3 2359.1        191.4
4      4      General Electric United States 147.4    13.6  685.3        243.7
5      5          Exxon Mobil  United States 420.7    44.9  333.8        400.4
6      6         HSBC Holdings United Kingdom 104.9   14.3 2684.1        201.3
7      7    Royal Dutch Shell     Netherlands 467.2   26.6  360.3        213.1
8      8 Agriculturalank of China      China 103.0   23.0 2124.2        150.8
9      9   Berkshire Hathaway  United States 162.5    14.8  427.5        252.8
10     9            PetroChina         China 308.9    18.3  347.8        261.2
11    11         Bank of China         China  98.1    22.1 2033.8        131.7
12    12           Wells Fargo United States  91.2    18.9 1423.0        201.3
13    13               Chevron United States 222.6    26.2  233.0        232.5
14    14      Volkswagen Group       Germany 254.0    28.6  408.2         94.4
15    15                 Apple United States 164.7    41.7  196.1        416.6
16    15       Wal-Mart Stores United States 469.2    17.0  203.1        242.5
17    17               Gazprom        Russia 144.0    40.6  339.3        111.4
18    18                    BP United Kingdom 370.9   11.6  301.0        130.1
19    19             Citigroup United States  90.7     7.5 1864.7        143.6
20    20             Petrobras        Brazil 144.1    11.0  331.6        120.7
```

图 2-15　"Forbes2000.csv"数据集前 20 行数据显示

第 2 章 初识数据

```
> summary(w)
      Rank                      Company
 Min.   :   1.0   3M                  :   1
 1st Qu.: 500.8   77ank               :   1
 Median :1000.5   A2A                 :   1
 Mean   :1000.3   Aarealank           :   1
 3rd Qu.:1500.0   ABB                 :   1
 Max.   :1999.0   Abbott Laboratories :   1
                  (other)             :1994
           Country          Sales            Profits
 United States :543   Min.   :  0.00   Min.   :-24.500
 Japan         :251   1st Qu.:  4.10   1st Qu.:  0.300
 China         :136   Median :  9.00   Median :  0.500
 United Kingdom: 95   Mean   : 19.21   Mean   :  1.216
 Canada        : 65   3rd Qu.: 18.32   3rd Qu.:  1.200
 France        : 64   Max.   :469.20   Max.   : 44.900
 (Other)       :846
      Assets          Market.Value
 Min.   :   1.00   Min.   :  0.00
 1st Qu.:   9.70   1st Qu.:  5.20
 Median :  19.30   Median :  9.60
 Mean   :  79.36   Mean   : 19.59
 3rd Qu.:  45.85   3rd Qu.: 19.12
 Max.   :3226.20   Max.   :416.60
```

图 2-16 "Forbes2000.csv" 数据集统计特性显示

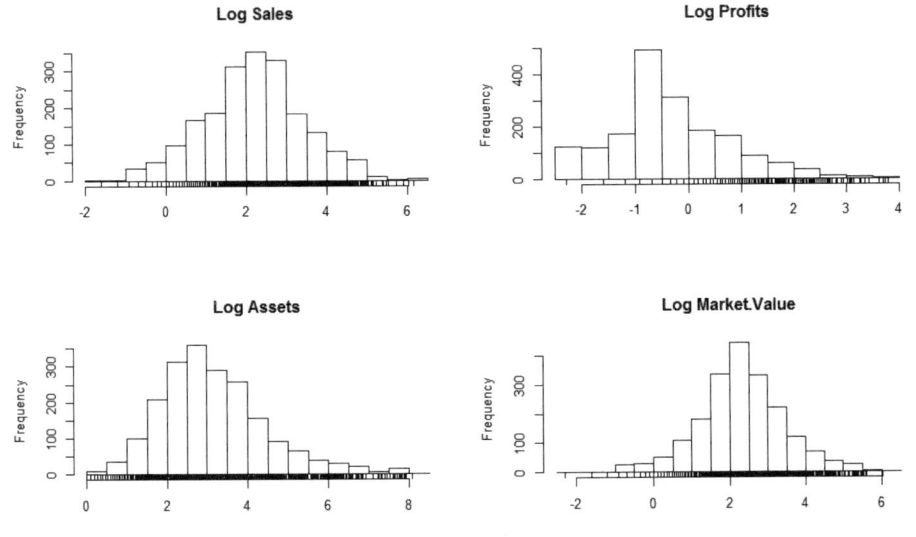

图 2-17 "Forbes2000.csv" 4 个连续变量直方图

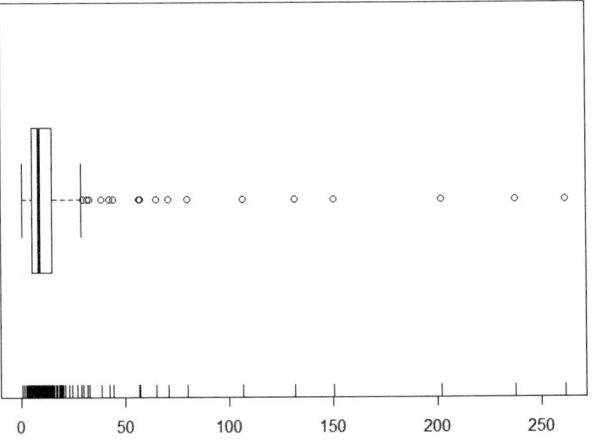

图 2-18 "Forbes2000.csv" 中国公司市场价值的盒形图

47

分析：

图2-15：Rank（排名）是福布斯的名次，是序数变量；Company（公司名）是标签类，是标称变量；Country（国家）是标称变量；Sales（销售额），Profits（利润），Assets（资产），Market.Value（市场价值）是比率变量。

图2-16：Rank（排名）、Sales（销售额）、Profits（利润）、Assets（资产）、Market.Value（市场价值）统计特征给出了最小值、第一4-分位数、中值、均值、第三4-分位数、最大值；Company（公司）、Country（国家）给出了标称变量出现的频次。

补充：

绘制图形（x是数据向量）

直方图：hist(x)

盒形图：boxplot(x)

茎叶图：stem(x)

散点图：plot(x)

饼图：pie(x)

条形图：barplot(x)

计算汇总统计

汇总统计量：summary(x)

均值：mean(x)

中位数：median(x)

分位点：quantile(x)或quantile(x,0.75)等

极差：diff(range(x))

四分位极差：diff(quantile(x,c(0.25,0.75)))

标准差：sd(x)

方差：var(x)

标准得分：scale(x)

第 3 章 初始数据获取

3.1 数据获取

3.1.1 数据获取的方式

初始数据获取是数据分析和数据挖掘的基础,百度百科给出的定义是:

"数据获取是指利用一种装置,将来自各种数据源的数据自动收集到一个装置中。被采集的数据是已被转换为电讯号的各种物理量,如温度、水位、风速、压力等,可以是模拟量,也可以是数字量。采集一般是采样方式,即隔一定时间(称采样周期)对同一数据集重复采集。采集的数据大多是瞬时值,也可是某段时间内的一个特征值。准确的数据测量是数据采集的基础。"

本书并不过分强调数据获取的方法,而仅仅给出数据获取的方式,并将获取的数据直接用于数据分析和数据挖掘。获取数据的方式主要包括以下几种:

(1)公开信息;

(2)内部数据;

(3)购买的数据;

(4)自行采集的数据;

(5)特殊行业(专家咨询,发放问卷)。

3.1.2节将对部分公开数据集进行介绍,3.3节将对自行采集互联网数据的方法进行介绍,本书的所有实验也将基于以上两种方式进行。

3.1.2 公开数据

进行数据分析和数据挖掘的学习,采用公开数据源是一种非常合适的方法,以下将给出一些常用的公开数据源:

➢ 中华人民共和国国家统计局

http://data.stats.gov.cn

- 公共卫生科学数据中心

  http://www.phsciencedata.cn/Share/index.jsp

- 环境保护部数据中心

  http://datacenter.mep.gov.cn/

- 中国名人录China Vitea

  http://www.chinavitae.com/

- UN Data联合国数据

  http://data.un.org/

- Public Data Sets on Amazon Web Services（AWS）

  http://aws.amazon.com/datasets

- Yahoo! Webscope

  http://webscope.sandbox.yahoo.com/index.php

- Konect is a collection of network datasets

  http://konect.uni-koblenz.de/

- Stanford Large Network Dataset Collection

  http://snap.stanford.edu/data/index.html

- Dataset for "Statistics and Social Network of YouTube Videos"

  http://netsg.cs.sfu.ca/youtubedata/

- 1998 World Cup Web Site Access Logs

  http://ita.ee.lbl.gov/html/contrib/WorldCup.html

- Page view statistics for Wikimedia projects

  http://dammit.lt/wikistats/

公开数据集的资源非常丰富，绝不仅限于以上几种，本书所采用的数据分析和数据挖掘工具R也自带多种内部公开数据集。

3.2　信息搜索

3.2.1　信息搜索方法

互联网时代，信息搜索通常泛指网络信息搜索，网络信息搜索的常用方法包括直接访问网页、使用搜索引擎和查询在线数据库，如表3-1所示。

表3-1　常见的网络信息搜索方法

分类	使用方法	举　例
直接访问网页	知道信息所在的网页地址或网络实名，可快捷地检索到结果。	www.cuc.edu.cn 为中国传媒大学官网。

（续表3-1）

分类	使用方法	举　例
使用搜索引擎	利用分类目录或关键字，在特定的搜索引擎中查找所需信息。	要了解真人秀节目，可访问新浪搜索引擎，在其分类目录中，搜索"娱乐 -> 综艺 -> 真人秀"，或使用百度搜索引擎直接输入"真人秀"进行搜索。
查询在线数据库	利用网上的在线数据库进行查询。	学生可以利用高考、中考在线查分系统查询考试成绩。

手工检索

手工检索就是手工添加检索信息，效率低下，但检索信息准确。

搜索引擎检索

搜索引擎检索通过设定好的搜索引擎程序进行检索，效率高但容易出现冗余或错误信息。

数据库检索

数据库检索通过数据库保存的关键字、简短索引等进行检索。由于关键字是手工指定的，所以效率高，准确率也高。但是数据库中没有的内容将检索不到，没有搜索引擎检索搜索得全面。

为了更全面、更高效地获取信息，信息检索也有一定的技巧，这里我们以项目文献调研为例进行说明：

1．顺查法

顺查法指按照时间的顺序，由远及近地利用检索系统进行文献信息检索的方法。这种方法能收集到某一课题的系统文献，它适用于较大课题的文献检索。例如，已知某课题的起始年代，现在需要了解其发展的全过程，就可以用顺查法从最初的年代开始，逐渐向近期查找。该方法的优点是漏检率、误检率比较低，缺点是工作量大。

2．倒查法

倒查法是由近及远，从新到旧，逆着时间的顺序利用检索工具进行文献信息检索的方法。此方法的重点是放在近期文献，只需查到基本满足需要时即可。使用这种方法可以最快地获得新资料，而且近期的资料总是既概括了前期的成果，又反映了最新水平和动向，这种方法工作量较小，但是漏检率较高，主要用于新课题立项前的调研。

3．抽查法

抽查法是针对检索课题的特点，选择有关该课题的文献信息最可能出现或最频繁出现的时间段，利用检索工具进行重点检索的方法。它适用于检索某一领域研究高潮很明显的、某一学科的发展阶段很清晰的、某一事物出现频率在某一阶段很突出的课题。该方法是一种费时较少而又能查到较多有效文献的检索方法。

4．追溯法

追溯法是指不利用一般的检索工具，而是利用已经掌握的文献末尾所列的参考文献，逐一地追溯查找"引文"的一种最简便的扩大情报来源的方法。它还可以从查到的"引文"中再追溯查找"引文"，像滚雪球一样，依据文献间的引用关系，获得越来越多的内容相关文献。

5．综合法

综合法又称循环法，是把上述方法加以综合运用的方法。综合法既要利用检索工具进行常规检索，又要利用文献后所附的参考文献进行追溯检索，分期分段地交替使用几种方法。即先利用检索工具（系统）检索到一批文献，再以这些文献末尾的参考目标为线索逆行查找，如此循环进行，直到满足要求为止。

3.2.2　搜索引擎

搜索引擎是指根据一定的策略、运用特定的计算机程序从互联网上搜集信息，是目前最常用的一种信息搜索方法，搜索引擎主要包括两大类：

1．全文搜索引擎

全文搜索引擎按照关键字进行搜索，常见的搜索引擎有：

百度：http://www.baidu.com/

Google：http://www.google.com/

2．目录搜索引擎

目录搜索引擎按照目录进行检索，常见的搜索引擎有：

搜狐：http://www.sohu.com/

新浪：http://www.sina.com/

网易：http://www.163.com/

雅虎：http://www.yahoo.com/

搜索引擎的常用使用技巧见表3-2。

表3-2　搜索引擎的常用使用技巧

技　巧	要　点
提炼搜索关键词	关键词必须具有代表性和指标性，提炼关键词至关重要，它是"所有搜索技巧之母"。
细化搜索条件	细化搜索条件是成功的关键，能获得比较精确的结果。
用好逻辑符号	搜索引擎基本上都支持"与""或""非"等逻辑运算查询，不同的搜索引擎使用的逻辑符不完全相同，常见的有"AND""OR""NOT"或"+""|""—"等逻辑符号。用好它们可使日常的搜索应用得到事半功倍的效果。
强制搜索	添加英文双引号来搜索短语词，在查找名言警句或专用名词时格外有用。
适时调整所用搜索引擎	不要局限于一个搜索引擎。当搜索不到理想的结果时，要及时更换搜索引擎。

下面是部分主要操作的详细说明。

➢ 双引号""

作用：完全匹配搜索，即搜索结果包含双引号中出现的所有词，连顺序也必须匹配。

适用：谷歌、百度。

实操：比较搜索结果北京空气污染与"北京空气污染"。

➢ 减号–

作用：搜索不包含减号后面的词的页面。减号前面必须是空格，减号后面没有空格，紧跟着需要排除的词。

适用：谷歌、百度。

实操：搜索北京空气–污染。

➢ filetype

作用：限定文件格式。

适用：谷歌、百度

实操：搜索北京空气污染 filetype:pdf。

➢ site

作用：站内搜索限定，即只在特定网站内部搜索。

适用：谷歌、百度。

实操：限定环保部网站。搜索空气污染 site:www.zhb.gov.cn。

➢ inurl

作用：域名搜索限定，即只在含有特定词汇的域名范围内搜索。

适用：谷歌、百度。

实操：限定政府网站。搜索空气污染 inurl:gov.cn。

3.3　爬虫程序基本原理

网络爬虫是搜索引擎的生命，被称为 Crawler，即 Spider，定义有广义和狭义之分。

狭义上，网络爬虫指遵循标准的 http 协议、利用超链接和 Web 文档检索方法遍历万维网的软件程序。

广义上，将能遵循 http 协议、检索 Web 文档的软件都称之为网络爬虫。

采集互联网信息最常用的手段就是爬虫程序，即一套自动访问网页并从中抽取有效信息的程序。本节先讨论单个网页的数据获取，3.4 节再扩展介绍按照一定的规则爬取大量网页的情况。使用浏览器访问网页的过程与使用爬虫程序访问网页的过程非常类似。

使用浏览器访问网页的时候，实际上发生的过程如下：

➢ 浏览器向对方的服务器发起请求，要求对方服务器返回目标地址的网页内容。

➢ 服务器进行一些操作，如从数据库中查出相应用户的数据等，然后准备好网页的内容，将表示网页内容的 HTML 代码发送给浏览器。

➤ 浏览器实际上收到的内容就是HTML代码。HTML语言是一种标记性质的语言，用以说明网页上每个位置应该具有何种内容。然后，浏览器将HTML代码的内容渲染为可见的网页。

使用爬虫程序的时候，实际上发生的过程如下：

➤ 爬虫程序模仿浏览器向对方的服务器发起请求，要求对方服务器返回目标地址的网页内容。

➤ 服务器进行一些操作，如从数据库中查出相应用户的数据等，然后准备好网页的内容，将表示网页内容的HTML代码发送给爬虫程序。

➤ 爬虫程序对返回的HTML代码进行解析，从代码的相应位置抽取出关键信息保存下来。

➤ 爬虫程序重复此过程，遍历所有目标网页，直到成功获取所有信息。

这里，爬虫程序或浏览器与网站服务器之间的通讯使用的是**超文本传输协议**（HTTP，HyperText Transfer Protocol），该协议是一个"请求—响应"模型的协议，客户端向服务器发起请求，服务器做出响应，然后此次HTTP通讯过程就结束了，与后续行为无关。

HTTP请求（Request）

客户端向服务器发起请求，要求服务器返回某些数据或执行某些操作，此过程中，客户端发送给服务器的数据被称为HTTP请求，HTTP请求中包含了对服务器返回数据的具体要求的说明，如下所示：

```
"GET /docs/news.php?id=1&name=2 HTTP/1.1
Host: www.test101.com
Accept: image/gif, image/jpeg, */*
Accept-Language: en-us
Accept-Encoding: gzip, deflate
User-Agent: Mozilla/4.0 (compatible; MSIE 6.0; Windows NT 5.1)"
```

第一行说明了HTTP请求的类型为GET，资源定位符（URI，Uniform Resource Locator）为/docs/news.php?id=1&name=2，HTTP协议的版本为1.1；第二行说明了目标服务器的主机名为www.test101.com，主机名+URI构成了我们实际上访问的URL，URL指明了该请求要访问这台主机上某个位置的文件；第三行开始为HTTP Headers，说明该次请求的附加信息，其中User-Agent项说明了发起请求的程序或设备类型，手机的UA和PC端浏览器的UA不同，和爬虫程序的默认UA一般也不同，部分网站会通过检测UA来进行反爬虫。

HTTP响应（Response）

HTTP响应也具有协议声明、URI、协议版本和Headers，与HTTP请求类似，但通常无需特别处理，在此不再赘述。响应的正文可能有多种类型，可能是HTML，可能是JSON，也可能是JPEG图片等。

第 3 章　初始数据获取

Web 页面通常由三类技术组件实现，也称为 **Web 页面三大基本组件**，包括：

➤ HTML（Hyper Text Mark-up Language）

➤ CSS（Cascading Style Sheets）

➤ JavaScript

其中 HTML 描述了网页上的静态内容，如文字、表格、标题、列表等；CSS 定义了各类静态内容的样式，如大小、位置、字体、字号等；JavaScript 为页面添加动态效果，也可以修改 HTML 和 CSS 的内容。

爬虫程序无需考虑页面的字体字号等样式信息，一般无需处理 CSS 相关问题，只需解析 HTML 部分的相关信息即可，部分复杂的页面中的 JavaScript 代码会修改页面的 HTML，在抓取这类复杂页面的时候需要考虑 JavaScript 的影响。

```
<!DOCTYPE html>
<html>
<head>
<title>...</title>
…
</head>
<body>
…
</body>
</html>
```

图 3-1　HTML 文档基本结构

图 3-1 给出了 **HTML 文档基本结构**，图中：

➤ <!DOCTYPE html> 表示文档类型。

➤ HTML 文档分为文档头和文档体两部分，头部信息和主体部分信息都包含在 <html> 和 </html> 标签之间，这一对标签表示包含的内容为 HTML 文档。

➤ 头部信息放在 <head> 和 </head> 之间，用来说明网页的一些基本信息，例如网页的标题等。

➤ <title>…</title> 说明该文件的标题是什么。

➤ 网页的主体信息包含在 <body> 和 </body> 之间，包含网页的正文部分。

此外，**HTML 的常用标签**包括：

➤ 标题标签 <h1>、<h2>、<h3>、<h4>、<h5> 和 <h6>，<hn> 中的 n 表示标题级别，n 值越小，标题字号越大，成对出现。

➤ 段落标签 <p>…</p> 添加在首段和尾段，成对出现。

➤ 网页中插入图像的标签 <img>，是单标签。

➤ 给网页上的文本或图像设置超链接，可以使其从源点跳到目标点。<a href=链接目标地址>文字或图像</a>。

➤ <div> 标签是一个区块容器标签，即 <div> 与 </div> 之间相当于一个容器，可以

55

容纳段落、标题、表格、图片等各种HTML元素。可以通过设置CSS样式对<div>进行相应的控制，其中的各种标签会因此改变显示效果。

HTML标签可以具有属性CRAN，这里的<a>标签具有href属性，指定了点击该标签要跳转到的目标地址。有两个特殊的属性id和class可以用于快速定位HTML标签，一个元素可以同时属于多个class。

解析HTML的核心目标就是从HTML的树状结构中定位到关键信息。XML文档由树状的嵌套标签结构构成，因而可以通过从根节点开始的路径定位到每一个位置，**XPATH表达式**就是描述这种定位路径的方法。HTML也是XML的一种，因而也可以同样处理。

在XPATH中，有七种类型的节点：元素、属性、文本、命名空间、处理指令、注释以及文档（根）节点。XML文档是被作为节点树来对待的。树的根被称为文档节点或者根节点。通常只需要考虑元素、属性、文本三类结点以及根节点。

图3-2为HTML程序段示意图1，图中：

➢ <bookstore>（文档节点）

➢ <author>J K. Rowling</author>（元素节点）

➢ lang="en"（属性节点）

➢ J K. Rowling（文本节点）

```
<bookstore>

<book>
    <title lang="en">Harry Potter</title>
    <author>J K. Rowling</author>
    <year>2005</year>
    <price>29.99</price>
</book>

</bookstore>
```

图 3-2　HTML 程序段示意图 1

节点关系可以有父、子、同胞、先辈、后代：

➢ 父：每个元素以及属性都有一个父。book元素是title、author、year以及price元素的父。

➢ 子：元素节点可有零个、一个或多个子。title、author、year以及price元素都是book元素的子。

➢ 同胞：拥有相同的父的节点。title、author、year以及price元素都是同胞。

➢ 先辈：某节点的父、父的父，等等。title元素的先辈是book元素和bookstore元素。

➢ 后代：某个节点的子，子的子，等等。bookstore的后代是book、title、author、year以及price元素。

XPATH使用路径表达式来选取XML文档中的节点或节点集。节点是通过沿着路径（path）或者步（steps）来选取的。常用的**XPATH路径表达式**如下：

➤ /：表示从根节点开始的路径。

➤ //：表示从匹配选择的当前节点选择文档中的节点，而不考虑它们的位置。

➤ @：表示选取属性。

➤ *：通配符。

➤ text()：选择文本。

➤ []：过滤器，按照指定条件过滤匹配到的元素集合，传入数字i表示选择第i个元素（这里的计数从1开始），也可以传入逻辑表达式如@class="abc"，即只选择所有class属性为abc的元素。

在图3-3的HTML程序段示意图2中：

➤ //book选择文档中出现的全部book元素，而不管book元素存在于何处。

➤ /bookstore/book/price 从根节点开始依次选择bookstore下面的book下面的price元素。

➤ //book/title/@lang 选择所有book元素下的title元素的lang属性。

➤ //book/title/text()选择所有book元素下的title的文本。

➤ //book/title[@lang="chn"]/text()选择所有在book元素下面的全部title元素中lang属性为chn的那些title元素下面的文本。

```
<bookstore>

<book>
    <title lang="eng">Harry Potter</title>
    <price>29.99</price>
</book>

<book>
    <title lang="chn">Learning XML</title>
    <price>39.95</price>
</book>

</bookstore>
```

图 3-3　HTML 程序段示意图 2

实际操作中，XPATH表达式的编写要借助Chrome或FireFox浏览器的调试模式（F12）来进行。图3-4给出了Chrome浏览器源文件示意图。在页面上右键点击要抓取的内容，选择审查元素，即可定位到该元素在HTML树中的所在位置，在调试模式中右键点击元素选择Copy XPATH可以得到自动生成的XPATH路径，但部分时候

数据分析与数据挖掘实用教程

自动生成路径表达式存在问题，需要手工修改。图3-5给出了实际操作XPATH表达式的示意图。

图 3-4　Chrome浏览器源文件示意图

图 3-5　实际操作 XPATH 表达式示意图

掌握了以上基本概念以后，3.5.2节实验将实际操作R进行网页数据的爬取。

3.4　网络爬虫

3.4.1　网络爬虫分类

从不同的角度出发，爬虫存在着不同的分类方法。网络爬虫按照系统结构和实现技术可以分为两大类：通用网络爬虫和主题网络爬虫。

1．通用网络爬虫

通用网络爬虫是不分主题的，是根据网络爬虫的控制策略随机分配爬行任务的爬虫。通用网络爬虫之间不存在主题方面的通讯与合作，目标是尽可能多地搜集质量好的页面，但对于页面内容没有要求，包含所有方面。

2．主题网络爬虫

主题网络爬虫是面向主题的，它是以特定主题为目标访问页面的爬虫。主题网络爬虫的目标是尽可能多地爬行与主题相关的资源，尽可能少地爬行与主题无关的页面，过滤掉无关网页，使某个主题的资源覆盖率变大，同时要求相关资源质量较好。

网络爬虫按照不同的应用，在许多方面存在差异，大体而言，可以分为三大类：

1．批量型爬虫

批量型爬虫有比较明确的抓取范围和目标，当爬虫达到这个设定的目标后，就停止抓取过程。由于具体目标可能不同，因此可以是设定抓取一定数量的网页即可，也可以是设定抓取消耗的时间等。

2．增量型爬虫

增量型爬虫与批量型爬虫不同，会保持持续不断的抓取，对于抓取到的网页，要定期更新，因为互联网的网页处于不断变化中，新增网页、网页被删除或者网页内容更改都很常见，而增量型爬虫需要及时反映这种变化，所以其处于持续不断的抓取过程中——不是在抓取新网页，就是在更新已有网页。通用的商业搜索引擎爬虫基本都属于此类。

3．垂直型爬虫

垂直型爬虫关注特定主题内容或者属于特定行业的网页，比如对于健康网站来说，只须从互联网页面里找到与健康相关的页面内容即可，其他行业的内容不在考虑范围。垂直型爬虫一个最大的特点和难点就是：如何识别网页内容是否属于指定行业或者主题。从节省系统资源的角度来说，不太可能把所有互联网页面下载下来之后再去筛选，这样浪费资源就太过分了。因此往往需要爬虫在抓取阶段就能够动态识别某个网址是否与主题相关，并尽量不去抓取无关页面，以达到节省资源的目的。垂直搜索网站或者垂直行业网站往往需要此种类型的爬虫。

网络爬虫根据需求的不同可以分为两大类：

1．爬取网页链接

通过URL链接得到HTML页面中指定的链接，把这些链接存储起来，再依次以这些链接为源，再次爬取链接指向HTML页面中的链接……如此层层递归下去。常用的方法是广度优先或者深度优先，根据爬取层次需求不同而选择不同的方法，从而达到最优效果。对于这种方法，爬虫的效率优化是关键。搜索引擎的第一个步骤就是通过爬虫得到需要索引的链接或者数据，存放于数据库，然后对这些数据建立索引、定义查询语句，再解析查询语句并利用检索器对数据库里的数据进行检索。

2．爬取数据信息

爬取数据信息，如文本信息、图片信息等，有时需要做数据分析，通过某种手段来获取数据样本以供后续分析，常用的方法是爬虫获取指定数据样本或利用现有的公共数据库。

3.4.2　网络爬虫基本原理

一个通用网络爬虫的框架如图3-6所示，基本工作流程如下：

首先，选取一部分精心挑选的种子URL。

然后，将这些URL放入待抓取URL队列。

接着，从待抓取URL队列中取出待抓取的URL，解析DNS，得到主机IP，并将URL对应的网页下载下来，存储进已下载网页库。此外，将这些URL放进已抓取URL队列。

最后，分析已抓取URL队列中的URL，分析其中的其他URL，并且将URL放入待抓取URL队列，从而进入下一个循环。

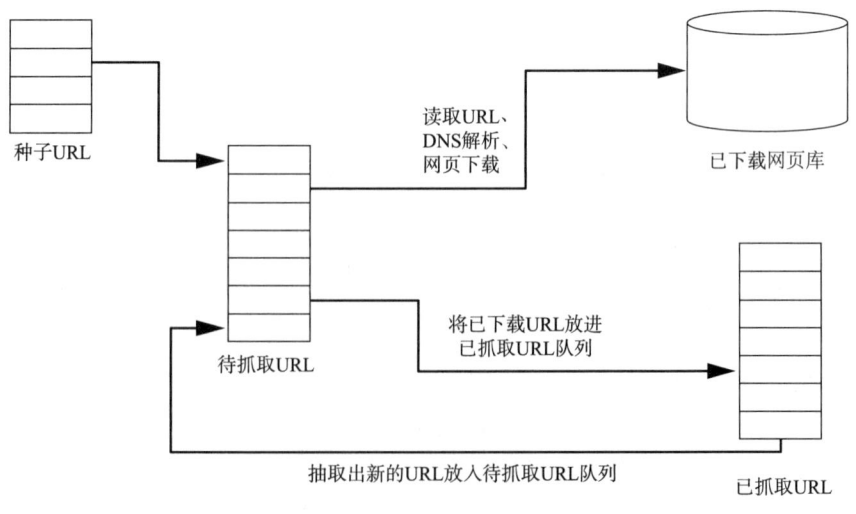

图3-6　通用网络爬虫的框架

在爬虫系统中，待抓取URL队列是很重要的一部分。待抓取URL队列中的URL以什么样的顺序排列也是一个很重要的问题，因为这涉及先抓取哪个页面、后抓取哪个页面。而决定这些URL排列顺序的方法，叫做抓取策略。这里介绍几种常见的抓取策略：

第3章 初始数据获取

1．深度优先遍历策略

深度优先遍历策略是指网络爬虫会从起始页开始，一个链接、一个链接地跟踪下去，处理完这条线路之后再转入下一个起始页，继续跟踪链接，如图3-7所示，遍历的路径为：

> A–F–G

> E–H–I

> B

> C

> D

2．宽度优先遍历策略

宽度优先遍历策略的基本思路是，将新下载网页中发现的链接直接插入待抓取URL队列的末尾。也就是指网络爬虫会先抓取起始网页中链接的所有网页，然后再选择其中的一个链接网页，继续抓取在此网页中链接的所有网页。如图3-7所示，宽度优先遍历的路径为：

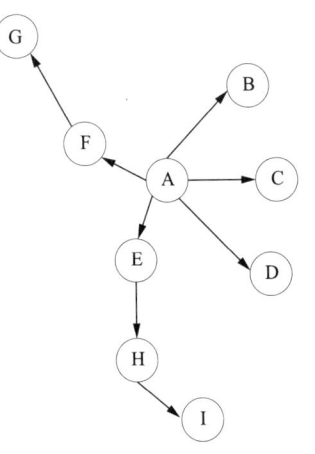

图3-7 网页分布链接图

> A–B–C–D–E–F

> G

> H

> I

3．反向链接数策略

反向链接数是指一个网页被其他网页链接指向的数量。反向链接数表示的是一个网页的内容受到其他人的推荐的程度。因此，很多时候搜索引擎的抓取系统会使用这个指标来评价网页的重要程度，从而决定不同网页的抓取先后顺序。

在真实的网络环境中，由于广告链接、作弊链接的存在，反向链接数不能完全等同于网站的重要程度。因此，搜索引擎往往考虑一些可靠的反向链接数。

4．Partial PageRank 策略

Partial PageRank算法借鉴了PageRank算法的思想：对于已经下载的网页，连同待抓取URL队列中的URL形成网页集合，计算每个页面的PageRank值，计算完之后，将待抓取URL队列中的URL按照PageRank值的大小排列，并按照该顺序抓取页面。

如果每次抓取一个页面就重新计算PageRank值，是十分消耗时间的。一种折中方案是：每抓取K个页面后，重新计算一次PageRank值。但是这种情况还会有一个问题：对于已经下载下来的页面中分析出的链接，暂时是没有PageRank值的。为了解决这个问题，会给这些页面一个临时的PageRank值，将这个网页所有入链传递进来的PageRank值进行汇总，这样就形成了该未知页面的PageRank值，从而参与排序。

61

5．OPIC 策略

该算法实际上也是对页面进行重要性打分。在算法开始前，给所有页面一个相同的初始现金（cash）。当下载了某个页面P之后，将P的现金分摊给所有从P中分析出的链接，并且将P的现金清空。对待抓取URL队列中的所有页面按照现金数进行排序。

6．大站优先策略

对于待抓取URL队列中的所有网页，根据所属的网站进行分类。对待下载页面数较多的网站，优先下载。这个策略也因此叫做大站优先策略。

互联网是实时变化的，具有很强的动态性。网页更新策略主要是决定何时更新之前已经下载过的页面。常见的更新策略有以下三种：

1．历史参考策略

顾名思义，根据页面以往的历史更新数据，预测该页面未来何时会发生变化。一般来说，是通过泊松过程进行建模实现预测。

2．用户体验策略

尽管搜索引擎针对某个查询条件能够返回数量巨大的结果，但是用户往往只关注前几页结果。因此，抓取系统可以优先更新位于查询结果前几页中的网页，然后再更新那些后面的网页。这种更新策略也需要用到历史信息。用户体验策略保留网页的多个历史版本，并且根据过去每次内容变化对搜索质量的影响，得出一个平均值，用这个值作为决定何时重新抓取的依据。

3．聚类抽样策略

前面提到的两种更新策略都有一个前提：需要网页的历史信息。这样就存在两个问题：第一，要为每个系统保存多个版本的历史信息，无疑增加了很多的系统负担；第二，要是新的网页完全没有历史信息，就无法确定更新策略。

聚类抽样策略认为，网页具有很多属性，类似属性的网页可以认为其更新频率也是类似的。要计算某一个类别网页的更新频率，只需要对这一类网页抽样，以它们的更新周期作为整个类别的更新周期。

本书更多地专注于数据分析和数据挖掘，初始数据获取仅是作为后续数据分析和数据挖掘的基础进行介绍，故本书仅对按照一定的规则爬取大量网页的网络爬虫进行了简要的介绍，并不给出实验案例。

3.5 实验

3.5.1 实验1：搜索引擎基本操作

实验目的：掌握搜索引擎的基本操作。

实验内容:

1．掌握双引号"""的使用方法

北京空气污染和"北京空气污染"——百度搜索结果分别如图3-8和图3-9所示。

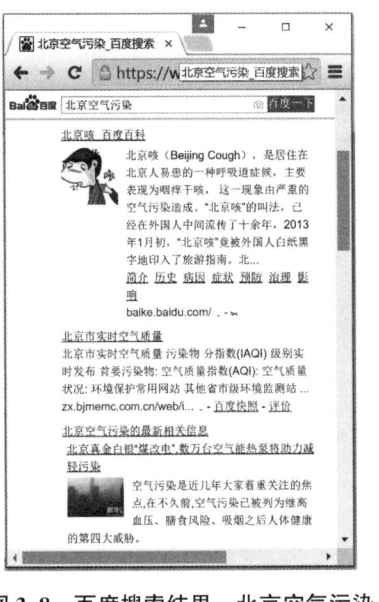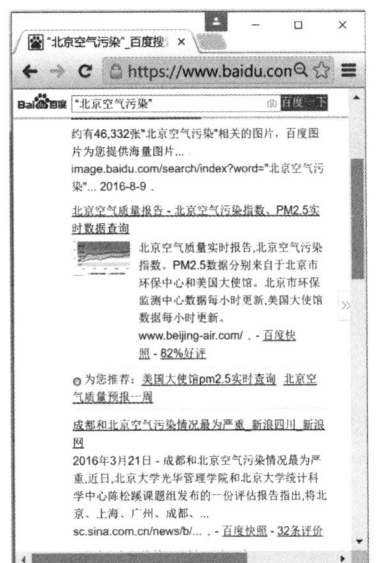

图 3-8　百度搜索结果：北京空气污染　　图 3-9　百度搜索结果："北京空气污染"

2．掌握减号 – 的使用方法

北京空气–污染——百度搜索结果如图3-10所示。

3．掌握 filetype 的使用方法

北京空气污染filetype:pdf——百度搜索结果如图3-11所示。

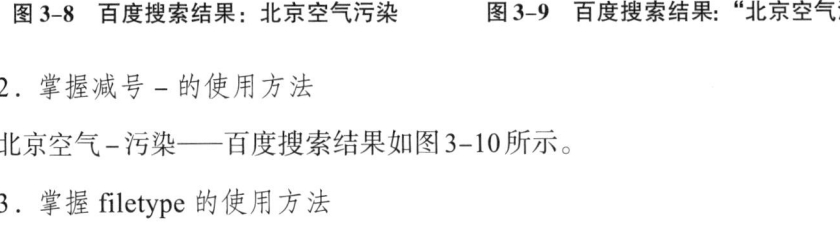

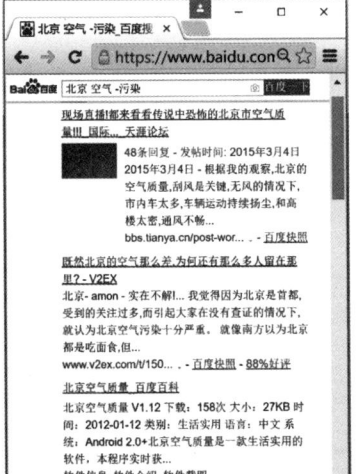

图 3-10　百度搜索结果：北京空气 – 污染　　图 3-11　百度搜索结果：北京空气
污染 filetype:pdf

4．掌握 site 的使用方法

空气污染 site:www.zhb.gov.cn——限定环保部网站，百度搜索结果如图3-12所示。

5．掌握 inurl 的使用方法

空气污染 inurl:gov.cn——限定搜索域名，百度搜索结果如图3-13所示。

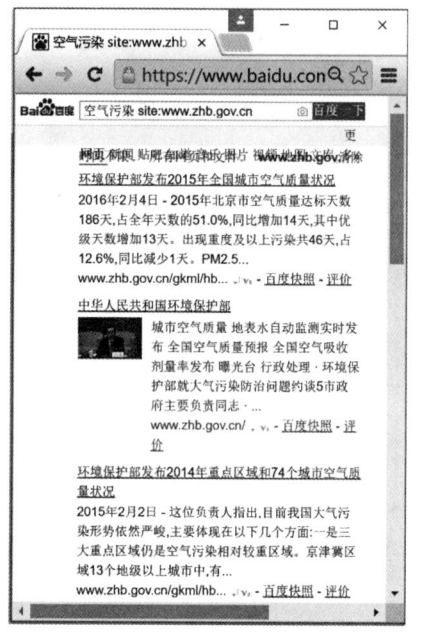

图3-12　百度搜索结果：空气污染
site:www.zhb.gov.cn

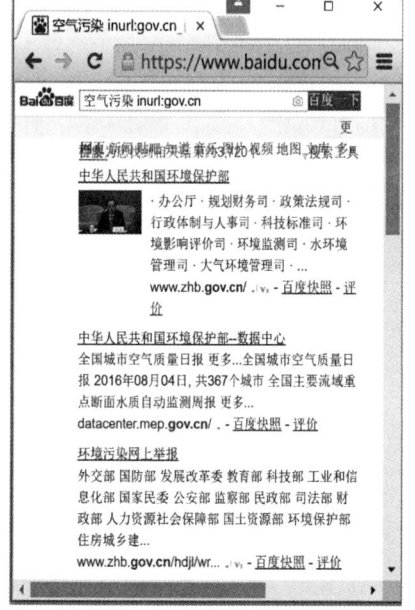

图 3-13　百度搜索结果：空气污染
inurl:gov.cn

3.5.2　实验2：简单HTML网页页面爬取

实验目的：爬取 R 网站 https://www.r-project.org/ 首页的更新信息，如图3-14所示。

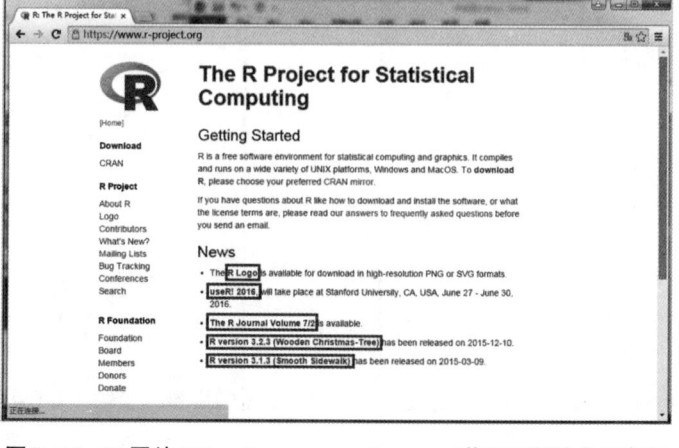

图 3-14　R 网站 https://www.r-project.org/ 首页更新信息示意图

第 3 章 初始数据获取

实验内容：

1. 安装和载入数据爬取包

代码：

```
install.packages("RCurl")  #1
library(RCurl)  #1
install.packages("XML")  #2
library(XML)  #2
```

代码解释：

#1：Rcurl包——RCurl是用C语言写成的HTTP库libcurl的R接口，为R提供了丰富的处理HTTP协议通讯的相关功能。其核心函数为getURL()，主要用于处理GET请求、访问某个URL、获取其响应内容。此外，还用到XPath语法。

#2：XML包——XML文档由树状的嵌套标签结构构成，因而可以通过从根节点开始的路径定位到每一个位置，XPATH表达式就是描述这种定位路径的方法。HTML也是XML的一种，因而也可以同样处理。

2. 网页解析

代码：

```
response<-getURL("https://www.r-project.org/")  #1
print(response)  #1
response.parser<-htmlParse(response, asText=TRUE)  #2
print(response.parser)  #2
```

结果：

```
> print(response)
[1] "<!DOCTYPE html>\n<html lang=\"en\">\n  <head>\n    <meta charset=\"utf-8\">\n    <meta http-equiv=\"X-UA-Compatible\
" content=\"IE=edge\">\n    <meta name=\"viewport\" content=\"width=device-width, initial-scale=1\">\n    <title>R: The R
Project for Statistical Computing</title>\n\n    <link rel=\"icon\" type=\"image/png\" href=\"/favicon-32x32.png\" sizes=
\"32x32\" />\n    <link rel=\"icon\" type=\"image/png\" href=\"/favicon-16x16.png\" sizes=\"16x16\" />\n\n    <!-- Bootst
rap -->\n    <link href=\"/css/bootstrap.min.css\" rel=\"stylesheet\">\n    <link href=\"/css/R.css\" rel=\"stylesheet\">
\n\n    <!-- HTML5 shim and Respond.js for IE8 support of HTML5 elements and media queries -->\n    <!-- WARNING: Respond
.js doesn't work if you view the page via file:// -->\n    <!--[if lt IE 9]>\n      <script src=\"https://oss.maxcdn.com/
html5shiv/3.7.2/html5shiv.min.js\"></script>\n      <script src=\"https://oss.maxcdn.com/respond/1.4.2/respond.min.js\"><
/script>\n    <![endif]-->\n  </head>\n  <body>\n    <div class=\"container page\">\n      <div class=\"row\">\n        <
div class=\"col-xs-12 col-sm-offset-1 col-sm-2 sidebar\" role=\"navigation\">\n<div class=\"row\">\n<div class=\"col-xs-6
col-sm-12\">\n<p><a href=\"/\"><img src=\"/Rlogo.png\" width=\"100\" height=\"78\" alt = \"R\" /></a></p>\n<p><small><a h
ref=\"/\">[Home]</a></small></p>\n<h2>Download</h2>\n<p><a href=\"http://cran.r-project.org/mirrors.html\">CRAN</a></p>\n
<h2>R Project</h2>\n<ul>\n<li><a href=\"/about.html\">About R</a></li>\n<li><a href=\"/logo/\">Logo</a></li>\n<li><a href
=\"/contributors.html\">Contributors</a></li>\n<li><a href=\"/news.html\">what&80>99s New?</a></li>\n<li><a href=\"/ma
il.html\">Mailing Lists</a></li>\n<li><a href=\"http://bugs.R-project.org\">Bug Tracking</a></li>\n<li><a href=\"/confere
nces.html\">Conferences</a></li>\n<li><a href=\"/search.html\">Search</a></li>\n</ul>\n</div>\n<div class=\"col-xs-6 col-
sm-12\">\n<h2>R Foundation</h2>\n<ul>\n<li><a href=\"/foundation/\">Foundation</a></li>\n<li><a href=\"/foundation/board.
html\">Board</a></li>\n<li><a href=\"/foundation/members.html\">Members</a></li>\n<li><a href=\"/foundation/donors.html\"
>Donors</a></li>\n<li><a href=\"/foundation/donations.html\">Donate</a></li>\n</ul>\n<h2>Documentation</h2>\n<ul>\n<li><a
href=\"http://cran.r-project.org/manuals.html\">Manuals</a></li>\n<li><a href=\"http://cran.r-project.org/faqs.html\">FAQ
s</a></li>\n<li><a href=\"http://journal.r-project.org\">The R Journal</a></li>\n<li><a href=\"/doc/bib/R-books.html\">Bo
oks</a></li>\n<li><a href=\"/certification.html\">Certification</a></li>\n<li><a href=\"/other-docs.html\">Other</a></li>
```

图 3-15　HTML 返回文件

65

数据分析与数据挖掘实用教程

```
> print(response.parser)
<!DOCTYPE html>
<html lang="en">
<head>
<meta charset="utf-8">
<meta http-equiv="X-UA-Compatible" content="IE=edge">
<meta name="viewport" content="width=device-width, initial-scale=1">
<title>R: The R Project for Statistical Computing</title>
<link rel="icon" type="image/png" href="/favicon-32x32.png" sizes="32x32">
<link rel="icon" type="image/png" href="/favicon-16x16.png" sizes="16x16">
<!-- Bootstrap --><link href="/css/bootstrap.min.css" rel="stylesheet">
<link href="/css/R.css" rel="stylesheet">
<!-- HTML5 shim and Respond.js for IE8 support of HTML5 elements and media queries --><!-- WARNING: Respond.js doesn't wo
rk if you view the page via file:// --><!--[if lt IE 9]>
        <script src="https://oss.maxcdn.com/html5shiv/3.7.2/html5shiv.min.js"></script>
        <script src="https://oss.maxcdn.com/respond/1.4.2/respond.min.js"></script>
    <![endif]-->
</head>
<body>
    <div class="container page">
        <div class="row">
            <div class="col-xs-12 col-sm-offset-1 col-sm-2 sidebar" role="navigation">
<div class="row">
<div class="col-xs-6 col-sm-12">
<p><a href="/"><img src="/Rlogo.png" width="100" height="78" alt="R"></a></p>
<p><small><a href="/">[Home]</a></small></p>
<h2>Download</h2>
```

图 3-16　XML 语法解析返回文件

代码解释及分析：

#1 与图 3-15：获取 HTML 文件，返回文件中的内容均可提取。从结果可以看到，返回文件无格式，即格式混乱。

#2 与图 3-16：使用 XML 语法解析返回的结果，格式与查看原文件格式相同，RStudio 汉字显示有误，若用 R 软件则没有问题。

3. 获取具体内容

XPATH 查看结果为：

```
/html/body/div/div[1]/div[2]/ul/li[1]/p/a/strong
/html/body/div/div[1]/div[2]/ul/li[2]/p/strong/a
/html/body/div/div[1]/div[2]/ul/li[3]/p/a/strong
/html/body/div/div[1]/div[2]/ul/li[4]/p/a/strong
/html/body/div/div[1]/div[2]/ul/li[5]/p/a/strong
```

代码：

```
plain.text<- xpathSApply(response.parser, '/html/body/div/div[1]/
div[2]/ul/li//a//text()', xmlValue)  #1
print(plain.text)  #1
```

结果：

```
> plain.text <- xpathSApply(response.parser, '/html/body/div/
div[1]/div[2]/ul/li//a//text()', xmlValue)
> print(plain.text)
[1] "R Logo"
[2] "useR! 2016"
[3] "The R Journal Volume 7/2"
[4] "R version 3.2.3 (Wooden Christmas-Tree)"
[5] "R version 3.1.3 (Smooth Sidewalk)"
```

图 3-17　R 网站 https：//www.r-project.org/ 首页更新信息获取结果

代码解释及分析：

#1 与图 3-17：解析 XPATH，获取所需信息。

3.5.3　实验3：HTML网页中复杂表格爬取

实验目的：爬取环保部数据中心，其网站会公布全国城市的空气质量日报，网址 http://datacenter.mep.gov.cn/report/air_daily/air_dairy.jsp?city=&startdate=2015–08–13&enddate=2015–08–13&page=1，如图3–18所示。

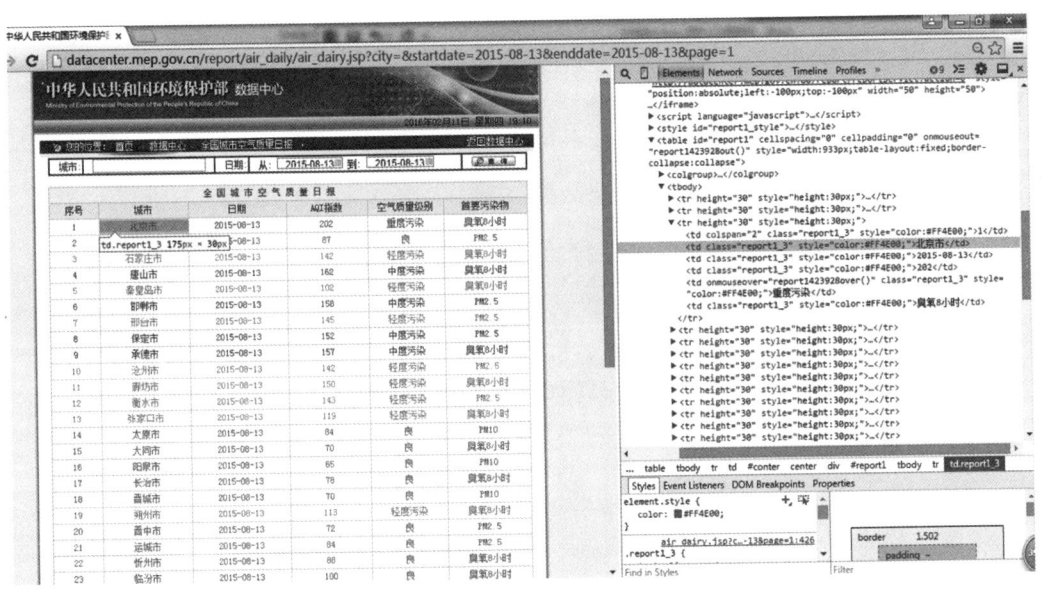

图 3–18　全国城市的空气质量日报页面示意图

实验内容：

1．网页解析

代码：

```
install.packages("RCurl")
install.packages("XML")
library(RCurl)
library(XML)
response<-getURL("http://datacenter.mep.gov.cn/report/air_daily/air_
dairy.jsp?city=&startdate=2015-08-13&enddate=2015-08-13&page=1",userage
nt="Mozilla/5.0 (Windows NT 6.3; WOW64) AppleWebKit/537.36 (KHTML, like
Gecko) Chrome/43.0.2357.134 Safari/537.36")  #1
response.parser<-htmlParse(response, asText=TRUE)
```

代码解释：

#1：这里需要用useragent=这个参数指定HTTP Headers中的User Agent，否则会被识别为非浏览器访问，不能返回正确的数据。

2．获取具体内容

XPATH查看结果为：

```
//*[@id="report1"]/tbody/tr[3]/td[2]
//*[@id="report1"]/tbody/tr[3]/td[3]
//*[@id="report1"]/tbody/tr[3]/td[4]
//*[@id="report1"]/tbody/tr[3]/td[5]
//*[@id="report1"]/tbody/tr[3]/td[6]
```

代码：

```
table.rows<-xpathSApply(response.parser, '//table[@id="report1"]//
tr')[3:32]
result<-data.frame()
for(i in 1:30){
this.row<-table.rows[[i]]
  city.name<-xpathSApply(this.row,"./td/text()",xmlValue)[2]
publish.date<-xpathSApply(this.row,"./td/text()",xmlValue)[3]
aqi<-xpathSApply(this.row,"./td/text()",xmlValue)[4]
pollution.level<-xpathSApply(this.row,"./td/text()",xmlValue)[5]
  pollution.name<-xpathSApply(this.row,"./td/text()",xmlValue)[6]
result<-rbind(result,data.frame(cityName=city.name,publishDate=publish.
date,aqi=aqi,pollutionLevel=pollution.level,pollutionName=pollution.name))
  }
print(result)
```

3．导出文件

代码：

```
write.csv(result,'./data/全国城市空气质量日报.csv')
```

结果：

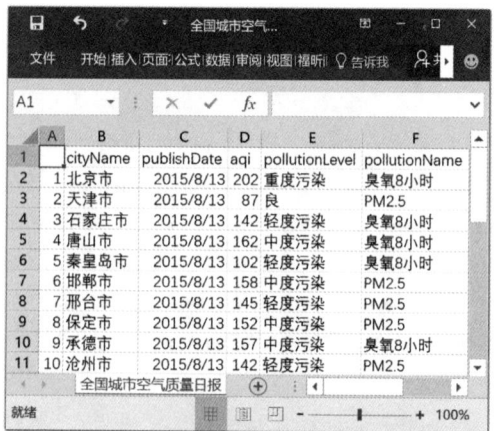

图3-19 HTML网页复杂表格爬取数据导出文件

3.5.4　实验4：非规整多页网页数据爬取

实验目的：同时爬取时光网多部影片的多页短评数据。

实验内容：

1. 时光网短评 URL 解析

实验中获取第2-10页的评论，为了遍历所有评论页面，分析得到URL规则如下：

➤ http://movie.mtime.com/某电影的id/reviews/short/new 或new-某页(数字).html

➤ 时光网短评的页数共为10页，第1页为new.html，从第2页至第10页，为new-数字(2-10).html，这里我们获取第2页至第10页信息。

例如：

➤ "007：幽灵党"第1页评论url为

http://movie.mtime.com/194879/reviews/short/new.html

➤ "007：幽灵党"第2页评论url为

http://movie.mtime.com/194879/reviews/short/new-2.html

代码：

```
movie_path = "http://movie.mtime.com/194879/reviews/short/"
pages=list()
for(i in c(1:9)){
  pages[[i]]=paste(movie_path,"new-",i+1,".html",sep="")
}
```

结果：

```
> pages
[[1]]
[1] "http://movie.mtime.com/194879/reviews/short/new-2.html"

[[2]]
[1] "http://movie.mtime.com/194879/reviews/short/new-3.html"

[[3]]
[1] "http://movie.mtime.com/194879/reviews/short/new-4.html"

[[4]]
[1] "http://movie.mtime.com/194879/reviews/short/new-5.html"

[[5]]
[1] "http://movie.mtime.com/194879/reviews/short/new-6.html"

[[6]]
[1] "http://movie.mtime.com/194879/reviews/short/new-7.html"

[[7]]
[1] "http://movie.mtime.com/194879/reviews/short/new-8.html"

[[8]]
[1] "http://movie.mtime.com/194879/reviews/short/new-9.html"

[[9]]
[1] "http://movie.mtime.com/194879/reviews/short/new-10.html"
```

图 3-20 时光网短评 URL 解析显示

2. 单部影评数据爬取

URL 页面：http://movie.mtime.com/194879/reviews/short/new-2.html，如图3-21所示。

数据分析与数据挖掘实用教程

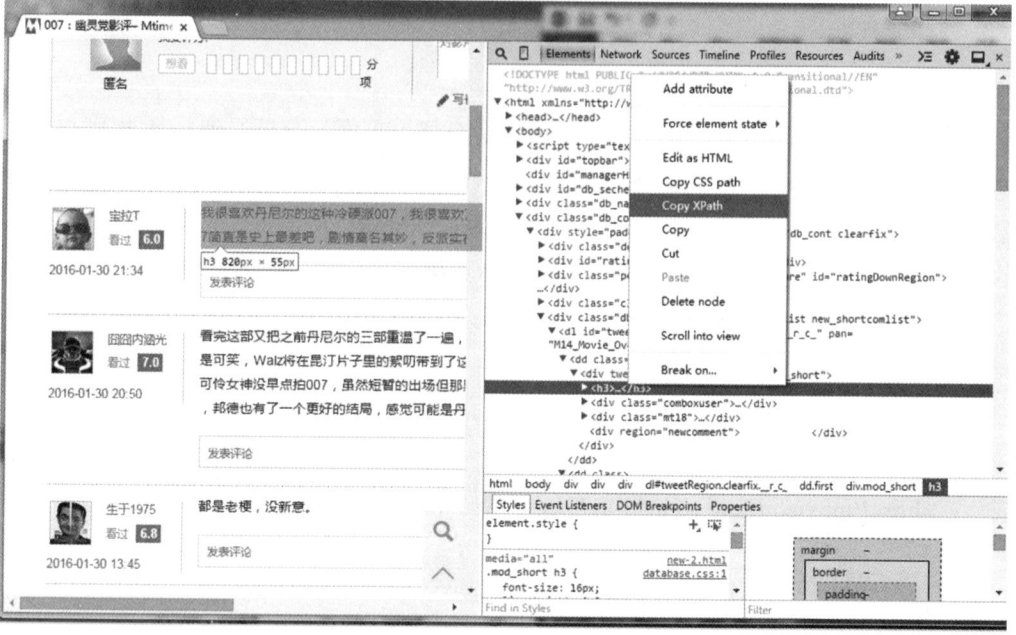

图 3-21　时光网页面示意图

XPATH查看结果为：

```
//*[@id="tweetRegion"]/dd[1]/div/h3
//*[@id="tweetRegion"]/dd[2]/div/h3
//*[@id="tweetRegion"]/dd[3]/div/h3
......
```

总结：

➢ 每页有27条评论。

➢ 希望提取的有用信息是评论和评分。

➢ 评论在 ./div/h3格式下。

➢ 评分在 ./div/div/div/p/span格式下。

代码：

```
install.packages("RCurl")
install.packages("XML")
library(RCurl)
library(XML)

responses = list()
response.parser = list()
plain.text = list()
table.rows = list()

for (i in c(1:9)){
```

70

```
    responses[[i]]<-getURL(pages[[i]])
  response.parser[[i]]<-htmlParse(responses[[i]], asText=TRUE)
  table.rows[[i]]<-xpathSApply(response.parser[[i]], '//dl[@
id="tweetRegion"]/dd')
  }
  results = data.frame('text'=0, 'score'=0)

  for (i in c(1:9)){
    for (j in c(1:27)){
  row_index = (i-1)*27+j
  this.row = table.rows[[i]][[j]]
      text <- xpathSApply(this.row, './div/h3/text()', xmlValue)
       score<- xpathSApply(this.row, './div/div/div/p/span/text()',
xmlValue)
      results[row_index,1]<-text
      if (length(score)>0){
        results[row_index,2]<-score}
      else{
        results[row_index,2]<-0
      }
    }
  }
  write.csv(results,'./data/幽灵党.csv')
```

3. 10部影评数据爬取

代码:

```
cral_path = list.dirs('./crawler/')
craw_files = list.files('./crawler')
for (file in craw_files){
  print(paste('running',file,'now...', sep = " "))
  source(paste(cral_path, file,sep=''),encoding='UTF-8')
}
```

结果:

名称

功夫熊猫3.csv
老炮儿.csv
神探夏洛克.csv
师父.csv
通灵神探.csv
万万没想到.csv
星球大战.csv
寻龙诀.csv
幽灵党.csv
最后的巫师猎人.csv

图3-22 时光网10部影片数据爬取文档列表

数据分析与数据挖掘实用教程

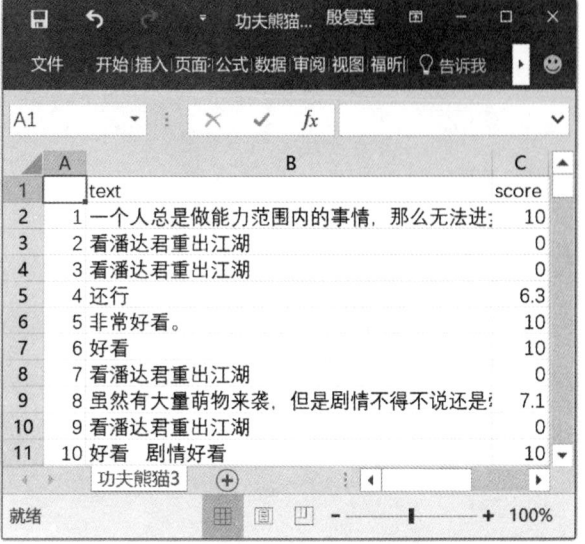

图 3-23 时光网单部影片数据爬取文档内容

72

第4章　数据预处理

4.1　为什么进行数据预处理

为什么要进行数据预处理？先来看下面两张图。图4-1给出了未加入和加入噪声的双正弦信号，噪声是测量误差的随机部分；图4-2给出了聚类离群点的示例。

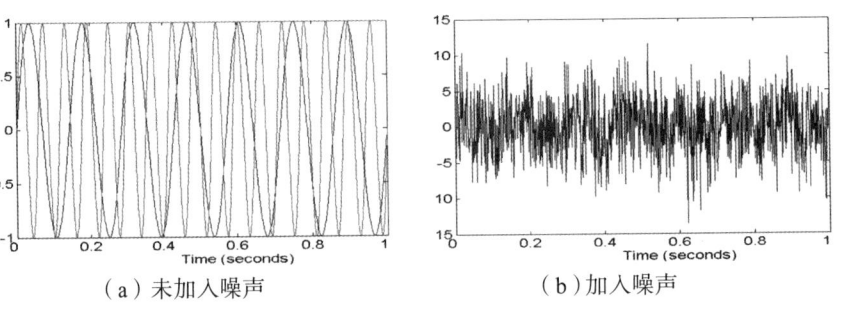

（a）未加入噪声　　　　　　　　（b）加入噪声

图4-1　未加入和加入噪声的双正弦信号

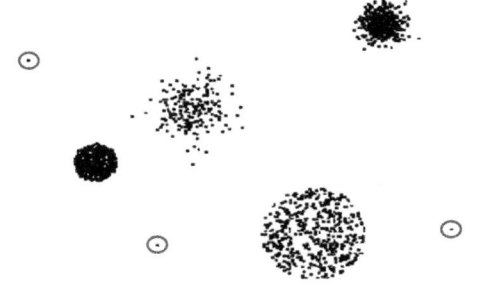

图4-2　聚类离群点示例

由图可见，现实世界中，使用数据分析和数据挖掘技术分析的数据是：

1．不完整的

不完整：缺少属性值，缺少某些有趣的属性，或仅包含聚集数据。

例如：occupation= ""。

不完整数据源于：数据收集时未包含，数据收集和数据分析时的不同考虑以及人 /

硬件/软件问题。

2．含噪声的

含噪声：包含错误或偏离期望的离群点。

例如：Salary="–10"。

含噪声数据源于：收集、录入、变换等问题。

3．不一致的

不一致：用于商品分类的部门编码或名字存在差异。

例如：Age="42" Birthday="03/07/2010";

以前的等级"1,2,3"，现在的等级"A, B, C"。

不一致数据源于：数据源不同或违反函数依赖等问题。

存在不完整的、含噪声的和不一致的数据是现实世界大型数据库或数据仓库的共同特点。没有高质量的数据，就没有高质量的数据挖掘结果。高质量的决策必然依赖高质量的数据，重复或遗漏的数据可能导致不正确或误导的统计，数据仓库也需要高质量数据的一致集成。数据预处理技术可以改进数据的质量，从而有助于提高之后挖掘过程的精度和性能。因此，数据预处理是知识发现过程的重要步骤。图4-3给出了数据预处理流程。

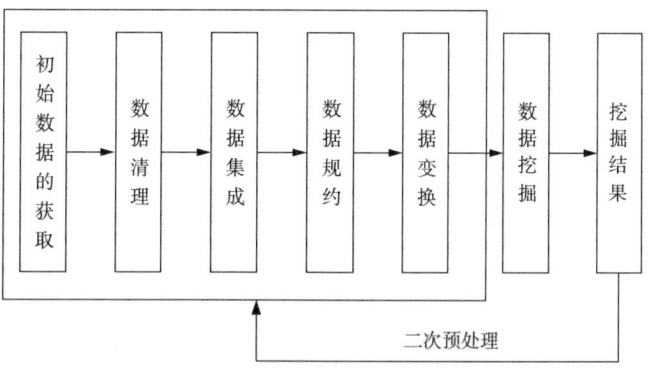

图4-3 数据预处理流程

如图4-3所示，数据预处理最重要的技术手段包括四种，分别是：

1．数据清理

填充缺失值、识别/去除离群点、光滑噪声并纠正数据中的不一致。

2．数据集成

多个数据库、数据立方体或文件的集成。

3．数据变换

规范化和聚集。

4．数据归约

数据的归约表示比原始数据要小很多，但可以产生相同或类似的分析结果，包括：维度归约、数值归约、数据压缩等。

4.2　数据清理

现实世界的数据通常是不完整的、有噪声的和不一致的。数据清理的目的就是试图填充缺失值、去除噪声并识别离群点、纠正数据中的不一致值。数据清理的任务是过滤那些不符合要求的数据，不符合要求的数据主要有**不完整的数据、错误的数据、重复的数据**三大类，主要是由于人工录入数据时出现的失误、测量设备的限制、数据收集过程的遗漏所导致的。

4.2.1　处理缺失值

缺失值是粗糙数据中由于缺少信息而造成的。它指的是现有数据集中某个或某些属性的值是不完全的。数据分析和数据挖掘所面对的数据不是特定为某个挖掘目的而收集的，所以，可能有一些与分析相关的属性并未被收集（或某段时间以后才开始收集），这类属性的缺失不能用缺失值的处理方法进行处理，因为它们未提供任何不完全数据的信息，它和缺失某些属性的值有着本质的区别。

缺失值产生的原因多种多样，主要分为：

1．机械原因

机械原因是由于机械方面的原因而导致的数据收集或保存失败，从而造成数据缺失，比如数据存储的失败、存储器损坏或机械故障导致某段时间数据未能收集（对于定时数据采集而言）。

2．人为原因

人为原因是由于人的主观失误、历史局限或有意隐瞒造成的数据缺失。例如，在市场调查中被访人拒绝透露相关问题的答案，或者回答的问题是无效的，数据录入人员失误漏录了数据。

缺失值的类型从缺失分布的角度可以分为：

1．完全随机缺失

完全随机缺失指的是数据的缺失是随机的，数据的缺失不依赖于任何不完全变量或完全变量。

2．随机缺失

随机缺失指的是数据的缺失不是完全随机的，即该类数据的缺失依赖于其他完全变量。

3．完全非随机缺失

完全非随机缺失指的是数据的缺失依赖于不完全变量自身。

缺失值的类型从缺失值属性的角度可以分为：

1．单值缺失

如果所有的缺失值都是同一属性的，那么这种缺失称为单值缺失。

2．任意缺失

如果缺失值属于不同的属性，称为任意缺失。

3．单调缺失

时间序列类的数据，可能存在随着时间变化而发生的缺失，这种缺失称为单调缺失。

处理缺失值的方法包括：

1．忽略元组

涉及分类任务时，如果缺少类别标签时通常这样处理：

➤ 同一记录有多个属性缺失值时有效。

➤ 属性缺失超过80%时忽略该属性。

➤ 每个属性缺失值百分比变化很大时性能很差。

2．人工填写缺失值

人工填写缺失值，费时费力，数据集大或缺失值多时不可取。

3．自动填充缺失值

➤ 使用一个全局常量填充缺失值，简单但不可靠。

➤ 使用任意值进行最简插补法，简单但不可靠，各个变量相关时，一般不建议使用。

➤ 使用属性的均值或众数填充缺失值，简单高效。

➤ 使用与给定元组属同一类的所有样本的属性均值，同样简单高效，且更为准确。

➤ 使用最有可能的值填充缺失值，可以使用回归方法、贝叶斯形式化的基于推理的工具，或者决策树归纳来确定，这是流行的做法，效果相对最好，但代价最大。

下面对几种常用的可能值插补缺失值的方法进行介绍：

1．均值插补

数据的属性分为定距型和非定距型。如果缺失值是定距型，就以该属性存在值的平均值来插补缺失值；如果缺失值是非定距型，就根据统计学中的众数原理，用该属性的众数（即出现频率最高的值）来补齐缺失值。

2．同类均值插补

同类均值插补和均值插补都属于单值插补，不同的是，同类均值插补利用层次聚类模型预测缺失变量的类型，再以该类型的均值插补。假设 $X=(X_1, X_2 \cdots X_p)$ 为信息完全的变量，Y 为存在缺失值的变量，那么首先对 X 或其子集进行聚类，然后按照缺失个案所属类别来插补不同类的均值。如果在后续统计分析中还需要引入解释变量和 Y 做分析，那么这种插补方法将在模型中引入自相关，会对分析造成障碍。

3．极大似然估计（ML，Max Likelihood）

在缺失类型为随机缺失的条件下，假设模型对于完整的样本是正确的，那么通过观测数据的边际分布可以对未知参数进行极大似然估计。这种方法也被称为忽略缺失值的极大似然估计，对于极大似然的参数估计，实际中常采用的计算方法是期望值最大化（EM，Expectation Maximization）。该方法比删除个案和单值插补更有效，它的一个重要前提是适用于大样本。有效样本的数量足够保证ML估计值是渐近无偏的并服从正态分布。但是这种方法可能会陷入局部极值，收敛速度也不是很快，并且计算很复杂。

4．多重插补

多重插补的思想来源于贝叶斯估计，认为待插补的值是随机的，它的值来自于已观测到的值。具体实践中通常是估计出待插补的值，然后再加上不同的噪声，形成多组可选插补值。根据某种选择依据，选取最合适的插补值。

4.2.2　处理噪声数据

噪声数据是指数据中存在着错误或异常（偏离期望值）的数据，不完整数据是指感兴趣的属性没有值，不一致数据则是数据内涵出现不一致的情况。

数据含噪声（包含错误或存在偏离期望的孤立点值）的可能原因包括：收集数据本身难以得到精确的数据、收集数据的设备可能出现故障、数据输入时可能出现错误、数据传输过程中可能出现错误、存储介质有可能出现损坏等。可见，**引起噪声数据的原因**可能是硬件故障、编程错误或者语音或光学字符识别程序中的乱码。拼写错误、行业简称和俚语也会阻碍机器读取。

噪声数据处理是数据处理的一个重要环节，在对噪声数据进行处理的过程中，现有的方法通常是找到这些孤立于其他数据的记录并删除，缺点是事实上通常只有一个属性上的数据需要删除或修正，将整条记录删除将丢失大量有用的、干净的信息。在数据仓库技术中，通常数据处理过程应用在数据仓库之前，其目的是提高数据的质量，使后续的联机处理分析和数据挖掘应用得到尽可能正确的结果。然而，这个过程也可以反过来，即**利用数据挖掘的一些技术**来进行数据处理，提高数据质量。去掉噪声、平滑数据的技术主要有：分箱（binning）、聚类（clustering）、回归（regression）等。

1．分箱

分箱的方法是通过考察"邻居"（即周围的值）来平滑有序数据的值，将有序数据划分到一些"箱"中，用箱的深度表示不同箱里有相同数目的数据，箱的宽度表示箱中数据的取值区间。以"箱"为单位进行局部平滑，按取值的不同又可划分为按箱平均值平滑、按箱中值平滑和按箱边界值平滑。

➢ 等宽度剖分

分成大小相等的N个区间（均匀网格），若A和B是属性的最低和最高取值，区间宽度为：$W=（B-A）/N$。等宽度剖分中孤立点可能占据重要影响，且对倾斜的数据处理效果不佳。

➢ 等频剖分

分成N个区间，每一个含近似相同数目的样本。等频剖分需要良好的数据换算能力，且面对类别属性可能会非常棘手。

比如，一系列"price"数据[4,15,21,24,21,8,34,28,25]按照分箱方法可进行如下处理：

第一步：排序：price=[4,8,15,21,21,24,25,28,34]

第二步：分箱：划分为等深的箱：箱1：4,8,15

            箱2：21,21,24

            箱3：25,28,34

第三步：平滑处理：

方法一：按箱均值平滑：将每个箱中的数据取均值，处理后数据如下：

箱1=[9,9,9]；箱2=[22,22,22]；箱3=[29,29,29]。

方法二：按箱中值平滑：取每个箱的中位数替代箱中数据，处理后的数据如下：

箱1=[8,8,8]；箱2=[21,21,21]；箱3=[28,28,28]。

方法三：按箱边界值平滑：将箱中每一个值都替换为最近边界值，处理后数据如下：

箱1=[4,4,15]；箱2=[21,21,24]；箱3=[25,25,34]。

一般而言，箱的宽度越大，数据的平滑效果越明显，在这种情况下，分箱也可以作为一种离散化技术使用。

2．聚类

数据通过聚类检测可以去除离群点。聚类将数据对象分组成为多个类或簇，同一个簇中的对象之间具有较高的相似度，而不同的簇间的对象差别较大。聚类分析可以用来进行孤立点挖掘。孤立点挖掘可以发现噪声数据，因为噪声本身就是孤立点。聚类分析发现孤立点的方法有：基于统计的孤立点检测，基于距离的孤立点检测和基于偏离的孤立点检测。

图4-4给出了聚类的示意图。聚类的算法思想是：首先通过聚类识别噪声数据，并考察它们在各个属性上的值与其期望值之间的距离以判定引起噪声的属性；然后，对于能够判定噪声属性的记录，寻找它所属的分类，并利用它所属分类中噪声属性上的值进行矫正；对于不能判定噪声属性的记录，因为噪声记录去除非噪声属性后仍然是噪声记录，同样可以通过聚类判定其噪声属性并进行矫正。整个过程记录噪声在属性上的分布情况。

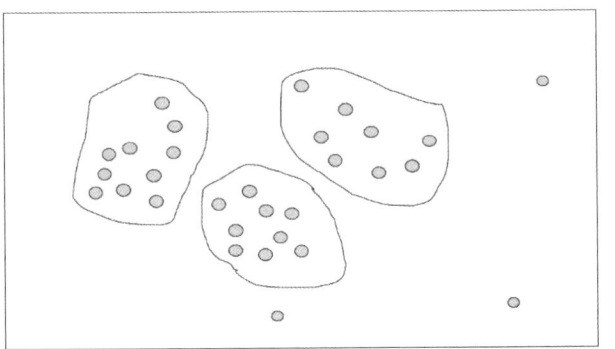

图4-4 聚类示意图

3．回归

回归指的是通过观察两个相关变量间的变化模式，找出一个函数来平滑数据，即通过建立数学模型来去除噪声值，包括线性回归和非线性回归。

例如，可以用$y=ax+b$的线性函数来构造模型，其中的x和y在数据挖掘中都指的是数值数据库属性，系数a、b是回归系数，系数可以通过最小二乘法求解。将简单线性回归拓展可以得到多元回归，它允许用两个或多个自变量的线型函数对y建模，也就是两个以上的属性拟合成一个多维曲面。图4-5给出了二元线性回归示意图。

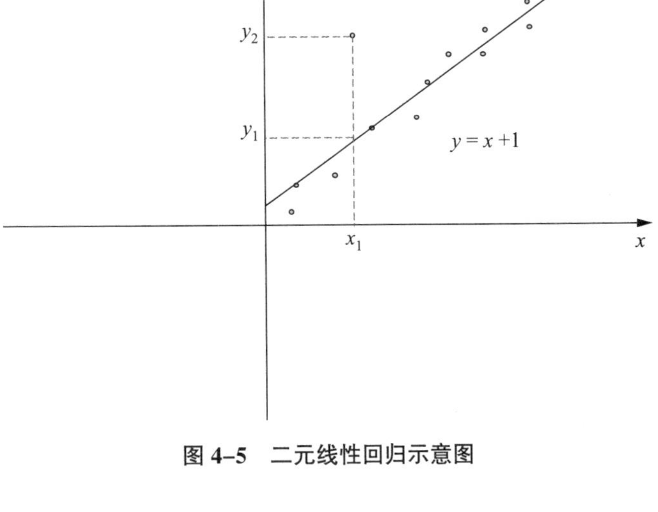

图4-5 二元线性回归示意图

多元回归是（简单）线性回归的扩展，允许用两个或多个自变量的线性函数对因变量 y 建模。

这里只给出了回归的基本概念，关于回归的详细介绍将在后面的章节中进行。

4.3 数据集成

数据集成是把不同来源、格式、特点性质的数据在逻辑上或物理上有机地集中，合并多个数据源中的数据，得到一个一致的数据集中。小心地集成多个来源的数据可以帮助降低和避免结果数据集中的冗余和不一致，以提高数据挖掘的速度和质量。

在企业数据集成领域，已经有很多成熟的**框架**可以利用。通常采用联邦式、基于中间件模式和数据仓库等方法来构造集成的系统，这些技术在不同的着重点和应用上解决数据共享并为企业提供决策支持。下面给出了几个成熟的框架：

➢ 联邦数据库系统

联邦数据库系统由半自治数据库系统构成，相互之间分享数据，联邦各数据源之间相互提供访问接口，同时联邦数据库系统可以是集中数据库系统或分布式数据库系统或其他联邦式系统。在这种模式下又分为紧耦合和松耦合两种情况，紧耦合提供统一的访问模式，一般是静态的，在增加数据源上比较困难；而松耦合则不提供统一的接口，但可以通过统一的语言访问数据源，其中的核心是必须解决所有数据源语义上的问题。

➢ 中间件模式

中间件模式通过统一的全局数据模型来访问异构的数据库、遗留系统、Web 资源等。中间件位于异构数据源系统（数据层）和应用程序（应用层）之间，向下协调各数据源系统，向上为访问集成数据的应用提供统一数据模式和数据访问的通用接口。各数据源的应用仍然完成它们的任务，中间件系统则主要集中为异构数据源提供一个高层次检索服务。

中间件模式是比较流行的数据集成方法，它通过在中间层提供一个统一的数据逻辑视图来隐藏底层的数据细节，使得用户可以把集成数据源看为一个统一的整体。这种模型的关键问题是如何构造这个逻辑视图，并使不同数据源能映射到这个中间层。

➢ 数据仓库模式

数据仓库是在企业管理和决策中面向主题的、集成的、与时间相关的和不可修改的数据集合。其中，数据被归类为广义的、功能上独立的、没有重叠的主题。这几种方法在一定程度上解决了应用之间数据共享和互通的问题，但也存在以下异同：联邦数据库系统主要面向多个数据库系统的集成，其中数据源有可能要映射到每一个数据模式，当集成的系统很大时，将给实际开发带来巨大的困难。

数据仓库技术则在另外一个层面上表达数据之间的共享，它主要是为了针对企业某个应用领域提出的一种数据集成方法，也就是我们在上面所提到的面向主题并为企业提供数据挖掘和决策支持的系统。

数据集成涉及两个主要问题：

1．数据一致性

数据一致性涉及冲突数据值的检测和解决。这是由于就真实世界的实体而言，其不同来源的属性值可能不同，例如不同的表示，不同的尺度，像"公制 vs.英制"。

2．数据冗余

数据冗余或者信息冗余是生产、生活的必然结果，没有好与不好之分。数据冗余在集成多个数据库时多会出现，包含：

> 目标识别：同一个属性在不同的数据库中有不同的名称。

> 衍生数据：一个属性值可由其他表的属性推导出。

相关分析和协方差分析可用于检测冗余数据。相关系数又称皮尔逊相关系数，可以定义为：

$$r_{A,B} = \frac{\sum_{i=1}^{n}(a_i - \overline{A})(b_i - \overline{B})}{(n-1)\sigma_A\sigma_B} = \frac{\sum_{i=1}^{n}(a_ib_i) - n\overline{A}\ \overline{B}}{(n-1)\sigma_A\sigma_B} \tag{4-1}$$

式中 n 表示元组个数，$\overline{A}$ 和 $\overline{B}$ 表示属性 A 和 B 的平均值，σ_A 和 σ_B 分别为各自的标准差，$\sum_{i=1}^{n}(a_ib_i)$ 是 A，B 的叉积之和。

$r_{A,B} > 0$ 时，A 和 B 正相关，值越大相关程度越高。

$r_{A,B} = 0$ 时，A 和 B 不相关。

$r_{A,B} < 0$ 时，A 和 B 负相关，绝对值越大相关程度越高。

协方差类似于相关系数，可以定义为：

$$Cov(A,B) = \mathrm{E}((A - \overline{A})(B - \overline{B})) = \frac{\sum_{i=1}^{n}(a_i - \overline{A})(b_i - \overline{B})}{n} \tag{4-2}$$

方差系数可以定义为：

$$r_{A,B} = \frac{Cov(A,B)}{\sigma_A\sigma_B} \tag{4-3}$$

式中 n 表示元组个数，$\overline{A}$ 和 $\overline{B}$ 表示属性 A 和 B 的平均值，σ_A 和 σ_B 分别为各自的标准差。

$Cov(A,B) > 0$ 时，A 和 B 同时倾向于大于期望值。

$Cov(A,B) < 0$ 时，A 大于期望值，B 小于期望值。

本书仅给出常见的数据融合方法的列表，并不对每一种方法进行详细的解释，如表4-1所示。

数据分析与数据挖掘实用教程

表 4–1　常见的数据融合方法

数据融合方法分类	具体方法
静态的融合方法	贝叶斯估值、加权最小平方等。
动态的融合方法	递归加权最小平方、卡尔曼滤波、小波变换的分布滤波等。
基于统计的融合方法	马尔可夫随机场、最大似然法、贝叶斯估值等。
信息论算法	聚集分析、自适应神经网络、表决逻辑、信息熵等。
模糊理论 / 灰色理论	灰色关联分析、灰色聚类等。

4.4　数据变换

原始数据经过数据清理，处理了无效值、缺失值、孤立点和噪声数据，又通过数据集成解决了不同来源数据一致性的问题，下一步要进行的是数据变换，数据经过变换后，可以使挖掘更有效，挖掘模式也更易于理解。

数据变换指将数据转换成适于挖掘的形式，通常的变换类型包括数据平滑、数据聚集、数据泛化、数据规范化、特征构造和数据离散化，如表4–2所示。

表 4–2　常见的数据变换方法

数据变换方法分类	具体方法
数据平滑	去噪，将连续数据离散化，增加粒度。
数据聚集	对数据进行汇总。
数据泛化	减少数据复杂度，用高层概念替换。
数据规范化	使数据按比例缩放，落入特定区域。
特征构造	构造出新的属性。
数据离散化	对数值属性进行监督或无监督离散化。

4.4.1　数据平滑

经过清理、集成后，仍会有一些无意义的数据存在，在数据分析和数据挖掘中体现为数据的随机误差或方差，这些噪声可能由设备故障产生，也可能是输入错误或传输错误，噪声会对数据的准确性产生影响，因此引入了"平滑"的概念，也就是除噪。

使用分箱、回归、聚类等方式除去数据中的噪声，可以使数据更"平滑"。分箱、回归、聚类方法在4.2.2节中进行了详细的介绍，这里不再赘述。

4.4.2　数据聚集

聚集是另一种数据变换形式，它是指按照维粒度、指标与计算元的不同，依据实际分析对底层数据进行记录行压缩、表联接、属性合并等预处理，是对底层的详细数据进行统计的数据加工，包括求和、求平均值等。通常，聚集用来为多粒度数据分析构建立方体。

例如：创建单个商店或日期的聚集事务时，如何合并所有记录的每个属性值是要解决的重点问题。定量属性（如价格）通常经过求和或平均值进行聚集，定性属性（如商品）可以忽略或汇总成一个商店销售的所有商品的集合。如图4-6所示，图a为一家商店2008年到2010年的销售数据，数据按季度显示，而图b是经过聚集后的数据，通过求和，提供了年销售额。

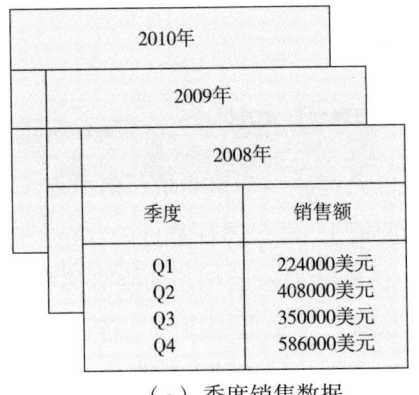

（a）季度销售数据　　　　　　　　（b）年度销售数据

图 4-6　商店 2008 至 2010 年销售数据

下面再给出一个**数据立方体聚集**的例子。数据立方体是二维表格的多维扩展，如同几何学中立方体是正方形的三维扩展一样。"立方体"这个词让我们想起三维的物体，我们也可以把三维的数据立方体看作是一组类似的、互相叠加起来的二维表格。但是数据立方体不局限于三个维度。大多数OLAP系统能用多个维度构建数据立方体，例如，微软的SQL Server 2000 Analysis Services工具允许维度数高达64个（虽然在空间或几何范畴想象更高维度的实体还是个问题）。在实际中，常常用很多个维度来构建数据立方体，但我们倾向于一次只看三个维度。数据立方体之所以有价值，是因为我们能在一个或多个维度上给立方体做索引。

表4-3是一个商店的顾客购买信息的数据集，可以将表中数据看做多维数组，每个属性是一个维，从这个角度来看，聚集是删除属性的过程（比如将日期按年压缩），这种多维聚集信息可以用数据立方体来存储，如图4-7所示。由图可见，商品、商店、年份、销售额构成了四维数据，数据的聚集可以通过立方体的任意维度压缩来实现。

表 4-3　商店包含顾客购买信息数据集

事务 ID	商品	商店位置	日期	价格	……
……	……	……	……	……	……
101123	Watch	Chicago	09/06/04	$25.99	……
101123	Battery	Chicago	09/06/04	$5.99	……
101124	Shoes	Minneapolis	09/06/04	$75.00	……
……	……	……	……	……	……

数据分析与数据挖掘实用教程

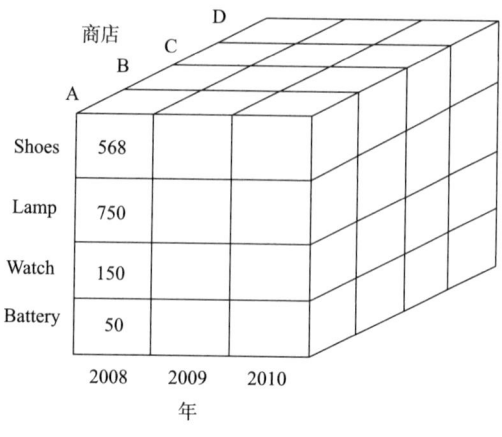

图 4-7 多维聚集信息数据立方体

数据立方体存储多维聚集信息，每个单元存放一个聚集值，对应多维空间的一个数据点（为清晰起见，只显示了某些单元的值）。每个属性都可能存在于概念分层中，允许在多个抽象层进行数据分析。这里，在最低抽象层创建的立方体称为**基本方体**。基本方体应当对应于感兴趣的个体实体。换言之，最低层应当是对于分析可用的或有用的。最高层抽象的立方体称为**顶点方体**。对不同层创建的数据立方体称为**方体**，因此"数据立方体"可以看作方体的格。对每个较高层进行抽象将进一步减小结果数据的规模。当回答OLAP查询或数据挖掘查询时，应当使用与给定任务相关的最小可用方体。也就是使用合适的抽象层上的数据，得到与任务相关的**最小立方体**。

经过这种聚集的变换，呈现对象或属性群的行为会比单个的更加稳定，但是也可能导致一些细节的丢失，如月销售最高值等，因此要根据具体情况来分析是否可以使用。

4.4.3 数据泛化

为了更有效地进行分类挖掘，学界提出了一种泛化算法。该算法使用概念分层，将数据库中的原始数据泛化成用户感兴趣的、概念层次上的、聚合的、具有统计意义的元数据。

数据泛化通常指用高层概念替换低层或"原始"数据，比如有一个属性age=[17,18,19…34,35,36…56,57…]，可以将其泛化为青年、中年、老年的概念来汇总数据，也就是将较低的概念层（数值）泛化到了较高的概念层。

数据泛化的重点在于分层，下面将列举四种概念分层办法：

➢ 由用户或专家在模式级说明属性的部分序

例如有一个数据仓库location，它的维下又有street、city、state、country等属性，通过说明属性的全序（如street<city<state<country），可以在模式级定义分层结构。

➢ 通过显式数据分组说明分层结构的一部分

在模式级说明了state和country的分层后，可以人工添加中间层，如定义"{Albert, Saskatchewan,Manitoba} ∈ prairies_Canada"。

➤ 说明属性集但不说明他们的序

这种方式中，用户指明分层，系统自动产生属性的序，构造有意义的概念层。其中一种排序方法是按属性不同值个数来产生概念分层：一般来说，一个属性不同值个数越少，它在概念分层中所处的层次越高，用户和专家可以只做局部的调整。如图4-8所示，将location进行概念分层，泛化为街道、城市、州、国家，之后由数值多少排序。

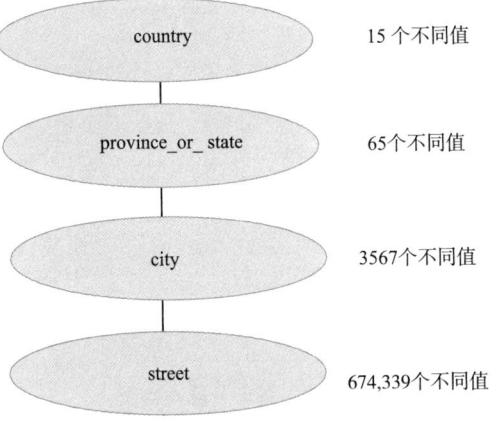

图 4-8　location 分层概念

但这种方式并不适用于所有情况，如年、月、周就是相反的，一周只有七天，比年、月天数都要少，却不能按时间分层为"year<month<week"，因此还是要具体情况具体分析。

➤ 只说明部分属性集

用户在定义分层时，可能会由于种种原因只在分层结构中说明相关属性的一小部分，比如Location分层就只有street和city。为了处理这种不完全的分层结构，可以使用预先定义的语义关系产生概念分层，例如，专家可以将"street、city、state和country"等相关概念捆绑在一起，这样即使用户在分层结构中只说明了city属性，其余几个属性也会被触发，形成一个完整的分层结构。具体流程如图4-9所示。

当然，在大量数据进行处理时，可以选择性地删除一些不必要的属性，也可以通过对属性设置临界值的方法来方便处理。

数据泛化算法结合了数据立方体技术和面向属性归纳方法中的泛化策略，有效降低了聚合运算的运算量，提高了运算效率，使数据挖掘更为快捷有效。

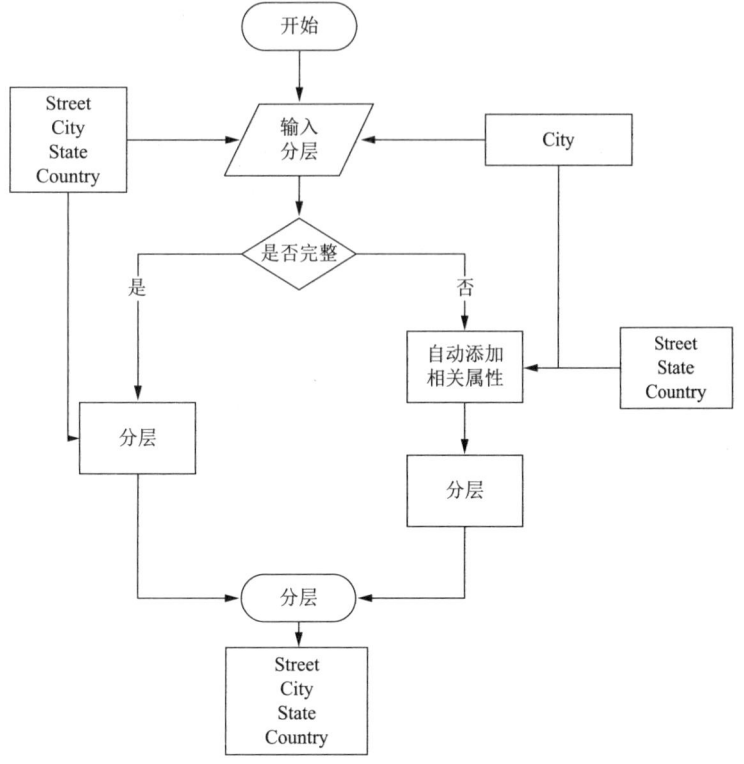

图 4-9　概念分层流程图

4.4.4　数据规范化

数据规范化是将属性数据按比例缩放，落入一个小的特定区间。具体技术包括：最小–最大规范化、z-score、小数定标。

➢ 最小–最大规范化

令 A 是数值属性，具有 n 个观测值 v_1，v_2，$\cdots$，v_n。最小–最大规范化对原始数据进行线性变换。假设 $\min_A$ 和 $\max_A$ 分别为属性 A 的最小值和最大值。最小–最大规范化通过计算把 A 的值 v_i 映射到区间 [new_$\min_A$, new_$\max_A$] 中的 v'_i。

$$v'_i = \frac{v_i - \min_A}{\max_A - \min_A} (\text{new\_max}_A - \text{new\_min}_A) + \text{new\_min}_A \qquad （4-4）$$

最小–最大规范化保持原始数据值之间的联系。如果今后的输入实例落在 A 的原数据值域之外，则该方法将面临"越界"错误。

举例：假设属性 income 的最小值与最大值分别为 12000 美元和 98000 美元。将 income 映射到区间 [0.0,1.0]，根据最小–最大规范化，income 值 73600 美元将变换为：

$$\frac{73600 - 12000}{98000 - 12000} (1.0 - 0.0) = 0.716 \qquad （4-5）$$

➢ z-score

在 z 分数（z-score）规范化（或零均值规范化）中，属性 A 的值基于 A 的均值（即平均值）和标准差规范化。A 的值 v_i 被规范化为 v_i'，如公式（4-6）所示。

$$v_i' = \frac{v_i - \overline{A}}{\sigma_A} \qquad (4-6)$$

式中 $\overline{A}$ 和 σ_A 分别是属性 A 的均值和标准差，其中

$$\overline{A} = \frac{v_1 + v_2 + \ldots + v_n}{n} \qquad (4-7)$$

而 σ_A 用 A 的方差的平方根计算。当属性 A 的实际最小值和最大值未知，或离群点影响了最小–最大规范化时，该方法是有用的。

举例：假设属性 income 的均值和标准差分别为 54000 美元和 16000 美元。使用 z 分数规范化，income 值 73600 美元将变换为：

$$\frac{73600 - 54000}{16000} = 1.225 \qquad (4-8)$$

更进一步，A 的均值绝对偏差 S_A 可以定义为：

$$s_A = \frac{1}{n} \left(\left[v_1 - \overline{A} \right] + \left[v_2 - \overline{A} \right] + \ldots + \left[v_n - \overline{A} \right] \right) \qquad (4-9)$$

这样，使用均值绝对差的 z 分数规范化为：

$$v_i' = \frac{v_i - \overline{A}}{s_A} \qquad (4-10)$$

对于离群点，均值绝对偏差 S_A 比标准差的鲁棒性更好。

➤ 小数定标

小数定标规范化通过移动属性 A 的值的小数点位置进行规范化。小数点的移动位数依赖于 A 的最大绝对值。A 的值 v_i 被规范化为 v_i'，如公式（4-11）所示。

$$v_i' = \frac{v_i}{10^j} \qquad (4-11)$$

举例：假设 A 的取值由 –986 到 917，则 A 的最大绝对值为 986。因此，使用小数定标规范化，我们用 1000（即 $j=3$）除每个值。–986 被规范化为 –0.986，而 917 被规范化为 0.917。

注意：规范化可能将原来的数据改变很多，特别是使用 z 分数规范化或小数定标规范化时尤其如此。有必要保留规范化参数（如对均值和标准差使用 z 分数规范化时），以便将来的数据可以用一致的方式规范化。

4.4.5 特征构造

数据集的特征维数太高容易导致维灾难，而维度太低又不能有效地捕获数据集中重要的信息。在实际应用中，通常需要对数据集中的特征进行处理来创建新的特征。由原始特征创建新的特征集有时称为特征提取或特征构造，其目的是帮助提高精度和对高维数据结构的理解。

举例：可以根据电信客户在一个季度内每个月的消费金额特征构造季度消费金额特征。

4.4.6 数据离散化

聚类、分类或关联分析中的某些算法要求数据是分类属性，因此需要对数值属性进行离散化。连续属性离散化为分类属性涉及两个子任务：决定需要多少个分类值，以及确定如何将连续属性映射到这些分类值中。

第一步，将连续属性值排序后，通过制定 $k-1$ 个分割点把他们分成 k 个区间。

第二步，将一个区间的所有值映射到相同的分类值。

因此，离散化问题就是决定选择多少分割点和确定分割点位置，利用少数分类值标记替换连续属性的数值，减少和简化原来的数据。

可以将数据离散化划分为两大类：

➢ 监督（指导）离散化

如果离散化过程使用类别信息，则称之为监督（指导）离散化。

➢ 非监督（无指导）离散化

如果离散化过程未使用类别信息，则称之为非监督（无指导）离散化。等宽和等频是两种常用的无监督离散化方法；基于聚类分析的离散化方法是另一种重要的无监督方法。

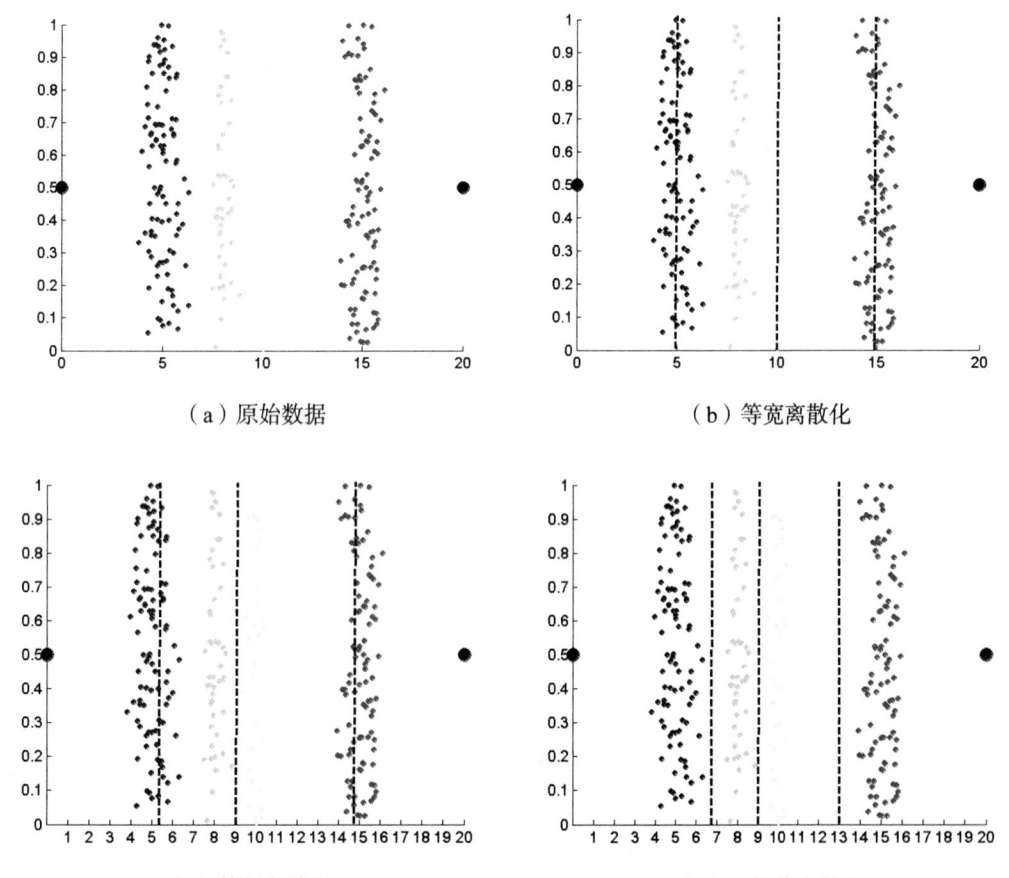

（a）原始数据　　　　　　　　　　（b）等宽离散化

（c）等频离散化　　　　　　　　　（d）K 均值离散化

图 4-10　多种离散化示意图

图4-10给出了等宽、等频和K均值离散化的示意图。图a中原始数据是四组不同组的数据点以及两个离群点（位于左右两侧）。图b为等宽离散化，将属性的值域划分为具有相同宽度的区间，区间的个数由用户指定。这种方法经常造成实例分布非常的不均匀，有的区间包含许多实例，有的一个都没有。图c为等频或等深离散化，它尽量将相同数量的对象放进每个区间，区间个数由用户指定。图d为基于聚类分析的离散化，它将数据划分为簇或群，每个簇形成概念分层的一个结点，而所有结点在同一概念层。

使用附加的类信息常常能够产生更好的离散化结果，因为未使用类信息知识所构造的区间常常包含混合的类信息。一种简单的方法是以极大化区间纯度来确定分割点。基于熵的离散化方法是常用的有监督离散化方法，它采用自顶向下的分裂技术，在计算和确定分裂点时利用类分布信息。基于熵的离散化方法使用类信息，更有可能将区间边界定义在准确位置，有助于提高分类的准确性。图4-11给出了基于熵的三分类和五分类离散化示意图。

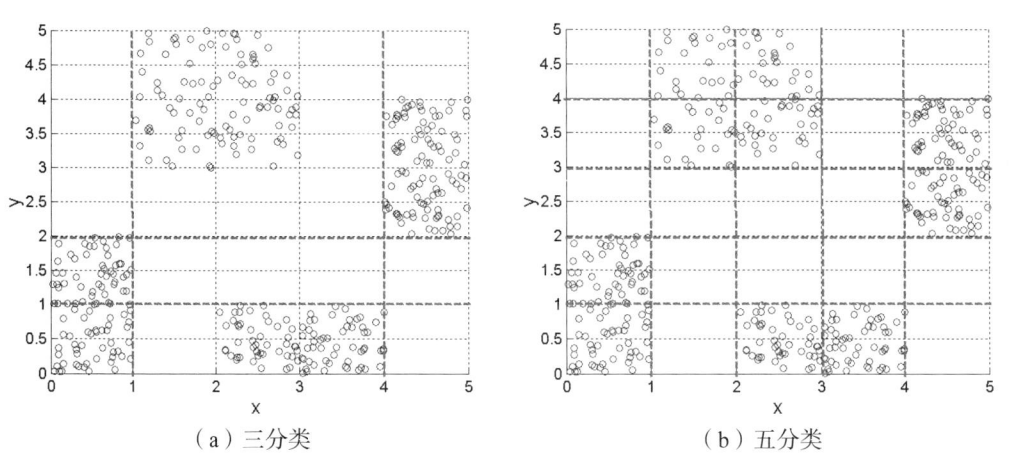

（a）三分类 （b）五分类

图 4-11 基于熵的离散化示意图

4.5 数据归约

对完整数据的分析或挖掘耗时太长，有时甚至很难实现。数据归约获得数据集的一个归约表示，比原先的数据集小很多，却接近原数据的完整性，从而可得到相同或几乎相同的分析结果。常见的数据归约方法分类如表4-4所示。

表 4-4 常见的数据归约方法

数据归约方法分类	具体方法
数据立方体聚集	数据立方体聚集等。
维度归约	属性子集选择方法等。

（续表 4–4）

数据归约方法分类	具体方法
数据压缩	小波变换、主成分分析、分形技术等。
数值压缩	回归、直方图、聚类等。
离散化和概念分层	分箱技术、直方图、基于熵的离散化等。

4.5.1　数据立方体聚集

关于数据立方体聚集，在 4.4.2 节中已经进行了详细介绍，这里不再赘述。

4.5.2　属性子集选择

用于分析的数据集可能包含数以百计的属性，其中大部分属性与挖掘任务不相关或冗余。尽管领域专家可以挑选出有用的属性，但这可能是一项困难又费时的任务，特别是数据的行为不清楚的时候更是如此。遗漏相关属性或留下不相关属性都是有害的，会导致所用的挖掘算法无所适从。这可能导致发现质量很差的模式。此外，不相关或冗余的属性可能会减慢挖掘进程。

属性子集选择可以检测并删除不相关、弱相关或冗余的属性维，通过删除不相关或冗余的属性（或维）减小数据集。属性子集选择的目标是找出最小属性集，使得数据类的概率分布尽可能地接近使用所有属性得到的原分布。对优化过的属性集挖掘还有其他优点，它减少了出现在发现模式的属性数目，使得模式更易于理解。

"如何找出原属性的一个'好的'子集？"对于 n 个属性，有 2^n 个可能的子集。穷举搜索找出属性的最佳子集可能是不现实的，特别是当 n 和数据类的数目增加时。因此，对于属性子集选择，通常使用压缩搜索空间的启发式算法。通常，这些方法是典型的贪心算法，在搜索属性空间时，总是做看上去是最佳的选择。它们的策略是做局部最优选择，期望由此产生全局最优解。在实践中，这种贪心方法是有效的，并可以接近最优解。

"最好的"（和"最差的"）属性通常使用统计显著性检验来确定。这种检验假定属性是相互独立的。也可以使用一些其他属性评估度量，如建立分类决策树使用的信息增益度量。属性子集选择的基本启发式的部分方法包括以下技术，如表 4–5 所示。

第 4 章　数据预处理

表 4-5　属性子集选择的贪心（启发式）方法

逐步向前选择	逐步向后删除	决策树归纳
初始属性集： {A1, A2, A3, A4, A5, A6} 初始归约集： { } =>>{A1} =>> {A1, A4} 归约后属性集： {A1, A4,A6}	初始属性集： {A1, A2, A3, A4, A5, A6} =>>{A1, A3, A4, A5, A6} =>> {A1, A4 , A5, A6} 归约后属性集： {A1, A4,A6}	初始属性集： {A1, A2, A3, A4, A5, A6} 归约后的属性集：{A1, A4,A6}

> 逐步向前选择

该过程由空属性集作为归约集开始，确定原属性集中最好的属性，并将它添加到归约集中。在其后的每一次迭代中，将剩下的原属性集中的最好的属性添加到该集合中。

> 逐步向后删除

该过程由整个属性集开始。在每一步中，删除尚在属性集中的最差的属性。

> 逐步向前选择和逐步向后删除的组合

可以将逐步向前选择和逐步向后删除方法结合在一起，每一步选择一个最好的属性，并在剩余属性中删除一个最差的属性。

> 决策树归纳

决策树算法（例如ID3、C4.5和CART）最初是用于分类的。决策树归纳构造出一个类似于流程图的结构，其中每个内部（非树叶）结点表示一个属性上的测试，每个分支对应于测试的一个结果；每个外部（树叶）结点表示一个类预测。在每个结点上，算法选择"最好"的属性，将数据划分成类。当决策树归纳用于属性子集选择时，由给定的数据构造决策树。不出现在树中的所有属性假定是不相关的。出现在树中的属性形成归约后的属性子集。

这些方法的结束条件可以不同。该过程可以使用一个度量阈值来决定何时停止属性选择过程。在某些情况下，我们可能基于其他属性创建一些新属性。这种属性构造可以帮助提高准确性和对高维数据结构的理解。例如，我们可能希望根据属性height（高度）和width（宽度）增加属性area（面积）。通过组合属性，属性构造可以发现关于数据属性间联系的缺失信息，这对知识发现是有用的。

4.5.3　维度归约

维度归约使用数据编码或变换，以得到原数据的归约或压缩表示（使用编码机制减小数据集的规模），维度归约包括如下几种形式：

◇ 无损归约

如果原数据可以由压缩数据重新构造而不丢失任何信息，则该数据归约是无损的。

◇ 有损归约

如果我们只能重新构造原数据的近似表示，则该数据归约是有损的。

◇ 串压缩归约

有一些很好的串压缩算法。尽管它们通常是无损的，但是只允许有限的数据操作。图4-12给出了有损压缩和无损压缩的示意图。

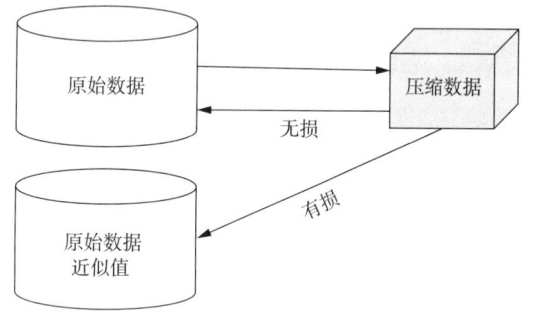

图4-12　有损压缩和无损压缩示意图

维度归约非常重要的部分，是**属性/特征**产生新的属性，其可以比原始属性更有效地表示数据的重要信息。属性/特征产生一般包含3个基本方法：

1．属性提取

一般用于特定领域。

2．映射数据到新空间

例如傅里叶变换或小波变换。

离散傅里叶变换（DFT，Discrete Fourier Transform）是我们熟悉的一种信号处理技术，图4-13给出了傅里叶变换示意图。图a为两个正弦波，图b为两个正弦波与噪声的混合叠加信号，在时域是检测不到模式的，图c将混合信号变换到频域，两个尖峰对应于两个无噪声的时间序列，可以实现有效的模式识别。

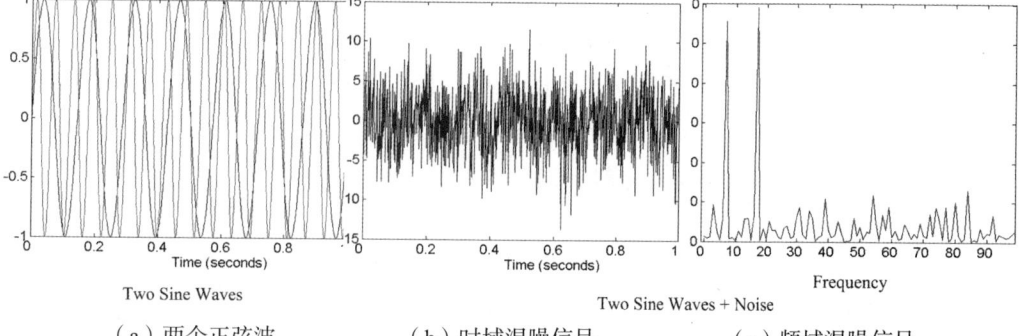

（a）两个正弦波　　　　（b）时域混噪信号　　　　（c）频域混噪信号

图4-13　傅里叶变换示意图

第 4 章 数据预处理

离散小波变换（DWT，Discrete Wavelet Transform）是一种线性信号处理技术，用于数据向量 X 时，会将它变换成不同的数值小波系数向量 X'。两个向量具有相同的长度。当这种技术用于数据归约时，每个元组看作一个 n 维数据向量，即 $X=(x_1, x_2, \cdots, x_n)$，描述 n 个数据库属性在元组上的 n 个测量值。

小波变换后的数据可以截短。仅存放一小部分最强的小波系数，就能保留近似的压缩数据。图 4-14 给出了小波变换示意图。

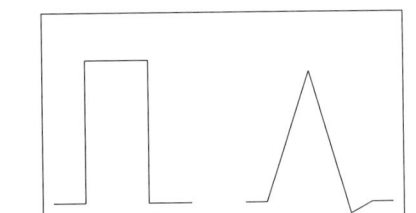

图 4-14 小波变换示意图

DWT 与 DFT 有密切关系。DFT 是一种涉及正弦和余弦的信号处理技术。然而，一般地说，DWT 是一种更好的有损压缩。也就是说，对于给定的数据向量，如果 DWT 和 DFT 保留相同数目的系数，则 DWT 将提供原数据更准确的近似。因此，对于相同的近似，DWT 需要的空间比 DFT 小。与 DFT 不同，小波空间局部特性相当好，有助于保留局部细节。

3. 属性构造

属性构造包括组合特征和数据离散化。

组合特征很好理解，即将特征进行组合构造新的属性。

数据离散化技术通过将属性值域划分为区间，可以用来减少给定连续属性值的个数。区间的标记可以替代实际的数据值。用少数区间标记替换连续属性的数值，从而减少和简化了原来的数据。这使挖掘结果具有简洁的、易于使用的、知识层面的特点。离散化技术可以根据离散化的方式加以分类，如根据是否使用类信息或根据进行方向（即自顶向下或自底向上）分类。如果离散化过程使用类信息，则称它为监督离散化；否则则称之为非监督离散化。

维度归约另一非常重要的部分是**主成分分析**（PCA，Principal Component Analysis），是一种用于连续属性的线性变换技术，用于找出新的属性（主成分），这些属性是原属性的线性组合，是相互正交的，使原数据投影到较小的集合中，并且捕获数据的最大变差。

PCA 搜索 k 个最能代表数据的 n 维正交向量，其中 $k \leqslant n$。这样，原数据投影到一个小得多的空间上，导致维度归约。与属性子集选择通过保留原属性集的一个子集来减少属性集的大小不同，PCA 创建一个替换的、较小的变量集"组合"属性的基本要素，原数据可以投影到该较小的集合中。PCA 常常能够揭示先前未曾察觉的联系，并因此允许解释不寻常的结果。

PCA的基本过程如下：

首先，对输入数据规范化，使得每个属性都落入相同的区间。此步骤有助于确保具有较大定义域的属性不会支配具有较小定义域的属性。

然后，PCA计算k个标准正交向量，作为规范化输入数据的基。这些是单位向量，每一个方向都垂直于另一个。这些向量称为主成分。输入数据是主成分的线性组合。

接着，对主成分按"重要性"或强度降序排列。主成分基本上充当数据的新坐标轴，提供关于方差的重要信息。也就是说，对坐标轴进行排序，使得第一个坐标轴显示数据的最大方差，第二个显示次大方差，如此下去。图4-15显示了原来映射到轴$X1$和$X2$的给定数据集的前两个主成分$Y1$和$Y2$。这一信息可以帮助识别数据中的分组或模式。

最后，既然主成分根据"重要性"降序排列，就可以通过去掉较弱的成分（即方差较小的成分）来归约数据的规模。使用最强的主成分，应当能够很好地重构原数据的近似。

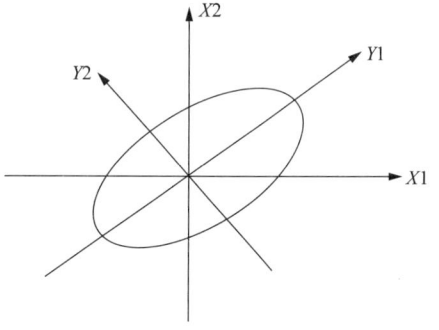

图4-15 主成分变换图

PCA计算开销低，可以用于有序和无序的属性，并且可以处理稀疏和倾斜数据。多于二维的多维数据可以通过将问题归约为二维问题来处理。主成分可以用作多元回归和聚类分析的输入。

4.5.4　数值归约

数值归约用替代的、较小的数据表示形式替换原数据。这些技术可以是参数的或非参数的。对于参数方法而言，可以使用模型估计数据，假设数据适合某个模型因而只需要存放模型参数，而不是实际数据（离群点可能也要存放），回归和对数线性模型就是例子。对数线性模型基于一个较小的维组合的子集来估计离散属性在多维空间中每个点的概率。而非参数方法不假定模型，存放数据归约表示的非参数方法包括直方图、聚类、抽样。

1．回归和对数线性模型

回归和对数线性模型可以用来近似给定的数据。

回归（线性回归和多元线性回归）的介绍见4.2.2节中的内容，这里不再赘述。

对数线性模型近似离散的多维概率分布。给定 n 维（例如，用 n 个属性描述）元组的集合，我们可以把每个元组看做 n 维空间的点。对于离散属性集，可以使用对数线性模型，基于维组合的一个较小子集，估计多维空间中每个点的概率。这使得高维数据空间可以由较低维空间构造。因此，对数线性模型也可以用于维度归约（由于较低维空间的点通常比原来的数据点占据的空间要少）和数据平滑（因为与较高维空间的估计相比，较低维空间的聚集估计受抽样变化的影响较小）。

回归和对数线性模型都可以用于稀疏数据，尽管它们的应用可能是有限的。虽然两种方法都可以处理倾斜数据，但是回归的效果更好。当用于高维数据时，回归可能是计算密集的，而对数线性模型表现出很好的可伸缩性，可以扩展到 10 维左右。

2．直方图

直方图使用分箱来近似数据分布，是一种流行的数据归约形式。属性的直方图将数据分布划分为不相交的子集或桶。如果每个桶只代表单个属性值/频率对，则该桶称为单值桶。通常，桶表示给定属性的一个连续区间。直方图包括等宽、等频、V–最优、MaxDiff。关于等宽、等频的介绍见 4.2.2 节中的内容。在上述方法中，其中 V–最优和 MaxDiff 直方图是非参数方法，是最精确和最实用的。V–最优是具有最小方差的直方图，直方图的方差是每个桶代表的原始值的加权和，其中权等于桶中值的个数。MaxDiff 则考虑每对相邻值之间的差。图 4–16 给出了直方图示意图。

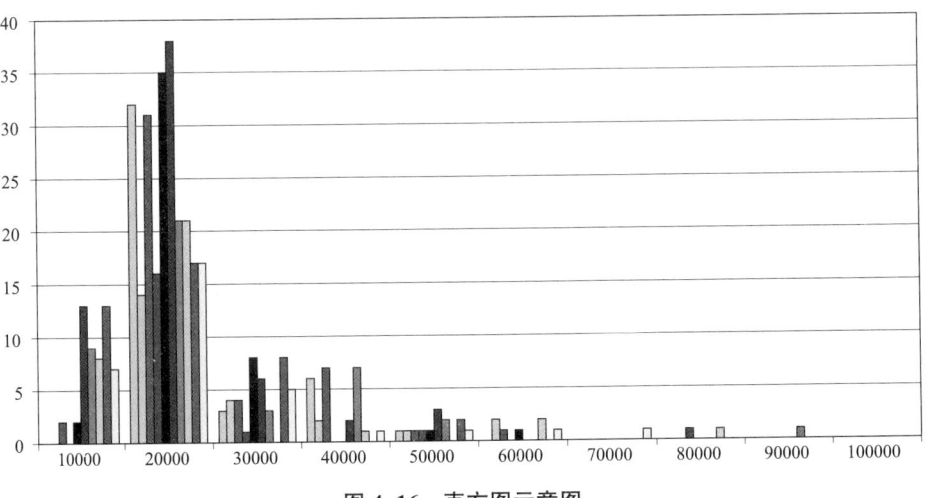

图 4–16　直方图示意图

对于近似稀疏和稠密数据以及高倾斜和均匀的数据，直方图都是非常有效的。上面介绍的单属性直方图可以推广到多个属性。多维直方图可以表现属性间的依赖，这种直方图能够有效地近似多达 5 个属性的数据。对于更高维的多维直方图的有效性尚需进一步研究。

3．聚类

聚类技术把数据元组看作对象，将对象划分为群或簇，使在一个簇中的对象相互

"相似"，而与其他簇中的对象"相异"。通常，相似性基于距离函数，用对象在空间中的"接近"程度定义。簇的"质量"可以用直径表示，直径是簇中两个对象的最大距离。形心距离是簇质量的另一种度量，指簇中每个对象到簇形心（表示"平均对象"或簇空间中的平均点）的平均距离。

在数据归约中，可以用数据的簇代表替换实际数据。该技术的有效性依赖于数据的质量。相对于被污染的数据，对于能够组织成不同的簇的数据，该技术有效得多。

聚类的具体技术将在后续章节中进行详细的介绍。

4．抽样

抽样可以作为一种数据归约技术使用，因为它允许用比数据的小得多的随机样本（子集）表示大型数据集，允许一个挖掘算法的运行复杂度小于样本大小。抽样的关键原则在于选择一个有代表性的数据子集。图4-17给出了不同大小子集的抽样示意图。

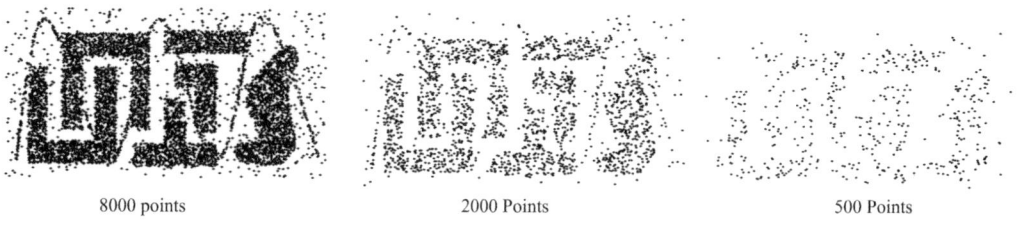

8000 points   2000 Points   500 Points

图 4-17　不同大小子集的抽样示意图

获得一个小的样本集 s 并用其来表示整个数据集 N，抽样方式包括：

➤ 无放回抽样

一旦目标被选择，将从总体中移出。

➤ 放回抽样

一个被抽中的目标不从总体中去除。

➤ 分层抽样

把数据分成不相交部分（层），然后从每个层抽样（按比例/大约相同比例的数据）。

图4-18给出了有放回抽样和无放回抽样的示意图。

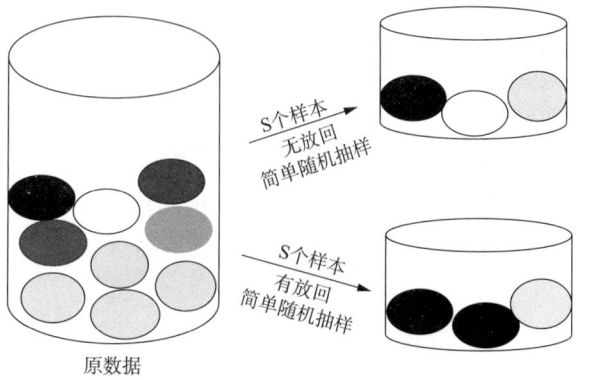

图 4-18　有放回和无放回抽样示意图

数据偏斜时简单随机抽样的性能很差，因此出现了适合数据偏斜的方法，即分层抽样。在抽样时，将总体分成互不交叉的层，然后按照一定的比例，从各层独立地抽取一定数量的个体，将各层取出的个体合在一起作为样本，这种抽样方法就是一种分层抽样。图4-19给出了分层抽样示意图。

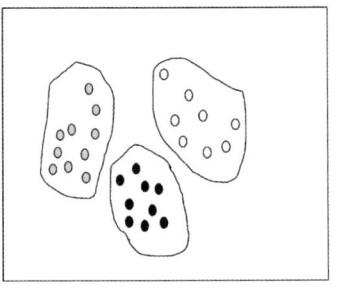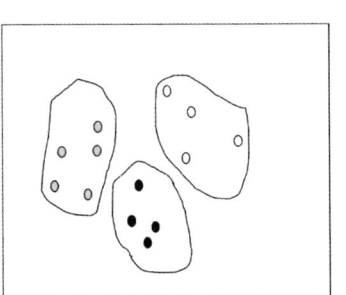

图 4-19　分层抽样示意图

采用抽样进行数据归约的优点是，得到样本的花费正比于样本集的大小 s，而不是数据集的大小 N。因此，抽样的复杂度可能亚线性于数据的大小。其他数据归约技术至少需要完全扫描 D。对于固定的样本大小，抽样的复杂度仅随数据的维数 n 线性地增加；而其他技术，如使用直方图，复杂度随 n 呈指数增长。

用于数据归约时，抽样最常用来估计聚集查询的回答。在指定的误差范围内，可以确定（使用中心极限定理）一个给定的函数所需的样本大小。样本的大小 s 相对于 N 可能非常小。对于归约数据的逐步求精，抽样是一种自然选择。通过简单地增加样本大小，集合可以进一步求精。

4.5.5　离散化和概念分层

离散化的部分内容在4.4.6节中进行了介绍，概念分层的概念类似于4.5.4节中的概念分层，这里不再赘述。

从上述内容可以看出，不仅仅是数据分析和数据挖掘的各项技术具有交叉重叠性，数据预处理部分也有很多处理环节是交叉的。

4.6　实验

4.6.1　实验1：缺失值处理

实验目的：了解数据预处理的常用函数，掌握数据预处理中缺失值插补的方法。

实验数据集：R内mice包中自带nhanes2数据集。

实验内容：

1．理解数据集

代码：

数据分析与数据挖掘实用教程

```
install.packages("mice")   #1
require(mice)   #1
(nhanes2)   #2
summary(nhanes2)   #2
is.na(nhanes2)   #3
```

代码解释：

#1：安装并加载mice包。

#2：显示nhanes2数据集，并利用summary函数获得统计分析结果。

#3：is.na()返回一个和数据集大小相同的布尔型数据对象，其中FALSE所在的数据对应非缺失值，TRUE对应缺失值。

结果：

```
> (nhanes2)
     age  bmi  hyp  chl
1  20-39   NA <NA>   NA
2  40-59 22.7   no  187
3  20-39   NA   no  187
4  60-99   NA <NA>   NA
5  20-39 20.4   no  113
6  60-99   NA <NA>  184
7  20-39 22.5   no  118
8  20-39 30.1   no  187
9  40-59 22.0   no  238
10 40-59   NA <NA>   NA
11 20-39   NA <NA>   NA
12 40-59   NA <NA>   NA
13 60-99 21.7   no  206
14 40-59 28.7  yes  204
15 20-39 29.6   no   NA
16 20-39   NA <NA>   NA
17 60-99 27.2  yes  284
18 40-59 26.3  yes  199
19 20-39 35.3   no  218
20 20-39 25.5  yes   NA
21 20-39   NA <NA>   NA
22 20-39 33.2   no  229
23 20-39 27.5   no  131
24 60-99 24.9   no   NA
25 40-59 27.4   no  186
```

图 4-20   nhanes2 数据集

```
> summary(nhanes2)
   age         bmi            hyp          chl
20-39:12   Min.   :20.40   no  :13   Min.   :113.0
40-59: 7   1st Qu.:22.65   yes : 4   1st Qu.:185.0
60-99: 6   Median :26.75   NA's: 8   Median :187.0
           Mean   :26.56             Mean   :191.4
           3rd Qu.:28.93             3rd Qu.:212.0
           Max.   :35.30             Max.   :284.0
           NA's   :9                 NA's   :10
```

图 4-21   nhanes2 数据集统计分析结果

```
> is.na(nhanes2)
     age   bmi   hyp   chl
1  FALSE  TRUE  TRUE  TRUE
2  FALSE FALSE FALSE FALSE
3  FALSE  TRUE FALSE FALSE
4  FALSE  TRUE  TRUE  TRUE
5  FALSE FALSE FALSE FALSE
6  FALSE  TRUE  TRUE FALSE
7  FALSE FALSE FALSE FALSE
8  FALSE FALSE FALSE FALSE
9  FALSE FALSE FALSE FALSE
10 FALSE  TRUE  TRUE  TRUE
11 FALSE  TRUE  TRUE  TRUE
12 FALSE  TRUE  TRUE  TRUE
13 FALSE FALSE FALSE FALSE
14 FALSE FALSE FALSE FALSE
15 FALSE FALSE FALSE  TRUE
16 FALSE  TRUE  TRUE  TRUE
17 FALSE FALSE FALSE FALSE
18 FALSE FALSE FALSE FALSE
19 FALSE FALSE FALSE FALSE
20 FALSE FALSE FALSE  TRUE
21 FALSE  TRUE  TRUE  TRUE
22 FALSE FALSE FALSE FALSE
23 FALSE FALSE FALSE FALSE
24 FALSE FALSE FALSE  TRUE
25 FALSE FALSE FALSE FALSE
```

图 4-22   nhanes2 数据集数据是否非空显示

分析：

图4-20：nhanes2是一个小型的、含有部分缺失值的数据集，含有4个变量，分别是age（年龄），20-39、40-59、60-99；bmi（BMI值kg/m²），数值形式；hyp（高血压），NO或YES；chl（血清总胆固醇mg/dL），数值形式。

图4-21：利用summary函数获得分类数据的个数、数值数据的最小值、第一4-分位数、中位数、均值、第三4-分位数、最大值和缺失项个数。

图4-22：从返回的布尔型数据对象可以看出，该数据集含有一定的缺失项。

2．删除法进行数据预处理

（1）数据集中若有一行数据含有缺失值，则该行被删除。

（2）删除缺失值较多且对分析影响较小的列，这里删除第4列。

代码：

```
(data1=na.omit(nhanes2))  #1
summary(data1)  #1
(data2=nhanes2[,-4])  #2
summary(data2)  #2
```

结果：

```
> (data1 <- na.omit(nhanes2))
   age   bmi hyp chl
2  40-59 22.7  no 187
5  20-39 20.4  no 113
7  20-39 22.5  no 118
8  20-39 30.1  no 187
9  40-59 22.0  no 238
13 60-99 21.7  no 206
14 40-59 28.7 yes 204
17 60-99 27.2 yes 284
18 40-59 26.3 yes 199
19 20-39 35.3  no 218
22 20-39 33.2  no 229
23 20-39 27.5  no 131
25 40-59 27.4  no 186
```

```
> summary(data1)
   age         bmi              hyp            chl
20-39:6   Min.   :20.40   no :10   Min.   :113.0
40-59:5   1st Qu.:22.50   yes: 3   1st Qu.:186.0
60-99:2   Median :27.20            Median :199.0
          Mean   :26.54            Mean   :192.3
          3rd Qu.:28.70            3rd Qu.:218.0
          Max.   :35.30            Max.   :284.0
```

图4-23　删除缺失项所在行后的数据集　　**图4-24　删除缺失项所在行后的数据集统计分析结果**

```
> (data2 <- nhanes2[,-4])
   age   bmi  hyp
1  20-39   NA <NA>
2  40-59 22.7   no
3  20-39   NA   no
4  60-99   NA <NA>
5  20-39 20.4   no
6  60-99   NA <NA>
7  20-39 22.5   no
8  20-39 30.1   no
9  40-59 22.0   no
10 60-99   NA <NA>
11 20-39   NA <NA>
12 40-59   NA <NA>
13 60-99 21.7   no
14 40-59 28.7  yes
15 20-39 29.6   no
16 20-39   NA <NA>
17 60-99 27.2  yes
18 40-59 26.3  yes
19 20-39 35.3   no
20 60-99 25.5  yes
21 20-39   NA <NA>
22 20-39 33.2   no
23 20-39 27.5   no
24 60-99 24.9   no
25 40-59 27.4   no
```

```
> summary(data2)
   age          bmi             hyp
20-39:12   Min.   :20.40   no :13
40-59: 7   1st Qu.:22.65   yes : 4
60-99: 6   Median :26.75   NA's: 8
           Mean   :26.56
           3rd Qu.:28.93
           Max.   :35.30
           NA's   :9
```

图4-25　删除法处理后的数据集　　**图4-26　删除法处理后的数据集统计分析结果**

代码解释及分析：

#1图4-23与图4-24：na.omit()函数得到删除缺失项所在行后的数据集，并利用summary函数获得新数据集统计分析结果。由结果可见，与删除前的结果还是有明显变化的。

#2：删除数据集第四列，并利用summary函数获得新数据集的统计分析结果。

3.最简插补法，从总体随机抽取某个样本值代表缺失值

代码：

```
sub=which(is.na(nhanes2[,4]==T))   #1
(data.complete<-nhanes2[-sub,])   #2
(data.na=nhanes2[sub,])   #2
data.na[,4]=sample(data.complete[,4],length(data.na[,4]),replace = T)   #3
(data.na)   #3
```

代码解释：

#1：找出第4列是空的位置。

#2：挑出第4列非空的值和空的值。

#3：从非空值中任意挑选一个补入空值并显示新数据集。

结果：

```
> (data.complete<-nhanes2[-sub,])
     age  bmi hyp chl
2  40-59 22.7  no 187
3  20-39   NA  no 187
5  20-39 20.4  no 113
6  60-99   NA <NA> 184
7  20-39 22.5  no 118
8  20-39 30.1  no 187
9  40-59 22.0  no 238
13 60-99 21.7  no 206
14 40-59 28.7 yes 204
17 60-99 27.2 yes 284
18 40-59 26.3 yes 199
19 20-39 35.3  no 218
22 20-39 33.2  no 229
23 20-39 27.5  no 131
25 40-59 27.4  no 186
```

图4-27 第4列非空的数据集

```
> (data.na=nhanes2[sub,])
     age  bmi  hyp chl
1  20-39   NA <NA>  NA
4  60-99   NA <NA>  NA
10 40-59   NA <NA>  NA
11 20-39   NA <NA>  NA
12 40-59   NA <NA>  NA
15 20-39 29.6   no  NA
16 20-39   NA <NA>  NA
20 60-99 25.5  yes  NA
21 20-39   NA <NA>  NA
24 60-99 24.9   no  NA
```

图4-28 第4列为空的数据集

```
> data.na[,4]=sample(data.complete[,4], length(data.na[,4]), replace = T)
> (data.na)
     age  bmi  hyp chl
1  20-39   NA <NA> 186
4  60-99   NA <NA> 238
10 40-59   NA <NA> 131
11 20-39   NA <NA> 199
12 40-59   NA <NA> 187
15 20-39 29.6   no 218
16 20-39   NA <NA> 204
20 60-99 25.5  yes 199
21 20-39   NA <NA> 187
24 60-99 24.9   no 238
```

图4-29 最简插补法处理的数据集

分析：

图4-29：此方法很容易出问题，尤其是各个变量相关时，一般不建议使用。

4．均值法，以该属性存在值的平均值插补缺失值。

代码：

```
sub=which(is.na(nhanes2[,4]==T))
data.complete=nhanes2[-sub,]
data.na=nhanes2[sub,]
data.na[,4]=mean(data.complete[,4])   #1
(data.na)   #1
```

代码解释：

#1：求非空值的均值补入空值。

结果：

```
> (data.na)
   age  bmi  hyp  chl
1  20-39   NA <NA> 191.4
4  60-99   NA <NA> 191.4
10 40-59   NA <NA> 191.4
11 20-39   NA <NA> 191.4
12 40-59   NA <NA> 191.4
15 20-39 29.6   no 191.4
16 20-39   NA <NA> 191.4
20 60-99 25.5  yes 191.4
21 20-39   NA <NA> 191.4
24 60-99 24.9   no 191.4
```

图 4-30　均值法处理后的数据集

5．回归插补，回归插补法通过建立 chl 与 age 变量之间的线性回归模型，利用缺失值所属数据样本的 age 数值，计算 chl 的回归值。

代码：

```
sub=which(is.na(nhanes2[,4]==T))
data.complete=nhanes2[-sub,]
data.na=nhanes2[sub,]
lm=lm(chl~age,data=data.complete)   #1
nhanes2[sub,4]=round(predict(lm,data.na))   #2
nhanes2[sub,]
```

代码解释：

#1：以 age 为自变量，建立以 chl 变量为因变量的线性回归模型。

#2：预测空值。

结果：

```
> lm

Call:
lm(formula = chl ~ age, data = data.complete)

Coefficients:
(Intercept)      age40-59      age60-99
     169.00         33.80         55.67
```

图 4-31　lm 预测参数

```
> nhanes2[sub,]
   age  bmi  hyp chl
1  20-39   NA <NA> 169
4  60-99   NA <NA> 225
10 40-59   NA <NA> 203
11 20-39   NA <NA> 169
12 40-59   NA <NA> 203
15 20-39 29.6   no 169
16 20-39   NA <NA> 169
20 60-99 25.5  yes 225
21 20-39   NA <NA> 169
24 60-99 24.9   no 225
```

图 4-32　回归插补法处理后的数据集

数据分析与数据挖掘实用教程

4.6.2 实验2：主成分分析

实验目的：掌握主成分分析方法。

实验数据集："who.txt"数据集，如图4-33所示，为若干属性的集合。

```
who.txt - 记事本                                    —    □    ×
文件(F) 编辑(E) 格式(O) 查看(V) 帮助(H)
x1, x2, x3, x4, x5, x6, x7, x8, x9, x10
Algeria, 6, 5940, 94, 96, 1.5, 64, 24, 7, 29, 2.4
Angola, 146, 3890, 49, 51, 2.8, 54, 17, 4, 46, 6.5
Benin, 108, 1250, 73, 87, 3.1, 40, 18, 4, 44, 5.6
Botswana, 51, 11730, 85, 83, 1.2, 58, 21, 5, 35, 3
Burkina Faso, 131, 1130, 42, 52, 3, 19, 17, 4, 46, 6.1
Burundi, 30, 320, 73, 76, 3.9, 10, 17, 4, 45, 6.8
Cameroon, 141, 2060, 65, 74, 2.1, 56, 19, 5, 41, 4.5
Cape Verde, 104, 2590, 87, 88, 2.3, 58, 20, 5, 39, 3.5
Central African Republic, 157, 690, 38, 53, 1.7, 38, 18, 6, 42, 4.7
Chad, 193, 1170, 49, 71, 3.1, 26, 17, 5, 46, 6.3
Comoros, 66, 1140, 50, 60, 2.5, 38, 19, 4, 42, 4.5
Congo, 132, 2420, 52, 58, 2.2, 61, 19, 5, 42, 4.6
Cote d Ivoire, 132, 1580, 49, 61, 1.8, 45, 19, 5, 41, 4.6
Democratic Republic of the Congo, 125, 270, 47, 60, 3.2, 33, 16, 4, 47, 6.7
```

图4-33　"who.txt"数据集

实验内容：

1. 读入数据，数据基础分析。

代码：

```
w=read.table("who.txt",sep=",",header=T)
(a=cor(w))    #1
(b=eigen(a))  #2
```

代码解释：

#1：求矩阵相关系数。

#2：求矩阵特征值和特征向量。

结果：

```
> (a=cor(w))
            x1          x2          x3          x4          x5
x1   1.0000000 -0.5717351 -0.5234846 -0.4823202  0.5663216
x2  -0.5717351  1.0000000  0.4190543  0.3993469 -0.3294245
x3  -0.5234846  0.4190543  1.0000000  0.9648672 -0.5221445
x4  -0.4823202  0.3993469  0.9648672  1.0000000 -0.4766482
x5   0.5663216 -0.3294245 -0.5221445 -0.4766482  1.0000000
x6  -0.4733279  0.6455135  0.3900270  0.3555546 -0.3558718
x7  -0.7182886  0.7269298  0.5545029  0.5287354 -0.7787496
x8  -0.5893247  0.6371351  0.4764160  0.4627439 -0.7695804
x9   0.7735241 -0.6691368 -0.6040864 -0.5694224  0.8118358
x10  0.7564258 -0.5375348 -0.6884608 -0.6338503  0.8268772
            x6          x7          x8          x9         x10
x1  -0.4733279 -0.7182886 -0.5893247  0.7735241  0.7564258
x2   0.6455135  0.7269298  0.6371351 -0.6691368 -0.5375348
x3   0.3900270  0.5545029  0.4764160 -0.6040864 -0.6884608
x4   0.3555546  0.5287354  0.4627439 -0.5694224 -0.6338503
x5  -0.3558718 -0.7787496 -0.7695804  0.8118358  0.8268772
x6   1.0000000  0.6035496  0.4993531 -0.5985966 -0.5634987
x7   0.6035496  1.0000000  0.9418086 -0.9732337 -0.8402297
x8   0.4993531  0.9418086  1.0000000 -0.8719456 -0.7065740
x9  -0.5985966 -0.9732337 -0.8719456  1.0000000  0.9209455
x10 -0.5634987 -0.8402297 -0.7065740  0.9209455  1.0000000
```

图4-34　矩阵相关系数

102

```
> (b=eigen(a))
$values
 [1] 6.718991161 1.153587902 0.883542757 0.467350145 0.429855650 0.170309196
 [7] 0.110557931 0.033578573 0.027010327 0.005216358

$vectors
              [,1]         [,2]         [,3]        [,4]        [,5]
 [1,]  0.3067010 -0.055997344  0.009253147  0.82658516 -0.206008602
 [2,] -0.2780973  0.293118910 -0.506226422  0.11237803  0.471905095
 [3,] -0.2857364 -0.593028490 -0.170415253  0.08357716  0.022085241
 [4,] -0.2726630 -0.616265892 -0.187501611  0.14818855  0.088568682
 [5,]  0.3102785  0.004437555 -0.539875739 -0.12243394  0.269046449
 [6,] -0.2544588  0.257540393 -0.539634694  0.06528317 -0.713546408
 [7,] -0.3666049  0.205576536  0.099042218  0.15949503  0.142502646
 [8,] -0.3336412  0.226133904  0.205985228  0.42007322  0.235680212
 [9,]  0.3726701 -0.125077213 -0.136186674  0.03600416 -0.007933967
[10,]  0.3563500  0.063951956 -0.161224919  0.22964041  0.262838898
              [,6]         [,7]         [,8]        [,9]       [,10]
 [1,]  0.348155210 -0.234211082  0.004008816 -0.023077216 -0.020374139
 [2,]  0.509203502  0.284922176  0.012916114  0.041607256 -0.052800583
 [3,] -0.007850958  0.064535685 -0.541483419 -0.482085981 -0.017887420
 [4,] -0.136642360 -0.006160616  0.552053942  0.396459488  0.016041807
 [5,] -0.235260861 -0.648578143 -0.186059318  0.118941009 -0.009968293
 [6,] -0.232605431  0.097814006  0.023070718 -0.005311943 -0.008623702
 [7,] -0.122634562 -0.301004933  0.178751628 -0.302730016  0.733855087
 [8,] -0.486641063  0.044432206 -0.374284542  0.372566983 -0.213123444
 [9,] -0.068494547  0.449032453 -0.301504870  0.363520904  0.629438104
[10,] -0.484524251  0.367875241  0.322106625 -0.481014566 -0.126050549
```

图 4-35　矩阵特征值和特征向量

2. 主成分分析。

代码：

```
y=princomp(w,cor=T)   #1
y$sde  #2
y$load  #3
y$scores  #4
screeplot(y)  #5
sweep(y$loa[,1:10],2,y$sde,"*")   #6
```

代码解释：

#1：主成分分析。

#2：主要成分的标准偏差。

#3：变载荷矩阵（即矩阵的列中包含的特征向量）。

#4：所提供的数据的主要组成部分的分数。

#5：画出主成分的碎石图

#6：将主要成分的标准偏差乘到特征向量的每一列。

结果：

```
> y$sde
    Comp.1     Comp.2     Comp.3     Comp.4     Comp.5
2.59210169 1.07405209 0.93996955 0.68363012 0.65563378
    Comp.6     Comp.7     Comp.8     Comp.9    Comp.10
0.41268535 0.33250253 0.18324457 0.16434819 0.07222436
```

图 4-36　主要成分的标准偏差

数据分析与数据挖掘实用教程

```
> y$load

Loadings:
      Comp.1  Comp.2  Comp.3  Comp.4  Comp.5  Comp.6  Comp.7  Comp.8  Comp.9  Comp.10
x1     0.307                   0.827  -0.206   0.348  -0.234
x2    -0.278   0.293  -0.506   0.112   0.472   0.509   0.285
x3    -0.286  -0.593  -0.170                                  -0.541   0.482
x4    -0.273  -0.616  -0.188   0.148          -0.137           0.552  -0.396
x5     0.310          -0.540  -0.122   0.269  -0.235  -0.649  -0.186  -0.119
x6    -0.254   0.258  -0.540                  -0.714  -0.233
x7    -0.367   0.206           0.159   0.143  -0.123  -0.301   0.179   0.303   0.734
x8    -0.334   0.226   0.206   0.420   0.236  -0.487          -0.374  -0.373  -0.213
x9     0.373  -0.125  -0.136                           0.449  -0.302  -0.364   0.629
x10    0.356          -0.161   0.230   0.263  -0.485   0.368   0.322   0.481  -0.126


                  Comp.1  Comp.2  Comp.3  Comp.4  Comp.5  Comp.6  Comp.7  Comp.8
SS loadings          1.0     1.0     1.0     1.0     1.0     1.0     1.0     1.0
Proportion Var       0.1     0.1     0.1     0.1     0.1     0.1     0.1     0.1
Cumulative Var       0.1     0.2     0.3     0.4     0.5     0.6     0.7     0.8
                  Comp.9  Comp.10
SS loadings          1.0     1.0
Proportion Var       0.1     0.1
Cumulative Var       0.9     1.0
```

图 4-37 变载荷矩阵

```
> y$scores
                                    Comp.1        Comp.2        Comp.3        Comp.4
Algeria                       -0.469897695   -0.91430663   -0.37941508   -1.173676493
Angola                         4.635015851    2.05189013   -0.46809101    0.626161840
Benin                          3.250781692   -0.55381418   -0.79292467    0.269782512
Botswana                       0.672329200   -0.20213114   -0.28168018   -0.611162163
Burkina Faso                   5.051377856    1.80765072    0.45376357    0.143071939
Burundi                        3.922027869   -0.31914516   -0.47918992   -1.179501759
Cameroon                       2.902623257    0.51145546   -0.23074571    0.722738422
Cape Verde                     1.691908703   -0.80897209   -0.67571889    0.208873823
Central African Republic       4.066006242    2.15931040    0.99257556    0.695594350
Chad                           4.893022514    0.77167311   -0.06580210    1.527856043
Comoros                        3.387921817    1.48454324    0.30642162   -0.930495773
Congo                          3.408501504    1.74909628   -0.08889450    0.360360783
Cote d Ivoire                  3.444001262    1.53761471    0.52273690    0.366799739
Democratic Republic of the Congo 4.915575400  1.40773331   -0.18918831    0.235462608
Equatorial Guinea              2.336151281   -0.66694920   -1.04397158    1.023168504
Eritrea                        4.594234335    1.93990096    0.30037844   -0.843346374
Ethiopia                       3.601676603   -0.05976147    0.37317621    0.154446501
Gabon                          0.790163167   -0.25728656   -1.03283155    1.222854564
Gambia                         3.581500726    1.22247736   -0.29418045    1.035888143
Ghana                          2.208146841    0.38444319    0.02723704   -0.409241132
Guinea                         3.520629347    0.04858064    0.18952387    1.052961623
Kenya                          3.366249655   -0.36342071    0.10221841    0.203923651
Lesotho                        2.170270713   -0.01273315    1.47101045    0.042851665
Madagascar                     2.785097590   -1.97626409   -0.51571812    1.221465292
Malawi                         3.473119848   -1.71726814   -0.26790001    1.303465419
Mali                           4.985737258    0.78431673   -0.19388491    1.550345392
                                    Comp.5        Comp.6        Comp.7        Comp.8
Algeria                       -0.425136395   -0.345485728    0.014366810    0.085512768
Angola                        -0.336758065   -0.238711356    0.284606064   -0.053972086
Benin                          0.358389666   -0.615567969   -0.096532694    0.400548412
Botswana                      -0.415992223    0.424930190    0.556847826   -0.075453294
Burkina Faso                   0.684588691   -0.024177185   -0.097815244    0.056363208
Burundi                        1.897677408   -1.344310523    0.019061810   -0.007619193
Cameroon                      -0.721693715    0.118047476   -0.014603634    0.160875311
Cape Verde                    -0.593952811   -0.018868734   -0.225044596   -0.172345532
Central African Republic      -0.499623096    0.533902590    0.084995471    0.199178371
Chad                           0.435937704   -0.003938858   -0.349456007    0.556075970
Comoros                        0.069405347   -0.143232859   -0.011245606    0.033699049
Congo                         -0.902305216    0.120172795    0.020714835   -0.066253131
Cote d Ivoire                 -0.523619487    0.314848597    0.120380405    0.232167258
Democratic Republic of the Congo 0.439033507 -0.547922036    0.091642303    0.262023508
Equatorial Guinea              0.784315682    0.157863438    0.443172150    0.290136207
Eritrea                        0.834495340   -0.199925607   -0.627326519   -0.243380453
Ethiopia                       0.835066318   -0.142427243    0.091732837    0.029923799
Gabon                         -1.409169641    0.486110123    0.039745489   -0.068823810
Gambia                        -0.648724215    0.082042220   -0.542773306   -0.492876222
Ghana                         -0.282868033   -0.230695653    0.043329092   -0.171833231
Guinea                         0.069884392    0.042546625    0.263251129    0.393124990
Kenya                          0.618975659    0.063997856   -0.078775246   -0.200318268
Lesotho                        0.134941839    0.680880069    0.641624063   -0.348595982
Madagascar                     0.456162923   -0.037882485   -0.213404086   -0.143132601
```

```
                                    Comp.9        Comp.10
Algeria                         -7.862065e-02  -0.128676544
Angola                           4.206222e-01  -0.032081101
Benin                           -1.232135e-01   0.055989902
Botswana                         4.459139e-02  -0.062172389
Burkina Faso                     3.363415e-02   0.038344861
Burundi                          3.653648e-01  -0.046181104
Cameroon                        -1.224106e-01   0.002317003
Cape Verde                      -1.271674e-01   0.057254620
Central African Republic        -3.289912e-01  -0.063215030
Chad                            -2.766859e-01  -0.026653592
Comoros                         -2.202495e-01   0.134408503
Congo                           -6.633816e-02   0.050050893
Cote d Ivoire                   -1.602315e-01   0.009003284
Democratic Republic of the Congo 5.009408e-02  -0.038793387
Equatorial Guinea                2.078798e-02  -0.094682155
Eritrea                         -1.082254e-01   0.032882598
Ethiopia                         4.203669e-02   0.046402961
Gabon                           -3.882981e-02  -0.092296191
Gambia                           2.851758e-01   0.006061022
Ghana                           -5.789420e-02   0.005872047
Guinea                           7.547884e-02  -0.047346526
Kenya                            2.043889e-01   0.035301695
Lesotho                         -4.442013e-02  -0.009802380
Madagascar                       7.676475e-02   0.057125337
Malawi                           3.297880e-01  -0.013062901
```

图 4-38　主要组成部分的分数

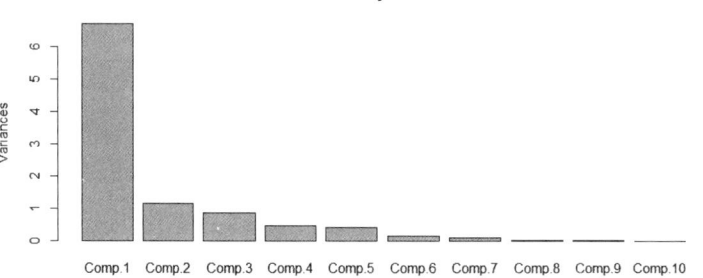

图 4-39　主成分的碎石图

```
> sweep(y$loa[,1:10],2,y$sde,"*")
        Comp.1        Comp.2        Comp.3        Comp.4        Comp.5
x1    0.7950001  -0.060144065   0.008697677   0.56507852  -0.135066198
x2   -0.7208566   0.314824979  -0.475837423   0.07682501   0.309396920
x3   -0.7406579  -0.636943492  -0.160185149   0.05713586   0.014479830
x4   -0.7067703  -0.661901672  -0.176245805   0.10130616   0.058068620
x5    0.8042734   0.004766166  -0.507466756  -0.08369953   0.176395939
x6   -0.6595830   0.276611798  -0.507240181   0.04462954  -0.467825127
x7   -0.9502772   0.220799909   0.093096669   0.10903561   0.093429548
x8   -0.8648319   0.242879593   0.193619843   0.28717471   0.154519908
x9    0.9659989  -0.134339443  -0.128011327   0.02461353  -0.005201777
x10   0.9236953   0.068687733  -0.151546515   0.15698910   0.172326059
        Comp.6        Comp.7        Comp.8        Comp.9        Comp.10
x1    0.143678554  -0.07787578   0.0007345938   0.0037926986  -0.0014715092
x2    0.210140824   0.09473734   0.0023668077  -0.0068380772  -0.0038134883
x3   -0.003239975   0.02145828  -0.0992238977   0.0792299571  -0.0012919074
x4   -0.056390300  -0.00204842   0.1011608888  -0.0651573982   0.0011586092
x5   -0.097088710  -0.21565387  -0.0340943603  -0.0195477392  -0.0007199536
x6   -0.095992853   0.03252340   0.0042275839   0.0008730082  -0.0006228413
x7   -0.050609487  -0.10008490   0.0327552657   0.0497531293   0.0530022135
x8   -0.200829636   0.01477382  -0.0685856110  -0.0612307083  -0.0153927042
x9   -0.028266696   0.14930443  -0.0552491310  -0.0597440017   0.0454607638
x10  -0.199956059   0.12231945   0.0590242908   0.0790538720  -0.0091039202
```

图 4-40　将主要成分的标准偏差乘到特征向量的每一列

分析：

图4-39：该数据集的主成分明显，第1分量份量最大，前5个分量基本可以代表整个数据集属性。

第 5 章　关联分析

5.1　关联分析的基本概念

大数据时代的领军人物，也被誉为"大数据时代预言家"的维克托·迈尔-舍恩伯格曾经提出了一个非常著名的论点："更好，不是因果关系，而是相关关系。在大数据时代，我们不需要知道现象背后的原因，而是要让数据自己发声。别问为什么，知道是什么就够了。"这里先来分享一个在这一论点下大数据时代的一个耳熟能详的经典案例。

故事发生在美国沃尔玛超市的货架上，大家知道，超市通常会把相似或相关的物品摆放在一起以提高销售量。而在沃尔玛超市的货架上，啤酒和尿不湿这两件风马牛不相及的物品被并排摆放在了一起，并且，这种摆放大大提高了二者的销售量。当然，当我们找到这两件物品以后，就可以讲述它们的故事了。在美国，有孩子的年轻夫妇中，丈夫一般负责下班后到超市购买尿不湿，为了犒劳自己，他们一般会购买一些自己喜欢的啤酒。

这就是维克托·迈尔-舍恩伯格著名论点下的典型商业应用，别问为什么，知道是什么就够了，这也是数据挖掘的魅力——能够发现我们先前未知的、感兴趣的一些结论。那么问题的关键出现了，什么技术能够在如此繁杂的物品中找到诸如啤酒和尿不湿的组合呢？沃尔玛的数据分析团队对超市顾客的购物篮进行分析，将购物信息输入到电脑的数据库，对数据进行处理，进行深入的数据挖掘，从而找到了诸如啤酒和尿不湿、手电筒和蛋挞等先前未知的、令人感兴趣的商品组合，如图 5-1 所示。这就是本章要介绍的关键技术：关联分析，如图 5-2 所示。

图 5-1　关联分析的经典案例

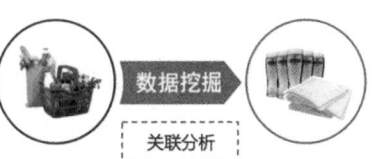

图 5-2　关联分析的发现

第 5 章 关联分析

关联分析用于发现隐藏在大型数据集中的令人感兴趣的联系，所发现的模式通常用**关联规则**表示。

寻找、预测"某些项将会随其他项的出现而出现"的规则，称为**挖掘关联规则**。

本章将重点介绍传统购物篮数据的关联分析算法，包括Apriori算法和FP-growth算法。其余关联分析的高级算法，如处理分类属性、处理连续属性、处理概念分层、序列模式、子图模式和非频繁模式，本书将不作介绍，感兴趣的读者可以参考其他文献。

5.2 关联分析的预备知识

5.2.1 基本术语

在大量的数据中找出有价值的联系，为了便于让计算机帮助我们完成这个任务，需要首先对待解决的问题进行形式化描述，如表5-1所示。

表 5-1 购物篮数据集

标　识	商品集合
100	可乐，鸡蛋，汉堡
200	可乐，尿不湿，啤酒
300	可乐，尿不湿，啤酒，汉堡
400	尿不湿，啤酒

➢ 事务数据集

许多商业、企业在日复一日的运营中积聚了大量的数据，通常称作购物篮事务，这样的事务集合被称为事务数据集。

以超市购物的数据集为例进行理解：每一行表示一条购物记录，即**事务**；每一行的第一列标识，是购物记录的唯一标号；每一行的第二列是商品集合，是每一条购物记录所购买的物品；所有的购物记录，即所有的事务，构成了**事务数据集**。

这里设定 $I = \{i_1, i_2, \ldots, i_m\}$ 是全部向量的集合，D 是事务的集合，即事务数据集，包含 N 个事务。D 中的每个事务 T 是项的集合，使得 $T \subseteq I$。每个事务有一个标识符，称为TID。

事务数据集的表示方法有很多种。图5-3显示了表示购物篮事务的两种不同方法。图a的表示法称为水平数据布局，许多关联规则挖掘算法都采用这种表示法；另一种可能的方法是储存与每一个项相关联的事务标识符列表（TID表），这种表示法称作垂直数据布局，如图b所示。

数据分析与数据挖掘实用教程

TID	Items
1	A,B,E
2	B,C,D
3	C,E
4	A,C,D
5	A,B,C,D
6	A,E
7	A,B
8	A,B,C
9	A,C,D
10	B

A	B	C	D	E
1	1	2	2	1
4	2	3	4	3
5	5	4	5	6
6	7	5	9	
7	8	8		
8	10	9		
9				

（a）水平数据布局　　　　　（b）垂直数据布局

图 5-3　事务数据集的表示方法

➢ 项集

在关联分析中，包含 0 个或多个项的集合称为**项集**。包含 1 项的称为 1-项集，如 {尿不湿}；包含 2 项的称为 2-项集，如 {尿不湿，啤酒}；以此类推，包含 k 个项的项集称为 k-项集。当且仅当 $A \subseteq T$，事务 T 包含项集 A。

格结构常常被用来枚举所有可能的项集，如图 5-4 显示了 $I=\{A,B,C,D,E\}$ 的项集格。一般来说，一个包含 k 个项的数据集可能产生 $2^k - 1$ 个频繁项集，不包括空集在内。由于在许多实际应用中 k 的值可能非常大，需要探查的项集搜索空间可能是指数规模的。

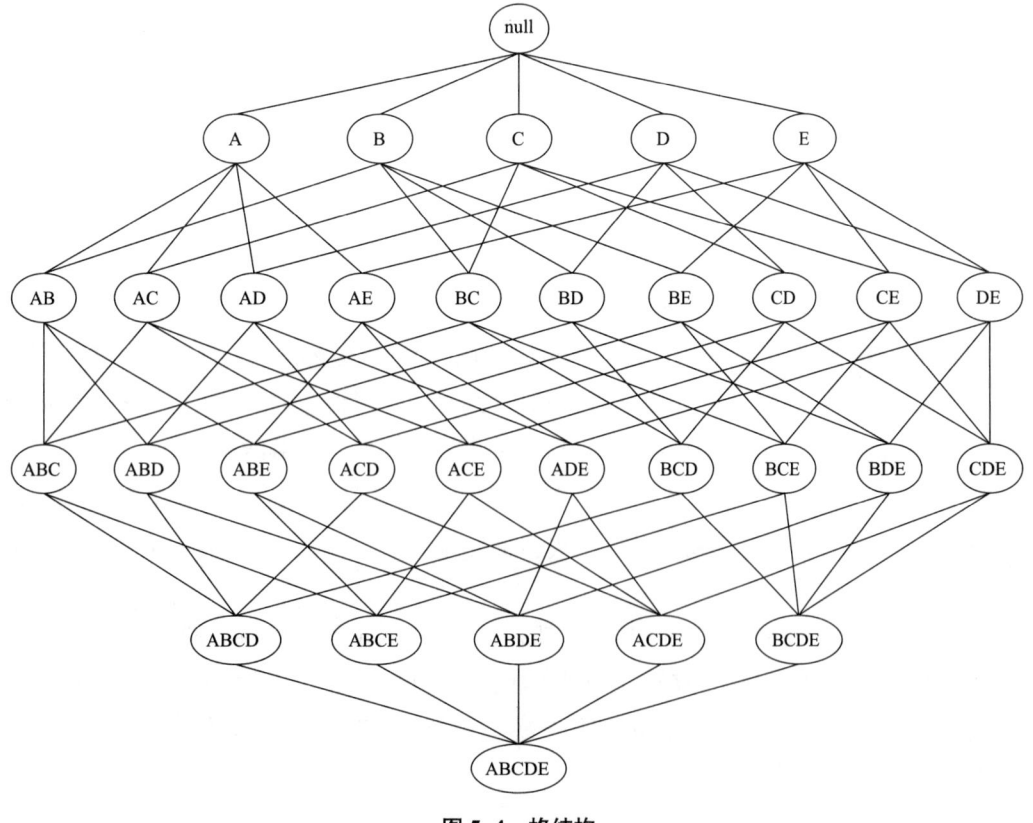

图 5-4　格结构

108

> 支持度计数

一个项集出现的次数就是整个交易数据集中包含该项集的事务数，也称该项集的**支持度计数**，用σ{项集}表示。

表5-1中σ{尿不湿，啤酒}=3。

5.2.2 频繁项集

一个项集的出现次数与数据集中所有事务数的百分比称为项集的**支持度**。若一个项集的支持度大于或等于某个阈值，则称为**频繁项集**。例如，在表5-1所示的数据集中，I={可乐，鸡蛋，尿不湿，啤酒，汉堡}。{尿不湿，啤酒}是一个2-项集，包含在事务200、300、400中，所以其支持度计数为3，支持度为3/4=0.75。如果阈值设为0.5，由于项集{尿不湿，啤酒}的支持度大于0.5，所以该项集为频繁项集。

定义{A,B}的**子集**是{A}和{B}，{A,B}的**超集**是所有包含{A,B}的集合，如{A,B,C}。

最大频繁项集的直接超集都不是频繁的。为了解释这一概念，如图5-5所示，将项集分为两组：频繁项集和非频繁项集。图中虚线表示频繁项集的边界。位于边界上方的每个项集都是频繁的，而位于边界下方的项集（阴影节点）都是非频繁的。

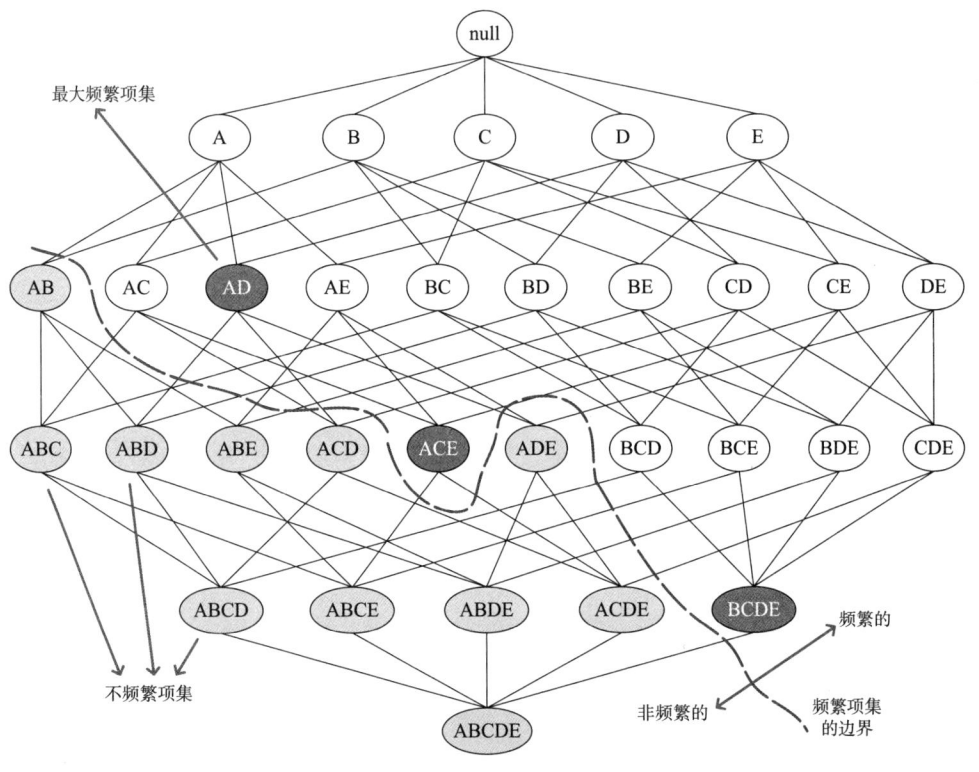

图5-5 最大频繁项集示意图

最大频繁项集有效地提供了频繁项集的紧凑表示，换句话说，最大频繁项集形成了可以导出所有频繁项集的最小的项集的结合。如图5-5所示，也就是所有的频繁项集是最大频繁项集 {A,D}，{A,C,E}，{B,C,D,E} 的子集。对于可能产生频繁项集的数据集，最大频繁项集提供了颇有价值的表示，因为这种数据集中的频繁项集数目可能是指数级的。尽管如此，仅当存在一种有效的方法，可以直截了当地发现最大频繁项集而不需要枚举它们所有的子集时，这种方法才是实用的。

尽管提供了一种紧凑的表示，但是最大频繁项集却不包含它们子集的支持度信息。因此，这就需要再扫描一遍数据集，来确定那些非最大的频繁项集的支持度计数。在某些情况下，可能需要得到保持支持度信息的频繁项集的最小表示。

闭项集提供了频繁项集的一种最小表示，该表示不丢失支持度信息。如果项集 X 是闭项集，那么它的直接超集都不具有和它相同的支持度计数，换句话说，如果至少存在一个 X 的直接超集，其支持度计数与 X 相同，X 就不是闭项集。

闭频繁项集是指一个项集满足"闭项集"这一条件，并且它的支持度大于或等于最小支持度阈值。

如表5-2的事务数据集和图5-6的闭频繁项集示意图所示，为了更好地解释每个项集的支持度计数，格中每个结点（项集）都标出了与它相关联的事务的ID。例如，由于结点 {B,C} 与事务1，2，3相关联，因此它的支持度计数为3，{B,C} 不存在直接超集与其支持度相同，则 {B,C} 为闭项集。再观察 {A,B}，存在直接超集 {A,B,C} 与其支持度相同，则 {A,B} 不是闭项集。

在前面的例子中，假定支持度阈值为40%，则项集 {B,C} 是闭频繁项集，因为它的支持度是60%。可见，图中灰色阴影项集 {C}，{D}，{E}，{AC}，{BC}，{CE}，{DE}，{ABC}，{ACD} 为闭频繁项集。此外，加粗灰色阴影项集 {CE}，{DE}，{ABC}，{ACD} 为最大频繁项集。

表5-2　事务数据集

TID	Items
1	ABC
2	ABCD
3	BCE
4	ACDE
5	DE

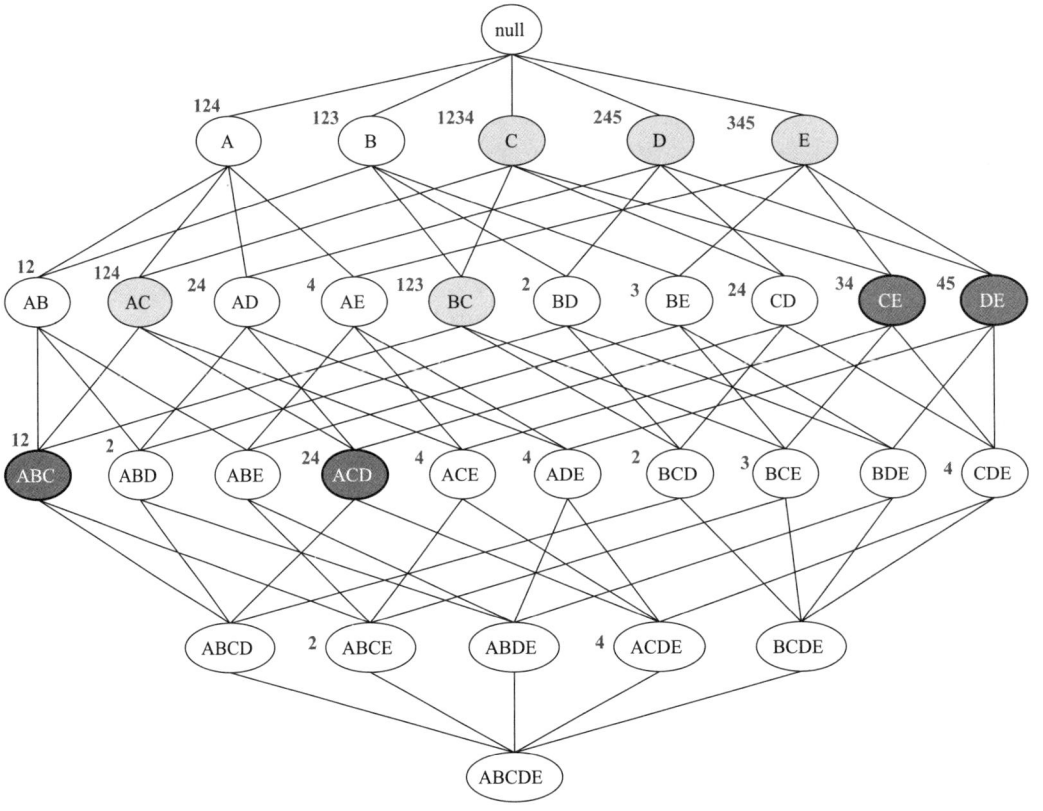

图 5-6　闭频繁项集示意图

最大频繁项集都是闭项集，因为任何最大频繁项集都不可能与它的直接超集具有相同的支持度计数。频繁项集、最大频繁项集和闭频繁项集之间的关系如图 5-7 所示。

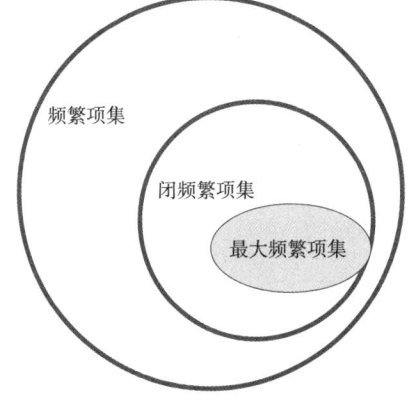

图 5-7　频繁项集、最大频繁项集和闭频繁项集之间的关系

5.2.3　关联规则的定义

关联规则是形如 $A \rightarrow B$ 的蕴含表达式，其中 $A \subset I, B \subset I$ ，并且 $A \cap B = \phi$ 。规则 $A \rightarrow B$ 的度量包括**支持度**（*support*）和**置信度**（*confidence*）。支持度是 D 中事务包含

$A \cup B$（即A和B二者）的百分比，支持度表示规则在数据集上的普遍性，说明规则并不是偶然出现的。在商业环境中，一个覆盖太少事务的规则很可能没有任何价值。置信度是D中包含A事务同时包含B事务的百分比，置信度确定B在包含A的事务中出现的频繁程度，表示规则在数据集上的可靠性。如果一条规则的置信度太低，那么从A很难可靠地推断出B。支持度和置信度可用公式（5-1）和（5-2）表示：

$$support(A \rightarrow B) = \sigma(A \cup B)/N \qquad (5-1)$$

$$confidence(A \rightarrow B) = \sigma(A \cup B)/\sigma(A) \qquad (5-2)$$

式中$\sigma(\cdot)$表示支持度计数，N表示数据集的事务数，"$\rightarrow$"表示一种共现关系，箭头左侧的项表示前件，箭头右侧的项表示后件。

规则的支持度关于规则的前件和后件是对称的，但置信度不对称。

既然是规则就要满足一定的条件，这里的条件就是支持度的规则，置信度要大于或等于置信度阈值，这里的支持度阈值和置信度阈值可以自由设定。大于最小支持度阈值和最小置信度阈值的关联规则称为**强关联规则**。关联分析的任务就是找出数据集中隐藏的强关联规则。

以表5-1的购物篮数据集为例，我们分析"尿不湿→啤酒"这样一条规则。

$$support(尿不湿 \rightarrow 啤酒) = \frac{3}{4} = 75\% \qquad (5-3)$$

$$confidence(尿不湿 \rightarrow 啤酒) = \frac{3}{3} = 100\% \qquad (5-4)$$

在计算"尿不湿→啤酒"这样一条规则支持度的时候，在4项事务中，"尿不湿→啤酒"共同出现了3次，支持度等于75%，"尿不湿"单独也出现了3次，置信度是100%。假定置信度阈值和支持度阈值分别是80%和50%，则"尿不湿→啤酒"这样一条规则就是一条优秀的规则。

5.2.4 挖掘关联规则

关联分析挖掘的关联规则种类有很多，可以按照不同的标准进行分类：
➢ 根据规则中处理的类型，关联规则可分为布尔关联规则和量化关联规则。
➢ 根据规则中涉及的维度，关联规则可分为单维关联规则和多维关联规则。
➢ 根据规则中数据的抽象层次，关联规则可分为单层关联规则和多层关联规则。

本章只讨论单维布尔关联规则的挖掘，其他类型的关联规则的挖掘可以通过转换，采用类似的方法实现。

根据关联规则的定义，可以把关联规则挖掘算法分为两个步骤：

步骤1：

产生频繁项集，其目标是发现满足最小支持度阈值的所有项集，即频繁项集。

步骤2：

产生规则，其目标是从上一步发现的频繁项集中提取大于置信度阈值的规则，即强规则。

5.3 频繁项集的产生

5.3.1 产生频繁项集的方法

概念上，可以把频繁项集的搜索看作遍历图5-4中的项集格，称为项集格遍历。算法使用的搜索策略指明了频繁项集产生过程中如何遍历格结构。根据频繁项集在格中的布局，某些搜索策略优于其他策略。

1. 蛮力方法

首先介绍的策略是**蛮力方法**，也是发现频繁项集的一种原始方法，也就是确定格结构中每个候选项集的支持度计数。为了完成这一任务，必须将每个候选项集与每个事务进行比较，如图5-8所示。如果候选项集包含在事务中，则候选项集的支持度计数增加。例如，由于项集 {Bread,Milk} 出现在事务1、4和5中，其支持度计数将增加3次。这种方法的开销可能非常大，因为它需要进行 $O(NMw)$ 次比较，其中 N 是事务数，$M=2^w-1$ 是候选项集数，而 w 是事务的最大宽度。

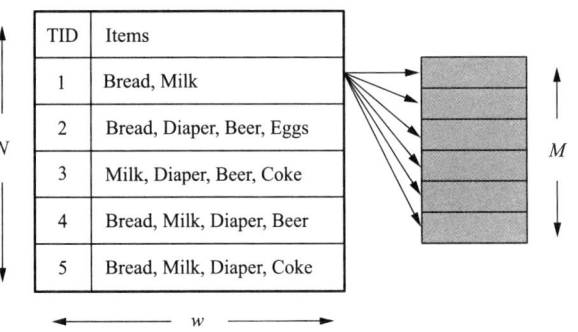

图 5-8 候选项集的支持度计算

有几种方法可以降低产生频繁项集的计算复杂度。

（1）减少候选项集的数目（M）。

5.3.2节介绍的先验（Apriori）原理，是一种不用计算支持度值而删除某些候选项集的有效方法。

（2）减少比较的次数（NM）。

可以使用更高级的数据结构替代将每个候选项集与每个事务相匹配，存储候选项集或者压缩候选项集，以减少比较次数。

2. 一般到特殊与特殊到一般

除了蛮力方法，产生频繁项集的其他方法还包括一般到特殊与特殊到一般的方法。

Apriori算法使用了"一般到特殊"的搜索策略，合并两个频繁$(k-1)$-项集得到候选k-项集。只要频繁项集的最大长度不是太长，这种"一般到特殊"的搜索策略是有效的。如图5-9所示，给出了一般到特殊、特殊到一般和双向搜索示意图，图中勾画部分为频繁项集边界。使用这种策略效果最好的频繁项集的布局显示在图a中，其中较黑的结点代表非频繁项集。相反，"特殊到一般"的搜索策略在发现更一般的频繁项集之前，先寻找更特殊的频繁项集。这种策略对于发现稠密事务中的最大频繁项集是有用的。稠密事务中的频繁项集的边界靠近格的底部，如图b所示。可以使用先验原理剪掉最大频繁项集的所有子集。具体来说，如果候选k-项集是最大频繁项集，则不必在下一迭代考察它的任意$k-1$项子集。然而，如果候选k-项集是非频繁的，则必须在下一迭代考察它所有的$k-1$项子集。另外一种策略是结合"一般到特殊"和"特殊到一般"的搜索策略，尽管这种双向搜索方法需要更多的空间存储候选项集，但是图c所示的布局确实有助于加快确定频繁项集边界。

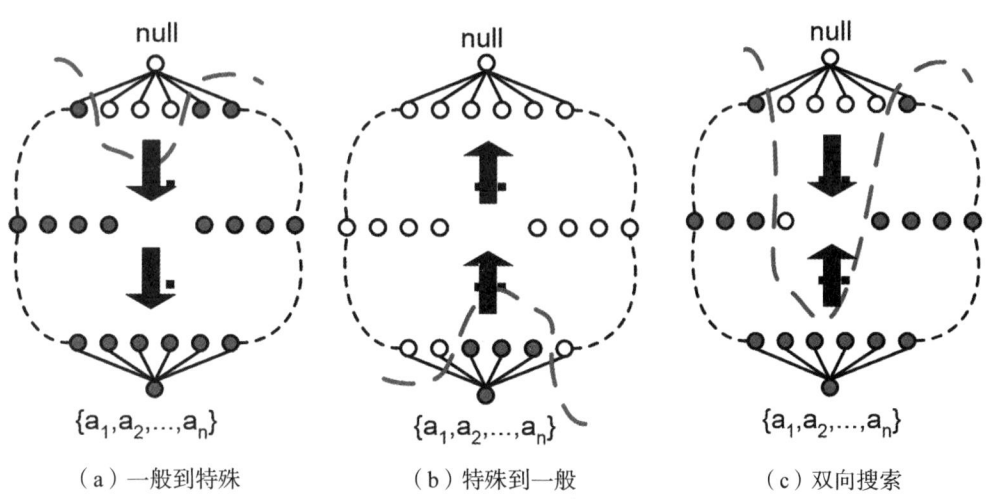

（a）一般到特殊　　　　　（b）特殊到一般　　　　　（c）双向搜索

图5-9　一般到特殊、特殊到一般和双向搜索

3．等价类

另外一种遍历的方法是将格划分为两个不相交的结点组（或等价类）。频繁项集产生算法依次在每个等价类内搜索频繁项集。例如，Apriori算法采用的逐层策略可以看作根据项集的大小划分格，即在处理较大项集之前，先找出所有的频繁1-项集。等价类也可以根据项集的前缀或后缀来定义。在这种情况下，如果它们共享长度为k的前缀或后缀相同，那么两个项集属于同一个等价类。在基于前缀的方法中，算法首先搜索以前缀A开始的频繁项集，然后是以前缀B开始的频繁项集，然后是C，如此下去。基于前缀和基于后缀的等价类都可以使用图5-10所示的类似于树的结构来演示，其中图a是基于前缀的树，图b是基于后缀的树。

第 5 章 关联分析

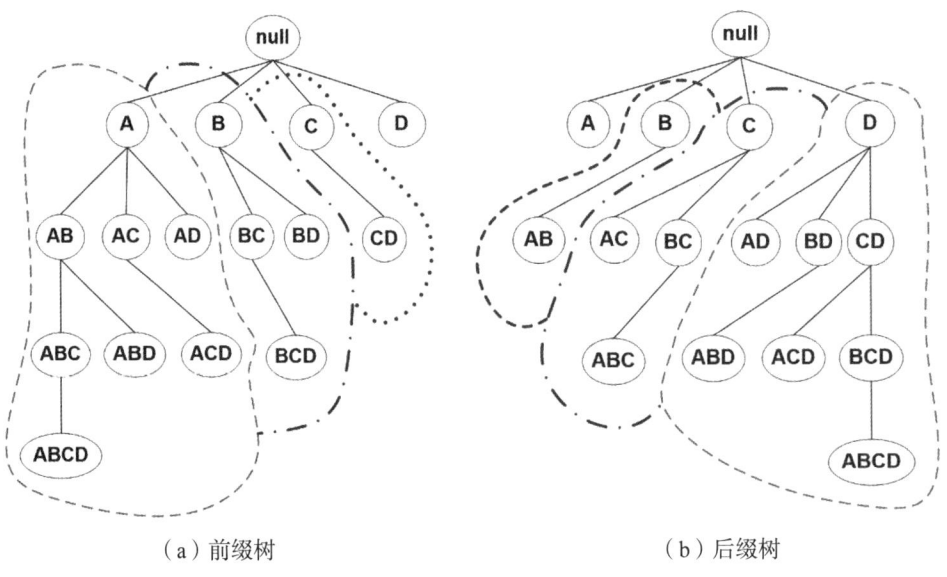

（a）前缀树　　　　　　　　　　　（b）后缀树

图 5-10　基于项集前缀和后缀的等价类

4．宽度优先与深度优先

宽度优先与深度优先是另一种遍历策略，如图 5-11 所示。Apriori 算法采用宽度优先的方法遍历格，如图 a 所示。它首先发现所有频繁 1-项集，接下来是频繁 2-项集，如此下去直到没有新的频繁项集产生为止。也可以以深度优先的方式遍历项集格，如图 b 所示。

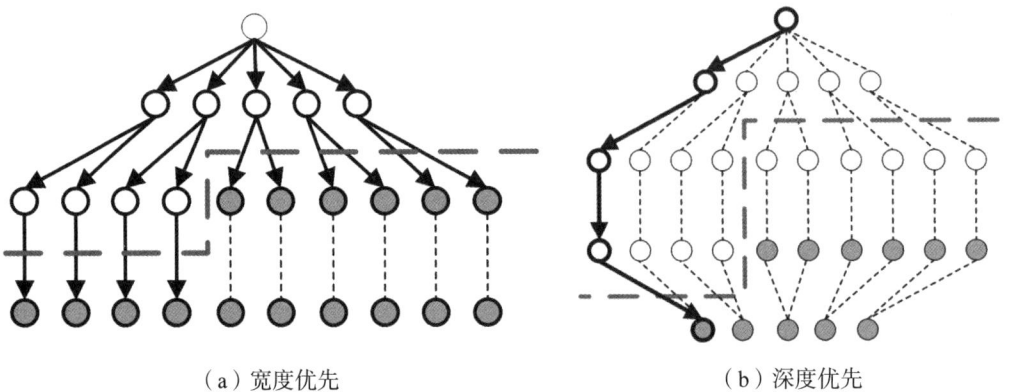

（a）宽度优先　　　　　　　　　（b）深度优先

图 5-11　宽度优先与深度优先遍历

更进一步，如图 5-12 所示，算法可以从图中的结点 A 开始，计算其支持度计数并判断它是否频繁。如果是，算法渐增地扩展下层结点，即 AB，ABC，等等，直到到达下一个非频繁结点，如 ABCD。然后，回溯到下一个分支，如 ABCE，并且继续搜索。

115

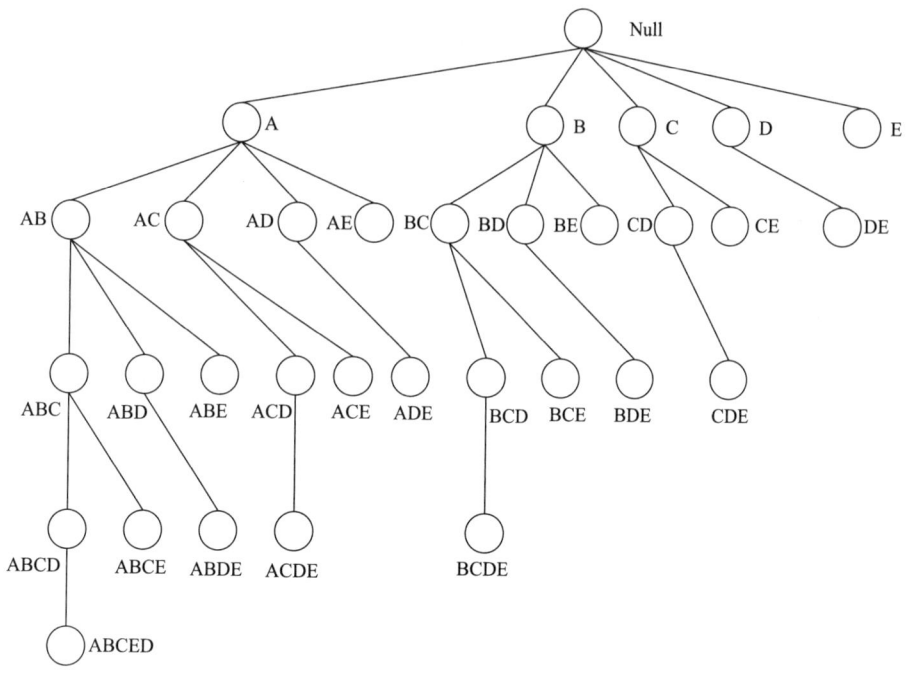

图5-12 使用深度优先方法产生候选项集

5.3.2 Apriori算法

Apriori算法是第一个关联规则挖掘算法，它开创性地使用基于支持度的剪枝技术，也就是**支持度度量的反单调性**，系统地控制候选项集呈指数级增长。

要掌握支持度度量的反单调性，先要掌握**单调性**的数学定义：

单调性：令I是项的集合，$J = 2^I$是I的幂集。度量f是单调的（或向上封闭的），如果

$$\forall X, Y \in J : (X \subseteq Y) \rightarrow f(X) \leq f(Y) \tag{5-5}$$

这表明如果X是Y的子集，则$f(X)$一定不超过$f(Y)$。另一方面，f是反单调的（或向下封闭的），如果

$$\forall X, Y \in J : (X \subseteq Y) \rightarrow f(Y) \leq f(X) \tag{5-6}$$

则表示如果X是Y的子集，则$f(Y)$一定不超过$f(X)$。

根据单调性原理，我们可以推导得出先验原理，即支持度度量的反单调性。

先验原理：如果一个项集是频繁的，则它的所有子集一定也是频繁的。

如图5-13所示，假定{C,D,E}是频繁项集，显而易见，任何包含项集{C,D,E}的事务一定包含它的子集{C,D},{C,E},{D,E},{C},{D}和{E}。这样，如果{C,D,E}是频繁的，则它的所有子集一定也是频繁的。

116

相反，如果项集{A,B}是非频繁的，则它的所有超集也一定是非频繁的。一旦发现{A,B}是非频繁的，则整个包含{A,B}超集的子图可以被立即剪枝。这种基于支持度度量来修剪指数搜索空间的策略称为基于支持度的剪枝。这种剪枝策略依赖于支持度度量的一个关键性质，即一个项集的支持度绝不会超过它的子集的支持度，这个性质也被称为支持度度量的反单调性，如图 5-14 所示。

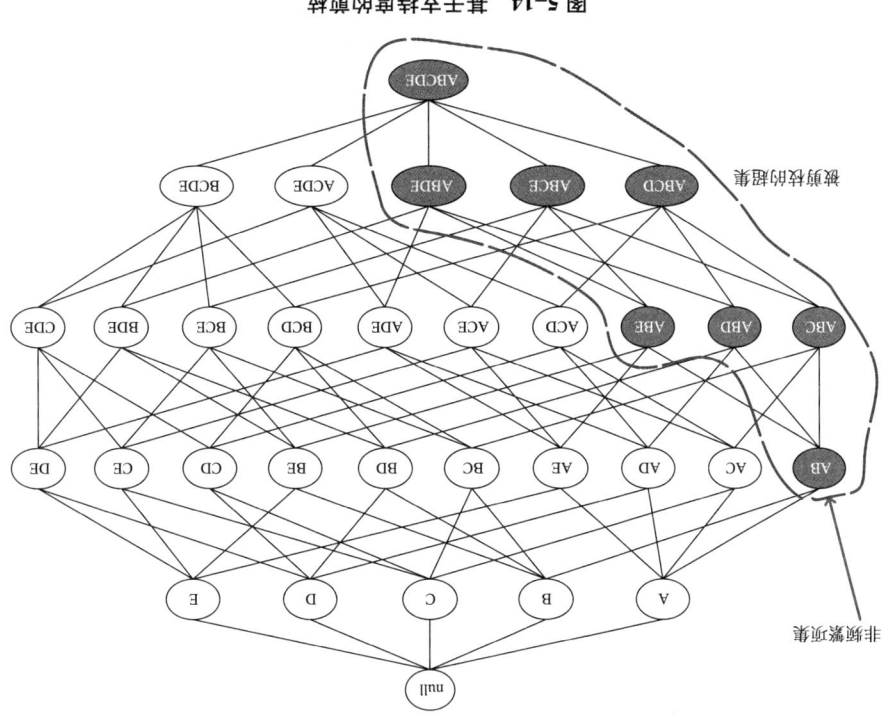

图 5-14 基于支持度的剪枝

下面仍对表5-1的购物篮数据集进行分析，以分析Apriori算法，如图5-15所示，初始时每个项都被看作候选1-项集。对它们的支持度计数之后，候选项集{鸡蛋}被丢弃，因为它们出现的事务少于3个。在下一次迭代，仅使用频繁1-项集，因此算法产生的候选2-项集的数目为$C_4^2=6$。计算它们的支持度值之后，发现这6个候选项集中的2个，{尿不湿，汉堡}和{啤酒，汉堡}是非频繁的，剩下的4个候选项集是频繁的，因此用来产生候选3-项集。不使用基于支持度的剪枝，使用该例给定的6个项，将形成$C_5^3=10$个候选3-项集。依据先验原理，只需要保留其子集都频繁的候选3-项集。具有这种性质的唯一候选是{可乐，尿不湿，啤酒}。

候选1-项集

项集	计数
可乐	3
汉堡	2
啤酒	3
尿不湿	3
鸡蛋	1

最小支持度计数=3

候选2-项集

项集	计数
{可乐,尿不湿}	2
{可乐,啤酒}	2
{可乐,汉堡}	2
{尿不湿,汉堡}	1
{尿不湿,啤酒}	3
{啤酒,汉堡}	1

因支持度低而被删除的项集

候选3-项集

项集	计数
{可乐,尿不湿,啤酒}	3

图5-15 使用Apriori算法产生频繁项集的例子

通过计算产生的候选项集数目，可以看出先验剪枝策略的有效性。用蛮力策略枚举所有项集（至3-项集）将产生$C_5^1+C_5^2+C_5^3=25$个候选；而用先验原理，将减少为$C_5^1+C_4^2+1=12$个候选。即使在这个简单的例子中，候选项集的数目也降低了52%。

通过以上过程，可以总结**Apriori算法流程**为：

首先，设定$k=1$。

然后，扫描事务数据库一次，生成频繁的1-项集。

最后，如果存在两个或两个以上频繁k-项集，则重复下面过程：

[候选产生]由长度为k的频繁项集生成长度为$k+1$的候选项集。

[候选前剪枝]对每个候选项集，若其具有非频繁的长度为k的子集，则删除该候选项集。

[支持度计算]扫描事务数据库一次，统计每个余下的候选项集的支持度。

[候选后剪枝]删除非频繁的候选项集，仅保留频繁的（$k+1$）-项集。

设定 $k=k+1$。

Apriori算法的频繁项集产生的部分有两个重要的**特点**：

第一，它是一个逐层算法，即从频繁1-项集到最长的频繁项集，它每次遍历项集格中的一层；

第二，它使用产生-测试策略来发现频繁项集。在每次迭代之后，新的候选项集都由前一次迭代发现的频繁项集产生，然后对每个候选的支持度进行计数，并与最小支持度阈值进行比较。该算法需要的总迭代次数是 $k_{max}+1$，其中 k_{max} 是频繁项集的最大长度。

Apriori算法的**核心步骤**包括：

1．候选项集的产生

设 $A=\{a_1,a_2,\ldots,a_k\}$ 和 $B=\{b_1,b_2,\ldots,b_k\}$ 是一对频繁 k-项集，当且仅当 $a_i=b_i(i=1,2,\ldots,k-1)$ 并且 $a_k\neq b_k$ 时，合并 A 和 B，得到 $\{a_1,a_2,\ldots,a_k,b_k\}$。

例如：合并 {可乐,尿不湿} 和 {可乐,啤酒} 得到 {可乐,尿不湿,啤酒}，但 {可乐,啤酒} 和 {啤酒,汉堡} 不能合并。

对有效的候选项集产生过程的要求包括：

➤ 它应当避免产生太多不必要的候选。如果一个候选项集至少有一个子集是非频繁的，根据支持度的反单调属性，这样的候选项集肯定是非频繁的，也是不必要的。

➤ 它必须确保候选项集的集合是完全的，即候选项集产生过程没有遗漏任何频繁项集。为确保完全性，候选项集的集合必须包含所有频繁项集的集合。即 $\forall k:F_k\subseteq C_k$，$F_k$ 表示频繁项集，C_k 表示候选项集。

➤ 它应该不会产生重复候选项集。

2．候选前剪枝

设 $A=\{a_1,a_2,\ldots,a_k,a_{k+1}\}$ 是一个候选 $(k+1)$-项集，检查每个 A' 是否在第 k 层频繁项集中出现，其中 A' 由 A 去掉 $a_i(i=1,\ldots,k)$ 得到。

若某个 A' 没有出现，则 A 是非频繁的。

3．候选项集的支持度计算

支持度计数过程确定候选项剪枝步骤保留下来的每个候选项集出现的频繁程度。计算支持度的主要方法包括两种：

一种方法是将每个事务与所有的候选项集进行比较，并且更新包含在事务中的候选项集的支持度计数。这种方法的计算成本很昂贵，尤其当事务和候选项集的数目都很大时。

另一种方法是枚举每个事务所包含的项集，并且利用它们更新对应的候选项集的支持度。为了减少比较次数，通常将候选项集保存在散列（hash）结构中，将每个事务与保存在散列结构的候选项集作匹配。

Hash 树

Hash 函数为 $h(p)=p \bmod 3$，假设有15个候选3-项集，分别为{1 4 5}、{1 2 4}、{4 5 7}、{1 2 5}、{4 5 8}、{1 5 9}、{1 3 6}、{2 3 4}、{5 6 7}、{3 4 5}、{3 5 6}、{3 5 7}、{6 8 9}、{3 6 7}、{3 6 8}，Hash 规则如图5-16中图a所示，则构建的 Hash 树如图b所示。利用余数相同的原则将序号分组，图中第一层的第一个数字，1、4、7在左侧，2、5、8在中间，3、6、9在右侧。第二层的第二个数字，1、4、7在左侧，2、5、8在中间，3、6、9在右侧，以此类推。图5-17（a）（b）（c）分别给出了 Hash 函数规则 {1,4,7}、{2,5,8} 和 {3,6,9} 条件下的示意图。

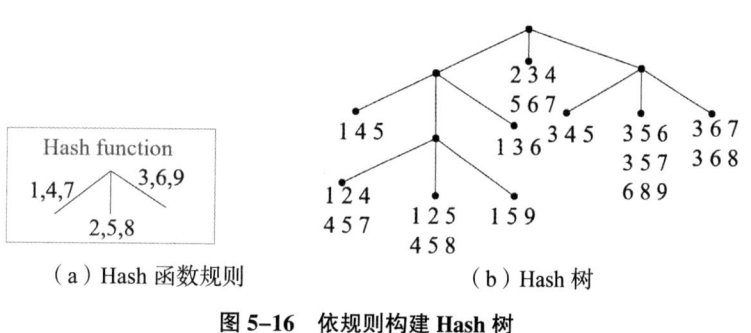

（a）Hash 函数规则   （b）Hash 树

图 5-16　依规则构建 Hash 树

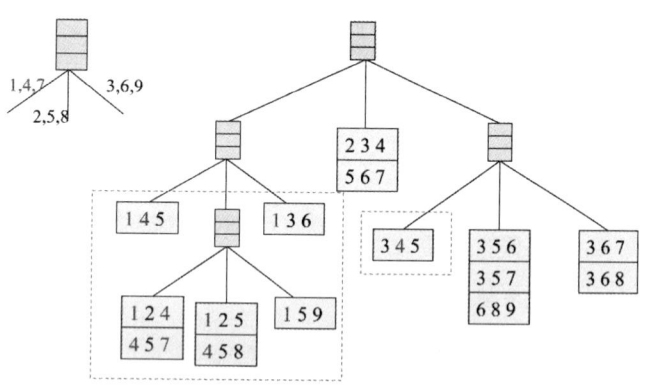

（a）Hash 函数规则 {1,4,7} 示意图

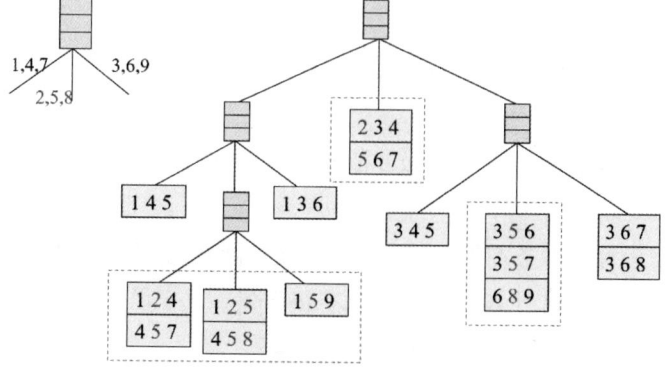

（b）Hash 函数规则 {2,5,8} 示意图

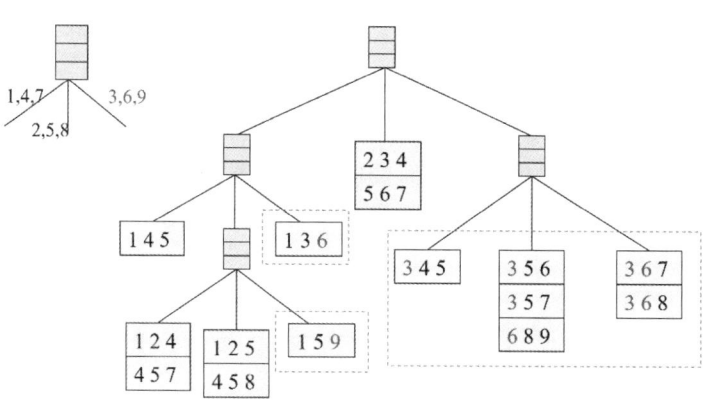

（c）Hash 函数规则 {3,6,9} 示意图

图 5-17　Hash 函数规则示意图

以上构建Hash树的方法对候选项集的**支持度计数**主要包括两个步骤：

（1）枚举每个事务所包含的k–项集

为了避免项集的重复，每个项集中的项要按照字典序排序。首先将事务中的项以字典序排列，然后通过先选取最小项，再选取次小项的迭代方法枚举项集。例如：给定事务T={1,2,3,5,6}，枚举它所包含的所有3–项集。枚举过程如图5-18所示。首先选取3–项集第一项，可以是1、2或3，不存在以5或6为第一项的3–项集。在第一项选定的基础上，在剩下的项中以同样的方法选取项集的第二项。以此类推，直至找出所有3–项集。

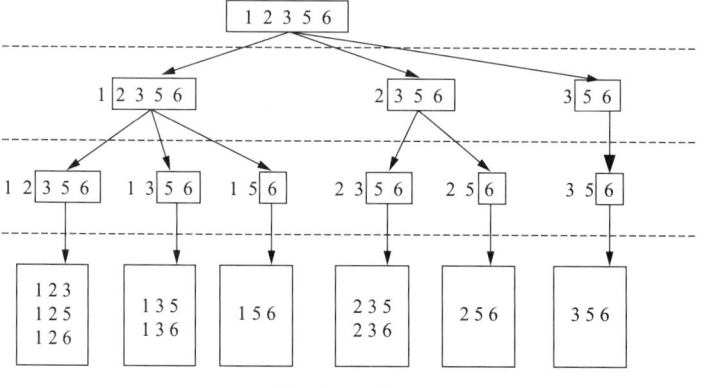

图 5-18　枚举事务数据集的所有 3- 项集

（2）利用事务数据集包含的所有k–项集对候选k–项集计数

如果候选k–项集很大，用事务数据集所包含的每个k–项集依次与每个候选k–项集比较，时间复杂度较高。在Apriori算法中，可以用候选k–项集构造一棵Hash树，以提高匹配的效率。候选项集中项出现的顺序决定候选集的搜索路径，叶子节点保存所有的候选项集。以图5-16（b）中的Hash树为例，树中的每个非叶子节点，利用余数Hash函数确定候选项集应当沿着当前节点的哪个分支向下，最终保存到叶子节点中。如候选项集{1 5 9}中的每个项在Hash树中的位置分别为左、中、右，所以沿路径最终

保存到对应的叶子节点中。Hash树构造好后，用事务数据集枚举的每个k–项集匹配叶子节点中的候选k–项集，如果匹配到某个候选k–项集，则该候选k–项集的计数加1。

图5-19给出了使用Hash树进行支持度计数的示意图。图中存放在被访问的叶结点中的候选项集与事务进行比较，如果候选项集是该事务的子集，则增加它的支持度计数。在该例子中，访问了9个叶子结点中的5个，15个项集中的9个与事务进行比较。

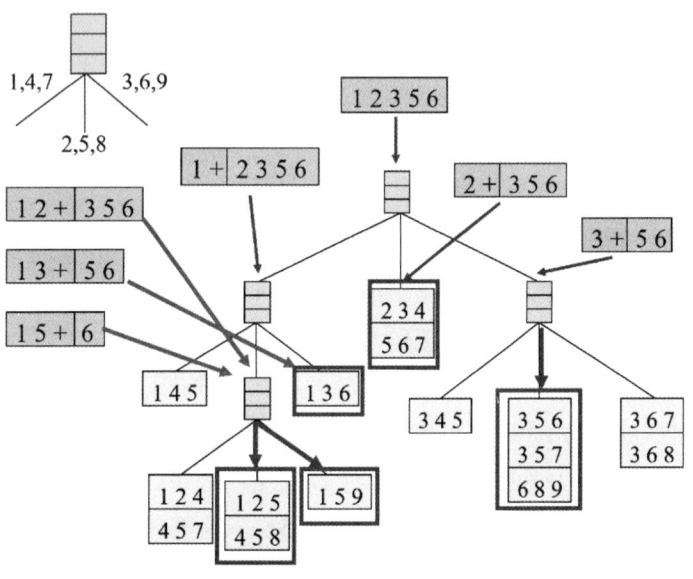

图5-19 使用 Hash 树进行支持度计数

计算候选项的支持度计数后，将删除支持度小于最小支持度计数的所有候选项集。当没有新的频繁项集产生时，算法结束。

Apriori算法尽管减少了候选项集的数量，但仍不可避免地对大量的候选项集进行频繁性的检验，并且要重复扫描数据库，当数据库足够大时还需要反复扫描外存，这导致其效率低下，成为大规模数据的处理I/Q操作提高效率的瓶颈。Apriori算法的计算复杂度主要受以下因素影响：

➢ 支持度阈值

降低支持度阈值通常将导致更多的频繁项集以及计算复杂度增加。随着支持度阈值的降低，频繁项集的最大长度将增加，算法需要扫描数据集的次数也将增多。

➢ 项数（维度）

随着项数的增加，需要更多的空间来存储项的支持度计数。如果频繁项集的数目也随着数据项数增加而增长，算法产生的候选项集会更多，计算量和I/O开销也将增加。

➢ 事务数

由于Apriori算法反复扫描数据集，因此它的运行时间会随着事务数增加而增加。

➢ 事务的平均宽度

频繁项集的最大长度随事务平均宽度增加而增加。随着事务宽度的增加，事务中将包含更多的项集，这将增加支持度计数时 Hash 树的遍历次数。

图 5-20 和 5-21 分别给出了支持度阈值对候选项集和频繁项集的数量的影响以及事务的平均宽度对候选项集和频繁项集的数量的影响示意图。

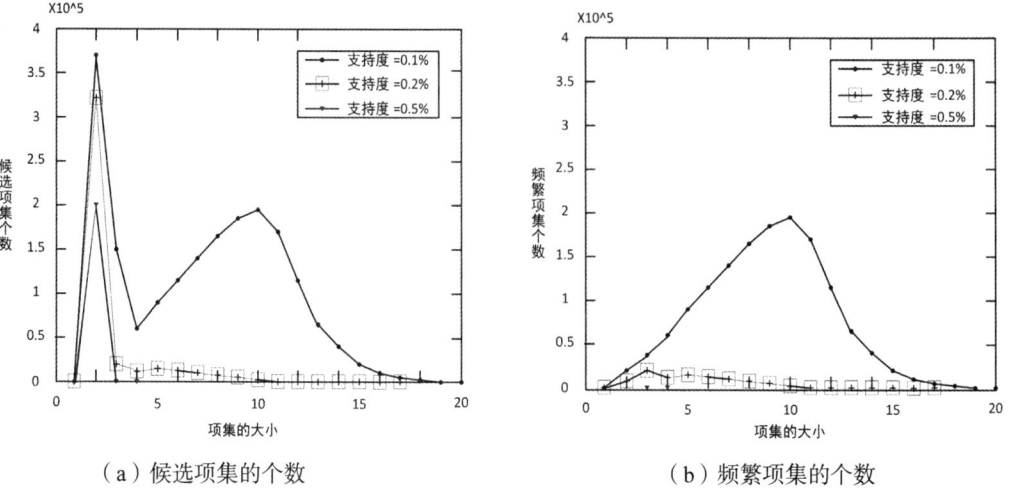

（a）候选项集的个数　　　　　　　　　　（b）频繁项集的个数

图 5-20　支持度阈值对候选项集和频繁项集的数量的影响

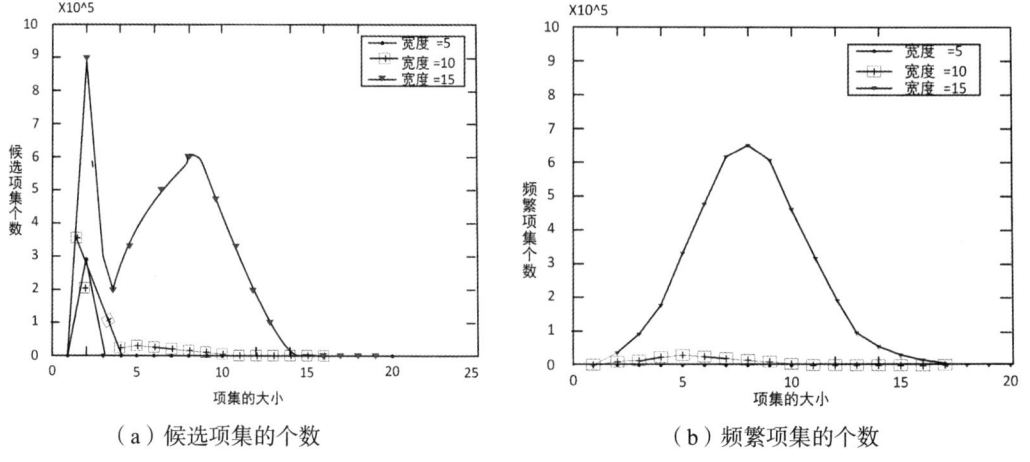

（a）候选项集的个数　　　　　　　　　　（b）频繁项集的个数

图 5-21　事务的平均宽度对候选项集和频繁项集的数量的影响

以下介绍 Apriori 算法的时间复杂度。

➢ 频繁 1-项集的产生

产生每个事务，需要更新事务中出现的每个项的支持度计数，假定 w 为事务的平均宽度，则该操作需要的时间为 O(Nw)，其中 N 为事务的总数。

➢ 候选的产生

为了产生候选 k-项集，需要合并一对频繁 ($k-1$) 项集，确定它们是否至少有 $k-2$ 个项相同。每次合并操作最多需要 $k-2$ 次相等比较。在最好的情况下，每次合并都产生一个可行候选 k-项集；在最坏的情况下，算法必须合并上次迭代发现的每对频繁 ($k-1$) 项集。因此，合并频繁项集的总开销为：

数据分析与数据挖掘实用教程

$$\sum_{k=2}^{w}(k-2)|C_k| < 合并开销 < \sum_{k=2}^{w}(k-2)|F_{k-1}|^2 \qquad (5-7)$$

式中F_k表示频繁项集，C_k表示候选项集。

Hash树在候选产生时形成，以存放候选集，由于Hash树的最大深度为k，将候选项集数列到Hash树的开销为$O\left(\sum_{k=2}^{w}k|C_k|\right)$。在候选项剪枝的过程中，需要检验每个候选$k-$项集的$k-2$个子集是否频繁。由于在Hash树上查找一个候选的花费是$O(k)$，因此候选剪枝需要的时间是$O\left(\sum_{k=2}^{w}k(k-2)|C_k|\right)$。

➢ 支持度计数

每个长度为$|t|$的事务将产生$C_{|t|}^{k}$个$k-$项集。这也是每个事务遍历Hash树的有效次数。支持度计数的开销为$O\left(N\sum_{k}C_w^k\alpha_k\right)$，其中$w$是事物的最大宽度，$\alpha_k$是更新Hash树中一个候选$k-$项集的支持度计数的开销。

5.3.3 FP-growth算法

FP-growth算法是韩家炜等人在2000年提出的关联分析算法，它将频繁项集的数据库压缩到一棵频繁模式树，但仍保留项集关联信息。FP算法使用一种称作FP-树的紧凑数据结构组织数据，并直接从该结构中提取频繁项集。

FP-树是一种输入数据的压缩表示，它通过逐个读入事务，并把每个事务映射到FP-树中的一条路径来构造。由于不同事务可能会有若干个相同的项，因此它们的路径可能部分重叠。路径相互重叠越多，使用FP-树结构获得的压缩效果越好。如果FP-树足够小，能够存放到内存中，就可以直接从这个内存中的结构提取频繁项集，而不必重复地扫描存放在硬盘中的数据，从而提高处理的效率。

表5-3给出了一个数据集，它包含10个事务和5个项。

表5-3　事务数据列表

TID	项
1	{a,b}
2	{b,c,d}
3	{a,c,d,e}
4	{a,d,e}
5	{a,b,c}
6	{a,b,c,d}
7	{a}
8	{a,b,c}
9	{a,b,d}
10	{b,c,e}

第 5 章 关联分析

图5-22绘制了读入前3个事务之后FP-树的结构。树中每一个节点包括一个项的标记和一个计数，计数显示映射到给定路径的事务个数。初始，FP-树仅包含一个根结点，用符号null标记。随后用如下方法扩充FP-树：

（1）扫描一次数据集，确定每个项的支持度计数。丢弃非频繁项，而将频繁项按照支持度的递减排序。对于表中数据集，a是最频繁的项，接下来依次是b,c,d,e。

（2）算法第二次扫描数据集，构建FP-树。读入第一个事务{a,b}之后，创建标记为a和b的节点。然后形成null->a->b路径，对该事务编码。该路径上的所有节点的频度计数为1，如图a所示。

（3）读入第二个事务{b,c,d}之后，为项b,c,d创建新的节点集。然后，连接节点null->b->c->d,形成一条代表该事务的路径。该路径上的节点的频度计数也等于1，尽管前两个事务具有一个共同项b，但是它们的路径不相交，因为这两个事务没有共同的前缀，如图b所示。

（4）第三个事务{a,c,d,e}与第一个事务共享一个共同前缀项a，所以第三事务的路径null->a->c->d->e与第一个事务的路径null->a->b部分重叠。因为它们的路径重叠，所以节点a的频度计数增加为2，而新创建的节点c,d,e的频度计数等于1，如图c所示。

继续该过程，直到每个事务都映射到FP-树的一条路径。读入所有的事务后形成的FP-树显示在图d中。

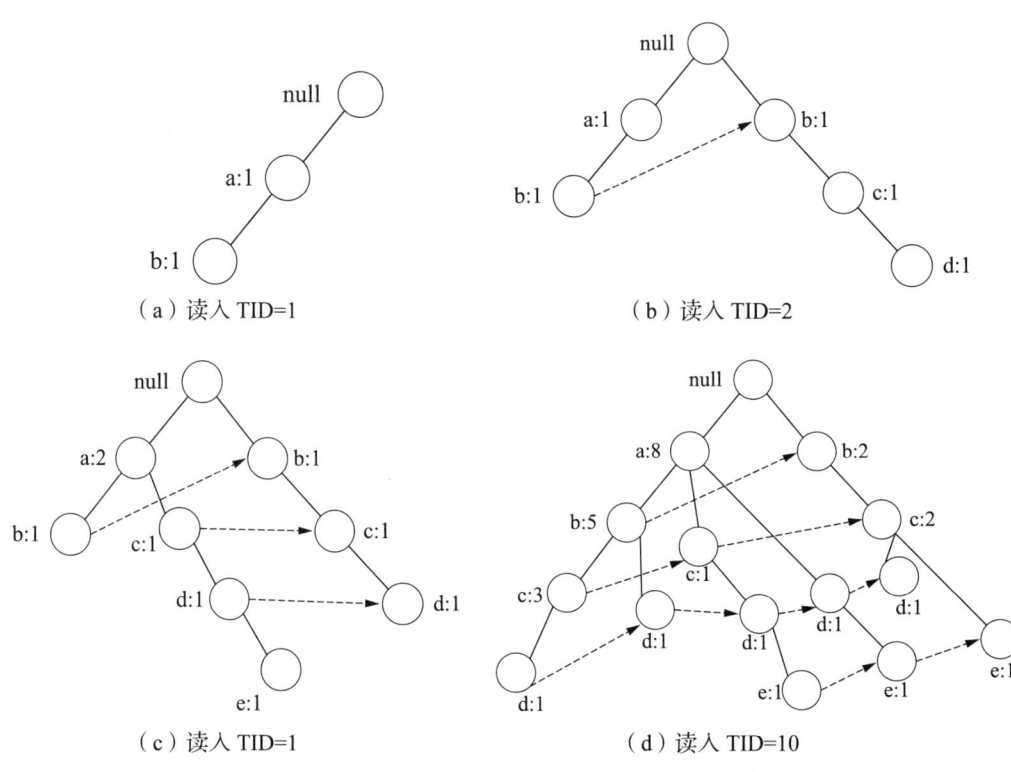

（a）读入 TID=1　　　　　　　（b）读入 TID=2

（c）读入 TID=1　　　　　　　（d）读入 TID=10

图 5-22　构造 FP- 树

数据分析与数据挖掘实用教程

在FP-树的构建过程当中：

➢ 算法通过逐个读入事务，并把每个事务映射到FP-树中的一条路径来构造。

➢ 不同事务可能会有若干相同的项，因此路径会部分重叠，路径相互重叠越多，FP-树获得的压缩效果越好。

➢ 如果FP-树足够小，则可以存放到内存中，并直接从这个内存中的结构提取频繁项集，就不需要反复扫描放在磁盘上的数据了。

➢ FP-树还包含一个连接具有相同项的节点的指针列表。这些指针在图5-22中用虚线表示，有助于方便快速地访问树中的项。

FP-树具有如下的**特点**：

➢ FP-树的大小比未压缩的数据小

因为购物篮数据的事务常常共享一些项，这样就存在节点重叠。在最好的情况下，所有事务具有相同的项，FP-树只包含一条路径。在最坏的情况下，所有事务都只有一项，没有重叠项，则FP-树和原来的数据大小一样。然而，由于需要附加的空间为每个项存放节点间的指针和计数，FP-树的存储需求会增大。

➢ FP-树的大小也取决于项的排列方式

如果颠倒前面例子的序，即项按照支持度由小到大排列，则FP-树如图5-23所示。该树显得更加茂盛，因为根节点上的分支由2增加到5，并且包含了高支持度项a和b的节点（由3增加到12）。尽管如此，支持度计数递减并非总是导致最小的树。例如，假如加大表5-3给定的数据集，增加100个事务包含 {e}、80个事务包含 {d}、60个事务包含 {c}、40个事务包含 {b}。现在，项e是最频繁的，接下来依次是d,c,b,a。使用加大的事务数据集，支持度计数递减将导致类似于图5-23中的FP-树，而基于支持度计数增序将产生一棵类似于图5-22的较小的FP-树。

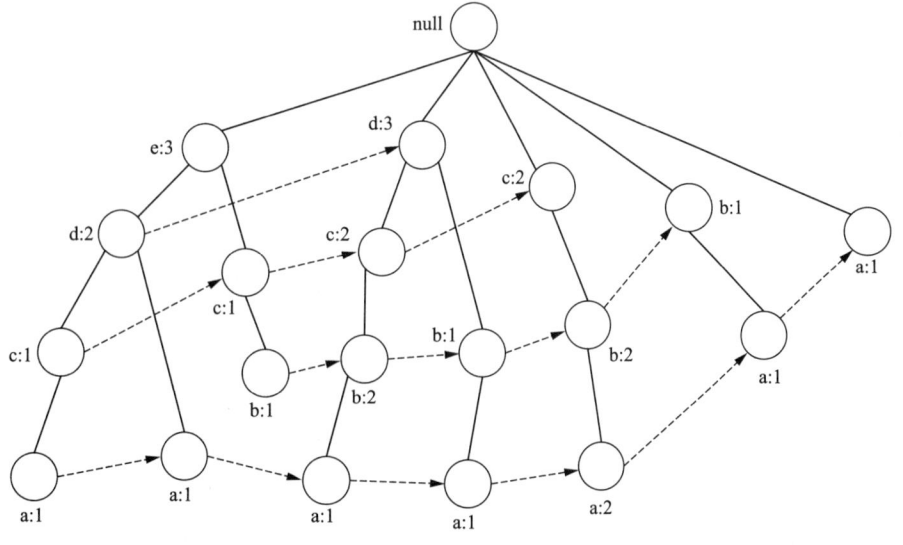

图5-23 使用不同的项序方案的FP-树表示

第 5 章　关联分析

在介绍FP增长算法的频繁项集的产生之前，首先定义几个基本概念：

FP-树：将事务数据表中的各个事务数据项按照支持度排序后，把每个事务中的数据项按降序依次插入到一棵以NULL为根结点的树中，同时在每个结点处记录该结点出现的支持度。

条件模式基：包含FP-树中与后缀模式一起出现的前缀路径的集合。

条件树：将条件模式基按照FP-树的构造原则形成的一棵新的FP-树。

FP增长是一种以自底向上方式的探索树，由FP-树产生频繁项集的算法。给定图5-22所示的树，算法首先查找以e结尾的频繁项集，接下来依次是d,c,b,最后是a。这种用以发现以某一个特定项结尾的频繁项集的自底向上策略等价于基于后缀的方法。由于每一个事务都映射到FP-树中的一条路径，因此通过仅考察包含特定节点的路径，就可以发现以该节点结尾的频繁项集。使用与结点e相关联的指针，可以快速地访问这些路径，如图5-24所示。

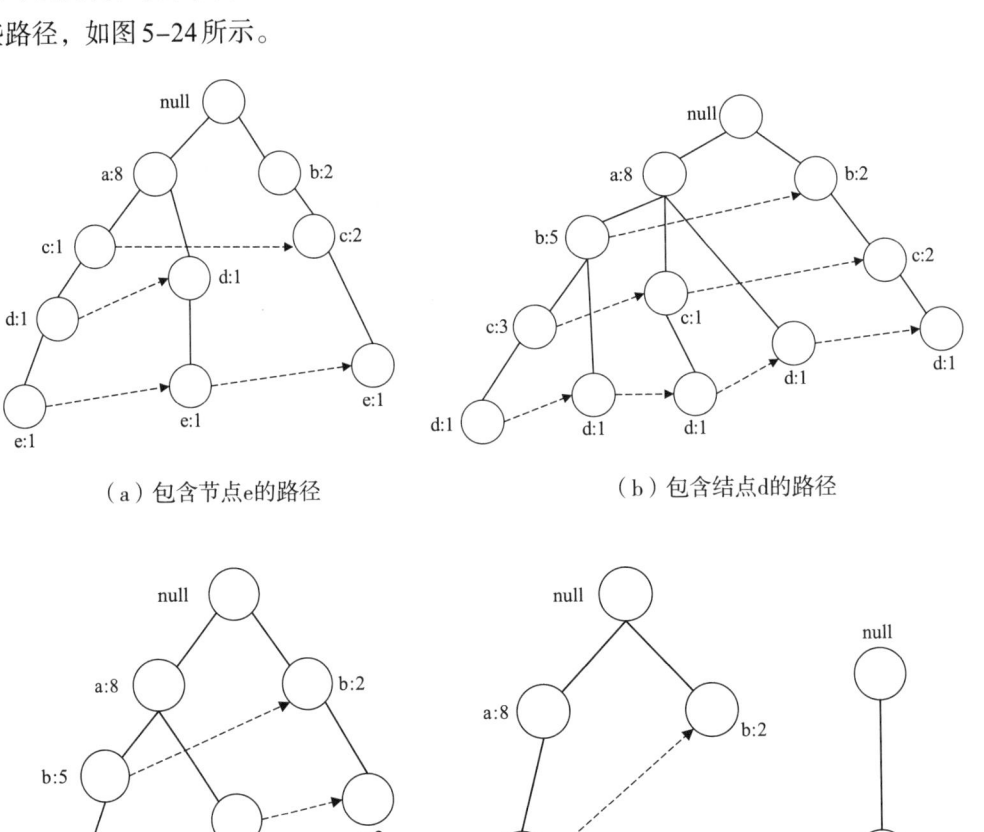

图 5-24　发现以 e,d,c,b 和 a 结尾的频繁项集

图5-24将频繁项集产生的问题分解为多个子问题，其中每个子问题分别涉及发现以e,d,c,b和a结尾的频繁项集。图a中，发现以e结尾的频繁项集之后，算法通过处理与节点d相关联的路径，进一步寻找以d结尾的频繁项集，如图b所示。继续该过程，

127

数据分析与数据挖掘实用教程

直到处理了所有与结点c,b和a相关联的路径为止。图c、图d和图e分别显示了这些项的路径，假设最小支持度计数为2，它们对应的频繁项集汇总在表5-4中。

表5-4　依据相应后缀排序的频繁项集

后缀	频繁项集
e	{e},{d,e},{a,d,e},{c,e},{a,e}
d	{d},{c,d},{b,c,d},{a,c,d},{b,d},{a,b,d},{a,d}
c	{c},{b,c},{a,b,c},{a,c}
b	{b},{a,b}
a	{a}

FP增长采用分治策略将一个问题分解为较小的子问题，从而发现以某个特定后缀结尾的所有频繁项集。例如，假设对发现所有以e结尾的频繁项集感兴趣。为了实现这个目的，必须首先检查项集{e}本身是否频繁。如果它是频繁的，则考虑发现以de结尾的频繁项集的子问题，接下来是ce和ae。依次，每一个子问题可以进一步划分为更小的子问题。通过合并这些子问题得到的结果，就可以找到所有以e结尾的频繁项集。这种分治策略是FP增长算法采用的关键策略。

为了更具体地说明如何解决这些子问题，此处展示发现所有以e结尾的频繁项集的任务步骤。

第一步，收集包含e节点的所有路径。这些初始的路径称为**前缀路径**，如图5-25（a）所示。

第二步，判定频繁项集，由图a中所显示的前缀路径，通过把与节点e相关联的支持度计数相加得到e的支持度计数。假定最小支持度为2，因为{e}的支持度计数是3，所以它是频繁项集。

第三步，由于{e}是频繁的，因此算法必须发现以de,ce,be,ae结尾的频繁项集的子问题。在解决这些子问题之前，必须先将前缀路径转化为**条件FP-树**，如图b所示。除了用于发现以某特定后缀结尾的频繁项集之外，条件FP-树的结果与FP类似。条件FP-树通过以下步骤得到：

➢ 首先，必须更新前缀路径上的支持度计数，因为某些计数包括那些不包含项e的事务。例如，图a中的最右边的路径null->b:2->c:2->e:1，涉及并不包含项e的事务{b,c}。因此，必须将该前缀路径上的计数调整为1，以反映包含{b,c,e}的事务的实际个数。

➢ 删除e的节点，修剪前缀路径。删除这些节点是因为沿这些前缀路径的支持度计数已经更新，以反映包含e的那些事务，并且发现以de,ce,be,ae结尾的频繁项集的子问题不再需要节点e的信息。

第 5 章 关联分析

➤ 更新沿前缀路径上的支持度计数之后，某些项可能不再是频繁的。例如，节点 b 只出现了 1 次，它的支持度计数等于 1，这就意味着只有一个事务同时包含 b 和 e。因为所有以 be 结尾的项集一定都是非频繁的，所以在其后的分析中可以安全地忽略 b。

第四步，FP-growth 使用 e 的条件 FP-树来解决发现以 de,ce,be,ae 结尾的频繁项集的子问题。为了发现以 de 结尾的频繁项集，从项 e 的条件 FP-树收集 d 的所有前缀路径，如图 c。通过将与节点 d 相关联的频度计数求和，得到项集 {d,e} 的支持度计数。因为项集 {d,e} 的支持度计数等于 2，所以它是频繁项集。接下来，算法采用第 3 步所介绍的方法构建 de 的条件 FP-树。更新了支持度计数并删除了非频繁项 c 之后，de 的条件 FP-树显示在图 d 中。因为该条件下 FP-树只包含一个支持度等于最小支持度的项 a，算法提取出频繁项集 {a,d,e} 并转到下一个子问题，产生以 ce 结尾的频繁项集。处理 c 的前缀路径后，只发现项集 {c,e} 是频繁的，如图 e 和 f 所示。接下来，算法解决下一个子问题并发现项集 {a,e} 是剩下唯一的频繁项集。

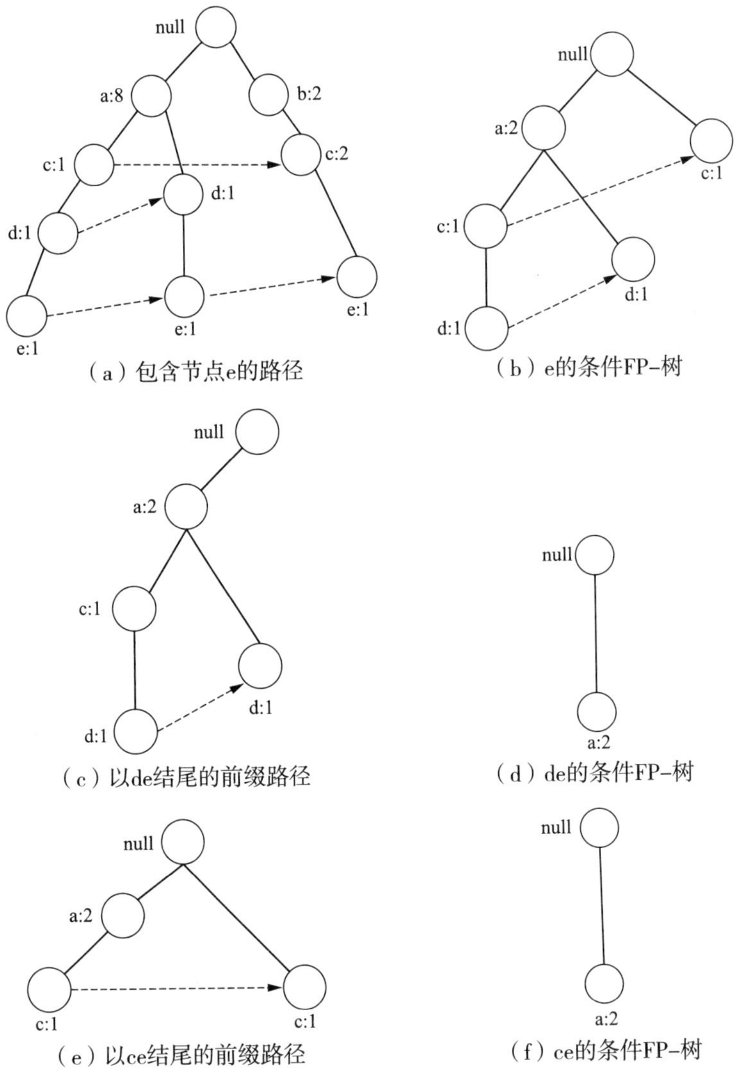

（a）包含节点 e 的路径

（b）e 的条件 FP-树

（c）以 de 结尾的前缀路径

（d）de 的条件 FP-树

（e）以 ce 结尾的前缀路径

（f）ce 的条件 FP-树

图 5-25 使用 FP 分治算法发现以 e 结尾的频繁项集的例子

这个例子揭示了FP增长算法中使用的分治方法。每一次递归，都要通过更新前缀路径中的支持度计数和删除非频繁的项来构建条件FP-树。由于每个子问题是不相交的，因此FP增长不会产生任何重复的项集。此外，与结点相关联的支持度计数允许算法在产生相同的后缀项时进行支持度计数。

下面我们以表5-1的事务数据集进行分析。首先构建表5-1的事务数据集的FP-树，如图5-26所示。

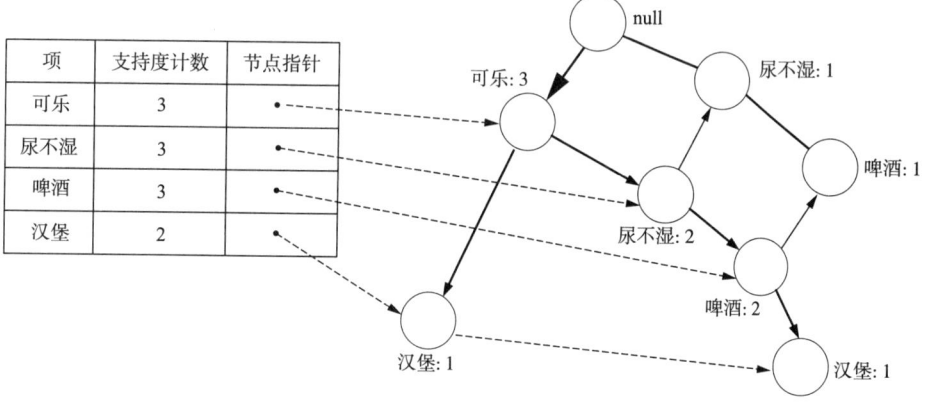

图 5-26 构建表 5-1 的 FP- 树

首先查找以"汉堡"为后缀的频繁项集，然后依次是"啤酒""尿不湿""可乐"。

➢ 如图5-26所示，"汉堡"的条件模式基{(可乐：1), (可乐，尿不湿，啤酒：1)}。

   ◇ "汉堡"的条件FP-树只有1个分支<可乐：2>。

   ◇ 得到频繁项集{可乐，汉堡：2}。

➢ "啤酒"的条件模式基{(可乐，尿不湿：2), (尿不湿：1)}。

   ◇ "啤酒"的条件FP-树如图5-27所示。

   ◇ 迭代挖掘条件FP-树，产生模式集{{尿不湿，啤酒：3}, {可乐，尿不湿，啤酒：2}, {可乐，啤酒：2}}。

➢ "尿不湿"的条件模式基{(可乐：2)}。

   ◇ 频繁项集为{可乐，尿不湿：2}。

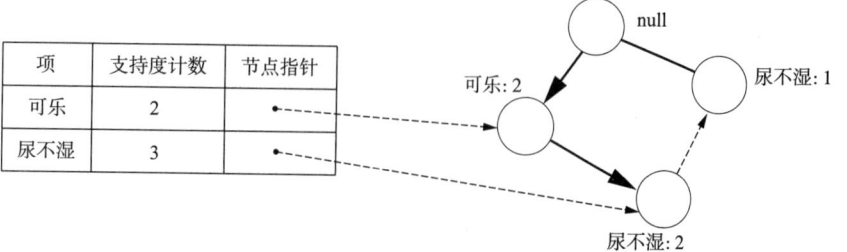

图 5-27 表 5-1 中啤酒的前缀树

总结可以得到表5-1的频繁项集列表，如表5-5所示。

第 5 章 关联分析

表 5-5　表 5-1 的频繁项集列表

后缀	频繁项集
汉堡	{可乐, 汉堡}
啤酒	{尿不湿, 啤酒}, {可乐, 尿不湿, 啤酒}, {可乐, 啤酒}
尿不湿	{可乐, 尿不湿}
可乐	{可乐}

FP 增长是一个有趣的算法，它展示了如何使用事务数据集的压缩表示来有效地产生频繁项集。此外，对于某些事务数据集，FP 增长算法比标准的 Apriori 算法要快几个数量级。FP 增长算法的运行性能依赖于数据集的压缩因子。如果生成的条件 FP-树非常茂盛（在最坏情况下，是一棵满前缀树），则算法的性能显著下降。

图 5-28 给出了 FP-growth 与 Apriori 随支持度增长的可伸缩性的对比图，可以明显看出 FP-growth 的优势。

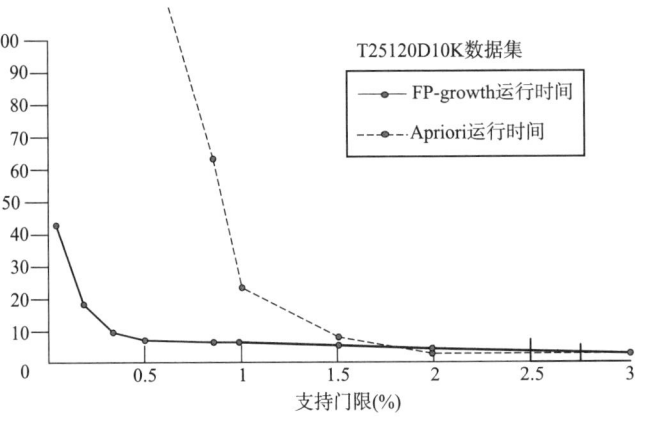

图 5-28　FP-growth 与 Apriori 随支持度增长可伸缩性比较

最后，总结一下在如上的较量中为什么 FP-growth 是赢家：

➢ 分治

◇ 根据已经得到的频繁模式划分任务和数据库；

◇ 较小的数据库的聚焦的搜索。

➢ 其他因素：

◇ 没有候选产生，没有候选测试；

◇ 压缩数据库——FP-树结构；

◇ 不重复地扫描整个数据库；

◇ 基本操作为局部频繁项计数和建立子 FP-树，没有模式搜索和匹配。

131

5.4 规则产生

频繁项集产生以后，可以从中提取出关联规则。由于频繁项集已经保证规则满足支持度的要求，因此只需考虑置信度。给定频繁项集 X，取 X 的每个非空真子集 S，如果规则 $X-S \rightarrow S$ 满足置信度阈值（其中 $X-S$ 表示子集 S 在 X 上的补集），则该规则为强关联规则（满足最小支持度和最小置信度）。由于 X 的任一子集都为频繁项集，它们的支持度计数在生成频繁项集的时候已经被计算出来，所以在计算规则置信度的时候无需再次扫描数据集。

例如，如果 { 可乐，尿不湿，啤酒 } 是频繁项集，则候选的规则包括：

➢ { 可乐，尿不湿 } → { 啤酒 }，{ 可乐，啤酒 } → { 尿不湿 }

➢ { 尿不湿，啤酒 } → { 可乐 }，{ 可乐 } → { 尿不湿，啤酒 }

➢ { 尿不湿 } → { 可乐，啤酒 }，{ 啤酒 } → { 可乐，尿不湿 }

仍以 { 可乐，尿不湿，啤酒 } 为例介绍如何判定强规则，这里设置信度阈值为80%。由于 { 可乐，尿不湿，啤酒 } 共有7个非空真子集，支持度计数如表5-6所示，所以可产生6个非空候选关联规则，置信度如表5-7所示。

表5-6 支持度计数

频繁项集	支持度计数
{ 可乐 }	3
{ 尿不湿 }	3
{ 啤酒 }	3
{ 可乐，尿不湿 }	2
{ 可乐，啤酒 }	2
{ 尿不湿，啤酒 }	3
{ 可乐，尿不湿，啤酒 }	2

表5-7 置信度

关联规则	置信度
{ 可乐，尿不湿 } → { 啤酒 }	2/2=100%
{ 可乐，啤酒 } → { 尿不湿 }	2/2=100%
{ 尿不湿，啤酒 } → { 可乐 }	2/3=67%
{ 可乐 } → { 尿不湿，啤酒 }	2/3=67%
{ 尿不湿 } → { 可乐，啤酒 }	2/3=67%
{ 啤酒 } → { 可乐，尿不湿 }	2/3=67%

由此可以得到强关联规则为：

> {可乐，尿不湿}→{啤酒}

> {可乐，啤酒}→{尿不湿}

以上穷举方法可以从频繁项集生成每一个关联规则，然后计算关联规则的置信度并判断该规则是否为强关联规则。一个频繁 $k-$ 项集能够产生 2^k-2 个候选关联规则。当频繁项集包含的项很多时，会产生大量的候选关联规则。为了避免产生过多的候选关联规则，可以利用如下性质进行剪枝。

关联规则的 Apriori 性质：已知频繁项集 X，S 为 X 的任一非空子集。如果规则 $X-S \rightarrow S$ 为关联规则，则 $X-S' \rightarrow S'$ 也必然是关联规则，其中 S 是 S' 的子集。

该性质成立是由于以上两个规则的置信度分别为 $\sigma(X)/\sigma(X-S)$ 和 $\sigma(X)/\sigma(X-S')$，而 $\sigma(X-S) \geqslant \sigma(X-S')$，所以规则 $X-S' \rightarrow S'$ 的置信度大于或等于规则 $X-S \rightarrow S$ 的置信度，也为强关联规则。

Apriori 算法利用以上性质，逐层生成关联规则。先产生后件只包含一项的关联规则，然后两两合并这些关联规则的后件，生成后件包含两项的候选关联规则，从这些候选关联规则中再找出强关联规则，以此类推。例如：$confidence(ABC \rightarrow D) \geqslant confidence(AB \rightarrow CD) \geqslant confidence(A \rightarrow BCD)$，因为 $\sigma(AB) \geqslant \sigma(ABC)$，则 $\sigma(ABCD)/\sigma(ABC) \geqslant \sigma(ABCD)/\sigma(AB)$，则 $confidence(ABC \rightarrow D) \geqslant confidence(AB \rightarrow CD)$，以此类推。依据低置信度规则的剪枝如图 5-29 所示。

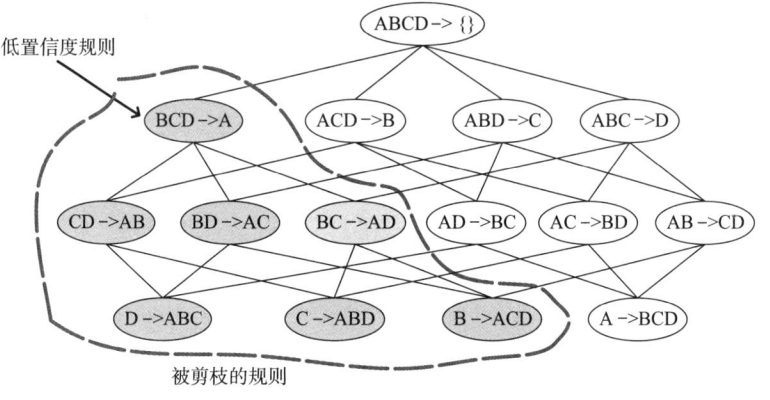

图 5-29　依据低置信度规则的剪枝

5.5　关联模式的评估

5.5.1　兴趣度度量

在包含海量数据的商业数据集上进行关联分析时，往往会产生成百上千的关联规则，而其中大部分的关联规则是没有价值的。如何筛选这些模式，以识别最有趣的模式是比较复杂的任务，因为"一个人的垃圾可能是另一个人的财富"。因此，建立一组广泛接受的评价关联规则质量的标准是非常重要的。

第一组标准可以通过统计论据建立，即**客观兴趣度度量**：涉及相互独立的项或覆盖少量事物的模式被认为是不令人感兴趣的，因为它们可能反映数据中的伪联系。这些模式可以使用客观兴趣度度量来排除，客观兴趣度度量使用从数据推导出的统计量来确定模式是否是有趣的。客观兴趣度度量包括支持度、置信度和相关性等。

第二组标准可以通过主观论据建立，即**主观兴趣度度量**：一个模式被主观地认为是无趣的，除非它能够解释料想不到的信息或提供产生有益行动的信息。例如，规则 {黄油}→{面包} 可能不是有趣的，尽管有很高的支持度和置信度，但是它表示的关系显而易见。另一方面，规则 {尿不湿}→{啤酒} 是有趣的，因为这种联系十分出乎意料，并且可能为零售商提供新的交叉销售机会。将主观知识加入到模式评价中是一项困难的任务，因为需要来自领域专家的大量先验信息。

如果一个模式提供了料想不到的信息，那么它是主观有趣的；如果一个模式是可操作的，即提供产生有益行动的有用信息，那么它是主观有趣的。

计算机可以利用兴趣度的客观度量有效地自动去除大量无趣的关联规则。客观度量常常基于相依表中列出的频度计数来计算，如表5-8所示。

表 5-8　规则 $X \to Y$ 的相依表

	Y	$\overline{Y}$	
X	f_{11}	f_{10}	f_{1+}
$\overline{X}$	f_{01}	f_{00}	f_{0+}
	f_{+1}	f_{+0}	N

表中，使用记号 $\overline{X}$ 表示 X 不在事务中出现，$\overline{Y}$ 表示 Y 不在事务中出现。在这个 2×2 的表中，每个 f_{ij} 都代表一个频度计数，例如 f_{11} 表示 X 和 Y 共现的支持度计数，f_{10} 表示 X 和 $\overline{Y}$ 共现的支持度计数，f_{01} 表示 $\overline{X}$ 和 Y 共现的支持度计数，f_{00} 表示 $\overline{X}$ 和 $\overline{Y}$ 共现的支持度计数。行和 f_{1+} 表示 X 的支持度计数，列和 f_{+1} 表示 Y 的支持度计数。

规则是否有趣可以主观或客观地评估。最终，只有用户能够评判一个给定的规则是否是有趣的，并且这种评判是主观的，可能因用户而异。然而，根据数据"背后"的统计量，客观兴趣度度量可以用来清除无趣的规则，因此可以不向用户提供。

5.5.2　支持度和置信度度量

关联规则是在频繁项集的基础上的高置信度的规则。

支持度度量反映出关联规则具有普遍性，支持度高说明该条规则可能适用于数据集中的大部分数据；**置信度度量**反映了关联规则的可靠性，置信度高说明如果满足了关联规则的前件，那么同时满足后件的可能性也非常大。尽管在生成关联规则的过程中，利用支持度和置信度进行剪枝大大减少了生成的关联规则数量，但是不能完全依赖提高支持度和置信度的阈值来筛选出有价值的关联规则。

支持度过高会导致一些潜在的有价值的关联规则被删除。例如，在商场的销售记录中，奢侈品的购买数量只占很小的比例，奢侈品的购买模式会由于包含支持度低的项而无法被发现。但是奢侈品的销售由于利润高，它的购买模式对于商场来说非常重要。支持度过低则会生成过多的关联规则，其中有些关联规则可能是虚假的规则。

置信度有时也不能正确反映前件和后件之间的关联。**辛普森悖论**就是一个典型案例。在对数据集按照某个变量进行分组后，之前对整个数据集分析得到的关联规则可能不适用于分组数据。这种现象就是所谓的辛普森悖论。表5-9给出了分组前的数据。

表 5-9　分组前数据

| 性别 | 录取 | | 总数 |
	是	否	
男	209	95	304
女	143	110	253
总数	352	205	557

这里：

➤ $confidence(\{性别=男\} \rightarrow \{录取=是\}) = 209/304=68.8\%$；

➤ $confidence(\{性别=女\} \rightarrow \{录取=是\})=143/253=56.5\%$。

这说明男生更有可能被录取。

表5-10给出了分组后的数据。

表 5-10　分组后数据

| 学院 | 性别 | 录取 | | 总数 |
		是	否	
法学院	男	8	45	53
	女	51	101	152
商学院	男	201	50	251
	女	92	9	101

这里，对于法学院：

➤ $confidence(\{性别=男\} \rightarrow \{录取=是\})=15.1\%$；

➤ $confidence(\{性别=女\} \rightarrow \{录取=是\})=33.6\%$。

对于商学院：

➤ $confidence(\{性别=男\} \rightarrow \{录取=是\})=80.1\%$；

数据分析与数据挖掘实用教程

➤ *confidence*（{性别=女}→{录取=是}）=91.1%。

置信度表明，对于每一个学院，女生更有可能被录取，这与先前由包含两个学院的数据得到的结论恰好相反。进行关联分析时，有的时候需要对数据进行适当的分组，才能避免因辛普森悖论而产生虚假的模式。支持度和置信度具有一定的局限性。

支持度的缺点：若支持度阈值过高，则许多潜在、有意义的模式会被删掉；若支持度阈值过低，则计算代价很高，而且会产生大量的关联模式。

置信度的缺点：当置信度忽略了规则前件和后件的统计独立性时，虽然置信度很高，但规则可能是误导的，如表5-11所示。

表 5-11 忽略统计独立性的数据集

	打篮球	不打篮球	总计
吃麦片	2000	1750	3750
不吃麦片	1000	250	1250
总计	3000	2000	5000

这里，我们分析关联规则：{打篮球}→{吃麦片}

➤ *confidence*({打篮球}→{吃麦片})=0.67。

但是：

➤ *P*(吃麦片)=0.75。

虽然置信度很高，但规则是误导的。

5.5.3 基于统计的度量

从上面的分析可以看出，支持度和置信度的度量存在一定的局限性，无法过滤掉某些无用的关联规则，仅仅看支持度和置信度是不够的，还需要考虑别的度量，尤其是基于统计的度量。

1．提升度与兴趣因子

提升度（lift）是一种简单的相关度量。对于项集 X 和项集 Y，如果 $P(X,Y)=P(X)P(Y)$，则 X 和 Y 是相互独立的，否则则存在某种依赖关系。关联规则的前件项集 X 和后件项集 Y 之间的依赖关系可以通过提升度计算，如公式（5-8）所示，其中 N 为记录总数。

$$lift(X,Y)=\frac{P(Y\mid X)}{P(Y)}=\frac{Nf_{11}}{f_{1+}f_{+1}} \tag{5-8}$$

提升度可以评估项集 X 的出现是否能够促进项集 Y 的出现。值大于1，表示二者存在正相关；小于1，表示二者存在负相关；值等于1，表示二者没有相关性。

对于二元变量，提升度等价于兴趣因子（Interest）的客观度量，定义如公式（5-9）

所示，其中N为记录总数：

$$Interest\left(X,Y\right)=\frac{P(X,Y)}{P(X)P(Y)}=\frac{Nf_{11}}{f_{1+}f_{+1}} \quad\quad （5-9）$$

下面通过关于吃麦片和打篮球之间关系的例子说明提升度与兴趣因子的重要性，如表5-12所示。

表 5-12   吃麦片和打篮球关系相依表

	打篮球	不打篮球	合计（行）
吃麦片	2000	1750	3750
不吃麦片	1000	250	1250
合计（列）	3000	2000	5000

关于{打篮球}→{吃麦片}的关联规则：

$$confidence = P（吃麦片|打篮球） = 0.67 \quad\quad （5-10）$$

$$lift = \frac{0.4}{0.6*0.75} = 0.89 \quad\quad （5-11）$$

提升度小于1，说明吃麦片和打篮球是负相关的，因此这个关联规则是无意义的关联规则。

再分析两组词{p,q}和{r,s}出现的频率的数据集，如表5-13和表5-14所示。

表 5-13   词汇 {p,q} 出现频率的相依表

	p	$\bar{p}$	
q	880	50	930
$\bar{q}$	50	20	70
	930	70	1000

表 5-14   词汇 {r,s} 出现频率的相依表

	r	$\bar{r}$	
s	20	50	70
$\bar{s}$	50	880	930
	70	930	1000

如表5-13和表5-14所示，可以计算得出：

➢ {p,q}和{r,s}的兴趣因子分别为1.02和4.08；

➢ {p,q}和{r,s}的置信度分别为94.6%和28.6%。

这里，虽然 p 和 q 同时出现在88%的文档中，但是它们的兴趣因子接近于1，表明二者是相互独立的。此外，$\{r,s\}$ 的兴趣因子比 $\{p,q\}$ 的高，尽管 r 和 s 很少同时出现在同一个文档中。

这种情况下，置信度可能是一个更好的选择，因为置信度表明 p 和 q 之间的关联（94.6%）远远高于 r 和 s 之间的关联（28.6%）。

2．相关系数

相关系数，或称线性相关系数、皮尔逊相关系数等，是衡量两个随机变量之间线性相关程度的指标。

$$\varphi = \frac{P(X,Y) - P(X)P(Y)}{\sqrt{P(X)[1-P(X)]P(Y)[1-P(Y)]}} = \frac{Nf_{11} - f_{1+}f_{+1}}{\sqrt{f_{1+}f_{+1}f_{0+}f_{+0}}} \qquad （5-12）$$

相关度值从 -1（完全负相关）至 $+1$（完全正相关）。如果变量是统计独立的，则值为0。

表5-13和表5-14中关于 $\{p,q\}$ 和 $\{r,s\}$ 的例子中，虽然 $\{p,q\}$ 同时出现的次数比 $\{r,s\}$ 更多，但是它们的 φ 系数是相同的，都等于0.232，这也显现了相关性的一个缺点。这是因为这种方法把项在事务中同时出现和同时不出现视为同等重要。因此，它更适合分析对称的二元变量。这种度量的另一个局限性是当样本大小成比例变化时，它不能够保持不变。

3．余弦

余弦（IS）公式的定义如公式（5-13）所示。

$$IS = \frac{P(X,Y)}{\sqrt{P(X)P(Y)}} = \frac{f_{11}}{\sqrt{f_{1+}f_{+1}}} = \cos(X,Y) \qquad （5-13）$$

表5-13和表5-14中关于 $\{p,q\}$ 和 $\{r,s\}$ 的例子中，$\{p,q\}$ 和 $\{r,s\}$ 的系数余弦分别为0.946和0.286。与兴趣因子和相关系数给出的结果相反，余弦系数暗含 $\{p,q\}$ 之间的关联强于 $\{r,s\}$，这与期望文档的关联一致。

但是余弦系数存在与置信度度量类似的问题：即使是不相关或负相关的模式，度量值也可能相当大。

5.6 实验

5.6.1 实验1：Apriori算法

实验目的：了解关联分析的内在含义，掌握Apriori算法的基本分析方法。

实验数据集：R中自带的商品数据集Groceries中的9835条数据。

实验内容：

1．读取内置数据集

代码：

```
install.packages("arules")  #1
library(arules)  #1
data(Groceries)  #2
Groceries  #3
inspect(Groceries[1:10])  #4
```

代码解释：

#1：安装并载入arules包。

#2：读取数据集。

#3：inspect查看事务数据集基本信息。

#4：显示事务数据集的前10项。

结果：

```
> data(Groceries)
> Groceries
transactions in sparse format with
 9835 transactions (rows) and
 169 items (columns)
```

图 5-30　Groceries 数据集基本信息

```
> inspect(Groceries[1:10])
   items
1  {citrus fruit,
    semi-finished bread,
    margarine,
    ready soups}
2  {tropical fruit,
    yogurt,
    coffee}
3  {whole milk}
4  {pip fruit,
    yogurt,
    cream cheese ,
    meat spreads}
5  {other vegetables,
    whole milk,
    condensed milk,
    long life bakery product}
6  {whole milk,
    butter,
    yogurt,
    rice,
    abrasive cleaner}
7  {rolls/buns}
8  {other vegetables,
    UHT-milk,
    rolls/buns,
    bottled beer,
    liquor (appetizer)}
9  {pot plants}
10 {whole milk,
    cereals}
```

图 5-31　Groceries 数据集前 10 项

分析：

图5-30：Groceries数据集包括1个月真实的零售商店的交易数据，即事务数据集，共9835行交易记录，涵盖169种交易商品。

图5-31：图中可见事务数据集的显示形式。

2．求频繁项集

代码：

```
freqsets=eclat(Groceries,parameter=list(support=0.05,maxlen=10))  #1
inspect(freqsets[1:10])  #1
```

```
inspect(sort(freqsets,by="support")[1:10])    #2
```

代码解释：

#1：eclat求频繁项集，支持度设置为0.05，最大长度设置为10。

#2：sort对频繁项集按照支持度support排序，并显示前10项。

结果：

```
> inspect(freqsets[1:10])
    items                support
1   {whole milk,
     yogurt}             0.05602440
2   {whole milk,
     rolls/buns}         0.05663447
3   {other vegetables,
     whole milk}         0.07483477
4   {whole milk}         0.25551601
5   {other vegetables}   0.19349263
6   {rolls/buns}         0.18393493
7   {yogurt}             0.13950178
8   {soda}               0.17437722
9   {root vegetables}    0.10899847
10  {tropical fruit}     0.10493137
```

图 5-32　频繁项集排序前

```
> inspect(sort(freqsets,by="support")[1:10])
    items                support
1   {whole milk}         0.25551601
2   {other vegetables}   0.19349263
3   {rolls/buns}         0.18393493
4   {soda}               0.17437722
5   {yogurt}             0.13950178
6   {bottled water}      0.11052364
7   {root vegetables}    0.10899847
8   {tropical fruit}     0.10493137
9   {shopping bags}      0.09852567
10  {sausage}            0.09395018
```

图 5-33　频繁项集排序后

分析：

图5-32：通过查看前10个频繁项集，可以看到{whole milk,yogurt}、{whole milk, rolls/buns}等频繁项集。

图5-33：再根据支持度对求得的频繁项集排序并察看，取前10条可以看到{whole milk}的支持度最高，换句话说，{whole milk}的购买数量最大，支持度靠前的其他商品购买数量也应较多。

3．求关联规则

代码：

```
rules=apriori(Groceries,parameter=list(support=0.01,confidence=0.01))   #1
summary(rules)   #2
inspect(sort(rules,by="support")[1:5])   #3
```

代码解释：

#1：apriori求关联规则，支持度设定为0.01，置信度设置为0.01。

#2：summary查看关联规则摘要。

#3：inspect查看按照支持度排序的关联规则。

结果：

```
> summary(rules)
set of 610 rules

rule length distribution (lhs + rhs):sizes
  1   2   3
 88 426  96

   Min. 1st Qu.  Median   Mean 3rd Qu.    Max.
  1.000   2.000   2.000  2.013   2.000   3.000

summary of quality measures:
    support            confidence          lift
 Min.   :0.01007   Min.   :0.01027   Min.   :0.7899
 1st Qu.:0.01159   1st Qu.:0.08892   1st Qu.:1.1494
 Median :0.01464   Median :0.15901   Median :1.4905
 Mean   :0.02138   Mean   :0.19096   Mean   :1.5578
 3rd Qu.:0.02227   3rd Qu.:0.26185   3rd Qu.:1.8338
 Max.   :0.25552   Max.   :0.58621   Max.   :3.3723

mining info:
      data ntransactions support confidence
 Groceries         9835    0.01        0.01
```

图 5-34　关联规则摘要

```
> inspect(sort(rules,by="support")[1:5])
  lhs    rhs                support   confidence lift
1 {}  => {whole milk}       0.2555160 0.2555160  1
2 {}  => {other vegetables} 0.1934926 0.1934926  1
3 {}  => {rolls/buns}       0.1839349 0.1839349  1
4 {}  => {soda}             0.1743772 0.1743772  1
5 {}  => {yogurt}           0.1395018 0.1395018  1
```

图 5-35　按照支持度排序的关联规则

分析：

图5-34：从规则的摘要可见，关联规则算法共计算得到610条规则，其中长度为1的有88条，长度为2的有426条，长度为3的有96条。摘要内还可见支持度、置信度与提升度的数值统计。

图5-35：前面几项均为无前件的规则，其中"whole milk"支持度最高。

4．去除冗余规则

代码：

```
rules.sorted <- sort(rules, by="lift")  #1
subset.matrix <- is.subset(rules.sorted, rules.sorted)  #2
subset.matrix[lower.tri(subset.matrix, diag=T)] <- FALSE  #3
redundant <- colSums(subset.matrix, na.rm=T) >= 1  #4
which(redundant)  #5
rules.pruned <- rules.sorted[!redundant]  #6
summary(rules.pruned)  #7
```

代码解释：

#1：按照提升度进行排序。

#2：判断排序后的项的子集关系，返回矩阵，如果第二条是第一条的子集，返回TRUE。

#3：判断下三角阵是TRUE的置空。

#4：对列求和，有TRUE则结果大于等于1，相当于是一条冗余规则。

#5：找到有冗余规则的位置，显示出来。

#6：去冗余。

#7：summary查看去冗余后关联规则摘要。

结果：

```
> summary(rules.pruned)
set of 323 rules

rule length distribution (lhs + rhs):sizes
  1   2   3
 88 203  32

   Min. 1st Qu. Median   Mean 3rd Qu.   Max.
  1.000   1.000  2.000  1.827   2.000  3.000

summary of quality measures:
    support          confidence          lift
 Min.   :0.01007   Min.   :0.01027   Min.   :1.000
 1st Qu.:0.01190   1st Qu.:0.07573   1st Qu.:1.000
 Median :0.01627   Median :0.18349   Median :1.425
 Mean   :0.02524   Mean   :0.18877   Mean   :1.498
 3rd Qu.:0.02603   3rd Qu.:0.27740   3rd Qu.:1.771
 Max.   :0.25552   Max.   :0.49725   Max.   :3.372

mining info:
      data ntransactions support confidence
 Groceries         9835    0.01       0.01
```

图 5-36　去冗余后关联规则摘要

分析：

图5-36：对比图5-34，关联规则算法共计算得到323条规则，其中长度为1的有88条，长度为2的有203条，长度为3的有32条。可见冗余规则已被删除。

5．按规则筛选关联规则

代码：

```
citrusFruit=subset(rules.pruned,subset=rhs%in%"citrus fruit"
|lhs%in%" "citrus fruit"&lift>=1.2)  #1
inspect(sort(citrusFruit,by="support")[1:5])  #2
```

代码解释：

#1：找到前件或后件包含"citrus fruit"且提升度大于1.2的规则。

#2：根据支持度对筛选后的关联规则排序并查看。

结果：

```
> citrusFruit=subset(rules.pruned,subset=rhs%in%"citrus fruit"|lhs%in%"citrus fruit"&lift>=1.2)
> inspect(sort(citrusFruit,by="support")[1:5])
    lhs                rhs                support    confidence lift
78  {}              => {citrus fruit}     0.08276563 0.08276563 1.000000
423 {citrus fruit}  => {whole milk}       0.03050330 0.36855037 1.442377
421 {citrus fruit}  => {other vegetables} 0.02887646 0.34889435 1.803140
417 {citrus fruit}  => {yogurt}           0.02165735 0.26167076 1.875752
412 {tropical fruit} => {citrus fruit}    0.01992883 0.18992248 2.294702
```

图 5-37　按照支持度对筛选后的关联规则排序

分析：

图5-37：对比图5-35，可见，关联规则的前件或后件中包含"citrus fruit""citrus fruit"与"whole milk"的支持度最高。

5.6.2 实验2：Apriori算法可视化

实验目的：掌握对Apriori算法的可视化实验。

实验数据集：R中自带的商品数据集Groceries中的9835条数据。

实验内容：

1．分组矩阵图

代码：

```
install.packages("arulesViz")  #1
library(arulesViz)  #1
plot(citrusFruit,method="grouped")  #2
```

代码解释：

#1：安装并加载可视化包。

#2：画出分组矩阵图。

结果：

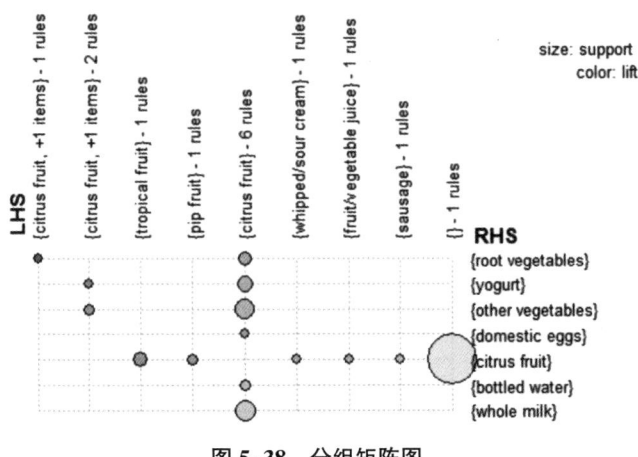

图 5-38　分组矩阵图

分析：

图5-38：这里只是一个示意图，做了很多的合并。其中横向是规则的前件，纵向为规则的后件，其中前件只显示了第一项，后面的通过+n表示。每一个圆圈表示一条规则，圆圈的大小代表规则的支持度，圆圈的颜色越深，规则的提升度越高。这里圆圈最大的项表示 {citrus fruit} → {} 这条规则的支持度最大，第一行左侧颜色最深的圆圈表示 {root vegetable}->{citrus fruit} 的规则提升度最大。

数据分析与数据挖掘实用教程

2．彩色有向图

代码：

```
plot(citrusFruit, method="matrix", measure=c("lift", "confidence"),control
=list(reorder=TRUE))#1
```

代码解释：

#1：画出彩色矩阵图。

结果：

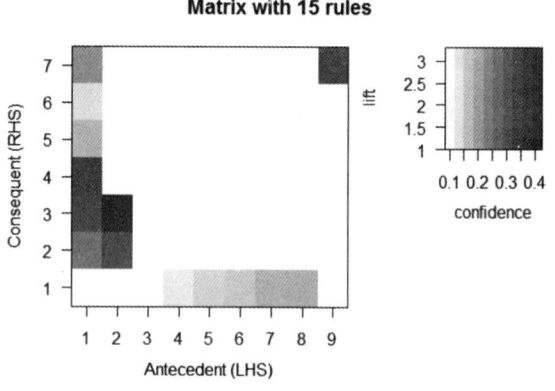

图 5-39　彩色矩阵图

```
> plot(citrusFruit, method="matrix", measure=c("lift", "confidence"),control=list(reorder=TRUE))
Itemsets in Antecedent (LHS)
[1] "{citrus fruit}"              "{citrus fruit,whole milk}"    "{}"
[4] "{sausage}"                   "{fruit/vegetable juice}"      "{whipped/sour cream}"
[7] "{pip fruit}"                 "{tropical fruit}"             "{citrus fruit,other vegetables}"
Itemsets in Consequent (RHS)
[1] "{citrus fruit}"   "{yogurt}"           "{other vegetables}" "{whole milk}"
[5] "{bottled water}"  "{domestic eggs}"    "{root vegetables}"
```

图 5-40　彩色矩阵图规则

分析：

图 5-39 与图 5-40：图 5-39 中每一个彩色方块代表一条规则，颜色的饱和度对应规则的置信度，颜色的色调对应规则的提升度。图中横坐标为前件，纵坐标为后件，数字的规则见 Console 区。图中置信度和提升度最高的坐标为（9,7），对应 {citrus fruit,other vegetables} → {root vegetables} 的关联规则较为优秀。

3．有向图

代码：

```
plot(citrusFruit, method="graph",control=list(type="itemsets"))  #1
```

代码解释：

#1：画出有向图。

结果：

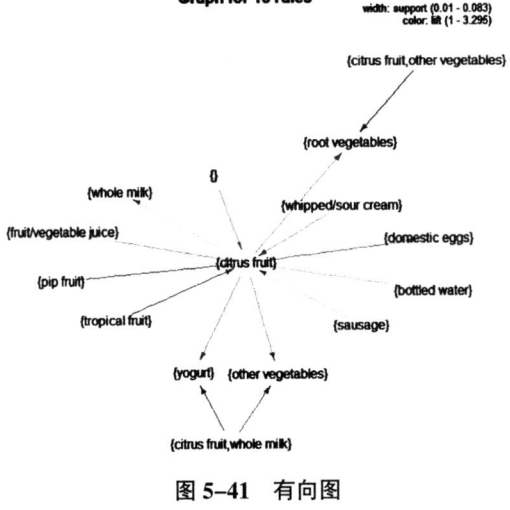

图 5-41　有向图

分析：

图5-41：这里选择了参数control=list（type="itemsets"），即将经常出现的规则放在一起显示。线的颜色表示规则的支持度。

第6章 回归

6.1 回归、分类和聚类的关系

在接下来的第6、7、8章中，将介绍回归、分类和聚类技术，鉴于这三类技术有着非常密切的关系，故在本节中系统地进行介绍。首先给出回归、分类和聚类的基本概念。

➢ 回归

回归问题通常用来预测连续值。回归分析反映了数据的属性值的特性，通过函数表达数据映射的关系来发现属性值之间的依赖关系。它可以应用到对数据序列的预测及相关关系的研究中去。

➢ 分类

分类问题会给事物打上一个标签，通常结果为离散值。分类是找出一组数据对象的共同特点并按照分类模式将其划分为不同的类，其目的是利用已有的观测数据建立一个分类器，来预测未知对象属于哪个预定义的目标类。

➢ 聚类

聚类类似于分类，但与分类的目的不同，每个客户的类标号是未知的，需要发现这些分组。聚类是一个把数据对象集划分成多个组或簇的过程，使得簇内的对象具有很高的相似性，但与其他簇中的对象很不相似。

我们先来掌握**回归和分类的关系**。回归和分类是两种数据分析形式，可以用于提取描述重要数据类或预测未来的数据趋势的模型。

➢ 预测回归

回归建立连续值函数的预测模型。也就是说，回归用来预测缺失的或难以获得的数值数据值，而不是（离散的）类标号。例如，预测某商场未来五年的营业额属于回归分析问题。

> 预测分类

分类是预测分类（离散、无序）标号。分类是这样的过程，它找出描述和区分数据类或概念的模型（或函数），以便能够使用模型预测类标号未知的对象的类标号。导出模型是基于对训练数据集（即类标号已知的数据对象）的分析。该模型用来预测类标号未知的对象的类标号。例如，预测银行中某个客户是否会流失属于分类任务。

从上述介绍中可以知道，术语预测可以指数值预测和类标号预测。回归分析是一种最常用的数值预测的统计学方法，分类可以视为类标号预测的解决方案。

我们再来看一下**有监督和无监督学习**的概念，以明确**分类和聚类的关系**。

> 有监督学习

监督指训练数据（观察，测量等）都带有标签，指示观察的类别。监督学习是最常见的分类问题，因为目标往往是让计算机去学习我们已经创建好的分类系统。有监督学习可以根据训练集分类新数据。

> 无监督学习

无监督指训练集的类别（标签）未知。无监督学习看起来非常困难，目标是我们不告诉计算机怎么做，而是让它（计算机）自己去学习怎样做一些事情。无监督学习给定一个观察、测量等的集合，目标是建立数据中存在的数据的类或簇。

从给定的上述定义可以看出，分类是有监督学习的典型代表，而聚类是无监督学习的典型代表，二者的共同点都是进行分类，只是存在训练集有无标签的区别。

综上所述，回归和分类都属于预测算法，分类和聚类都是为了解决分类问题，更广义地讲，分类问题也是一种预测，本书认为，回归、分类、聚类在广义上都是某种形式的预测。本节只重点讲述回归、分类、聚类三者的关系，更细致的内容将在各自的章节中详细介绍。

6.2　回归的基本概念

回归分析可以对预测变量和响应变量之间的联系建模。在数据挖掘环境下，预测变量是描述样本令人感兴趣的属性，一般预测变量的值是已知的，响应变量的值是要预测的。当响应变量和所有预测变量都是连续值时，回归分析是一个好的选择。

回归数据准备与分类数据准备的过程极其相似，包括：

（1）数据清理

旨在消除或减少数据噪声和预处理缺失值的数据。

（2）相关分析

数据中许多属性可能是冗余的。对此，可以使用相关分析来识别任意两个给定的属性是否是统计相关的。

理想情况下，用在相关分析上的时间，加上从"归约的"属性（或特征）结果子集上学习的时间，应当少于从原来的属性集合上学习所花费的时间。因此，这种分析可以帮助提高分类的有效性和可伸缩性。

（3）数据变换与归约

数据可以通过规范化进行变换，规范化将所给属性的所有值按比例缩放，使它们落入较小的指定区间。

数据也可以泛化到较高层概念进行变换。概念分层可以用于此目的。对于连续值属性，这种变换非常有用。由于泛化压缩了原来的训练数据，学习时的输入/输出操作将简化。

还可以使用其他方法对数据进行归约，这些方法包括从小波变换和主成分分析到诸如分箱、直方图分析和聚类等离散化技术。

回归模型与分类模型也非常类似，包括两个步骤：

第一步，构建模型

依据预测变量构建预测模型。

第二步，使用模型预测

利用模型来估计给定输入的连续或排序的值。

如果认为模型的准确率可以接受，就可以用它对类标号未知的变量进行预测。

回归模型的主要构造方法是模拟一个或多个预测变量和相应变量间的关系，包括：

线性回归，包括一元线性回归和多元线性回归。

非线性回归。

逻辑回归。

许多问题可以用线性回归解决，而很多问题可以通过对变量进行变换，将非线性问题转换为线性问题来处理。对于数值预测，回归是最主流的方法，4.2.2节中已经对线性回归的概念进行了基本的介绍，本章将对回归分析和非线性回归进行详细介绍并给出对应实验。此外，逻辑回归和一些其他的如生成线性模型、回归树等方法，本书不做介绍。

6.3 线性回归

6.3.1 一元线性回归

一元线性回归的分析涉及一个响应变量y和一个预测变量x，它是最简单的回归形式，并用x的线性函数对y建模，如公式（6-1）所示。

$$y = b + wx \tag{6-1}$$

式中y的方差假定为常数，b和w是回归系数，分别指定直线的y轴截距和斜率。回归系数b和w也可以看成是权重，上式可以等价表示为：

$$y = w_0 + w_1 x \tag{6-2}$$

这些系数可以通过最小二乘方法求解，它将最佳拟合直线估计为最小化实际数据与直线估计值之间误差的直线。

设D是训练集，由预测变量x的值和与它们相关联的响应变量y的值组成。训练集包含m个形如$(x_1, y_1), (x_2, y_2), \cdots, (x_m, y_m)$的数据点。回归系数可以用公式（6-3）和公式（6-4）进行估计。

$$w_1 = \frac{\sum_{i=1}^{m}(x_i - \overline{x})(y_i - \overline{y})}{\sum_{i=1}^{m}(x_i - \overline{x})^2} \tag{6-3}$$

$$w_0 = \overline{y} - w_1 \overline{x} \tag{6-4}$$

式中$\overline{x}$是$x_1, x_2, \cdots, x_m$的均值，而$\overline{y}$是$y_1, y_2, \cdots, y_m$的均值。

表6-1给出了某商店前10个月的月销售额数据，下面将使用线性回归方法预测该商店11月份的销售额。

首先画出该数据集对应的散点图，如图6-1所示，由散点图判定，该数据集基本呈线性关系，可以根据线性回归方法进行预测。

表6-1 某商店前10个月的月销售额数据

月份	销售额（万元）
1	13.5
2	15
3	15.5
4	15
5	17.5
6	18
7	19
8	19.5
9	21
10	23

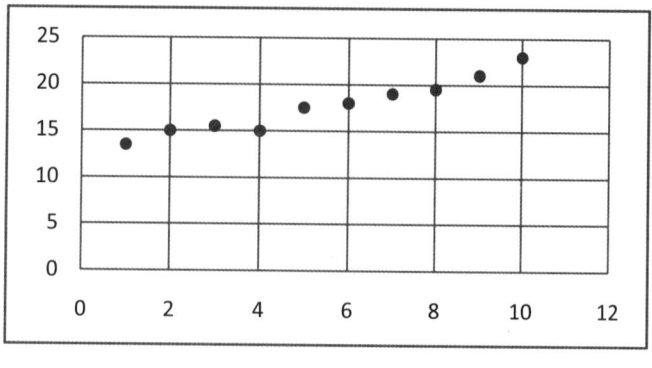

图6-1 某商店前10个月的月销售额数据散点图

对于表6-1的数据，首先计算 $\bar{x}$ 和 $\bar{y}$，得到：

$$\bar{x} = \frac{1+2+3+4+5+6+7+8+9+10}{10} = 5.5 \quad (6\text{-}5)$$

$$\bar{y} = \frac{13.5+15+15.5+15+17.5+18+19+19.5+21+23}{10} = 17.7 \quad (6\text{-}6)$$

带入公式（6-3）和（6-4），计算得到：

$$w_1 = \frac{(1-5.5)\times(13.5-17.7)+(2-5.5)\times(15-17.7)+\ldots+(10-5.5)\times(23-17.7)}{(1-5.5)^2+(2-5.5)^2+\ldots+(10-5.5)^2}$$

$$= 0.9697 \quad (6\text{-}7)$$

$$w_0 = 17.7 - 0.9697 \times 5.5 = 12.367 \quad (6\text{-}8)$$

这样，直线的方程估计为 $y = 0.9697x + 12.367$，使用该方程预测该商场第11个月的销售额为：

$$y = w_0 + w_1 x = 0.9697 \times 11 + 12.367 = 23.034 \quad (6\text{-}9)$$

预测得到第11个月的销售额为23.034万元。

6.3.2 多元线性回归

多元线性回归是一元线性回归的扩展，涉及多个预测变量。它的响应变量 y 用描述样本 X 的 n 个预测变量或属性 $A_1, A_2, \cdots, A_n$ 的线性函数建模。训练数据集包含形如 $(x_1, x_2, \cdots, x_n, y_1), (x_1, x_2, \cdots, x_n, y_2), \cdots, (x_1, x_2, \cdots, x_n, y_n)$ 的数据。多元线性回归的基本原理与计算过程与一元线性回归相同，由于自变量个数多，计算相对麻烦。这里只介绍多元线性回归的一些基本情况。

由于各自变量的单位可能不一样，如在一个消费水平的关系式中，工资水平、受教育程度、职业、地区、家庭负担等因素都会影响到消费水平，而这些因素（自变量）的单位显然是不同的，因此，自变量前的系数不能说明该因素的重要程度。更简单地说，同样工资收入，如果用元为单位就比用百元为单位所得的回归系数要小，但是工资水平对消费的影响程度并没有变，所以通常先将各自变量规划到统一的单位，再进行线性回归，此时得到的回归系数就能反映对应自变量的重要程度。这时的回归方程为标准回归方程，回归系数为标准回归系数。

设 y 为因变量，$x_1, x_2, \cdots, x_m$ 为自变量，并且自变量与因变量之间为线性关系，则多元线性回归模型为：

$$y = w_0 + w_1 x_1 + \ldots + w_m x_m \qquad (6-10)$$

式中，w_0 为常数项；$x_1, x_2, \cdots, x_m$ 是 $X(x_1, x_2, \cdots, x_m)$ 中属性 $A_1, A_2, \cdots, A_m$ 的值；$w_1, w_2, \cdots, w_m$ 为回归系数，当预测变量不止一个时，回归系数的含义为：一个预测变量增加一个单位，其他预测变量保持不变时，因变量将要增加的数量。也就是 w_1 为 $x_2, \cdots, x_m$ 固定时，x_1 每增加一个单位对 y 的效应，即 x_1 对 y 的偏回归系数；同理，w_2 为 $x_1, x_3, \cdots, x_m$ 固定时，x_2 每增加一个单位对 y 的效应，即 x_2 对 y 的偏回归系数。

可以通过扩展上面介绍的最小二乘法来求解 w_0, w_1, w_2，通常使用统计软件来对多元线性回归方程求解。

基于两个预测属性的多元线性回归模型的例子如：

$$y = w_0 + w_1 x_1 + w_2 x_2 \qquad (6-11)$$

其中 x_1 和 x_2 分别是 $X(x_1, x_2)$ 中属性 A_1 和 A_2 的值。

6.4 非线性回归

在实际问题中，变量之间不能用线性方程描述它们之间的相关关系时，可以把非线性回归转化为线性回归来解决。如对于以下关系：

$$y = b_0 + b_1 e^x \qquad (6-12)$$

$$y = b_0 + b_1 \ln x \qquad (6-13)$$

$$y = b_0 + b_1 x + b_2 x^2 + \ldots + b_n x^n \qquad (6-14)$$

可以通过变换将非线性回归转为线性回归来处理，例如，上面的模型可以转为如下线性回归来分析：

$$y = b_0 + b_1 x_1 + b_1 x_2 + \ldots + b_m x_m \qquad (6-15)$$

通过研究对象的物理背景或散点图，可帮助我们选择适当的非线性回归方程类型。可以先通过变量置换，把非线性回归转化为线性回归，再利用线性回归的方法确定参数估计值。下面通过一个例子来说明。

表6-2中的数据为彩色显影中析出银的光学密度 ξ 与形成燃料 η 的光学密度试验数据，求 η 关于 ξ 的回归方程。

首先画出该数据集对应的散点图，如图6-2所示。

数据分析与数据挖掘实用教程

表 6-2　析出银的光学密度 ξ 与形成燃料 η 的光学密度试验数据

ξ_i	η_i
0.05	0.1
0.06	0.14
0.07	0.23
0.1	0.37
0.14	0.59
0.2	0.79
0.25	1
0.31	1.12
0.38	1.19
0.43	1.25
0.47	1.29

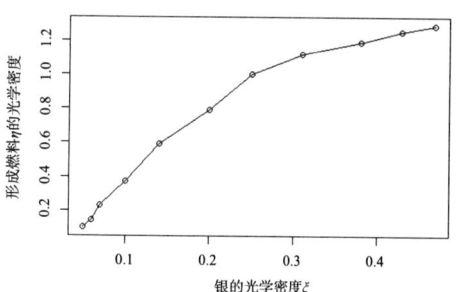

图 6-2　析出银的光学密度 ξ 与形成燃料 η 的光学密度试验数据散点图

如图 6-2 所示，可设回归方程为：

$$\hat{y} = Ae^{\frac{b}{x}} \; (b < 0) \tag{6-16}$$

式中 A 和 b 为参数，两边取对数，得到：

$$\ln\hat{y} = \ln A + \frac{b}{x} \tag{6-17}$$

做变量置换：

$$X = \frac{1}{x}, Y = \ln\hat{y} \tag{6-18}$$

并设：

$$a = \ln A \tag{6-19}$$

得到：

$$Y = a + bX \tag{6-20}$$

第 6 章 回归

由表6-2的试验数据$(\xi_i, \eta_i), (i=1,2,\cdots,11)$，求出对应的数据$(X_i, Y_i), (i=1,2,\cdots,11)$，结果如表6-3所示。

表 6-3　X_i 与 Y_i 对应数据集

X_i	Y_i
20	-2.303
16.667	-1.966
14.286	-1.47
10	-0.994
7.143	-0.528
5	-0.236
4	0
3.226	0.113
2.632	0.174
2.326	0.223
2.128	0.255

由表6-3我们可以求得：

$$\bar{X} = 7.946 \tag{6-21}$$

$$\bar{Y} = -0.612 \tag{6-22}$$

$$l_{xx} = \sum \left(x_i - \bar{X}\right)^2 = 406.614 \tag{6-23}$$

$$l_{yy} = \sum \left(y_i - \bar{Y}\right)^2 = 8.690 \tag{6-24}$$

$$l_{xy} = \sum \left(X_i \times Y_i\right) - k \times \bar{X} \times \bar{Y} = -112.835 - 11 \times 7.946 \times \left(-0.612\right) = -59.343 \tag{6-25}$$

下面我们介绍相关表，相关系数显著性检验表如表6-4所示。

表 6-4　相关系数显著性检验表

自由度 （n=2）	显著性水平		自由度 （n=2）	显著性水平		自由度 （n=2）	显著性水平	
	0.05	0.01		0.05	0.01		0.05	0.01
1	0.997	1.000	16	0.468	0.590	35	0.325	0.418
2	0.950	0.990	17	0.456	0.575	40	0.304	0.393

（续表6-4）

自由度（n=2）	显著性水平		自由度（n=2）	显著性水平		自由度（n=2）	显著性水平	
	0.05	0.01		0.05	0.01		0.05	0.01
3	0.878	0.959	18	0.444	0.561	45	0.288	0.372
4	0.811	0.917	19	0.433	0.549	50	0.273	0.354
5	0.754	0.874	20	0.423	0.537	60	0.250	0.325
6	0.707	0.834	21	0.413	0.526	70	0.232	0.302
7	0.666	0.798	22	0.404	0.515	80	0.217	0.283
8	0.632	0.765	23	0.396	0.505	90	0.205	0.267
9	0.602	0.735	24	0.388	0.496	100	0.195	0.254
10	0.576	0.708	25	0.381	0.487	125	0.174	0.228
11	0.553	0.684	26	0.374	0.478	150	0.159	0.208
12	0.532	0.661	27	0.367	0.470	200	0.138	0.181
13	0.514	0.641	28	0.361	0.463	300	0.113	0.148
14	0.497	0.623	29	0.355	0.456	400	0.098	0.128
15	0.482	0.606	30	0.349	0.449	1000	0.062	0.081

表6-4中，n为自由度，即样本数，本例中的自由度为$n-2=11-2=9$。观察显著性水平，一般来说，满足0.05情况下的显著性水平即可，如果能够满足0.01条件下的显著性水平则更优。

计算样本相关系数：

$$r = \frac{l_{xy}}{\sqrt{l_{xx}l_{yy}}} = \frac{-59.343}{\sqrt{406.614 \times 8.690}} = -0.998 \qquad (6-26)$$

查找相关系数显著性检验表，当$r_{0.05(9)} = 0.602$，$r_{0.01(9)} = 0.735$，因为$|r| > r_{0.01(9)}$，所以认为Y和X之间的线性关系特别显著。

再求a和b的估计值：

$$\hat{b} = \frac{l_{xy}}{l_{xx}} = \frac{-59.343}{406.614} = -0.146 \qquad (6-27)$$

$$\hat{a} = \bar{Y} - b\bar{X} = -0.612 - (-0.146) \times 7.946 = 0.548 \qquad (6-28)$$

得到Y关于X的线性回归方程为：

$$Y = 0.548 - 0.146X \qquad (6-29)$$

变换回原变量，得到：

$$\ln\hat{y} = 0.548 - \frac{0.146}{x} \tag{6-30}$$

$$\hat{y} = e^{0.548 - \frac{0.146}{x}} = 1.73e^{-\frac{0.146}{x}} \tag{6-31}$$

所以，η 关于 ξ 的回归方程为：

$$\hat{y} = 1.73e^{-\frac{0.146}{x}} \tag{6-32}$$

6.5　回归模型的评估

回归评估和分类评估准则类似，包括：

➢ 准确率

准确率是指分类器 / 回归器正确地预测新的或先前未见过的数据的属性值 / 类标号的能力。

➢ 速度

涉及产生和使用分类器 / 回归器的计算花费。

➢ 鲁棒性

涉及给定噪声数据或具有缺失值的数据和分类器 / 回归器正确预测的能力。

➢ 可伸缩性

涉及给定大量数据和有效地构造分类器 / 回归器的能力。

➢ 可解释性

涉及分类器 / 回归器提供的理解和洞察的水平。可解释性是主观的，因此很难评估。

准确率的评估也就是预测误差的评估，其中最主要的评测是度量预测的准确率，也就是度量预测值 y_i' 和真实值 y_i 的距离。

1．损失函数，用于单预测量评估。

绝对误差，定义为：

$$AbsoluteError = \left| y_i - y_i' \right| \tag{6-33}$$

平方误差，定义为：

$$SquaredError = \left(y_i - y_i' \right)^2 \tag{6-34}$$

式中度量的真实值为 y_i，度量的预测值为 y_i'。

本书后续的实验使用百分率的绝对误差进行检验，如式（6-35）所示。

$$AbsoluteError(\%) = \frac{\left| y_i - y_i' \right|}{y_i} \tag{6-35}$$

数据分析与数据挖掘实用教程

2．检验误差，又称泛化误差，用于多预测量评估。

均值绝对误差，定义为：

$$MeanAbsoluteError = \frac{\sum_{i=1}^{n} \left| y_i - y_i^{'} \right|}{n} \tag{6-36}$$

均值平方误差，定义为：

$$MeanSquaredError = \frac{\sum_{i=1}^{n} \left(y_i - y_i^{'} \right)^2}{n} \tag{6-37}$$

相对绝对误差，定义为：

$$RelativeAbsoluteError = \frac{\sum_{i=1}^{n} \left| y_i - y_i^{'} \right|}{\sum_{i=1}^{n} \left| y_i - \bar{y} \right|} \tag{6-38}$$

相对平方误差，定义为：

$$RelativeSquaredError = \frac{\sum_{i=1}^{n} \left(y_i - y_i^{'} \right)^2}{\sum_{i=1}^{n} \left(y_i - \bar{y} \right)^2} \tag{6-39}$$

式中，n 为测试集的测试数据个数；$y_1, y_2, \ldots, y_n$ 为测试集的真实值；$y_1^{'}, y_2^{'}, \ldots, y_n^{'}$ 为测试集的预测值，$\bar{y}$ 为真实值的平均值。

6.6 实验

6.6.1 实验1：线性回归

实验目的：掌握一元线性回归和多元线性回归方法并用于实际分析。

实验数据集：university_top100.csv 为"2015年中国大学综合实力"数据集。

实验内容：

1．读入数据集并进行简单分析

代码：

```
w=read.csv("university_top100.csv",header=TRUE)
names(w)   #1
w[1:10,]
summary(w)
```

代码解释：

#1：查看属性。

结果：

第6章 回归

```
> names(w)
 [1] "排名"          "校名"          "总得分"        "人才培养得分"  "研究生培养"
 [6] "本科生培养"    "科学研究得分"  "自然科学研究"  "社会科学研究"  "分省"
[11] "本省排名"      "学校类型"      "学校参考类型"  "具体标准"
```

图6-3 查看属性

```
> w[1:10,]
   排名          校名 总得分 人才培养得分 研究生培养 本科生培养 科学研究得分
1     1      北京大学 205.71        92.16      62.12      30.04       113.55
2     2      浙江大学 202.25        87.28      61.40      25.88       114.97
3     3      清华大学 195.90        88.72      57.61      31.12       107.18
4     4  上海交通大学 151.82        67.58      45.41      22.17        84.24
5     5      复旦大学 140.03        61.09      42.23      18.86        78.94
6     6      南京大学 125.67        57.38      36.94      20.44        68.29
7     7      武汉大学 112.17        55.03      31.95      23.08        57.14
8     8      四川大学 111.23        52.64      32.94      19.70        58.59
9     9      中山大学 107.09        48.79      31.51      17.28        58.30
10   10      山东大学 105.88        50.01      30.26      19.75        55.88
   自然科学研究 社会科学研究 分省 本省排名 学校类型 学校参考类型 具体标准
1         74.83        38.72   京        1     综合       综合类   研究1型
2         98.45        16.52   浙        1     综合       理科类   研究1型
3         87.57        19.61   京        2     理工       文理类   研究1型
4         75.70         8.55   沪        1     综合       理科类   研究1型
5         56.09        22.85   沪        2     综合       综合类   研究1型
6         43.79        24.49   苏        1     综合       综合类   研究1型
7         33.75        23.39   鄂        1     综合       综合类   研究2型
8         45.99        12.60   川        1     综合       综合类   研究2型
9         42.68        15.63   粤        1     综合       综合类   研究1型
10        43.14        12.74   鲁        1     综合       综合类   研究2型
```

图6-4 显示数据集前10项

```
> summary(w)
      排名               校名          校名         总得分         人才培养得分
 Min.   :  1.00   北京大学    :1     Min.   : 16.82   Min.   : 9.44
 1st Qu.: 25.75   北京工业大学:1     1st Qu.: 22.06   1st Qu.:12.75
 Median : 50.50   北京航空航天大学:1 Median : 32.44   Median :17.84
 Mean   : 50.50   北京化工大学:1     Mean   : 48.46   Mean   :24.42
 3rd Qu.: 75.25   北京交通大学:1     3rd Qu.: 64.02   3rd Qu.:31.27
 Max.   :100.00   北京科技大学:1     Max.   :205.71   Max.   :92.16
                  (Other)     :94
   研究生培养          本科生培养        科学研究得分        自然科学研究
 Min.   : 3.940   Min.   : 4.220   Min.   :  5.43   Min.   : 0.200
 1st Qu.: 5.925   1st Qu.: 6.787   1st Qu.:  9.18   1st Qu.: 6.527
 Median : 8.900   Median : 8.515   Median : 15.03   Median :11.915
 Mean   :13.766   Mean   :10.657   Mean   : 24.03   Mean   :18.196
 3rd Qu.:18.170   3rd Qu.:13.215   3rd Qu.: 31.78   3rd Qu.:24.060
 Max.   :62.120   Max.   :31.120   Max.   :114.97   Max.   :98.450

   社会科学研究         分省        本省排名        学校类型   学校参考类型
 Min.   : 0.320   京     :15   Min.   : 1.00   财经: 3   文理类 :31
 1st Qu.: 1.670   苏     :15   1st Qu.: 2.00   理工:37   工学类 :30
 Median : 3.460   沪     : 9   Median : 3.00   农林: 1   综合类 :22
 Mean   : 5.838   鄂     : 7   Mean   : 4.36   农业: 4   理科类 :10
 3rd Qu.: 6.527   陕     : 6   3rd Qu.: 6.00   师范:11   经管类 : 2
 Max.   :38.720   粤     : 5   Max.   :15.00   医药: 3   文科类 : 2
                  (Other):43                  综合:41   (Other): 3
    具体标准
 研教1型 :38
 研教2型 :24
 研教2型 : 1
 研究1型 :13
 研究2型 :24
```

图6-5 查看数据集统计分析结果

分析：

图6-3与图6-4：每条记录由14个变量构成，其中7个是评价大学综合实力的数值型参数，包括：总得分、人才培养得分、研究生培养、本科生培养、科学研究得分、自然科学研究、社会科学研究。

2．探究大学综合实力的总得分与其他各因素之间的相关关系

代码：

157

```
v=w[,c(3,4,5,6,7,8,9)]  #1
cor(v)  #2
install.packages("car")  #3
library(car)  #3
scatterplotMatrix(v,spread=FALSE,smoother=FALSE)  #3
```

代码解释：

#1：选取数值型数据进行分析。

#2：计算相关系数。

#3：安装并加载包car，包中scatterplotMatrix()函数可以画出变量散点图。

结果：

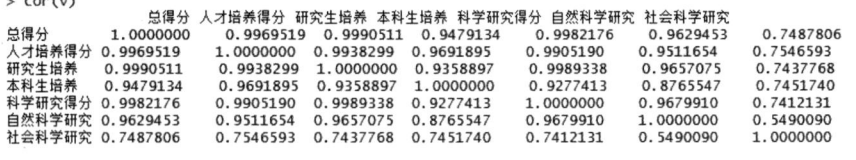

图6-6　计算相关系数

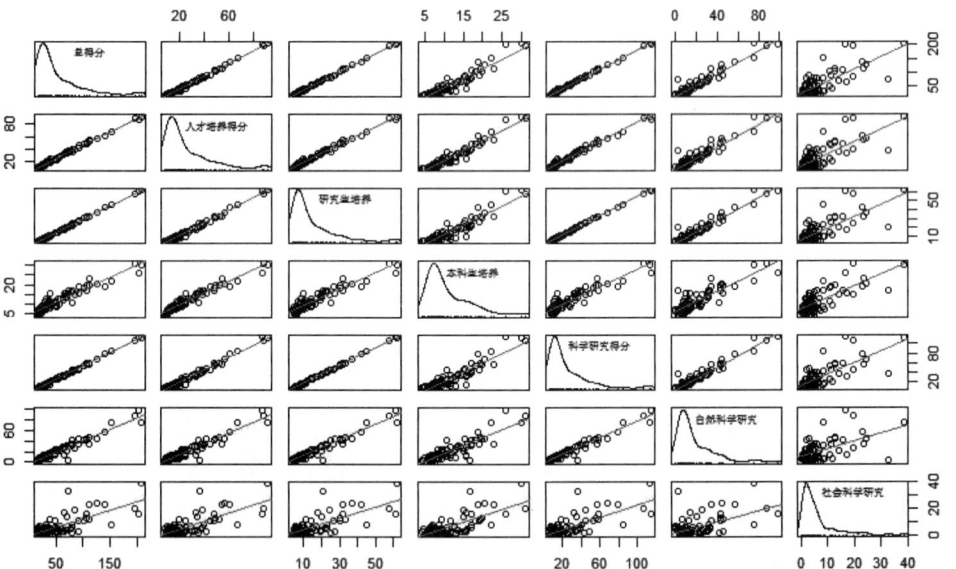

图6-7　相关系数散点图

分析：

图6-6与图6-7：由图6-7可以看出总得分与人才培养得分、研究生培养、科学研究得分的相关性最高，本科生培养和自然科学研究次之，社会科学研究最低。cor相关系数验证了以上结论，且给出了具体数值，其中研究生培养与总得分的相关性最高。

3．总得分与研究生培养的一元线性回归

代码：

```
a=lm（总得分~研究生培养,v）  #1
summary(a)  #2
plot（总得分~研究生培养,v,pch=16）  #3
abline(a)  #4
```

代码解释：

#1：一元线性回归。

#2：查看统计分析。

#3：作出散点图。

#4：画出拟合直线。

结果：

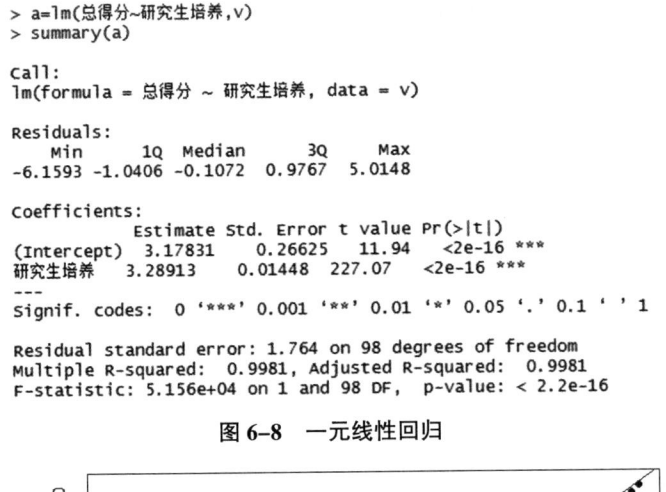

图6-8　一元线性回归

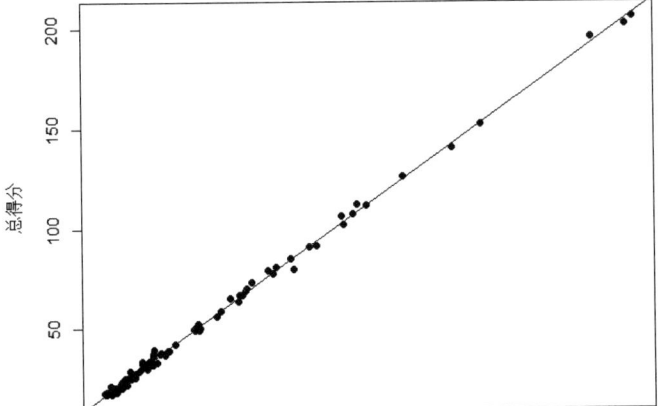

图6-9　散点图与拟合曲线

分析：

图6-8：由分析结果可知一元线性预测方程为$y=3.28913x+3.17831$。

图6-9：由散点图和拟合曲线可知，拟合效果很好。

4．一元线性预测

代码：

```
v[100,]  #1
v[101,]=c(NA,10.95,4.14,6.8,5.87,5.06,0.81)  #2
(pre1=predict(a,v[101,]))  #3
(e1=abs(v[100,1]-pre1)/v[100,1])  #4
```

代码解释：

#1：选取第100条数据为真实数据。

#2：构造无总得分的第100条数据为待测数据。

#3：一元线性回归预测。

#4：计算百分率绝对误差。

结果：

```
> v[100,]
      总得分 人才培养得分 研究生培养 本科生培养 科学研究得分 自然科学研究 社会科学研究
100   16.82        10.95       4.14      6.8        5.87         5.06         0.81
> v[101,]=c(NA,10.95,4.14,6.8,5.87,5.06,0.81)
> (pre1=predict(a,v[101,]))
       101
16.79529
> (e1=abs(v[100,1]-pre1)/v[100,1])
         101
0.001469137
```

图 6-10　预测及计算百分率绝对误差

分析：

图 6-10：总得分真实值为 16.82，根据一元线性预测方程得到的预测值为 16.79529，预测误差为 0.1469137%，可见预测误差效果非常优秀。

5．总得分与其他量的多元线性回归

代码：

```
b=lm（总得分~.,v）  #1
summary(b)  #2
c=step(b)  #3
summary(c)  #4
```

代码解释：

#1：多元线性回归。

#2：查看统计分析。

#3：去除弱相关项。

#4：查看去弱相关后的统计分析。

结果：

第 6 章 回归

```
> b=lm(总得分~.,v)
> summary(b)

Call:
lm(formula = 总得分 ~ ., data = v)

Residuals:
      Min        1Q    Median        3Q       Max
-0.009208 -0.002686  0.000748  0.001507  0.007635

Coefficients:
               Estimate Std. Error t value Pr(>|t|)
(Intercept)   -0.001151   0.001208  -0.953    0.343
人才培养得分   0.539249   0.083897   6.428 5.49e-09 ***
研究生培养     0.461741   0.083899   5.504 3.27e-07 ***
本科生培养     0.460606   0.083913   5.489 3.48e-07 ***
科学研究得分   0.633992   0.089645   7.072 2.79e-10 ***
自然科学研究   0.365493   0.089721   4.074 9.73e-05 ***
社会科学研究   0.365548   0.089737   4.074 9.73e-05 ***
---
signif. codes:  0 '***' 0.001 '**' 0.01 '*' 0.05 '.' 0.1 ' ' 1

Residual standard error: 0.003931 on 93 degrees of freedom
  (1 observation deleted due to missingness)
Multiple R-squared:      1,  Adjusted R-squared:     1
F-statistic: 1.735e+09 on 6 and 93 DF,  p-value: < 2.2e-16
```

图 6-11　多元线性回归

```
> c=step(b)
Start:  AIC=-1101.02
总得分 ~ 人才培养得分 + 研究生培养 + 本科生培养 + 科学研究得分 +
    自然科学研究 + 社会科学研究

                 Df  Sum of Sq        RSS      AIC
<none>                        0.0014372 -1101.0
- 社会科学研究   1 0.00025644 0.0016937 -1086.6
- 自然科学研究   1 0.00025646 0.0016937 -1086.6
- 本科生培养     1 0.00046564 0.0019029 -1075.0
- 研究生培养     1 0.00046809 0.0019053 -1074.8
- 人才培养得分   1 0.00063846 0.0020757 -1066.3
- 科学研究得分   1 0.00077298 0.0022102 -1060.0
```

图 6-12　去除弱相关项

```
> summary(c)

Call:
lm(formula = 总得分 ~ 人才培养得分 + 研究生培养 + 本科生培养 +
    科学研究得分 + 自然科学研究 + 社会科学研究, data = v)

Residuals:
      Min        1Q    Median        3Q       Max
-0.009208 -0.002686  0.000748  0.001507  0.007635

Coefficients:
               Estimate Std. Error t value Pr(>|t|)
(Intercept)   -0.001151   0.001208  -0.953    0.343
人才培养得分   0.539249   0.083897   6.428 5.49e-09 ***
研究生培养     0.461741   0.083899   5.504 3.27e-07 ***
本科生培养     0.460606   0.083913   5.489 3.48e-07 ***
科学研究得分   0.633992   0.089645   7.072 2.79e-10 ***
自然科学研究   0.365493   0.089721   4.074 9.73e-05 ***
社会科学研究   0.365548   0.089737   4.074 9.73e-05 ***
---
Signif. codes:  0 '***' 0.001 '**' 0.01 '*' 0.05 '.' 0.1 ' ' 1

Residual standard error: 0.003931 on 93 degrees of freedom
  (1 observation deleted due to missingness)
Multiple R-squared:      1,  Adjusted R-squared:     1
F-statistic: 1.735e+09 on 6 and 93 DF,  p-value: < 2.2e-16
```

图 6-13　查看去弱相关后的统计分析

分析：

图 6-12：通过 step() 去除冗余项，结果并没有冗余项，说明以上的每一项都对结果有影响，这也是符合总得分获取的依据，说明总得分就是由这六个变量综合得到的

图 6-13：由分析结果可知多元线性预测方程为 $y=0.539249x_1+0.461741x_2+0.460606x_3$

$+0.633992x_4+0.365493x_5+0.365548x_6-0.001151$。

6．多元线性预测

代码：

```
v[100,]
v[101,]=c(NA,10.95,4.14,6.8,5.87,5.06,0.81)
(pre2=predict(c,v[101,]))
(e12=abs(v[100,1]-pre2)/v[100,1])
```

结果：

```
> v[100,]
    总得分 人才培养得分 研究生培养 本科生培养 科学研究得分 自然科学研究 社会科学研究
100 16.82       10.95      4.14       6.8         5.87         5.06         0.81
> v[101,]=c(NA,10.95,4.14,6.8,5.87,5.06,0.81)
> (pre2=predict(c,v[101,]))
      101
16.81438
> (e12=abs(v[100,1]-pre2)/v[100,1])
          101
0.0003344071
```

图 6-14　预测及计算百分率绝对误差

分析：

图6-14：总得分真实值为16.82，根据多元线性预测方程得到的预测值为16.81438，预测误差为0.03344071%，可见预测误差效果同样非常优秀。

比较：该实验数据集一元线性回归与多元线性回归效果都很好，其中多元线性回归预测效果要优于一元线性回归，这是因为多元线性回归考虑了更多的因素。

6.6.2　实验2：非线性回归

实验目的：掌握非线性回归方法并用于实际分析。

实验数据集：R自带women数据集。

实验内容：

1．读入数据集，探求人的体重与身高之间的关系并确定函数类型

代码：

```
women
plot(women$weight,women$height)  #1
lines(women$weight,women$height)  #1
```

代码解释：

#1：画出身高和体重之间的散点图并画出拟合曲线。

结果：

第 6 章　回归

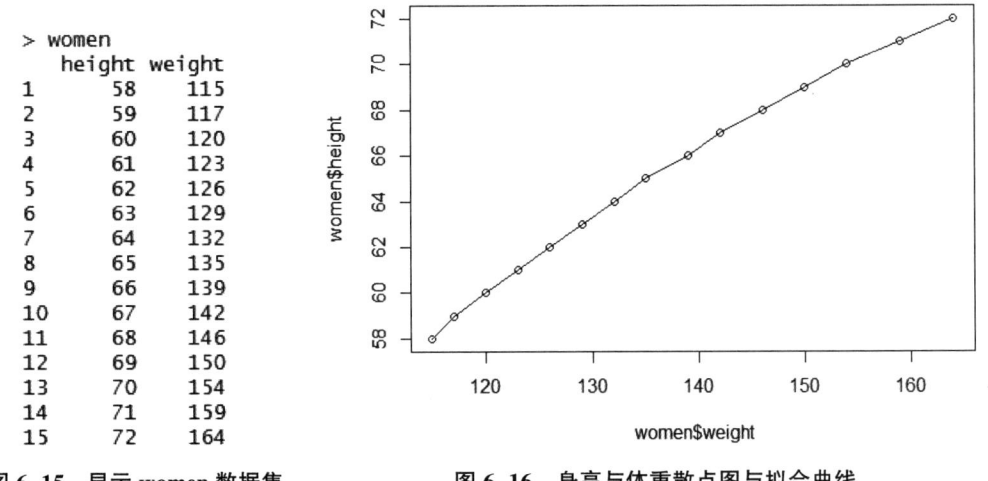

```
> women
   height weight
1      58    115
2      59    117
3      60    120
4      61    123
5      62    126
6      63    129
7      64    132
8      65    135
9      66    139
10     67    142
11     68    146
12     69    150
13     70    154
14     71    159
15     72    164
```

图 6-15　显示 women 数据集　　　　　**图 6-16　身高与体重散点图与拟合曲线**

分析：

图 6-16：由图可猜测该数据集的一元非线性方程形式为 $y=A*\exp(b/x)$，其中 $b<0$。将以上函数两边取对数的 $\ln y=\ln A+b/x$，接下来令 $Y=\ln y$，$X=1/x$，$a=\ln A$，得到一元线性回归方程 $Y=a+x/b$，通过分析后只要求得 a，b 值后进行变化即可。

2．数据变换

代码：

```
install.packages("SciViews")  #1
library(SciViews)  #1
X=1/(women$weight)  #2
Y=ln(women$height)  #2
number=dim(women)[1]  #3
(x_average=sum(X)/number)  #4
(y_average=sum(Y)/number)  #4
lxx=0  #5
lyy=0  #5
lxy=0  #5
for(i in 1:number)  #5
{  #5
  lxx=lxx+(X[i]-x_average)^2  #5
  lyy=lyy+(Y[i]-y_average)^2  #5
  lxy=lxy+X[i]*Y[i]  #5
}  #5
lxx  #5
lyy  #5
lxy  #5
lxy=lxy-number*x_average*y_average  #5
(r=lxy/sqrt(lxx*lyy))  #5
```

163

代码解释：

#1：安装计算 ln 的包。

#2：计算 X 和 Y。

#3：样本数。

#4：计算 X 和 Y 均值。

#5：计算样本相关性。

结果：

```
> (X=1/(women$weight))
 [1] 0.008695652 0.008547009 0.008333333 0.008130081 0.007936508
 [6] 0.007751938 0.007575758 0.007407407 0.007194245 0.007042254
[11] 0.006849315 0.006666667 0.006493506 0.006289308 0.006097561
> (Y=ln(women$height))
 [1] 4.060443 4.077537 4.094345 4.110874 4.127134 4.143135
 [7] 4.158883 4.174387 4.189655 4.204693 4.219508 4.234107
[13] 4.248495 4.262680 4.276666
> number=dim(women)[1]
> (x_average=sum(X)/number)
[1] 0.007400703
> (y_average=sum(Y)/number)
[1] 4.172169
```

图 6-17　基本数据变换

```
> lxx=0
> lyy=0
> lxy=0
> for(i in 1:number)
+ {
+    lxx=lxx+(X[i]-x_average)^2
+    lyy=lyy+(Y[i]-y_average)^2
+    lxy=lxy+X[i]*Y[i]
+ }
> lxx
[1] 9.604176e-06
> lyy
[1] 0.06668241
> lxy
[1] 0.4623549
> lxy=lxy-number*x_average*y_average
> (r=lxy/sqrt(lxx*lyy))
[1] -0.9995755
```

图 6-18　样本相关性计算

分析：

图 6-17：得到体重变换后的均值为 x_average=0.007400703，身高变换后的均值为 y_average= 4.172169。

图 6-18：得到 lxx=9.604176e-06，lyy=0.06668241，lxy=0.4623549，样本相关系数 r=-0.9995755。查看显著性检验表，$n=15$，查看自由度为 13 的显著性水平，$r_{0.05(13)} = 0.514$，$r_{0.01(13)} = 0.641$，因为 $|r| > r_{0.01(13)}$，所以认为 Y 与 X 之间的线性相关关系特别显著。

3．非线性回归

代码：

```
b=lxy/lxx   #1
```

第 6 章　回归

```
b   #1
a=y_average-b*x_average   #1
a   #1
(A=exp(a))   #2
```

代码解释：

#1：系数 a，b 求解。

#2：求原方程中 $a=\ln A$。

结果：

```
> b=lxy/lxx
> b
[1] -83.28968
> a=y_average-b*x_average
> a
[1] 4.788572
> (A=exp(a))
[1] 120.1297
```

图 6-19　非线性回归

分析：

图 6-19：求解非线性方程系数，得到：$y=120.1297e^{\frac{-83.28968}{x}}$。

4．非线性预测

代码：

```
x=women$weight
y=women$height
pre_y=c()   #1
for(j in 1:number)   #2
{   #2
  pre_y[j]=A*exp(b/women$weight[j])   #2
}   #2
(table<-data.frame(y,pre_y,e=abs(pre_y-y)))   #3
plot(pre_y,y)   #4
lines(pre_y,y)   #4
cor(pre_y,y)   #5
e1=0   #6
for(s in 1:number)   #6
{   #6
  e1=e1+abs(y[s]-pre_y[s])/y[s]   #6
}   #6
(E=e1/number)   #6
```

代码解释：

#1：建立一个空向量，用于存放 y 的预测值。

#2：通过公式预测 y 值。

165

#3：建表显示真实值、预测值和绝对误差。

#4：画出预测值与真实值之间的关系图。

#5：计算预测与真实值之间的相关性。

#6：计算所有变量的累计百分率绝对误差。

结果：

```
> (table<-data.frame(y,pre_y,e=abs(pre_y-y)))
    y    pre_y         e
1  58 58.22492 0.224922625
2  59 58.95026 0.049744134
3  60 60.00878 0.008781393
4  61 61.03331 0.033305398
5  62 62.02530 0.025300187
6  63 62.98617 0.013832296
7  64 63.91724 0.082758032
8  65 64.81979 0.180208287
9  66 65.98090 0.019103934
10 67 66.82148 0.178523349
11 68 67.90396 0.096042434
12 69 68.94486 0.055140636
13 70 69.94642 0.053581335
14 71 71.14621 0.146214194
15 72 72.29158 0.291581053
```

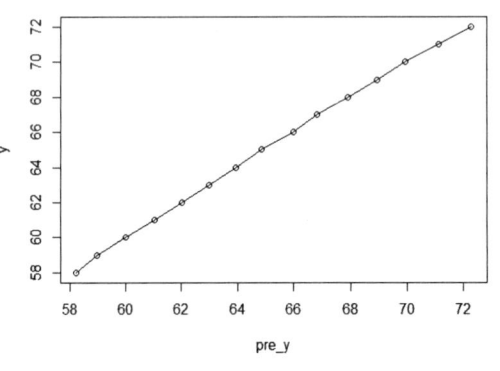

图6-20　显示真实值、预测值和绝对误差　　　　图6-21　预测值与真实值的关系图

```
> cor(pre_y,y)
[1] 0.999559
```

```
> e1=0
> for(s in 1:number)
+ {
+    e1=e1+abs(y[s]-pre_y[s])/y[s]
+ }
> (E=e1/number)
[1] 0.001476443
```

图6-22　预测值与真实值的相关性　　　　图6-23　计算累计百分率绝对误差

分析：

图6-21：由图可知拟合效果良好。

图6-22：cor()验证了拟合效果。

图6-23：累计误差0.1476443%，拟合效果很好。

第7章 分类

第 7 章 分类

7.1 分类的基本概念

分类是数据挖掘中的主要分析手段,其任务是对数据集进行学习并构造一个拥有预测功能的分类模型,用于预测未知的类标号,把类标号未知的样本映射到某个预先给定的类标号中。分类有许多不同的应用,例如根据电子邮件的标题和内容检查出垃圾邮件,根据核磁共振扫描的结果区分肿瘤是恶性的还是良性的,根据星系的形状对它们进行分类等。

分类前先将数据集分为两部分,一部分作为训练集,一部分作为测试集。**分类模型的构建**包含两个步骤,如图 7-1 所示:

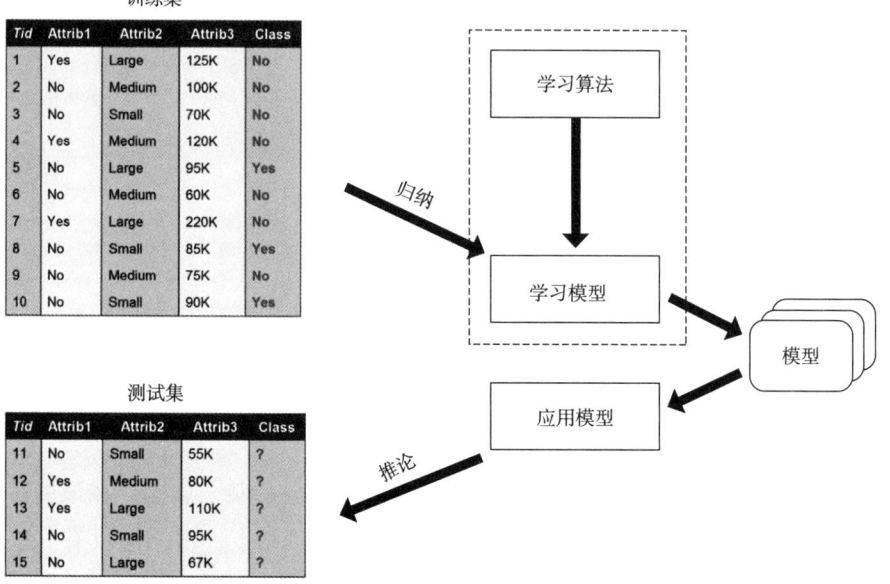

图 7-1 分类模型的构建

第一步,建立模型,描述预定的数据类或概念集。

分类算法通过分析或从训练集"学习"来构造分类器,模型可以是决策树或分类规则等形式。

第二步，使用模型进行分类。

首先评估模型的预测准确率等指标，然后使用分类准确度高的分类模型对类标号未知的样本数据进行分类。保持方法的样本随机选取，并独立于训练样本。

注意，如果模型的准确率根据训练数据集评估，评估可能是乐观的，因为学习模型倾向于过分适合数据（即它可能并入训练数据中某些异常，而这些异常不出现在总体样本群中）。因此，应使用测试集进行评估。

如果认为模型的准确率可以接受，就可以用它对类标号未知的数据元组或对象进行分类。（这种数据在机器学习中也称为"未知的"或"先前未见到的"数据）。

主要的分类模型包括：

（1）决策树分类

主要包括ID3、C4.5以及Cart算法。

（2）k-最近邻分类

（3）贝叶斯分类

主要包括最朴素贝叶斯和贝叶斯信念网络分类算法。

（4）人工神经网络

包括无监督学习网络有监督学习网络。

（5）支持向量机

最典型的是线性SVM分类。

（6）组合方法

（7）其他方法

本章将对以上方法中的决策树、最近邻分类、贝叶斯分类、人工神经网络分类支持向量机分类以及组合分类方法进行介绍。

7.2 决策树分类

7.2.1 决策树的基本概念

决策树是一种由结点和有向边组成的层次结构，也是一种树型结构，包括决策结点（内部结点）、分支和结点三个部分：

➢ **决策结点**代表某个测试，通常对应于待分类对象的某个属性，在该属性上的不同测试结果对应一个分支。决策结点包括根结点和内部结点，根结点没有入边，但有零条或多条出边。内部结点恰有一条入边和两条或多条出边。

➢ **叶结点或终结点**存放某个类标号值，表示一种可能的分类结果。恰有一条入边，但没有出边。

➢ **分支**表示某个决策结点的不同取值。

在决策树中，每个叶结点都赋予一个类标号。非终结点（包括根结点和内部结点）包含属性测试条件，用以分开具有不同特性的记录。决策树可以用来对未知样本进行分类，分类过程为从决策树的根结点开始，从上往下沿着某个分支搜索，直到叶结点，并以其类标号值作为该未知样本所属类标号。

决策树的生成由两个阶段组成，分别为决策树的构建和树的剪枝：

➤ 决策树构建

开始时，所有的训练样本都在根结点，然后递归地通过选定的属性，来划分样本（必须是离散值）。

➤ 树剪枝

许多分枝反映的是训练数据中的噪声和孤立点，树剪枝试图检测和剪去这种分枝。

使用决策树对未知样本进行分类，通过将样本的属性值与决策树相比较进行。为了对未知数据对象进行分类识别，可以根据决策树的结构对数据集中的属性进行测试，从决策树的根结点到叶结点的一条路径就形成了相应对象的类别测试。决策树可以很容易转换为分类规则。

某银行训练数据如表7-1所示，下面将利用决策树分类方法预测类标号未知的新样本，其类标号{"no"，"married"，"80K"，"?"}为拖欠或不拖欠贷款。

首先可以构建决策树模型，如图7-2所示，这里**随意选定**"是否有房者"为根结点，并随意选取"婚姻状况""年收入"作为决策结点。在判定{"no"，"married"，"80K"，"?"}的过程中，走如图7-2中虚线框所示的路径，"有房者no → 婚姻状态married→no"。由图可知，{"no"，"married"，"80K"，"?"}最终将判定是否拖欠贷款属性为"no"，也就是不会拖欠贷款。

表 7-1　某银行训练数据集

TID	是否有房者	婚姻状态	年收入	拖欠贷款
1	yes	single	125K	no
2	no	married	100K	no
3	no	single	70K	no
4	yes	married	120K	no
5	no	divorced	95K	yes
6	no	married	60K	no
7	yes	divorced	220K	no
8	no	single	85K	yes
9	no	married	75K	no
10	no	single	90K	yes

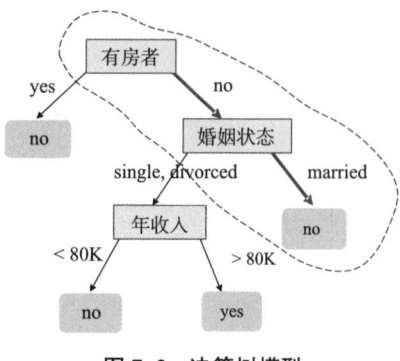

图 7-2　决策树模型

读者可能注意到，决策树的构建过程中，图 7-2 随意设定了根结点和决策结点，这当然是不允许的。构建决策树非常重要的问题就是图 7-1 中所示的学习算法和学习模型部分采取何种策略，也就是必须解决下面两个问题。

1．如何分裂训练记录？

树增长过程的每个递归步都必须选择一个属性测试条件，将记录划分成较小的子集。为了实现这个步骤，必须解决如下两个问题。

第一个问题：算法必须提供为不同类型的属性指定测试条件的方法。

首先解决决策树算法必须为不同类型的属性提供表示属性测试条件和其对应输出的方法的问题。这里有两个需要考虑的依赖条件，一个是依赖于属性的类型，包括标称、序数和连续属性；一个是依赖于划分的路数，包括二元划分和多路划分。

➤ 基于标称属性的分裂

由于标称属性可能有两个或多个属性值，它的测试条件可能有两种方法。

✧ 二元划分

二元划分产生两个可能的输出。划分数为 2，这种划分要考虑创建 k 个属性值的二元划分的所有 $2^{k-1}-1$ 种方法。如图 7-3 所示，Car Type 的三种类型 {Family, Sports, Luxury} 可以划分为图 a、图 b、图 c 三种形式。

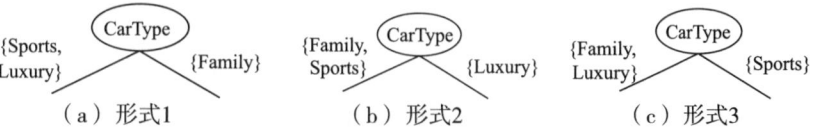

图 7-3　基于标称属性的二元划分

✧ 多路划分

多路划分的输出数取决于该属性不同属性值的个数，如图 7-4 所示。

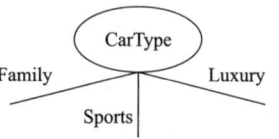

图 7-4　基于标称属性的多路划分

➢ 基于序数属性的分裂

序数属性也可以产生二元或多路划分，只要不违背序数属性值的有序性，就可以对属性值进行分组。

✧ 二元划分

划分数为2，需要保持序数属性值的有序性。如图7-5所示，Size的三种类型{Small, Medium, Large}可以划分为图a、图b、图c三种形式。需要特别注意的是，最后一种划分不科学，把小号和大号放在了一起，中号放在了另一侧。

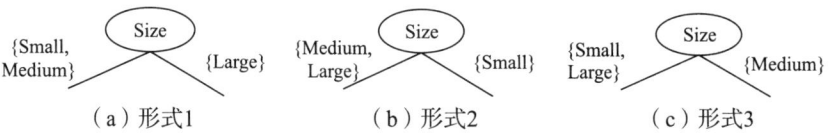

（a）形式1　　　　　　（b）形式2　　　　　　（c）形式3

图7-5　基于序数属性的二元划分

✧ 多路划分

多路划分的输出数取决于该属性不同属性值的个数，如图7-6所示。

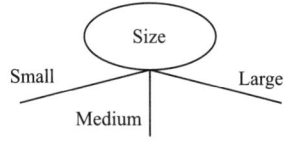

图7-6　基于序数属性的多路划分

➢ 基于连续属性的分裂

对于连续属性来说，测试条件可以是具有二元输出的比较测试（$A < v$）或（$A \leqslant v$），也可以是具有形如 $v_i < A \leqslant v_{i+1}(i = 1, \ldots, k)$ 输出对的范围查询。

✧ 二元划分

对于二元划分，决策树算法必须考虑所有可能的划分点 v，并从中选择产生最佳划分的点。图7-7所示为taxable income的二元划分。

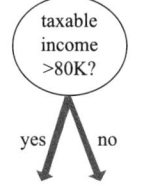

图7-7　基于连续属性的二元划分

✧ 多路划分

对于多路划分，算法必须考虑所有可能的连续值区间。可以对数据进行离散化，离散化后，每个离散化区间被赋予一个新的序数值，只要保持有序性，相邻的值还可以聚集成较宽的区间。图7-8所示为taxable income的多路划分。

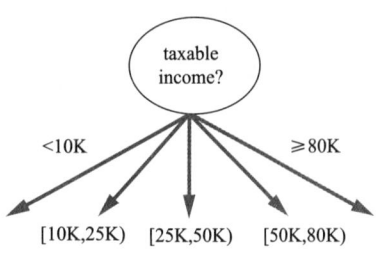

图7-8 基于连续属性的多路划分

第二个问题：算法必须提供评估每种测试条件的客观度量。

下面解决选择最佳划分的度量问题。有很多度量可以用来确定划分记录的最佳方法，这些度量用划分前和划分后记录的类分布定义。

设 $p(i|t)$ 表示给定结点 t 中属于类 i 的记录所占的比例，有时，也会省略结点 t，直接用 p_i 表示该比例。在两类问题中，任意结点的类分布都可以记做 (p_0, p_1)，其中 $p_0 = 1 - p_1$。例如，考虑图7-9中的测试条件，划分前的类分布是 (0.5, 0.5)，因为来自每个类的记录数相等。如果使用 Sex 属性来划分数据，则子女的类分布分别为 (0.6,0.4) 和 (0.4,0.6)，虽然划分后两个类的分布不再平衡，但是子女结点仍然包含两个类的记录；按照第二个属性 Car Type 进行划分，将得到纯度更高的划分。

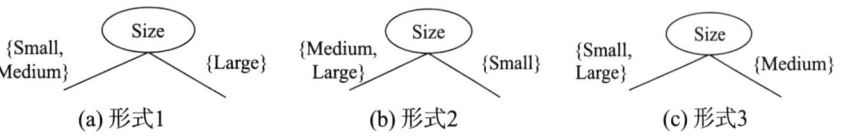

图7-9 划分的度量

选择最佳划分的度量通常是根据划分后子结点不纯性的程度。不纯性的程度越低，类分布就越倾斜。例如，类分布为 (0,1) 的结点具有零不纯度，而均衡分布 (0.5,0.5) 的结点具有最高的不纯度。

不纯度度量的量主要包括 Gini、熵（Entropy）和分类误差（Error）三种。

➢ Gini

当一个结点 t 分割成 k 个部分（孩子）时，划分的质量可由公式（7-1）计算。当类分布均衡时，Gini 达到最大值；相反，当只有一个类时，Gini 达到最小值0。

$$Gini(t) = 1 - \sum_{j=0}^{k} p^2(j|t) \qquad (7\text{-}1)$$

式中 $p(j|t)$ 表示结点 t 中，类 j 发生的概率。

➢ 熵（Entropy）

给定结点 t 的熵值计算如公式（7-2）所示。当类分布均衡时，熵值达到最大值；相反，当只有一个类时，熵值达到最小值0，这与 Gini 相似。

$$Entropy(t) = -\sum_{j=0}^{k} p(j|t) \log_2 p(j|t) \qquad (7\text{-}2)$$

➢ 分类误差（Error）

给定结点 t 的分类误差值的计算如公式（7-3）所示。当类分布均衡时，分类误差值达到最大值；相反，当只有一个类时，分类误差值达到最小值 0，这与 Gini 和熵值也是类似的。

$$Error(t) = 1 - \max_j p(j|t) \qquad (7-3)$$

图 7-10 给出了二元分类问题不纯性度量之间的比较曲线，由图可知，不同的不纯性度量是一致的。虽然趋势是一致的，但是作为测试条件的属性选择仍然因不纯性度量的选择而异。

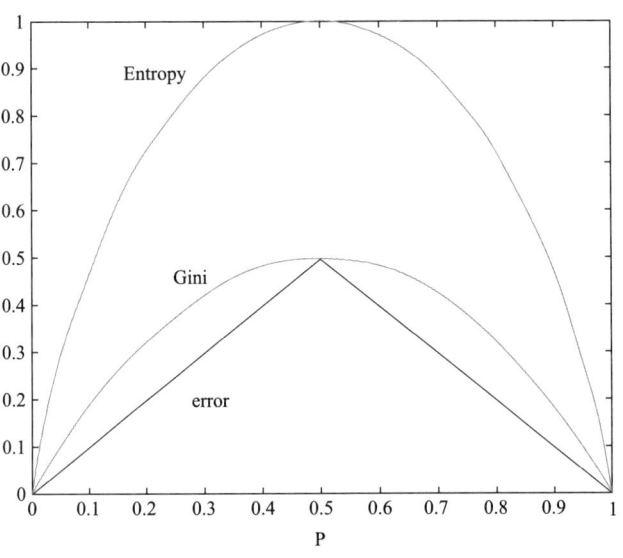

图 7-10 二元分类问题不纯性度量之间的比较

有了不纯度的度量，为了测试条件的效果，需要比较父结点（划分前）的不纯程度和子女结点（划分后）的不纯程度，它们的差越大，测试条件的效果就越好。**增益**是一种可以用来确定划分效果的标准。

假设划分前的不纯度如图 7-11 所示，不纯度如公式（7-4）所示。

$$M0 = N00 + N01 \qquad (7-4)$$

划分前：

C0	N00
C1	N01

→ **M0**

图 7-11 父结点

分别采用属性 A 和属性 B 进行划分，如图 7-12 所示。

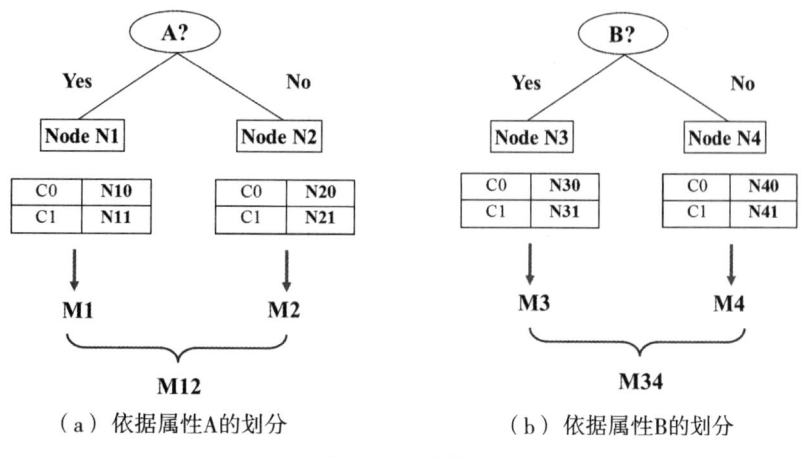

（a）依据属性A的划分   （b）依据属性B的划分

图7-12　子结点

方案1的不纯度如公式（7-5）所示。

$$M12 = M1 + M2 = (N10 + N11) + (N20 + N21) \qquad （7-5）$$

方案2的不纯度如公式（7-6）所示。

$$M34 = M3 + M4 = (N30 + N31) + (N40 + N41) \qquad （7-6）$$

由式（7-5）和(7-6)可以得到增益的计算公式分别为：

$$Gain_A = M0 - M12 \qquad （7-7）$$

$$Gain_B = M0 - M34 \qquad （7-8）$$

需要确定依据A属性的划分和依据B属性的划分哪个更优秀时，只需对比$Gain_A$和$Gain_B$，取值较大的一个属性即可。

虽然可以采用任何一个属性对数据集进行划分，但最后形成的决策树会差异很大。因此，我们需要寻找合适的属性选择方法。进行决策树属性的选择，一般需要最大限度地增加样本集纯度，而且不要产生样本数量太少的分支。常见的属性选择标准包括信息增益和Gini系数。

➤ **信息增益**是决策树常用的分枝准则，在树上的每个结点选择具有最高信息增益的属性作为当前结点的划分属性。

➤ **Gini系数**是一种不纯度函数，用来度量数据集的数据关于类的纯度。如果数据均匀地分布于各个类中，数据集不纯度大。

2．如何停止分类过程？

知道了如何分裂训练记录，还需要有结束条件，以终止决策树的生长过程。决策树学习的目的是希望生成能够揭示数据集结构并且预测能力强的决策树，在树完全生长的时候，有可能预测能力反而降低，为此通常需要获得大小合适的树。

> 定义树停止生长的条件

◇ 当所有的记录属于同一类时，停止分裂。

◇ 当所有的记录都有相同的属性时，停止分裂。

◇ 提前终止树的生长。

> 对完全生长决策树进行剪枝

◇ 对决策树的子树进行评估，若去掉该子树后整个决策树表现更好，则该子树将被剪枝。

三种著名的决策树包括：

> **ID3**：利用增益率，树采用二叉树，停止准则为当所有的记录属于同一类时，停止分裂，或当所有的记录都有相同的属性时，停止分裂。

> **C4.5**：ID3的改进版本，也是最流行的分类树算法。采用多重分支和剪枝技术。

> **Cart**：使用GINI系数，采用二元递归划分方法。

在本节后续小节中，将分别介绍ID3，C4.5和Cart算法。

7.2.2 ID3算法

ID3使用信息熵作为属性选择标准。首先检测所有属性，选择信息增益最大的属性产生决策树结点。由该属性的不同取值建立分支，再针对各分支的子集递归调用该方法建立决策树结点的分支。直到所有子集包含同一个类别的数据为止，最后得到一棵决策树，用来对新的样本进行分类。

设定S为元组的训练集，S的目标属性C具有m个可能的类标号值，$C_i(i=1,2,\cdots,m)$，C_i在所有样本中出现的频率为$p_i(i=1,2,\cdots,m)$，则该训练集S所包含的信息熵定义为：

$$Entropy(S) = Entropy(p_1, p_2, \ldots, p_m) = -\sum_{i=0}^{m} p_i \log_2 p_i \qquad (7-9)$$

熵越小，表示样本对目标属性的分布越纯。需要注意的是，熵为0意味着所有样本的目标属性取值相同；熵越大，表示样本对目标属性分布越乱。

信息增益是划分前样本数据集的不纯程度（熵）和划分后样本数据集的不纯程度（熵）的差值。假设划分前样本数据集为S，并用属性A来划分样本集S，按属性A划分S的信息增益$Gain(S,A)$为样本集S的熵减去按属性A划分S后的样本子集的熵，如公式（7-10）所示。

$$Gain(S,A) = Entropy(S) - Entropy_A(S) \qquad (7-10)$$

假定属性A有k个不同的取值，从而将S划分为k个样本子集$S_i(i=1,2,\cdots,m)$，按属性A划分S后的样本子集的熵定义如下

$$Entropy_A(S) = \sum_{i=0}^{k} \frac{|S_i|}{|S|} Entropy(S_i) \qquad (7-11)$$

信息增益越大，子集越纯，越有利于分类。

ID3算法的伪代码如下所示：

函数：DT（S,F）

输入：训练集数据S，训练集数据属性集合F

输出：ID3决策树

（1）if样本S全部属于同一个类别C then

（2）　　创建一个叶结点，并标记类标号为C；

（3）　　return；

（4）else

（5）　　计算属性集F中每一个属性的信息增益，假定增益值最大的属性为A；

（6）　　创建结点，取属性A为该结点的决策属性；

（7）　　for结点属性A的每个可能的取值V do

（8）　　　为该结点添加一个新的分支，假设S_V为属性A取值为V的样本子集；

（9）　　　if样本S_V全部属于同一个类别C then

（10）　　　　为该分支添加一个叶结点，并标记类标号为C；

（11）　　　else

（12）　　　　递归调用DT（S_V, F-{A}），为该分支创建子树；

（13）　　　end if

（14）　　end for

（15）end if

以表7-2所示的weather数据集为例，分析ID3构建决策树的详细过程。

表7-2　weather 数据集

outlook	temperature	humidity	wind	play ball
sunny	hot	high	weak	no
sunny	hot	high	strong	no
overcast	hot	high	weak	yes
rain	mild	high	weak	yes
rain	cool	normal	weak	yes
rain	cool	normal	strong	no
overcast	cool	normal	strong	yes
sunny	mild	high	weak	no
sunny	cool	normal	weak	yes
rain	mild	normal	weak	yes
sunny	mild	normal	strong	yes
overcast	mild	high	strong	yes

（续表 7-2）

outlook	temperature	humidity	wind	play ball
overcast	hot	normal	weak	yes
rain	mild	high	strong	no

首先演示求 weather 数据集关于目标属性 play ball 的熵。

令 weather 数据集为 S，其中有 14 个样本，目标属性 play ball 有 2 个值 $\{C_1=\text{yes}, C_2=\text{no}\}$。14 个样本的分布为：9 个样本的类标号取值为 yes，5 个样本的类标号取值为 no。$C_1=\text{yes}$ 在所有样本 S 中出现的概率为 9/14，$C_1=\text{no}$ 在所有样本 S 中出现的概率为 5/14。因此数据集 S 的熵为：

$$Entropy(S) = Entropy\left(\frac{9}{14}, \frac{5}{14}\right) = -\frac{9}{14}\log_2\frac{9}{14} - \frac{5}{14}\log_2\frac{5}{14} = 0.94 \quad (7\text{-}12)$$

下面演示假定用属性 wind 来划分 S，求 S 对属性 wind 的信息增益。

属性 wind 有 2 个可能的取值 $\{\text{weak}, \text{strong}\}$，它将 S 划分为 2 个子集：$\{S_1, S_2\}$，S_1 为 wind 属性取值为 weak 的样本子集，共有 8 个样本；S_2 为 wind 属性取值为 strong 的样本子集，共有 6 个样本。下面分别计算样本子集 S_1 和 S_2 的熵。

对样本子集 S_1，play ball=yes 的有 6 个样本，play ball=no 的有 2 个样本，则：

$$Entropy(S_1) = -\frac{6}{8}\log_2\frac{6}{8} - \frac{2}{8}\log_2\frac{2}{8} = 0.811 \quad (7\text{-}13)$$

对样本子集 S_2，play ball=yes 的有 3 个样本，play ball=no 的有 3 个样本，则：

$$Entropy(S_1) = -\frac{3}{6}\log_2\frac{3}{6} - \frac{3}{6}\log_2\frac{3}{6} = 1 \quad (7\text{-}14)$$

利用属性 wind 划分 S 后的熵为：

$$Entropy_{wind}(S) = \frac{|S_1|}{|S|}Entropy(S_1) + \frac{|S_2|}{|S|}Entropy(S_2) = \frac{8}{14} \times 0.811 + \frac{6}{14} \times 1 = 0.891 \quad (7\text{-}15)$$

按属性 wind 划分数据集 S 所得的信息增益值为：

$$Gain(S, \text{wind}) = Entropy(S) - Entropy_{wind}(S) = 0.94 - 0.891 = 0.049 \quad (7\text{-}16)$$

掌握了以上计算方法，分析表 7-2 所示的 weather 数据集，数据集具有属性：outlook, temperature, humidity, wind。

➢ outlook = { sunny, overcast, rain }

➢ temperature = {hot, mild, cool }

➢ humidity = { high, normal }

➢ wind = {weak, strong }

计算总数据集 S 对所有属性的信息增益，寻找根结点的最佳分裂属性，可以得到

$$Gain(S, \text{outlook}) = 0.246 \qquad (7\text{-}17)$$

$$Gain(S, \text{temperature}) = 0.029 \qquad (7\text{-}18)$$

$$Gain(S, \text{humidity}) = 0.152 \qquad (7\text{-}19)$$

$$Gain(S, \text{wind}) = 0.049 \qquad (7\text{-}20)$$

显然，这里的 outlook 属性具有最高信息增益值，因此将它选为根结点。以 outlook 作为根结点，继续分支：该思路是以 outlook 的可能取值建立分支，对每个分支递归建立子树。因为 outlook 有 3 个可能值，因此对根结点建立 3 个分支 {sunny, overcast, rain}。如图 7-13 所示，给出了以 outlook 为根结点的划分。

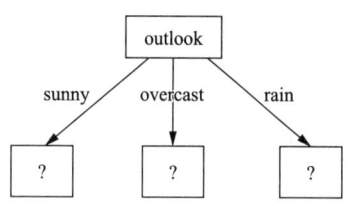

图 7-13　ID3 算法以 outlook 为根结点的划分

对 outlook 的 sunny 分支建立子树。找出数据集中 outlook=sunny 的样本子集 $S_{outlook=sunny}$，如表 7-3 所示。

表 7-3　数据集 weather 中 outlook 取值为 sunny 的数据子集

outlook	temperature	humidity	wind	play ball
sunny	hot	high	weak	no
sunny	hot	high	strong	no
sunny	mild	high	weak	no
sunny	cool	normal	weak	yes
sunny	mild	normal	strong	yes

然后依次按照上述类似的方法，计算剩下三个属性对该样本子集 S_{sunny} 划分后的信息增益，如公式（7-21）（7-22）（7-23）所示。

$$Gain(S_{sunny}, \text{humidity}) = 0.971 \qquad (7\text{-}21)$$

$$Gain(S_{sunny}, \text{temperature}) = 0.571 \qquad (7\text{-}22)$$

$$Gain(S_{sunny}, \text{wind}) = 0.371 \qquad (7\text{-}23)$$

显然 humidity 具有最高信息增益值，因此它被选为 outlook 结点下 sunny 分支下的决策结点。

采用同样的方法，依次对outlook的overcast分支、rain分支建立子树，最后得到一棵可以预测类标号未知的样本的决策树，如图7–14所示。

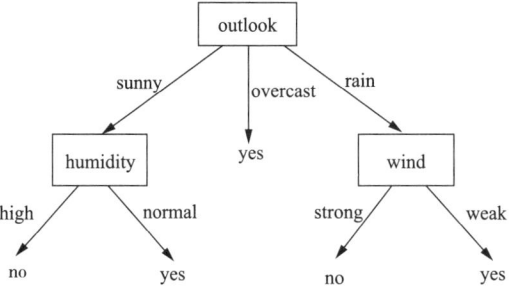

图 7–14　ID3 算法 weather 数据集决策树构建

ID3算法是所有可能的决策树空间中一种自顶向下、贪婪的搜索方法。ID3搜索的假设空间是可能的决策树的集合，搜索目的是构造与训练数据一致的一棵决策树，搜索策略是利用爬山法，在构造决策树时从简单到复杂，用信息熵作为爬山法的评价函数。ID3算法的核心是在决策树各级结点上选择属性，用信息增益作为属性选择的标准，使在每个非叶结点进行测试时能获得关于被测数据最大的类别信息，使该属性将数据集分成子集后，系统的熵值最小。

ID3算法的**优点**是：

➢ 理论清晰，方法简单，学习能力较强。

ID3算法的**缺点**是：

➢ 只能处理分类属性数据，无法处理连续性数据。

➢ 对测试属性的每个取值产生一个分支，且划分相应的数据样本集，这样的划分会导致产生许多小的子集。随着子集被划分得越来越小，划分过程将会由于子集规模过小所造成的统计特征不充分而停止。

➢ 使用信息增益作为决策树结点属性选择的标准，由于信息增益在类别多的属性上计算结果大于类别值少的属性，这将导致算法偏向选择具有较多分支的属性，因而可能过度拟合。在极端情况下，如果某个属性对于训练集中的每个元组都有唯一的值，则认为该属性是最好的，这是因为对于每个划分都只有一个元组（因此也是一类）。

7.2.3　C4.5算法

针对ID3算法中存在的不足，学者提出了改进的决策树分类算法C4.5，该算法继承了ID3算法的优点，并在以下几个方面对ID3算法进行了改进：

➢ 能够处理连续型属性数据和离散型属性数据；

➢ 使用信息增益率作为决策树的属性选择标准；

➢ 能够处理具有缺失值的数据；

➢ 对生成的树进行剪枝处理，以获取简略的决策树；

➢ 从决策树到规则的自动产生。

假定S为训练集，目标属性C具有m个可能的取值，$C=\{C_1,C_2,\cdots,C_m\}$，即训练集S的目标属性具有m个类标号值$C_1,C_2,\cdots,C_m$。设用属性A来划分S中的样本，计算属性A对集合S的划分熵值$Entropy_A(S)$。

（1）若属性A为离散型数据，并具有k个不同的取值，则属性A依据这k个不同取值将S划分为k个子集$\{S_1,S_2,\cdots,S_k\}$，属性A划分S的信息熵为：

$$Entropy_A(S) = \sum_{i=0}^{k} \frac{|S_i|}{|S|} Entropy(S_i) \qquad (7\text{-}24)$$

其中$|S_i|$和$|S|$分别是S_i和S中包含的样本个数。

（2）如果属性A为连续型数据，则按属性A的取值递增排序，将每对相邻值的中点看作可能的分裂点，对每个可能的分裂点，计算：

$$Entropy_A(S) = \frac{|S_L|}{|S|} Entropy(S_L) + \frac{|S_R|}{|S|} Entropy(S_R) \qquad (7\text{-}25)$$

其中S_L和S_R分别对应该分裂点划分的左右两部分子集，选择$Entropy_A(S)$值最小的分裂点作为属性A的最佳分裂点，并以该最佳分裂点按属性A对集合S的划分熵值作为属性A划分S的熵值。

C4.5以信息增益率作为选择标准，不仅考虑信息增益的大小程度，还兼顾为获得信息增益所付出的"代价"。C4.5通过引入属性的分裂信息来调节信息增益，分裂信息定义为：

$$SplitE(A) = \sum_{i=0}^{k} \frac{|S_i|}{|S|} \log_2 \frac{|S_i|}{|S|} \qquad (7\text{-}26)$$

信息增益率定义为：

$$GainRatio(A) = \frac{Gain(A)}{SplitE(A)} \qquad (7\text{-}27)$$

如果某个属性有较多的分类取值，则它的信息熵会偏大。但信息增益由于考虑了分裂信息而降低，进而消除了属性取值数据所带来的影响。

由于决策树中结点的测试输出决定于单个属性的不同取值，如果训练集或测试集中的某个样本数据的测试属性值未知，就无法得到当前结点的测试输出，因此ID3算法不允许训练集和测试集中存在缺失数据。C4.5算法具有对缺失值进行处理的能力，通常有如下两种方法：

（1）抛弃数据集中具有缺失值的数据。当数据集中只有少量缺失值数据时，可以抛弃具有缺失值的数据，但是当数据集中存在大量缺失值时不能采用这种方法。

（2）以某种方式填充缺失的数据。在C4.5算法中采用概率的方法，为缺失值的每个可能值赋予一个概率，而不是简单地以最常见的值替代该缺失值。比如以该属性中最常见值或平均值替代该缺失值，或者以与缺失值样本所对应的类标号属性值相同的样本中该缺失值属性的最常见值或平均值来代替。

构建决策树需要递归调用属性的划分方法，直到划分后训练集的每个样本子集中的全部样本都属于同一个类标号，或者直到没有可以使用的测试为止。其结果往往是得到一棵非常复杂且过度拟合训练数据的决策树，这是因为划分属性并不能捕获与类标号信息相关的所有信息。导致所得到的决策树对测试样本的分类结果不能令人满意，因此需要对所产生的决策树进行**剪枝**。

决策树剪枝的原则是去除对未知样本预测准确度低的子树，建立复杂度较低且容易理解的树。通常有两种基本方法来简化决策树：一种是在一定条件下停止子树的划分，也称为前剪枝方法；另一种是对完全生长后的树进行剪枝，也称为后剪枝方法。但由于前剪枝方法对不同领域数据表现结果不是很一致，在C4.5和CART算法中，均采用后剪枝的方法。

后剪枝方法通常是分析完全生长后的树，将一个或多个子树删除，并以某个或多个结点替换，C4.5中还允许子树以它的某个分支代替。其基本过程描述如下：首先从树的底端即叶结点开始，检查每个非叶结点，如果以某个叶结点或其子结点中使用频率最高的子结点替换该非叶结点后，使得整个决策树的预测误差率降低，则做相应的剪枝。

根据以上理论，**C4.5算法的基本描述**如下：

对数据集进行预处理，对连续型属性按照基于信息熵的方法找到数据的最佳分裂点。

计算每个属性的信息增益率，选取信息增益率最大的属性作为决策结点的划分属性。

对决策结点属性的每个可能取值所对应的样本子集递归地执行步骤2，直到划分的每个子集中的观测数据都属于同一个类标号，最终生成决策树。

对完全生长的决策树进行剪枝，得到优化后的决策树。

从剪枝后的决策树中提取分类规则，对新的数据集进行分类。

C4.5决策树的**建立过程**可以分为两个步骤：

第一步，首先使用训练集数据依据C4.5树生长算法构建一棵完全生长的决策树。

第二步，然后对树进行剪枝，最后得到一棵最优决策树。

C4.5决策树的生长阶段算法伪代码如下：

函数名：CDT（S,F）

输入：训练集数据S，训练集数据属性集合F

输出：一棵未剪枝的C4.5决策树

（1）if样本S全部属于同一个类别C then

（2）　　创建一个叶结点，并标记类标号为C；

（3）　　return；

（4）else

（5）　　　计算属性集F中每一个属性的信息增益率，假定增益率值最大的属性为A；

（6）　　　创建结点，取属性A为该结点的决策属性；

（7）　　　for 结点属性A的每个可能的取值V do

（8）　　　　　为该结点添加一个新的分支，假设S_v为属性A取值为V的样本子集；

（9）　　　　　if 样本S_v全部属于同一个类别C then

（10）　　　　　　为该分支添加一个叶结点，并标记为类标号为C；

（11）　　　　　else

（12）　　　　　　则递归调用CDT（S_v,F-{A}），为该分支创建子树；

（13）　　　　　end if

（14）　　　end for

（15）end if

C4.5决策树的剪枝处理阶段算法伪代码如下：

函数名：Prune（node）

输入：待剪枝子树node

输出：剪枝后的子树

（1）计算待剪子树node中叶结点的加权估计误差 leafError；

（2）if 待剪子树node是一个叶结点 then

（3）　　return 叶结点误差；

（4）else

（5）　　计算node的子树误差 subtreeError；

（6）　　计算node的分支误差 branchError为该结点中频率最大的一个分支误差；

（7）　　if leafError 小于 branchError 和 subtreeError then

（8）　　　剪枝，设置该结点为叶结点；

（9）　　　error=leafError；

（10）　　else if branchError 小于 leafError 和 subtreeError then

（11）　　　剪枝，以该结点中频率最大的那个分支替换该结点；

（12）　　　error=branchError；

（13）　　else

（14）　　　不剪枝；

（15）　　　error=subtreeError；

（16）　　　return error；

（17）　　end if

（18）end if

仍以表7-2所示weather数据集为例，演示C4.5算法对该数据集进行训练，建立一棵决策树的过程，对未知样本进行预测。

首先，根据ID3例题的演示，计算所有属性划分数据集S所得的信息增益分别为公式（7-17）至公式（7-20）。

下面计算各个属性的分裂信息和信息增益率。

以outlook属性为例，取值为overcast的样本有4条，取值为rain的样本有5条，取值为sunny的样本有5条，可以得到：

$$SplitE_{outlook} = -\frac{5}{14}\log_2\frac{5}{14} - \frac{4}{14}\log_2\frac{4}{14} - \frac{5}{14}\log_2\frac{5}{14} = 1.576 \tag{7-28}$$

$$GainRatio_{outlook} = \frac{Gain_{outlook}}{SplitE_{outlook}} = \frac{0.246}{1.576} = 0.156 \tag{7-29}$$

对于temperature属性，取值为cool的样本有4条，取值为hot的样本有4条，取值为mild的样本有6条，可以得到：

$$SplitE_{temperature} = -\frac{4}{14}\log_2\frac{4}{14} - \frac{4}{14}\log_2\frac{4}{14} - \frac{6}{14}\log_2\frac{6}{14} = 1.556 \tag{7-30}$$

$$GainRatio_{temperature} = \frac{Gain_{temperature}}{SplitE_{temperature}} = \frac{0.029}{1.556} = 0.019 \tag{7-31}$$

对于humidity属性，取值为high的样本有7条，取值为normal的样本有7条，可以得到：

$$SplitE_{humidity} = -\frac{7}{14}\log_2\frac{7}{14} - \frac{7}{14}\log_2\frac{7}{14} = 1 \tag{7-32}$$

$$GainRatio_{humidity} = \frac{Gain_{humidity}}{SplitE_{humidity}} = \frac{0.152}{1} = 0.152 \tag{7-33}$$

对于wind属性，取值为weak的样本有8条，取值为strong的样本有6条，可以得到：

$$SplitE_{wind} = -\frac{8}{14}\log_2\frac{8}{14} - \frac{6}{14}\log_2\frac{6}{14} = 0.985 \tag{7-34}$$

$$GainRatio_{wind} = \frac{Gain_{wind}}{SplitE_{wind}} = \frac{0.049}{0.985} = 0.0497 \tag{7-35}$$

取信息增益率最大的属性作为分裂结点，因此，最初选择outlook属性作为决策树的根结点，产生3个分支，如图7-15所示。这一步骤，C4.5得到的结果和ID3是相同的。

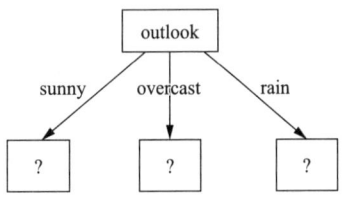

图 7-15　C4.5 算法以 outlook 为根结点的划分

下面计算确定最佳划分结点的 3 个分支的决策属性，即确定哪些属性分别用来划分根结点的 sunny 分支、overcast 分支和 rain 分支。

对 outlook 的 sunny 分支建立子树，找出数据集 weather 中 outlook 取值为 sunny 的样本子集，如表 7-3 所示。依次按照上述类似的方法，计算剩下三个属性对该样本子集 S_{sunny} 划分后的信息增益、分类信息以及信息增益率，如下所示：

$$GainRatio\left(S_{sunny}, humudity\right) = \frac{Gain\left(S_{sunny}, humudity\right)}{SplitE\left(S_{sunny}, humudity\right)} = \frac{0.971}{0.971} = 1 \qquad （7-36）$$

$$GainRatio\left(S_{sunny}, temperature\right) = \frac{Gain\left(S_{sunny}, temperature\right)}{SplitE\left(S_{sunny}, temperature\right)} = \frac{0.571}{1.521} = 0.375 （7-37）$$

$$GainRatio\left(S_{sunny}, wind\right) = \frac{Gain\left(S_{sunny}, wind\right)}{SplitE\left(S_{sunny}, wind\right)} = \frac{0.371}{0.971} = 0.382 \qquad （7-38）$$

由以上计算结果可知，humidity 具有最高信息增益率，因此它被选为 outlook 结点 sunny 分支下的决策结点。

采用同样的方法，依次对 outlook 的 overcast 分支、rain 分支建立子树，最后得到一棵可以预测类标号未知的样本的决策树，如图 7-16 所示。虽然二者采取了有差异的准则，C4.5 算法和 ID3 算法得到的决策树却是一致的，这里仅是巧合而已。

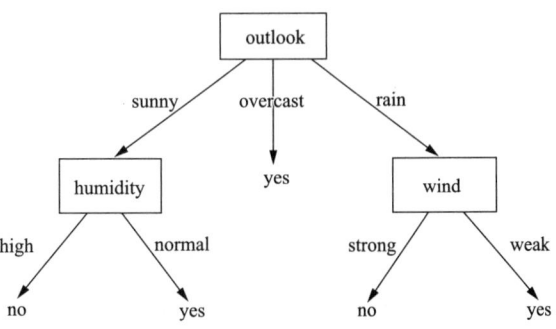

图 7-16　C4.5 算法 weather 数据集决策树构建

对于 C4.5 算法，再举一个如表 7-1 的某银行拖欠贷款的数据集的例子，这里包含数值属性。

首先计算样本集 S 的信息熵为：

$$Entropy(S) = -\frac{7}{10}\log_2\frac{7}{10} - \frac{3}{10}\log_2\frac{3}{10} = 0.88 \quad (7\text{-}39)$$

下面计算各属性对样本集的信息熵和信息增益，这里列举属性"是否有房"对样本的信息熵，先分别计算该属性 yes、no 所包含的信息熵。"是否有房"属性值 yes 对应 3 条记录，其中"拖欠贷款"为 yes 的有 0 条，no 的有 3 条。"是否有房"属性值 no 对应 7 条记录，其中"拖欠贷款"为 yes 的有 3 条，no 的有 4 条，可以得到：

$$Entropy(S_{yes}) = -\frac{0}{3}\log_2\frac{0}{3} - \frac{3}{3}\log_2\frac{3}{3} = 0 \quad (7\text{-}40)$$

$$Entropy(S_{no}) = -\frac{3}{7}\log_2\frac{3}{7} - \frac{4}{7}\log_2\frac{4}{7} = 0.98 \quad (7\text{-}41)$$

$$Entropy_{是否有房}(S) = \frac{3}{10}Entropy(S_{yes}) + \frac{7}{10}Entropy(S_{no}) = 0.68 \quad (7\text{-}42)$$

$$Gain_{是否有房}(S) = Entropy(S) - Entropy_{是否有房}(S) = 0.2 \quad (7\text{-}43)$$

类似的处理，可以得到：

$$Gain_{婚姻状况}(S) = 0.32 \quad (7\text{-}44)$$

对于数值属性"年收入"，先对其进行递增排序，将每对相邻值的中点看做可能的分裂点。对于每个可能的分裂点，计算 $Gain_{年收入}(S)$，如表 7-4 所示，给出了 C4.5 对连续属性候选划分结点的计算。

表 7-4　C4.5 对连续属性候选划分结点的计算

拖欠贷款	no	no	no	yes	yes	yes	no	no	no	no
年收入	60	70	75	85	90	95	100	120	125	220
相邻值中点	65	72.5	80	87.5	92.5	97.5	110	122.5	172.5	
$Gain_{年收入}(S)$	0.82	0.76	0.69	0.88	0.84	0.6	0.69	0.76	0.82	

以中点 87.5 为例，计算 $Entropy_{年收入}(S)$。年收入小于 87.5 的记录中，yes 对应 1 条，no 对应 3 条，年收入大于 87.5 的记录中，yes 对应 2 条，no 对应 4 条，则：

$$Entropy_{年收入}(S) = \frac{4}{10}\left(-\frac{1}{4}\log_2\frac{1}{4} - \frac{3}{4}\log_2\frac{3}{4}\right)$$

$$+ \frac{6}{10}\left(-\frac{2}{6}\log_2\frac{2}{6} - \frac{4}{6}\log_2\frac{4}{6}\right) = 0.88 \quad (7\text{-}45)$$

同理，可以计算所有分裂点的 $Entropy_{年收入}(S)$，选择 $Entropy_{年收入}(S)$ 值最小的分裂点即 97.5 作为年收入属性的最佳分裂点，因此：

$$Gain_{年收入}(S) = Entropy(S) - Entropy_{年收入}(S) = 0.88 - 0.6 = 0.28 \quad (7\text{-}46)$$

下面计算各属性的分裂信息和信息增益率，对于"是否有房"属性，取值为 yes 的

有3条，取值为no的有7条，则有

$$SplitE_{婚姻状况} = -\frac{7}{10}\log_2\frac{7}{10} - \frac{3}{10}\log_2\frac{3}{10} = 0.88 \tag{7-47}$$

$$GainRation_{是否有房} = \frac{Gain_{是否有房}}{SplitE_{是否有房}} = \frac{0.2}{0.88} = 0.23 \tag{7-48}$$

同理，可以得到

$$SplitE_{婚姻状况} = -\frac{4}{10}\log_2\frac{4}{10} - \frac{4}{10}\log_2\frac{4}{10} - \frac{2}{10}\log_2\frac{2}{10} = 1.522 \tag{7-49}$$

$$GainRation_{婚姻状况} = \frac{Gain_{婚姻状况}}{SplitE_{婚姻状况}} = \frac{0.32}{1.522} = 0.21 \tag{7-50}$$

$$SplitE_{年收入} = -\frac{6}{10}\log_2\frac{6}{10} - \frac{4}{10}\log_2\frac{4}{10} = 0.971 \tag{7-51}$$

$$GainRation_{年收入} = \frac{Gain_{婚姻状况}}{SplitE_{婚姻状况}} = \frac{0.8}{0.971} = 0.29 \tag{7-52}$$

可以看到，"年收入"属性的信息增益率是最大的，所以选择"年收入"属性作为决策树的根结点，产生2个分支，对每个分支重复上面的运算过程，可以生成整个决策树，结果如图7-17所示。

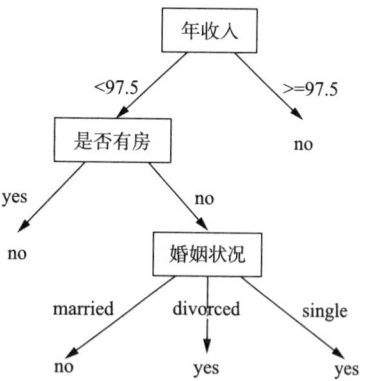

图7-17 C4.5算法拖欠贷款数据集决策树构建

与其他算法相比，C4.5分类算法的**优点**是：
➢ 简单直观、产生的分类规则易于解释和应用，分类准确率较高。
C4.5分类算法的**缺点**是：
➢ 在构造过程中，需要对数据集进行多次顺序扫描和排序，将导致算法低效。
➢ 产生决策树不够稳定。
➢ 精度通常不是最高的。

7.2.4 CART算法

CART决策树采用的是二元递归划分方法，能够处理连续属性数据和标称属性作为预测变量及目标变量下的分类。当输出变量是标称属性数据时，所建立的决策树称为分类树，用于分类的预测。当输出变量为数值型变量时，所建立的决策树称为回归树，用于数值的预测。这里我们仅关注分类树。

与C4.5相比，CART的主要差别体现在：

➢ CART为二叉树，而C4.5为多叉树。

➢ CART中的输入变量和输出变量可以是分类型也可以是数值型，而C4.5的输出变量只能是分类型。

➢ CART使用Gini系数作为变量的不纯度量，而C4.5使用信息增益率。

➢ 如果目标变量是标称的，并且具有两个以上的类别，则CART可能考虑将目标类别合并成两个超类别。

➢ 如果目标变量是连续的，则CART算法找出一组基于树的回归方程来预测目标变量。

➢ 对于缺失值的处理方法不同，CART采用代理测试来估计测试的输出值，而C4.5直接将其分配到该分支中概率最大的分类。

➢ 对决策树的剪枝方法不同。

CART分类树的建树过程是对训练集反复划分的过程，涉及如何从多个属性中选择当前最佳划分属性的问题。ID3使用信息增益作为属性选择标准，C4.5使用信息增益率作为属性选择标准。CART算法使用公式（7-1）所定义的Gini系数来度量对某个属性变量测试输出的两组取值的差异性。

设t为一个结点，ξ为该结点的一个属性分枝条件，该分枝条件将结点t中的样本分别分到左分支S_L和右分支S_R中，公式（7-53）为在分枝条件ξ下结点t的差异性损失。

$$\Delta G(\xi,t) = G(t) - \frac{|S_R|}{|S_L|+|S_R|}G(t_R) - \frac{|S_L|}{|S_L|+|S_R|}G(t_L) \tag{7-53}$$

其中，$G(t)$为划分前测试输出的Gini系数，$|S_R|$和$|S_L|$分别表示划分后左右分枝的样本个数。为使结点t尽可能地纯，我们需选择某个属性分枝条件ξ使该结点的差异性损失尽可能地大。用$\xi(t)$表示所考虑的分枝条件ξ的全体，则选择分枝条件应为：

$$\xi_{max} = \arg\max_{\xi \in \xi(t)} \Delta G(\xi,t) \tag{7-54}$$

对于CART**分类树的属性选择**，针对属性类型为分类型和数值型，方法有所不同。理想的分组应该尽量使两组中样本输出变量取值的差异性总和达到最小，即"纯度"最大，也就是使两组输出变量取值的差异性下降最快，"纯度"增加最快。

➢ 对于分类型属性，由于CART只能建立二叉树，对于取多个值的属性变量，需要将多类别合并成两个类别，形成"超类"，然后计算两"超类"下样本测试输出取值的差异性。

➢ 对于数值型属性，方法是将数据按升序排序，然后从小到大依次以相邻数值的中间值作为分隔，将样本分为两组，并计算所得组中样本测试输出取值的差异性。

CART决策树的算法伪代码如下：

函数名：CART(S,F)

输入：样本集数据S，训练集数据属性集合F

输出：CART树

（1）if样本S全部属于同一个类别C then

（2）　　创建一个叶结点，并标记类标号为C；

（3）　　return；

（4）else

（4）　　计算属性集F中每一个属性划分的差异性损失，假定差异性损失最大的属性为A；

（5）　　创建结点，取属性A为该结点的决策属性；

（6）　　以属性A划分S得到S_1和S_2两个子集；

（7）　　　递归调用CART(S_1,F)；

（8）　　　递归调用CART(S_2,F)；

（9）end

以表7-1某银行拖欠贷款的数据集为例，分析CART构建决策树的过程。

首先对数据集非类标号属性{是否有房,婚姻状况,年收入}分别计算它们的差异性损失，取差异性损失最大的属性作为决策树的根结点属性。

假定最初创建的结点，即根结点为r，该跟结点的Gini系数为：

$$G(r) = 1 - \left(\frac{3}{10}\right)^2 - \left(\frac{7}{10}\right)^2 = 0.42 \tag{7-55}$$

对于是否有房的属性：

$$\Delta G(是否有房, r) = G(r) - \frac{|S_{是否有房=no}|}{|S_{是否有房=yes}| + |S_{是否有房=no}|} G(r_{是否有房=no})$$

$$- \frac{|S_{是否有房=yes}|}{|S_{是否有房=yes}| + |S_{是否有房=no}|} G(r_{是否有房=yes}) \tag{7-56}$$

带入数值得到

$$\Delta G(是否有房, r) = 0.42 - \frac{7}{10} \times \left(1 - \left(\frac{3}{7}\right)^2 - \left(\frac{4}{7}\right)^2\right) - \frac{3}{10} \times 0 = 0.077 \tag{7-57}$$

对婚姻状况的属性，有3个可能的取值{married,single,divorced}，分别计算划分后的超类{married}/{single,divorced}、{single}/{married,divorced}、{divorced}/{single,married}的差异性损失。

当分组为{married}/{single,divorced}时，根据式（7-53），S_L表示婚姻状况取值为

married 的分组，S_R 表示婚姻状况取值为 single 或 divorced 的分组，此时按属性婚姻状况划分的差异性损失结果为

$$\Delta G(\text{婚姻状况}, r) = 0.42 - \frac{4}{10} \times 0 - \frac{6}{10}\left(1 - \left(\frac{3}{6}\right)^2 - \left(\frac{3}{6}\right)^2\right) = 0.12 \qquad (7\text{-}58)$$

同理得到分组为 {single}/{married,divorced} 时的差异性损失结果为

$$\Delta G(\text{婚姻状况}, r) = 0.42 - \frac{4}{10} \times 0.5 - \frac{6}{10}\left(1 - \left(\frac{1}{6}\right)^2 - \left(\frac{5}{6}\right)^2\right) = 0.053 \qquad (7\text{-}59)$$

分组为 {divorced}/{single,married} 时的差异性损失结果为

$$\Delta G(\text{婚姻状况}, r) = 0.42 - \frac{2}{10} \times 0.5 - \frac{8}{10}\left(1 - \left(\frac{2}{8}\right)^2 - \left(\frac{6}{8}\right)^2\right) = 0.02 \qquad (7\text{-}60)$$

根据计算结果，属性婚姻状况划分根结点时取差异性损失最大的分组作为划分结果，即 {married}/{single,divorced}。

比较复杂的是年收入属性的划分，由于年收入属性为数值性属性，首先需要对数据按升序排序，然后从小到大依次以相邻值的中间值作为分割将样本分为两组，取差异性损失值最大的分隔作为该属性的分组，如表 7-5 所示。

表 7-5　CART 对年收入属性候选划分结点的计算

拖欠贷款	no	no	no	yes	yes	yes	no	no	no	no
年收入	60	70	75	85	90	95	100	120	125	220
相邻值中点	65	72.5	80	87.5	92.5	97.5	110	122.5	172.5	
差异性损失	0.02	0.245	0.077	0.003	0.02	0.12	0.077	0.045	0.02	

这里仅介绍第一个临近值的中间值 65 作为分隔点时属性年收入划分结点分组的差异性损失计算，式（7-53）中 S_L 表示年收入小于 65 的样本，S_R 表示年收入大于或等于 65 的分组，可以得到

$$\Delta G(\text{年收入}, r) = 0.42 - \frac{1}{10} \times 0 - \frac{9}{10}\left(1 - \left(\frac{6}{9}\right)^2 - \left(\frac{3}{9}\right)^2\right) = 0.02 \qquad (7\text{-}61)$$

根据计算可以得到，三个属性划分根结点差异性损失最大的有 2 个，分别为婚姻状况和年收入属性，它们的差异性损失值都是 0.12。此时 CART 采取的方法是，按照属性出现的先后顺序来选择其中一个作为当前结点划分的决策属性。这里，婚姻状况先于年收入属性顺序，因此取婚姻状况作为根结点的决策属性，得到第一次划分。

采用同样的方法，分别计算三个属性对婚姻状况取 single 或 divorced 的数据子集进行划分的差异性损失，取最大的属性作为当前结点的决策属性。设当前结点为 t，它的 Gini 系数为：

$$G(t) = 1 - \left(\frac{3}{6}\right)^2 - \left(\frac{3}{6}\right)^2 = 0.5 \qquad (7\text{-}62)$$

对是否有房属性

$$\Delta G(\text{是否有房}, t) = 0.5 - \frac{4}{6} \times \left(1 - \left(\frac{3}{4}\right)^2 - \left(\frac{1}{4}\right)^2\right) - \frac{2}{6} \times 0 = 0.25 \qquad (7\text{-}63)$$

对婚姻状况属性，现在只有 Single 和 Divorced 两个属性值

$$\Delta G(\text{婚姻状况}, t) = 0.5 - \frac{2}{6} \times \left(1 - \left(\frac{1}{2}\right)^2 - \left(\frac{1}{2}\right)^2\right) - \frac{4}{6}\left(1 - \left(\frac{1}{4}\right)^2 - \left(\frac{3}{4}\right)^2\right) = 0.083 \quad (7\text{-}64)$$

对于年收入属性，计算结果如表 7-6 所示。

表 7-6 CART 对年收入属性候选划分结点的计算

拖欠贷款	no	no	no	yes	yes	yes
年收入	70	85	90	95	125	220
相邻值中点	77.5		87.5	92.5	110	172.5
差异性损失	0.1		0.25	0.05	0.25	0.1

根据计算可知，三个属性中是否有房和年收入两个属性划分当前结点差异性损失的最大值均为 0.25，按照属性出现的先后，这里选取是否有房作为决策属性，此时得到第二次划分。

与之类似，最后剩下的属性年收入作为最后一个决策属性，进行第三次划分。最后得到如图 7-18 所示的 CART 算法拖欠贷款数据集决策树构建。

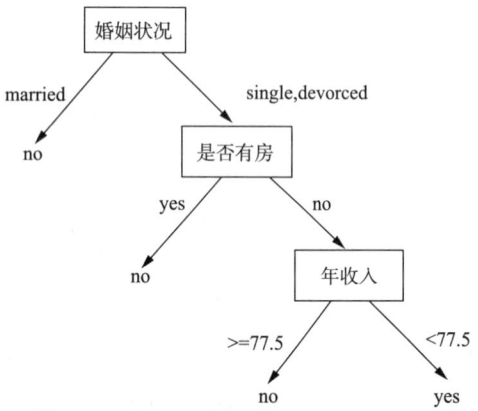

图 7-18 CART 算法拖欠贷款数据集决策树构建

CART 采用预剪枝和后剪枝相结合的方法进行**剪枝**：

➤ CART 预剪枝

预剪枝的目标是使决策树充分生长，通过事先指定一些控制参数来完成。

（1）如果决策树的层数已经达到指定的决策树最大深度，则停止生长。

（2）对于父结点，如果结点所包含的样本量已低于最少样本量或比例，则不再划分；对于子结点，如果划分后生成的子结点所包含的样本量低于最小样本量或比例，则不必进行划分。

（3）如果划分后所产生的测试输出结果差异性变量小于一个指定值，则不必进行划分。

➢ CART后剪枝

后剪枝允许决策树最充分地生长，然后在此基础上根据一定的规则，剪去决策树中的那些不具有代表性的叶结点或子树，是一个边剪枝边检测的过程。在剪枝过程中，应不断计算当前决策子树对检验样本集中测试输出结果的预测精度或误差，并判断应继续剪枝还是停止剪枝。

CART采用的后剪枝方法解决了决策树对训练数据的过度拟合问题，它采用的策略是最小代价复杂度剪枝方法，该方法基于这样的考虑：复杂的决策树虽然对训练样本有很好的分类精度，但在预测样本和未知样本中分类效果不是很好，另外，一棵复杂的决策树常常不太好理解和解释。因此，CART的目的是希望得到一棵"恰当"的树，即在具有一定分类精度的基础上，树的复杂度一般。可以借助叶结点的个数度量决策树的复杂程度，将决策树的误差看做代价，当结点的代价度小于树中所有叶结点的复杂度之和时，可以剪掉此结点。

7.2.5　比较选择属性度量

如何选择合适的属性进行度量呢？通常，以上三种度量可以根据如下原则获得较好的结果：

➢ 信息增益

偏向于多值属性。

➢ 增益率

倾向于不平衡的分裂，其中一个子集比其他子集小得多。

➢ Gini

偏向于二值属性；当类数目较大时，计算困难；倾向于得到大小相等的分区和纯度。

7.3　k-最近邻分类

先对训练数据学习得到分类模型。对未知数据进行分类的方法通常称为积极的学习方法，如ID3、C4.5和CART分类；不需要事先对训练数据建立分类模型，而是当需要分类未知样本时才使用具体的训练样本进行预测是消极的学习方法，典型代表是k-最近邻（KNN，K Nearest Neighbour）分类方法。

最近邻方法的途径之一是找出和测试样例的属性相对接近的所有训练样例。这些训练样例称为最近邻，可以用来确定测试样例的类标号。使用最近邻来确定测试样本的类标号的基本思想如图7-19所示，更具体例子如图7-20所示。

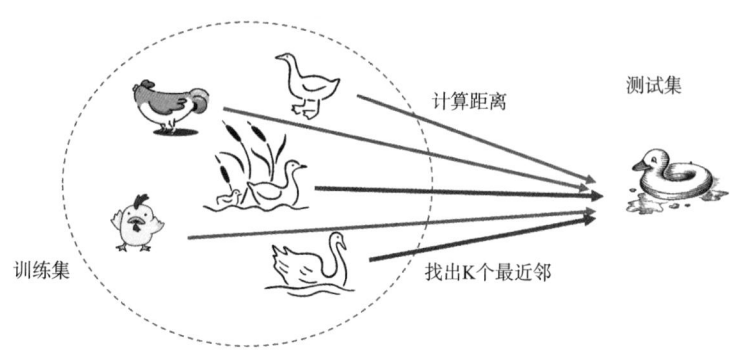

图7-19　最近邻分类方法基本思想示意图

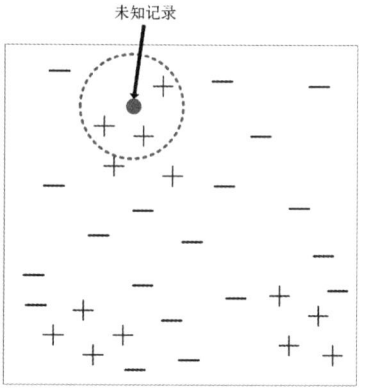

图7-20　最近邻分类方法示例

如果数据点的最近邻含有多个类标号，则将该数据点指派到其最近邻的多数类。如图7-21所示，图a所示未知数据点的1-最近邻是"-"；图b数据点的2-最近邻可随机选择，因为"+"和"-"数量相等；图c数据点的3-最近邻是"+"，执行多数表决。

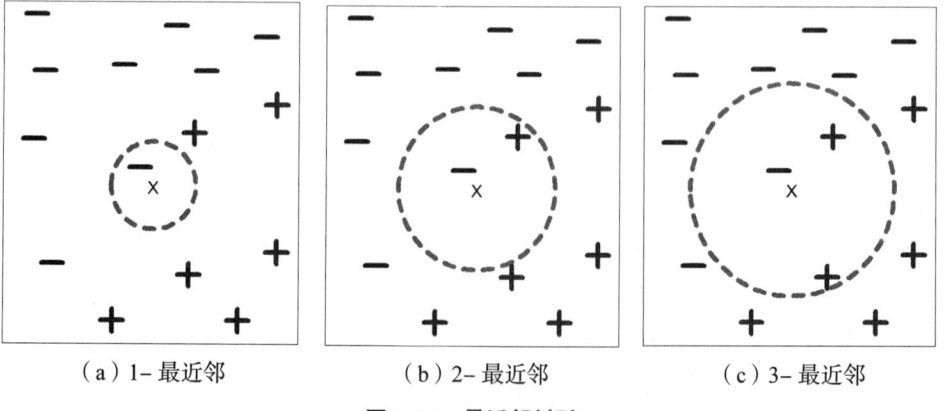

图7-21　最近邻判别

令 D 为训练集，Z 为测试集，k 为最近邻数目，其中每个样本可以表示为 (x,y) 的形式，即 $(x_1,x_2,\cdots,x_n,y)$，其中 $x_1,x_2,\cdots,x_n$ 表示样本的 n 个属性，y 表示样本的类标号，则 **k–最近邻分类算法的伪代码如下**：

算法名：KNN

输入：最近邻数目 K，训练集 D，测试集 Z

输出：对测试集 Z 中所有测试样本预测其类标号值

（1）for 每个测试样本 z=(x',y')∈Z　do

（2）　　　计算 z 和每个训练样本 z=(x,y)∈D 之间的距离 d(x', x)；

（3）　　　选择离 z 最近的 k 最近邻集合 D_z ⊆ D；

（4）　　　返回 D_z 中样本的多数类的类标号；

（5）end for

---

k–最近邻算法根据得到的最近邻列表中样本的多数类进行分类，实现方法是通过投票进行多数表决得到最终类标号，如下所示

$$y^{'} = \arg\max_v \sum\nolimits_{(x_i,y_i)\in D_z} I(v = y_i) \tag{7-65}$$

式中 v 为类标号的所有可能取值，y_i 是测试样本 z 的一个最近邻类标号，$I(\cdot)$ 是指示函数，如果其参数为真，则返回 1，否则返回 0。

例如，在某个测试集中类标号 v 有 3 个取值，分别为 $\{0,1,2\}$，现在利用 k–最近邻分类对某个测试样本 z 进行分类，该测试样本有 7 个最近邻，这些最近邻的类标号分别为 $\{1,0,1,1,0,2,2\}$，根据投票公式：

当 v 取 0 时，$\sum\nolimits_{(x_i,y_i)\in D_z} I(v = y_i) = 0+1+0+0+1+0+0 = 2$；

当 v 取 1 时，$\sum\nolimits_{(x_i,y_i)\in D_z} I(v = y_i) = 1+0+1+1+0+0+0 = 3$；

当 v 取 2 时，$\sum\nolimits_{(x_i,y_i)\in D_z} I(v = y_i) = 0+0+0+0+0+1+1 = 2$。

从而

$$\arg\max_v \sum\nolimits_{(x_i,y_i)\in D_z} I(v = y_i) = 3 \tag{7-66}$$

所以，测试样本 z 被预测为类标号 1，即多数类的类标号。

在多数表决方法中，每个近邻对分类的影响都一致，这使得算法对 k 的选择很敏感。如果 k 太小，则最近邻分类器容易受到由于训练数据中的噪声而产生的过分拟合的影响。如果 k 太大，最近邻分类器可能会错误分类测试样例，因为最近邻列表中可能包含远离其近邻的数据点。如图 7-22 所示，必须要选择合适的 k。

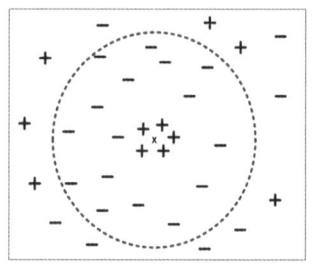

图 7-22　算法对 k 的选择敏感度

这里以表 7-2 的 weather 数据集为例，测试样本 X=(rain,hot,normal,weak,?)的类标号属性，其中 k 取 3。

首先计算样本 X 到 14 个记录的距离（取曼哈顿距离）分别为：

Distance(X,p1)=2，Distance(X,p2)=3，Distance(X,p3)=2，

Distance(X,p4)=2，Distance(X,p5)=1，Distance(X,p6)=2，

Distance(X,p7)=3，Distance(X,p8)=3，Distance(X,p9)=2，

Distance(X,p10)=1，Distance(X,p11)=3，Distance(X,p12)=4，

Distance(X,p13)=1，Distance(X,p14)=3

取离样本 X 最近的 3 个近邻 p5,p10,p13，因为 3 个最近邻对应的类标号都为 yes，因此样本 X 的类标号被预测为 yes。

k-最近邻分类算法是一种基于实例的算法，需要一个邻近性度量来确定实例间的相似性或距离，不需要建立模型，但分类一个测试样例开销很大。基于局部信息进行预测，则对噪声非常敏感。最近邻分类器可以生成任意形状的决策边界，决策树和基于规则的分类器通常是直线决策边界。需要适当的邻近性度量和数据预处理，防止邻近性度量被某个属性左右。

k-最近邻分类算法的**优点**是：

➢ 思想简单，易于实现。

k-最近邻分类算法的**缺点**是：

➢ 最近邻分类对每个属性指定相同的权重，而数据集中的不同属性可能需要赋予不同的权值。

➢ 由于 KNN 存放所有的训练样本，不需要事先建立模型，直到有新的样本需要分类时才建立分类，因此当训练样本数量很大时，时间开销很大。

7.4　贝叶斯分类

贝叶斯分类方法是一种基于统计的学习方法，利用概率统计知识进行分类学习，可以预测一个数据对象属于某个类别的概率，例如预测邮件是垃圾邮件还是合法邮件的概率，取概率大的为预测结果。主要算法包括朴素贝叶斯分类算法、贝叶斯信念网络分类算法等。

贝叶斯分类方法的**主要特点**包括：

➤ 充分利用领域知识和其他先验信息计算假设概率，分类结果是领域知识和数据样本信息的综合体现。

➤ 利用有向图的表示方法，用弧表示变量之间的依赖关系，用概率分布表示依赖关系的强弱。

➤ 能进行增量学习，数据样本可以增量地提高或降低某种假设的估计，并且能方便地处理不完整数据。

朴素贝叶斯分类算法和贝叶斯信念网络分类算法都是建立在贝叶斯定理基础上的算法，本节只介绍相对简单的朴素贝叶斯算法。

首先掌握**贝叶斯定理**。

假定 X 为类标号未知的一个数据样本，H 为样本 X 属于类别 C 的一个假设，分类问题就是计算概率 $P(H|X)$ 的问题，即给定观察样本 X 下假设 H 成立的概率有多大。

$P(H)$ 表示假设 H 的先验概率。

$P(X)$ 表示样本数据 X 的先验概率。

$P(H|X)$ 表示在条件 X 下，假设 H 的后验概率。

$P(X|H)$ 表示在给定假设 H 的前提条件下，样本 X 的后验概率。

假设 X 和 Y 是一对随机变量，它们的联合概率 $P(X=x, Y=y)$ 是指 X 取值 x 且 Y 取值 y 的概率，条件概率是指一随机变量在另一随机变量取值已知的情况下取某一个特定值的概率。例如 $P(Y=y|X=x)$ 是指在变量 X 取值 x 的情况下，变量 Y 取值 y 的概率。

贝叶斯定理是指 X 和 Y 的联合概率及条件概率满足如下关系：

$$P(X, Y) = P(Y|X) P(X) = P(X|Y) P(Y) \qquad （7-67）$$

$$P(Y|X) = \frac{P(X|Y)}{P(X)} P(Y) \qquad （7-68）$$

对应样本 X 和假设 H，根据贝叶斯定理，满足如下关系：

$$P(H|X) = \frac{P(X|H)}{P(X)} P(H) \qquad （7-69）$$

例如，有一堆水果，其中 60% 是苹果，剩下的是梨。苹果为黄色的概率为 20%，梨为黄色的概率为 80%。随机从这堆水果中拿到一个黄色的水果，问最有可能是拿到梨还是苹果？

根据贝叶斯定理，假定随机变量 X 代表水果，X 的取值范围为 {苹果, 梨}，随机变量 Y 代表黄色。已知苹果在水果堆中的概率为 $P(X=苹果)=0.6$，梨在水果堆中的概率为 $P(X=梨)=0.4$。苹果为黄色的概率为 $P(Y=黄色|X=苹果)=0.2$，梨为黄色的概率为 $P(Y=黄色|X=梨)=0.8$。根据贝叶斯定理，分别计算 $P(X=苹果|Y=黄色)$ 和 $P(X=梨|Y=黄色)$ 的概率。

$$P(X=苹果|Y=黄色) = \frac{P(Y=黄色|X=苹果)}{P(Y=黄色)} \times P(X=苹果) = \frac{0.2 \times 0.6}{P(Y=黄色)} \qquad （7-70）$$

$$P(X = 梨|Y = 黄色) = \frac{P(Y = 黄色|X = 梨)}{P(Y = 黄色)} \times P(X = 梨) = \frac{0.8 \times 0.4}{P(Y = 黄色)} \quad （7\text{--}71）$$

根据计算结果，二者在分母相同的情况下，分子分别为0.12和0.32，X为梨的后验概率更大，因此更有可能拿到梨。

朴素贝叶斯分类算法，即Naïve Bayes，利用贝叶斯定理来预测一个未知类别的样本属于各个类别的可能性，选择其中可能性最大的一个类别作为该样本的最终类别。

设D为训练数据集，并且每个元组表示为一个类别$X=(x_1, x_2, \cdots, x_n)$，假定有$m$个类别$C_1, C_2, \cdots, C_m$。分类就是推导最大的后验概率$P(C_i|X)$：

$$P(C_i|X) > P(C_j|X)\, 1 \leqslant j \leqslant m, j \neq i \quad （7\text{--}72）$$

可以由贝叶斯理论计算

$$P(C_i|X) = \frac{P(X|C_i)}{P(X)} P(C_i) \quad （7\text{--}73）$$

由于对所有类$P(X)$是常量，只需要最大化$P(X|C_i) P(C_i)$。

给定具有多属性的数据集，计算$P(X|C_i)$的开销非常大。为降低开销，此处做了条件独立假设，即属性之间不存在依赖关系：

$$P(X|C_i) = P(x_1, x_2, \ldots, x_n|C_i) = \prod_{k=1}^{n} P(x_k|C_i) \quad （7\text{--}74）$$

如果属性A_k是分类属性，则

$$P(x_k|C_i) = \frac{|s_{ik}|}{|s_i|} \quad （7\text{--}75）$$

其中s_{ik}是D中属性A_k的值为x_k的C_i类的样本个数，s_i是D中属于C_i类的样本个数。

如果属性A_k是连续属性，需要把每个连续属性离散化，然后用相应的离散区间替换连续属性值。

假设连续变量服从某种概率分布，然后使用训练样本估计分布的参数。通常用正态分布表示连续属性概率分布，其最大值为

$$P(x_k|C_i) = \frac{1}{\sqrt{2\pi}\sigma_{C_i}} e^{-\frac{(x_k - \mu_{C_i})^2}{2\sigma_{C_i}^2}} \quad （7\text{--}76）$$

其中μ_{C_i}和$2\sigma_{C_i}^2$分别是数据集中数据C_i类的样本属性A_k的平均值和方差。

为对未知样本X分类，对每个类C_i，计算$P(X|C_i) P(C_i)$，样本X被指派到类别C_i中，当且仅当

$$P(X|C_i) P(C_i) > P(X|C_j) P(C_j)\,(1 \leqslant j < m, j \neq i) \quad （7\text{--}77）$$

即X被指派到最大的类别中。

第7章 分类

朴素贝叶斯分类算法的伪代码如下：

函数名：NaiveBayes

输入：类标号未知的样本 X={x₁,x₂,…,xₙ}

输入：类标号未知的样本 $X=\{x_1,x_2,\cdots,x_n\}$

输出：未知样本 X 所属类别号

（1）for j=1 to m

（2）　　计算 X 属于每一个类别 C_j 的概率；

（3）　　计算训练集中每个类别 C_j 的概率 $P(C_j)$；

（4）　　计算概率值；

（5）end for

（6）选择计算概率值最大的 $C_i(1 \leqslant i \leqslant m)$ 作为类别输出。

这里以表 7-1 的银行贷款数据集为例，使用朴素贝叶斯算法预测未知样本 $X=$（yes,single,120K,?）是否拖欠贷款。

求样本 X 拖欠贷款为 yes 的后验概率 $P($拖欠贷款$=$yes$|X)$ 和样本在拖欠贷款为 no 的后验概率 $P($拖欠贷款$=$no$|X)$ 的问题，样本 X 将被预测为后验概率大的那个类。基本数据如下：

$P($yes$)=3/10$，$P($no$)=7/10$

$P($是否有房$=$是$|$no$)=3/7$，$P($是否有房$=$否$|$no$)=4/7$

$P($有房$=$是$|$yes$)=0$，$P($是否有房$=$否$|$yes$)=1$

$P($婚姻状况$=$单身$|$no$)=2/7$，$P($婚姻状况$=$离婚$|$no$)=1/7$，$P($婚姻状况$=$已婚$|$no$)=4/7$

$P($婚姻状况$=$单身$|$yes$)=2/3$，$P($婚姻状况$=$离婚$|$yes$)=1/3$，$P($婚姻状况$=$已婚$|$yes$)=0$

年收入类$=$no：样本均值$=110$，样本方差$=2975$

年收入类$=$yes：样本均值$=90$，样本方差$=25$

根据朴素贝叶斯定理，$X=($是否有房$=$no，婚姻状况$=$yes，年收入$=120$K$)$，需要计算 $P(X|$no$)$ 和 $P(X|$yes$)$。

$P(X|$no$)=P($是否有房$=$否$|$no$)\times P($婚姻状况$=$已婚$|$no$)\times P($年收入$=120$K$|$no$)$

$$=4/7\times4/7\times0.0072=0.0024 \tag{7-78}$$

$P(X|$yes$)=P($是否有房$=$否$|$yes$)\times P($婚姻状况$=$已婚$|$yes$)\times P($年收入$=120$K$|$yes$)$

$$=1\times0\times1.2\times10^{-9}=0 \tag{7-79}$$

计算 $P(X|$no$)P($no$)$ 和 $P(X|$yes$)P($yes$)$：

$$P(X \mid \text{no})P(\text{no}) = 0.0024 \times 0.7 = 0.00168 \tag{7-80}$$

$$P(X \mid \text{yes})P(\text{yes}) = 0 \times 0.3 = 0 \tag{7-81}$$

因为 $P(X|\text{no})P(\text{no})>P(X|\text{yes})P(\text{yes})$，所以 X 分类为 no。

朴素贝叶斯分类算法在计算概率的时候存在概率为零及概率值可能很小的情况，因此在某些情况下需要考虑条件概率的 Laplace 估计以及解决小概率相乘溢出问题。

在后验概率的计算过程中，如果有一个属性的条件概率等于零，则整个类的后验概率就等于零，简单地使用记录比例来估计类条件概率的方法显得太脆弱，尤其是在训练样本很少而属性数目很大的情况下。一种更极端的情况是，当训练样例不能覆盖那么多的属性值时，我们可能无法分类某些测试记录。

为避免这一问题，条件概率为零时一般采用 Laplace 估计来解决这个问题，定义如下：

$$P\left(X_i|Y_j\right) = \frac{n_c + l \times p}{n + l} \qquad (7\text{-}82)$$

其中 n 是类 Y_j 中的实例总数，n_c 是类 Y_j 的训练样例中取值为 X_i 的样例数，l 是称为等价样本大小的参数，p 是用户指定的参数。

对于式（7-74），即使每个乘积因子都不为零，但当 n 较大时，也可能几乎为零，此时将难以区分不同类别。为解决这一问题，将乘积的计算问题转化为加法计算问题，可以避免"溢出"，如下所示

$$P\left(X|C_i\right)P(C_i) = P(C_i)\prod\nolimits_{k=1}^{n}P\left(x_k|C_i\right) \qquad (7\text{-}83)$$

$$\log\left(P\left(X|C_i\right)P\left(C_i\right)\right) = \log\left(P(C_i)\prod\nolimits_{k=1}^{n}P\left(x_k|C_i\right)\right) = \log\left(P\left(C_i\right)\right) + \sum\nolimits_{k=1}^{n}\log\left(P\left(x_k|C_i\right)\right) \quad (7\text{-}84)$$

朴素贝叶斯分类算法的**优点**是：

➢ 容易实现。

➢ 在大多数情况下所获得的结果比较好。

朴素贝叶斯分类算法的**缺点**是：

➢ 算法成立的前提是假设各属性之间互相独立，当数据集满足这种独立性假设时，分类准确度较高。

➢ 而实际领域中，数据集可能并不完全满足独立性假设。

7.5 人工神经网络分类

神经网络最早是由心理学家和神经学家提出的，旨在寻求开发和测试神经的计算模拟。神经网络是一组连接的输入/输出单元，其中每个连接都与一个权重相关联。在学习阶段，通过调整神经网络的权重，使之能够预测输入样本的正确类标记。

神经网络分类算法的**优点**是：

➢ 具有对噪音数据的高承受能力。

➢ 具有对未知样本的分类能力。

神经网络分类算法的**缺点**是：

➢ 需要很长的训练时间，因而对于有足够长训练时间的应用更合适。

➢ 很难解释蕴涵在学习权重之中的符号含义。

➢ 它需要大量的参数，这些通常靠经验确定，如网络拓扑或"结构"。

神经网络模型性能主要由以下**因素**决定：

（1）神经元（信息处理单元）的特性。

（2）神经元之间相互连接的形式—拓扑结构。

（3）为适应环境而改善性能的学习规则。

人工神经网络（ANN，Artificial Neural Network）是由大量处理单元经广泛互联而组成的人工网络，用来模拟脑神经系统的结构和功能。人工神经网络可看成是以人工神经元为节点，用有向加权弧连接起来的有向图。有向弧的权值表示相互连接的两个人工神经元间相互作用的强弱。图 7-23 给出了神经元模型的示意图。

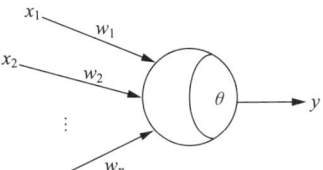

图 7-23 神经元模型

对于某个处理单元（神经元）来说，假设来自其他处理单元（神经元）的信息为 x_i，它们与本处理单元的相互作用强度即连接权值为 w_i（$i=1,\cdots n$），处理单元的内部阈值为 θ，则本处理单元（神经元）的输入为：

$$\sum\nolimits_{i=1}^{n} w_i x_i \qquad (7-85)$$

处理单元的输出为：

$$y = f\left(\sum\nolimits_{i=1}^{n} w_i x_i - \theta\right) \qquad (7-86)$$

其中，x_i 为第 i 个元素的输入，w_i 为第 i 个处理单元与本处理单元的互联权重，f 称为激发函数或作用函数，决定节点（神经元）的输出，激发函数一般具有非线性的特征。

按照各神经元的不同连接方式分类，神经网络可分为前向网络、反馈网络、内层有互联的网络：

➢ 前向网络

神经元分层排列，组成输入层、隐含层和输出层，如图 7-24 所示。

➢ 反馈网络

在输出层到输入层存在反馈，即每个输入节点都有可能接受来自外部的输入和来自输出神经元的反馈，如图 7-25 所示。

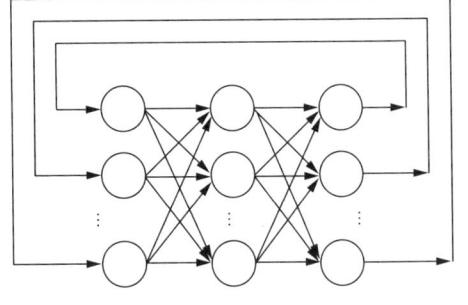

图 7-24 前向网络　　　　　　　　**图 7-25 反馈网络**

按学习方法分类，神经网络分为有监督的学习网络和无监督的学习网络：

➤ 无监督学习网络

当输入的实例模型进入神经网络后，网络按预先设定的规则自动调整权值。

➤ 有监督学习网络

对实例 k 的输入，由神经网络根据当前的权值分布计算网络的输出，把网络的计算输出与实例 k 的期望输出进行比较，根据两者之间的差的某个函数的值来调整网络的权值分布，最终使差的函数值达到最小。

目前神经网络模型的种类相当丰富，本书只简单介绍感知器模型和BP模型。

感知器神经网络是一个具有单层计算神经元的神经网络，网络的传递函数是线性阈值单元。原始的感知器神经网络只有一个神经元，因此只能输出两个值，适合简单的模式分类问题。感知器模型图如图7-26所示。

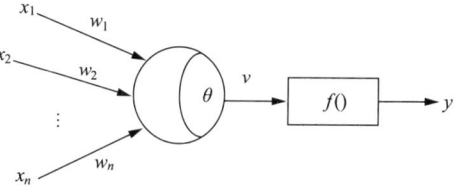

图7-26 感知器模型

单层感知器可将外部输入分为两类。当感知器的输出为 +1 时，输入属于 L_1 类，当感知器的输出为 −1 时，输入属于 L_2 类，从而实现两类目标的识别。

在多维空间，单层感知器进行模式识别的判决超平面由下式决定：

$$\sum_{i=1}^{n} w_i x_i + b = 0 \tag{7-87}$$

对于只有两个输入的判别边界是直线，选择合适的学习算法可训练出满意的 w_1 和 w_2，当它用于两类模式的分类时，相当于在高维样本空间中，用一个超平面将两类样本分开，如图7-27所示，即：

$$w_1 x_1 + w_2 x_2 + b = 0 \tag{7-88}$$

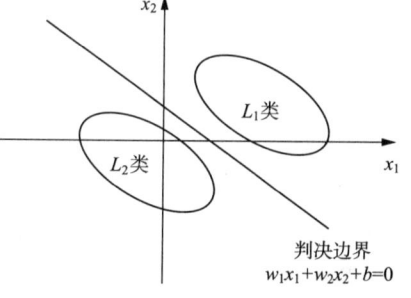

图7-27 用一个超平面划分两类样本

感知器模型简单、易于实现，缺点是仅能解决线性可分问题。

BP模型也称反向传播模型，是一种用于前向多层的反向传播学习算法。之所以称它为一种学习方法，是因为BP模型可以对组成的前向多层网络的各人工神经元之间的连接权值进行不断修改，从而使该前向多层网络能够将输入信息变换成所期望的输出信息。之所以称它为反向学习算法，是因为它在修改各人工神经元的连接权值时，所依据的是该网路的实际输出与其期望输出之差，将差一层层向回传播，来决定连接权值的修改。图7-28给出了BP网络示意图。

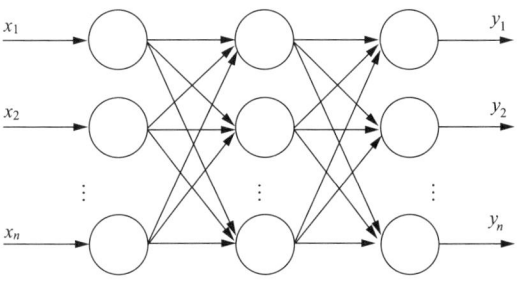

图7-28　BP网络

BP模型的**基本描述**如下：

➢ 选择一组训练样例，每一个样例由输入信息和期望的输出结果两部分组成；

➢ 从训练样例集中取一样例，把输入信息输入到网络中；

➢ 分别计算经神经元处理后的各层节点的输出；

➢ 计算网络的实际输出和期望输出的误差；

➢ 从输出层反向计算到第一个隐含层，并按照某种能使误差向减小方向发展的原则，调整网络中各神经元的连接权值；

➢ 对训练样例集中的每一个样例重复第三至第五步，直到整个训练样例集的误差达到要求为止。

BP模型的**优点**是：

➢ 理论基础牢固，推导过程严谨，物理概念清晰，通用性好。它是目前用来训练前向多层网络较好的算法。

BP模型的**缺点**是：

➢ 学习算法的收敛速度慢。

➢ 网络中隐含节点个数的选取尚无理论上的指导。

➢ 从数学角度看，BP算法是一种梯度最速下降法，这就可能出现局部极小的问题。所以BP算法是不完备的。

复杂神经网络的构造非常困难，现在已有许多学者开发了很多成熟的模块供大家直接使用，对于其他神经网络具体的内部结构，本书不做详细介绍。

7.6　支持向量机分类

支持向量机（SVM，Support Vector Machine）的实现是通过某种事先选择的非线性映射（核函数）将输入向量映射到一个高维特征空间，在这个空间中构造最优分类超平面。使用SVM进行数据集分类工作，首先要通过预先选定的一些非线性映射将输入空间映射到高维特征空间，使在高维属性空间中有可能对训练数据实现超平面的分割，避免了在原输入空间中进行非线性曲面分割计算，如图7-29所示。SVM数据集形成的分类函数具有这样的性质：它是一组以支持向量为参数的非线性函数的线性组合，因此分类函数的表达式仅和支持向量的数量有关，而独立于空间的维度。在处理高维输入空间的分类时，这种方法尤其有效。

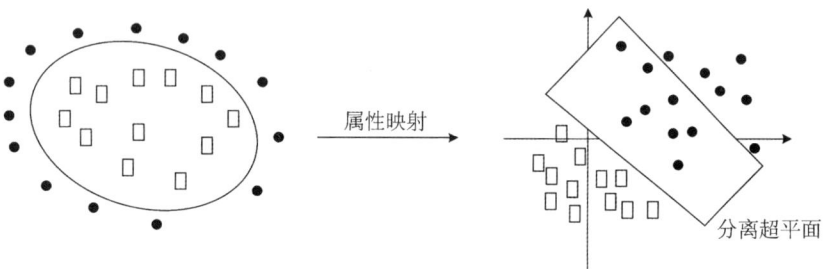

图7-29 非线性映射将输入空间映射到高维特征空间

SVM分类器的特点是能够同时最小化经验误差和最大化几何边缘区，因此也被称为最大边缘区分类器。SVM将向量映射到一个更高维的空间，在这个空间里建立一个最大间隔超平面。在分开数据的超平面的两边建有两个相互平行的超平面。平行超平面间的距离或差距越大，分类器的总误差越小。

为了更好地理解不同的超平面对泛化误差的影响，此处假设两个决策边界B_1和B_2，如图7-30所示。这两个决策边界都能准确无误地将训练样本划分到各自的类中。每个决策边界B_i都对应着一对超平面，分别记为b_{i1}和b_{i2}。其中，b_{i1}是这样得到的：平行移动一个和决策边界平行的超平面，直到触到最近的方块为止。与之类似，平行移动一个和决策边界平行的超平面，直到触到最近的圆圈，可以得到b_{i2}。这两个超平面之间的间距称为分类器的边缘。通过图7-30，我们能够注意到B_1的边缘显著大于B_2的边缘。在这个例子中，B_1就是训练样本的最大边缘超平面。

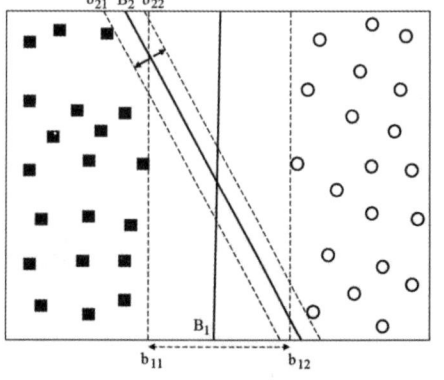

图7-30 决策边界的边缘

具有较大边缘的决策边界比那些具有较小边缘的决策边界具有更好的泛化误差。如果边缘比较小，决策边界任何轻微的扰动都可能对分类产生显著的影响。因此，那些决策边界边缘较小的分类器对模型的过分拟合更加敏感，从而在未知的样本上的泛化能力很差。统计学习理论给出了线性分类器边缘与其泛化误差之间关系的形式化解释，称这种理论为结构风险最小化理论。线性模型的能力与它的边缘逆相关。具有较小边缘的模型具有较高的能力，因为与具有较大边缘的模型不同，具有较小边缘的模型更灵活、能拟合更多的训练集。然而，依据结构风险最小化原理，随着能力的增加，泛化误差的上界也随之提高。因此，需要设计最大化决策边缘的线性分类器，以确保最坏情况下的泛化误差最小。**线性SVM**就是这样的分类器。

线性可分的情况如图7-31所示。假设一个包含N个训练样本的二元分类问题。每个样本表示为一个二元组$(x_i,y_i)(i=1,2,\cdots,N)$，其中$x_i = (x_{i1},x_{i2},\cdots,x_{id})^T$，对应第$i$个样本的属性集。为方便分析，令$y_i \in \{-1,1\}$表示它的类标号。一个线性分类器的决策边界可以表示为如下形式：

$$w \cdot x + b = 0 \qquad (7-89)$$

其中，w和b是模型的参数。

如果x_a和x_b是位于边界上的点，可以得到：

$$w \cdot x_a + b = 0 \qquad (7-90)$$

$$w \cdot x_b + b = 0 \qquad (7-91)$$

两个方程相减得到：

$$w \cdot (x_b - x_a) = 0 \qquad (7-92)$$

其中，x_b-x_a是一个平行于决策边界的向量，它的方向是从x_a到x_b。由于点积的结果为零，因此w的方向必然垂直于决策边界。

对于任何位于决策边界上方的圆圈x_s，可以证明：

$$w \cdot x_s + b = k \qquad (7-93)$$

其中$k>0$。

同理，对于任何位于决策边界下方的方块x_c，可以证明：

$$w \cdot x_c + b = k' \qquad (7-94)$$

其中$k'<0$。如果标记所有的圆圈的类标号为+1，标记所有的方块的类标号为-1，则可以用以下方式预测任何测试样本z的类标号y：

$$y = \begin{cases} +1 \text{ 如果 } w\cdot z+b>0 \\ -1 \text{ 如果 } w\cdot z+b<0 \end{cases} \qquad (7-95)$$

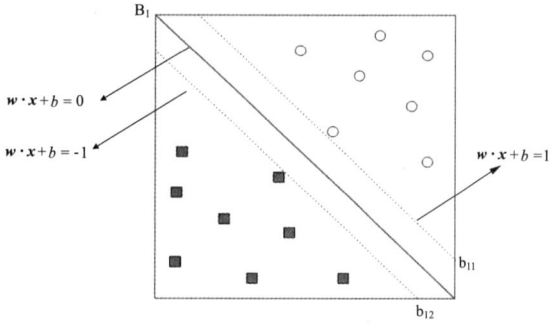

图 7-31　决策边界的边缘

考虑那些距离决策边界最近的圆圈和方块。由于该圆圈位于决策边界的上方，因此对于某个正值 k，它必然满足公式（7-93）；而对于某个负值 k'，必须满足公式（7-94）。调整决策边界的参数 w 和 b，两个平行的超平面 b_{i1} 和 b_{i2} 可以表示如下：

$$b_{i1}: w \cdot x + b = 1 \qquad\qquad (7-96)$$

$$b_{i2}: w \cdot x + b = -1 \qquad\qquad (7-97)$$

决策边界的边缘由这两个超平面之间的距离给定。为了计算边缘，令 x_1 是 b_{i1} 上的一个数据点，x_2 是 b_{i2} 上的一个数据点，将 x_1 和 x_2 分别带入公式（7-96）和公式（7-97）中，则边缘 d 可以通过两式相减得到：

$$w \cdot (x_1 - x_2) = 2 \qquad\qquad (7-98)$$

也就是：

$$\|w\| \times d = 2 \qquad\qquad (7-99)$$

可以证明边缘：

$$d = \frac{2}{\|w\|} \qquad\qquad (7-100)$$

SVM 的训练阶段包括从训练数据中估计决策边界的参数 w 和 b。选择的参数必须满足下面两个条件：

$$w \cdot x_i + b \geqslant 1 \quad 如果 y_i = 1 \qquad\qquad (7-101)$$

$$w \cdot x_i + b \leqslant -1 \quad 如果 y_i = -1 \qquad\qquad (7-102)$$

这些条件要求所有类标号为 1 的训练实例（即圆圈）都必须位于超平面 $w \cdot x + b = 1$ 上或位于它的上方，而那些类标号为 -1 的训练实例（即方块）都必须位于超平面 $w \cdot x + b = -1$ 上或位于它的下方。这两个不等式可以概括为如下更紧凑的形式：

$$y_i (w \cdot x_i + b) \geqslant 1, i = 1, 2, \ldots, N \qquad\qquad (7-103)$$

尽管前面的条件也可以用于其他线性分类器（包括感知器），但是 SVM 增加了一个要求：其决策边界的边缘必须是最大的。然而，最大化边缘等价于最小化下面的目标函数：

$$f(w) = \frac{\|w\|}{2} \qquad (7\text{-}104)$$

SVM的学习任务可以形式化地描述为以下被约束的优化问题：

$$\min_{w} \frac{\|w\|}{2} \qquad (7\text{-}105)$$

受限于 $y_i(w \cdot x_i + b) \geqslant 1, i = 1, 2, \ldots, N$。

由于目标函数是二次的，而约束在参数 w 和 b 上是的线性的，因此这个问题是一个凸优化问题，可以通过标准的拉格朗日乘子（Lagrange multiplier）方法求解。

求解线性支持向量机可分情况是一个复杂的过程，除此之外，还包括线性支持向量机不可分情况、非线性支持向量机等，这些情况更为复杂，本书不做详细介绍。与人工神经网络类似，现在已有许多学者开发了很多成熟的模块供大家直接使用，感兴趣的读者可以调用试用，本书后续的实验也将给出案例。

SVM具有许多很好的性质，因此它已经成为广泛使用的分类算法之一，下面简要总结一下SVM的一般**特征**：

➤ SVM学习问题可以表示为凸优化问题，因此可以利用已知的有效算法发现目标函数的全局最小值。而其他的分类方法（如基于规则的分类器和人工神经网络）都采用一种基于贪心学习的策略来搜索假设空间，这种方法一般只能获得局部最优解。

➤ SVM通过最大化决策边界的边缘来控制模型的能力。尽管如此，用户必须提供其他参数，如使用的核函数类型、为了引入松弛变量所需的代价函数 C 等。

➤ 通过对数据中每个分类属性值引入一个亚变量，SVM可以应用于分类数据。例如，如果婚姻状况有三个值{单身,已婚,离异}，可以对每一个属性值引入一个二元变量。

SVM模型的**优点**是：

➤ 对复杂的非线性边界的建模能力。

➤ 与其他模型相比，它们不太容易过分拟合。

➤ 支持向量机还提供了学习模型的紧凑表示。

➤ 广泛的使用范围。SVM可以用来预测和分类，它们已经用在许多领域，包括手写数字识别、对象识别、语音识别以及基准时间序列预测检验。

SVM模型的**缺点**是：

➤ SVM算法对大规模训练样本难以实施。由于SVM是借助二次规划来求解支持向量，而求解二次规划将涉及 m 阶矩阵的计算（m 为样本的个数），当 m 数目很大时该矩阵的存储和计算将耗费大量的机器内存和运算时间。

➤ 用SVM解决多分类问题存在困难。经典的支持向量机算法只支持二类分类问题，而实际应用中，一般要解决多类分类问题。可以通过多个二类支持向量机的集成来解决，主要有一对多集成模式、一对一集成模式和SVM决策树，再就是通过构造多个分类器的集成来解决。

7.7　组合方法分类

前面介绍的分类技术都是使用从训练数据得到的单个分类器来预测未知样本的类标号。本节介绍通过聚集多个分类器的预测来提高分类准确度的技术。这些技术被称为组合或分类器组合方法。组合方法由训练数据构建一组基分类器，然后通过对每个基分类器的预测进行投票来进行分类。

组合分类器的性能优于单个分类器必须满足两个必要条件：

第一，基分类器之间应该是相互独立的；

第二，基分类器应当优于随机猜测分类器。

在实践中，很难保证基分类器之间完全独立。尽管如此，基分类器轻微相关的情况下，组合方法还是可以提高分类的准确率。

已有的**构建集成分类器的方法**主要有：

➢　通过处理训练数据集构建

这种方法根据某种抽样分布，通过对原始数据进行再抽样来得到多个训练集。抽样分布决定一个样本被选作训练的可能性大小，并且可能因试验而异。然后，使用特定的学习算法为每个训练集建立一个分类器。装袋（bagging）和提升（boosting）是两种处理训练数据集的组合方法。

➢　通过处理输入特征构建

这种方法通过选择输入特征的子集来形成每个训练集。子集可以随机选择，也可以根据领域专家的建议选择。一些研究表明，对那些含有大量冗余特征的数据集，这种方法的性能非常好。随机森林就是一种处理输入特征的组合方法，它使用决策树作为基分类器。

➢　通过处理类标号构建

这种方法适用于类数足够多的情况。通过将类标号随机划分成两个不相交的子集 A_0 和 A_1，把训练数据变换为二类问题。类标号属于子集 A_0 的训练样本被指派到类 0，类标号属于子集 A_1 的训练样本被指派到类 1。然后，使用重新标记过的数据来训练一个基分类器。多次重复重新标记类和构建模型步骤，就得到一组基分类器。当遇到一个检验样本时，使用每个基分类器 C_i 预测它的类标号。如果检验样本被预测为类 0，则所有属于 A_0 的类都得到一票。相反，如果它被预测为类 1，则所有属于 A_1 的类都得到一票。最后统计选票，将检验样本指派到得票最高的类。

➢　通过处理学习算法构建

许多学习算法都可以这样来处理：在同一个训练数据集上多次执行算法可能得到

不同的模型。例如，通过改变一个人工神经网络的拓扑结构或多个神经元之间联系的初始权值，就可以得到不同的模型。同样，通过在树生成过程中注入随机性，可以得到决策树的组合分类器。例如，在每一个结点上，可以随机地从最好的k个属性中选择一个属性，而不是选择该结点上最好的属性来进行划分。

以上前三种属于一般性方法，适用于任何分类器。而第四种方法依赖于使用的分类器类型。图7-32给出了组合学习方法的逻辑视图。对于大部分方法，基分类器可以顺序产生（一个接一个）或并行产生（一次性产生）。图中显示了以顺序方式构建组合分类器的步骤。

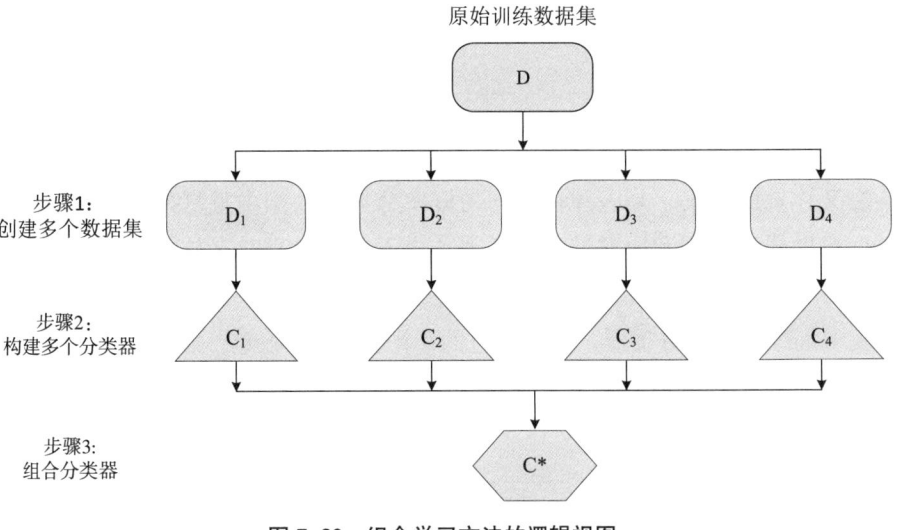

图7-32　组合学习方法的逻辑视图

第一步是从原始数据集D中创建一个训练数据集。训练数据集可以与D相同或是D的轻微修改版，这取决于所使用的组合方法的类型。训练集的大小一般和原始数据集保持一致，但样本的分布可能不同，即某些样本可能在训练集中多次出现，而有些样本可能一次也不出现。

然后，为每个训练集D_i构建一个基分类器C_i。组合方法对于不稳定的分类器效果较好。不稳定的分类器是对训练集微小的变化都很敏感的基分类器。不稳定的分类器的例子包括决策树、基于规则的分类器和人工神经网络。训练样本的可变性是分类器误差的主要原因之一。聚集在不同的训练集上构建的基分类器，有助于减少这种类型的误差。

最后通过组合基分类器$C_i(x)$的预测来对检验样本x进行分类。公式（7-106）中的vote(·)表示投票。

$$C^*(x) = \text{vote}(C_1(\boldsymbol{x}), C_2(\boldsymbol{x}), \dots, C_k(\boldsymbol{x}))\qquad（7\text{-}106）$$

可以对单个预测值进行多数表决，或用基分类器的准确率对每个预测值进行加权来得到类标号。

数据分析与数据挖掘实用教程

集成学习方法的伪代码如下：

（1）令 D 表示原始训练数据集，k 表示基分类器的个数，Z 表示测试数据集。

（2）for i=1 to k do

（3）　　由 D 创建训练集 D_i；

（4）　　由 D_i 创建基分类器 C_i；

（5）end for

（6）for 每一个测试样本 do

（7）　　C*(x)=vote($C_1(x),C_2(x),\cdots,C_k(x)$)；

（8）end for

1．装袋（bagging）

装袋又称自助聚集，是一种根据均匀概率分布从数据中重复抽样（有放回）的技术。每个自助样本集都和原数据集一样大。由于抽样过程是有放回的，因此一些样本可能在同一个训练集中出现多次，而其他样本却可能被忽略。在每一个抽样生成的自助样本集上训练一个基分类器，对训练过的 k 个基分类器投票，将测试样本指派到得票最高的类。

bagging 算法的伪代码如下：

输入：大小为 N 的原始数据集 D，自助样本集的数目 k

输出：集成分类器 C*(x)

（1）for i=1 to k do

（2）　　通过对 D 进行有放回抽样，生成一个大小为 N 的自助样本集 D_i；

（3）　　在自助样本集体 D_i 上训练一个基分类器 C_i；

（4）end for

（5）C*(x)=$\arg \max_{y} \Sigma_i \delta(C_i(x)=y)$ { 如果参数为真，则 $\delta(\cdot)=1$，否则 $\delta(\cdot)=0$}

---

bagging 方法的**特点**包括：

➤ 装袋通过降低基分类器的方差改善了泛化误差。

➤ 装袋的性能依赖于基分类器的稳定性。如果基分类器是不稳定的，装袋有助于降低训练数据的随机波动导致的误差；如果基分类器是稳定的，则集成分类器的误差主要是由基分类器的偏差所引起的。

➤ 另外，由于每一个样本被选中的概率相同，因此装袋并不侧重于训练数据集中的任何特定实例。因此对于噪声数据，装袋不太受过分拟合的影响。

2．提升（AdaBoost）

提升是一个迭代的过程，用于自适应地改变训练样本的分布，使得基分类器聚焦在那些很难分的样本上。不像装袋，提升给每一个训练样本一个权值，而且可以在每一轮提升过程结束时自动调整权值。训练样本的权值可以用于以下方面：

（1）可以用作抽样分布，从原始数据集中提取出自主样本集；

（2）基分类器可以使用权值学习，有利于高权值样本的模型。

AdaBoost 是一种流行的提升算法，假设我们想提升某种学习方法的准确率。给定数据集 D，它包含 d 个类标记的元组 $(x_1, y_1),(x_x, y_2)$，$\cdots$，(x_d, y_d)，其中 y_i 是元组 x_i 的类标号。开始时，AdaBoost 给每个训练元组赋予相等的权重 $1/d$。为组合分类器产生 k 个基分类器需要执行算法的其余部分 k 轮。在第 i 轮，从 D 中元组抽样，形成大小为 d 的训练集 D_i。使用有放回抽样——同一个元组可能被选中多次。每个元组被选中的机会由它的权重决定。从训练集 D_i 导出分类器 M_i。然后使用 D_i 作为检验集计算 M_i 的误差。训练元组的权重根据它们的分类情况调整。

如果元组不正确地分类，则它的权重增加。如果元组正确分类，则它的权重减少。元组的权重反映对它们分类的困难程度——权重越高，越可能错误地分类。然后，使用这些权重，为下一轮的分类器产生训练样本。其基本思想是，当建立分类器时，希望它更关注上一轮误分类的元组。某些分类器对某些"困难"元组分类可能比其他分类器效果显著。这样，就建立了一个互补的分类器系列。

令 $\{(x_j, y_j) | j = 1, 2, \cdots, N\}$ 表示包含 N 个训练样本的集合。在 AdaBoost 算法中，基分类器 C_i 的重要性依赖于它的错误率。错误率定义为：

$$\varepsilon_i = \frac{1}{N}\left(\sum_{j=1}^{N} w_j I(C_i(x_j) \neq y_j)\right) \tag{7-107}$$

其中，如果 $C_i(\boldsymbol{x}_j) \neq y_j$ 为真，则 $I(C_i(x_j) \neq y_j) = 1$，否则为 0。基分类器 C_i 的重要性由如下参数给出：

$$\alpha_i = \frac{1}{2}\ln\left(\frac{1 - q_i}{q_i}\right) \tag{7-108}$$

这里，如果错误率接近 0，则 α_i 具有一个很大的正值，而当错误率接近 1 时，α_i 有一个很大的负值。

参数 α_i 也被用来更新训练样本的权值。这里假定 $w_i^{(j)}$ 表示在第 j 轮提升迭代中赋予样本 (x_j, y_j) 的权值。AdaBoost 的权值更新机制由下式给出：

$$w_i^{(j+1)} = \frac{w_i^{(j)}}{Z_j} \times \begin{cases} e^{-\alpha_j} \text{如果} C_j(x_i) = y_i \\ e^{\alpha_j} \text{如果} C_j(x_i) \neq y_i \end{cases} \tag{7-109}$$

其中，Z_j 是一个正规因子，用来确保 $\sum_i w_i^{(j+1)} = 1$。公式（7-109）给出的权值表示增加那些被错误分类样本的权值，并减少那些已经被正确分类的样本的权值。

AdaBoost算法的伪代码如下：

函数：AdaBoost(D, T)

输入：样本数据集D, 学习提升轮数T

输出：集成分类器

（1）初始化N个样本的权值 $w_j=1/N$，$(j=1,2,\cdots,N)$，令 k 表示提升的轮数。

（2）for i=1 to k do

（3）　　根据权重 w 的分布，通过对D进行有放回抽样产生训练集 D_i；

（4）　　在 D_i 上训练基分类器 C_i；

（5）　　用 C_i 对原训练集D中所有样本分类，度量加权误差 $\varepsilon_i = \dfrac{1}{N}(\Sigma_j w_j \delta(C_i(x_j) \neq y_j))$；

（6）　　if $\varepsilon_i > 0.5$ then

（7）　　　重新将权重初始化为1/N，转步骤（3）重试；

（8）　　end if

（9）　　决定 ε_i 的权重；

（10）　更新权重分布 $\alpha_i = \dfrac{1}{2}\ln\left(\dfrac{1-q_i}{q_i}\right)$；

（11）end for

（12）返回具有最大权重的类。

3．随机森林

还有一种组合方法被称为随机森林。如果组合分类器中的每个分类器都是一棵决策树，那么分类器的集合就像是一片"森林"。个体决策树在每个结点使用随机选择的属性决定划分。更准确地说，每一棵树都依赖于独立抽样，并与森林中所有树具有相同分布的随机向量的值。分类时，每棵树都投票并且返回得票最多的类。

随机森林可以结合装袋与随机属性选择来构建。给定 d 个元组的训练集 D，为组合分类器产生 k 棵决策树的一般过程如下：对于每次迭代 i（i=1,2,…,k），使用有放回抽样，由 D 产生 d 个元组的训练集 D_i。也就是说，每个 D_i 都是 D 的一个自助样本，使得某些元组可能在 D_i 出现多次，而另一些可能不出现。设 F 是用来在每个结点决定划分的属性数，其中 F 远小于可用属性数。为了构造决策树分类器 M_i，在每个结点随机选择 F 个属性作为该结点划分的候选属性。使用CART算法来让树增长到最大规模并且不剪枝。用这种方法，使用随机输入选择形成的随机森林称为Forest-RI。

随机森林的另一种形式称为Forest-RC，使用输入属性的随机线性组合。它不是随机地选择一个属性子集，而是由已有属性的线性组合创建一些新属性（特征）。即一个属性由指定的 L 个原属性组合产生。在每个给定的结点，随机选择 L 个属性，并且以从[−1,1]中随机选取的数为系数相加，产生 F 个线性组合，并在其中搜索找到最佳划分。当只有少量属性可用时，为了降低个体分类器之间的相关性，这种形式的随机森林是有

第7章 分类

用的。

随机森林的准确率可以与 Adaboost 相媲美，但是对错误和离群点更鲁棒。随着森林中树的增加，森林的泛化误差收敛。因此，过分拟合不是问题。随机森林的准确率依赖于个体分类器的实力和它们之间的依赖性。理想情况是保持个体分类器的能力而不提高它们的相关性。随机森林对每次划分所考虑的属性数很敏感。通常选取 $(\log_2 d+1)$ 个属性。（有趣的是，使用单个随机选择的属性可能会产生很好的准确率，常常比使用多个属性更高。）由于随机森林在每次划分时只考虑很少的属性，因此它们在大型数据库中非常有效。它们可能比"装袋"和"提升"更快。随机森林给出了变量重要性的内在估计。

7.8 分类模型的评估

分类模型性能评价指标在6.5节中与回归模型一并进行了简要的介绍，主要包括分类准确率、计算复杂度、可解释性、可伸缩性、稳定性、强壮性（鲁棒性），这里不再赘述。

本节重点介绍**分类模型的误差**，其大致可以分为两类：

➢ 训练误差：是在训练记录上误分类样本的比例。

➢ 泛化误差：是模型在未知记录上的期望误差。

在建立模型的过程中，学习算法只能访问训练数据集，对检验数据集一无所知，因此并不知道所建立的模型在未知记录上的性能，所能做的就是估计它的**泛化误差**。

1．使用再带入估计

计算泛化误差的经典方法是使用再带入估计，再带入估计方法假设训练数据集可以很好地代表整体数据，因而，可以使用训练误差（又称再带入误差）提供对泛化误差的乐观估计。在这样的前提下，决策树归纳算法简单地选择产生最低训练误差的模型作为最终的模型。然而，训练误差通常是泛化误差的一种很差的估计。

2．结合模型复杂度

模型越是复杂，出现过分拟合的几率就越高，因此，实际应用中常采用较为简单的模型。这种策略的应用与众所周知的奥卡姆剃刀或节俭原则一致，奥卡姆剃刀原则给定两个具有相同泛化误差的模型，较简单的模型比较复杂的模型更可取。

3．估计统计上界

泛化误差也可以用训练误差的统计修正来估计。因此泛化误差倾向比训练误差大，所以统计修正通常是计算训练误差的上界，考虑到达决策树一个特定叶结点的训练记录数。

4．使用确认集

泛化误差也可以使用确认集计算，在该方法中，不是用训练集估计泛化误差，而是把原始的训练数据集分成两个较小的子集，一个子集用于训练，而另一个子集称作确认集，用于估计泛化误差。下面介绍使用确认集的一些方法：

（1）保持方法

保持方法是目前为止讨论准确率时默认的方法。以无放回抽样方式把数据集分为两个相互独立的子集：训练集和测试集。训练集用于构建分类器，测试集用于评估分类器性能。其中，2/3的数据作为训练集，1/3的数据作为测试集。

（2）随机子抽样

随机子抽样方法可以看成是保持方法的多次迭代，并且每次都要把数据集分开，随机抽样形成测试集和训练集。以无放回抽样方式从数据集D中随机抽取样本。这些样本形成新的训练集D_1，D中其余的样本形成测试集D_2。通常，D中2/3的数据作为D_1，而剩下1/3的数据作为D_2。用D_1来训练分类器，用D_2来评估分类准确率。循环k次，k越大越好。总准确率估计取每次迭代准确率的平均值。

（3）k–折交叉验证

将初始数据集随机划分为k个互不相交的子集$D_1,D_2,\cdots,D_k$，每个子集的大小大致相等，然后进行k次训练和检验。

第1次，使用子集$D_2,D_3,\cdots,D_k$一起作为训练集来构建模型，并在D_1子集上检验。

第2次，使用子集$D_1,D_3,\cdots,D_k$一起作为训练集来构建模型，并在D_2子集上检验。

……

在第i次迭代，使用子集D_i检验，其余划分子集一起用于训练模型。

如此下去，直到每个划分都用于一次检验。

k–折交叉检验方法的一次特殊情况是令$k=N$，这样每个检验集只有一个记录，该方法被称为"留一"方法。留一方法的优点是使用尽可能多的训练记录，同时检验集之间是互斥的，并且有效地覆盖了整个数据集。留一方法的缺点是整个过程重复N次，计算上开销很大，因为每个检验集只有一个记录，所以性能估计度量的方差偏高。

一个好的分类模型不仅要能够很好地拟合训练数据，也要能够对未知样本准确分类。换句话说，一个好的分类模型必须具有低训练误差和低泛化误差。对于训练数据拟合太好的模型，其泛化误差可能比具有较高训练误差的模型高，这种情况称为模型**过分拟合**。当决策树很小时，训练和检验误差都很大，这种情况称为模型**拟合不足**。

出现拟合不足的原因是模型尚未学习到数据的真实结构。随着决策树中结点数的增加，模型的训练误差和检验误差都会随之下降。当树的规模变得太大时，即使训练误差还在继续降低，但是检验误差开始增大，导致模型过分拟合。图7-33给出了训练误差和泛化误差的关系曲线。

导致过分拟合的主要原因是存在噪声或者是缺乏代表性样本，图7-34给出了噪声导致决策边界改变的例子。处理决策树中的过分拟合可以采用先剪枝或后剪枝的方法，在7.2.1节中的"如何停止分类过程"和7.2.4节中的"预剪枝和后剪枝"中已经进行了概念性介绍。

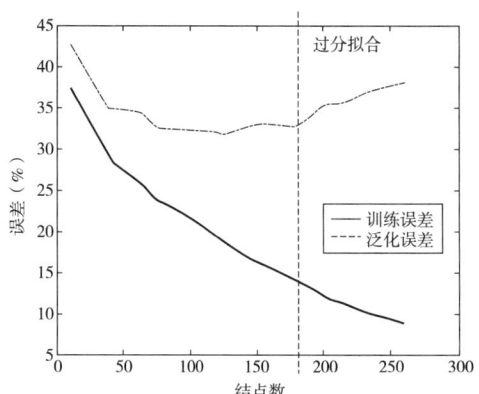

图7-33 训练误差和泛化误差关系曲线

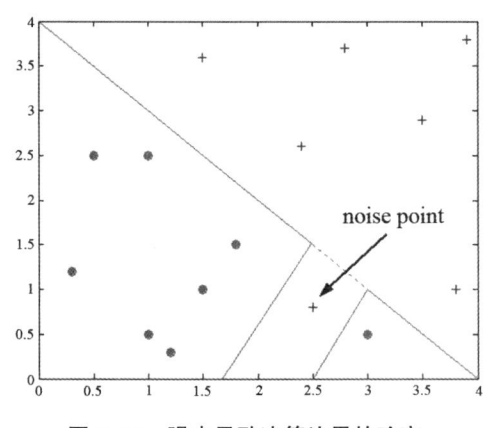

图7-34 噪声导致决策边界的改变

分类模型的性能常根据模型正确预测和错误预测的检验记录的百分比来进行评估。方法是建立一个混合矩阵,根据混合矩阵(如表7-7)来计算分类模型的分类准确率和分类差错率。

表7-7 分类混合矩阵

		预测类别	
		+	−
实际类别	+	正确的正例(TP)	错误的负例(FN)
	−	错误的正例(FP)	正确的负例(TN)

混合矩阵中的技术可以表示为百分比的形式。

一般情况下,我们将**准确率**(Accuracy)定义为

$$Accuracy = \frac{TP+TN}{TP+FP+FN+TN} \qquad (7-110)$$

将**错误率**(Error Rate)定义为

$$Errorrate = 1 - Accuracy = 1 - \frac{TP+TN}{TP+FP+FN+TN} = \frac{FN+FP}{TP+FP+FN+TN} \quad (7-111)$$

真正率(TPR,True Positive Rate)**或灵敏度**(Sensitivity)定义为被模型正确预测的正样本的比例,即

$$TPR = \frac{TP}{TP+FN} \qquad (7-112)$$

同理,**真负率**(TNR,True Negative Rate)**或特指度**(Specificity)定义为被模型

正确预测的负样本的比例，即

$$TNR = \frac{TN}{TN + FP} \qquad (7\text{-}113)$$

最后，**假正率**（FPR，False Positive Rate）定义为被预测为正类的负样本的比例，即

$$FPR = \frac{FP}{TN + FP} \qquad (7\text{-}114)$$

而**假负率**（FNR，False Negative Rate）定义为被预测为负类的正样本的比例，即

$$FNR = \frac{FN}{TP + FN} \qquad (7\text{-}115)$$

召回率（Recall）和**精度**（Precision）是两个广泛使用的度量，用于预测准确性的度量。精度（p）和召回率（r）的形式化定义如下：

$$p = \frac{TP}{TP + FP} \qquad (7\text{-}116)$$

$$r = \frac{TP}{TP + FN} \qquad (7\text{-}117)$$

精度确定在分类器断言为正类的那部分记录中实际为正类的记录所占的比例。精度越高，分类器的假正类错误率就越低。召回率度量被分类器正确预测的正样本的比例。具有高召回率的分类器很少将正样本误分为负样本。实际上，召回率的值等于真正率。

可以构造一个基线模型，它最大化其中一个度量而不管另一个。例如，每一个记录都声明为正类的模型具有完美的召回率，但它的精度却很差。相反，将匹配训练集中任何一个正记录的检验记录都指派为正类的模型具有很高的精度，但召回率很低。构建一个最大化精度和召回率的模型是分类算法的主要任务之一。

精度和召回率可以合并成另一个度量，称为 **F_1 度量**。

$$F_1 = \frac{2rp}{r + p} = \frac{2 \times TP}{2 \times TP + FP + FN} \qquad (7\text{-}118)$$

原则上，F_1 表示召回率和精度的调和均值，即

$$F_1 = \frac{2}{\frac{1}{r} + \frac{1}{p}} \qquad (7\text{-}119)$$

两个数 x 和 y 的调和均值趋向于接近较小的数。因此，一个高的 F_1 度量值能够确保精度和召回率都比较高。

准确率具有明显的缺陷，例如考虑二类问题时，假设类 0 的样本数为 9990，类 1 的样本数为 10。如果模型预测所有的样本为类 0，那么准确率为 9990/10000=99.9%，这时准确率的值是具有欺骗性的，实际上模型并没有分对类 1 的任何样本。

第 7 章 分类

通常分类算法寻找的是分类准确率高的分类模型。分类准确率在一般情况下已经满足分类器模型的比较。但是，分类准确率默认所有数据集都是平衡数据集，但很多数据集是不平衡的，即不同类的样本分布不平均。分类准确率同时默认所有的错误代价都是相同的，这在实际领域中往往不可行。

接受者操作特征（ROC，Receiver Operating Characteristic）曲线是显示分类器在真正率和假正率之间折中的一种图形化方法。在一个 ROC 曲线中，真正率（TPR）沿 y 轴绘制，而假正率（FPR）显示在 x 轴上。沿着曲线的每个点对应一个分类器归纳的模型。图 7-35 显示了一对分类器 M_1 和 M_2 的 ROC 曲线。

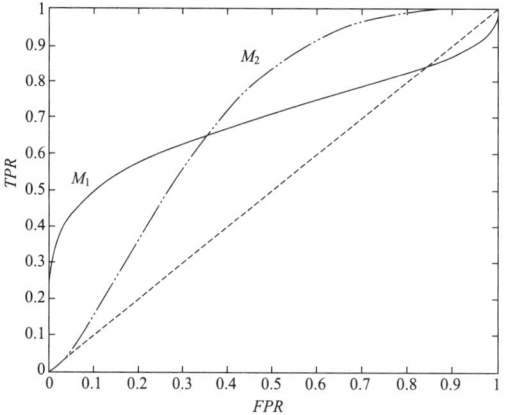

图 7-35 一对分类器 M_1 和 M_2 的 ROC 曲线

ROC 曲线上有几个关键点，它们都有公认的解释：

➢ （$TPR=0,FPR=0$）：把每个实例都预测为负类的模型。

➢ （$TPR=1,FPR=1$）：把每个实例都预测为正类的模型。

➢ （$TPR=1,FPR=0$）：理想模型。

一个好的分类模型应该尽可能靠近图的左上角。而一个随机猜测的模型应位于连接点（$TPR=0,FPR=0$）和（$TPR=1,FPR=1$）的主对角线上。随机猜测是以固定的概率 p 把记录分为正类，而不考虑它的属性集。由于 TPR 和 FPR 相等，因此随机预测分类器的 ROC 曲线总是位于主对角线上。

ROC 曲线有助于比较不同分类器的相对性能。如图 7-35 所示，当 $FPR<0.36$ 时，M_1 要好于 M_2，而 $FPR>0.36$ 时 M_2 较好。很明显，这两个分类器各有长处。

ROC 曲线下方的面积提供了评价模型的平均性能的另一种办法。如果模型是完美的，则它在 ROC 曲线下方的面积等于 1。如果模型仅仅是随机猜测，则 ROC 曲线下方的面积等于 0.5。如果一个模型优于另一个，则它在 ROC 曲线下方的面积较大。

ROC 曲线具有如下**优点**：

➢ 充分利用了预测得到的概率值。

➢ 给出不同类的不同分布情况差别，即当是不平衡数据时，不同的数据分布，将得到不同的分类结果，而准确率评估则默认所有的数据集都是平衡数据集。

215

数据分析与数据挖掘实用教程

➢ 考虑了不同种类错误分类不同代价。

➢ 二类分类的ROC曲线通过斜率反映了正例和反例之间的重要关系，同时也反映出类的分布和代价之间的关系。

➢ 可以用曲线的形式将分类器的评估结果更直观地展现在二维空间中。

7.9　实验

7.9.1　实验1：C4.5分类

实验目的：了解C4.5决策树算法的基本原理并将其分别应用于数值型变量和分类变量的实际分类中。

实验数据集：数值型变量鸢尾花iris数据集和分类变量蘑菇数据集。

实验内容：

1．安装和载入包

代码：

```
install.packages("rJava")
install.packages("RWeka")
install.packages("party")
install.packages("partykit")
Sys.setenv(JAVA_HOME='D:\\Program Files\\Java\\jdk1.8.0_25')  #1
require(rJava)  #2
require(RWeka)  #2
require(party)  #2
require(partykit)  #2
```

代码解释：

#1：安装Java，设置路径。

#2：library和require都可以载入包，但二者存在区别。在一个函数中，如果一个包不存在，执行到library将会停止执行，require则会继续执行。

2．鸢尾花iris数据集载入与显示

代码：

```
data(iris)  #1
iris[1:10,]  #2
```

代码解释：

#1：载入数据。

#2：显示数据前10行。

结果：

216

```
> data(iris)
> iris
    Sepal.Length Sepal.Width Petal.Length Petal.Width  Species
1            5.1         3.5          1.4         0.2   setosa
2            4.9         3.0          1.4         0.2   setosa
3            4.7         3.2          1.3         0.2   setosa
4            4.6         3.1          1.5         0.2   setosa
5            5.0         3.6          1.4         0.2   setosa
6            5.4         3.9          1.7         0.4   setosa
7            4.6         3.4          1.4         0.3   setosa
8            5.0         3.4          1.5         0.2   setosa
9            4.4         2.9          1.4         0.2   setosa
10           4.9         3.1          1.5         0.1   setosa
```

图 7-36 鸢尾花 iris 数据集

分析：

图7-36：鸢尾花为草本植物，五月开花，法国人视其为国花，认为它是光明和自由的象征。数据集包含150组数据。鸢尾花类型共三类，分别是：setosa、versicolor、virginica。4个数值型变量分别为Sepal.Length（萼片长度）、Sepal.Width（萼片宽度）、Petal.Length（花瓣长度）、Petal.Width（花瓣宽度）。

3．建立鸢尾花 iris 数据集的 C4.5 决策树

代码：

```
iris_C4.5<-J48(Species~.,data=iris)  #1
iris_C4.5  #2
write_to_dot(iris_C4.5)  #3
plot(iris_C4.5)  #4
```

代码解释：

#1：构建决策树。

#2：显示构建条件。

#3：写出结点。

#4：画出决策树。

结果：

```
> iris_C4.5<-J48(Species~.,data=iris)
> iris_C4.5
J48 pruned tree
------------------

Petal.Width <= 0.6: setosa (50.0)
Petal.Width > 0.6
|   Petal.Width <= 1.7
|   |   Petal.Length <= 4.9: versicolor (48.0/1.0)
|   |   Petal.Length > 4.9
|   |   |   Petal.Width <= 1.5: virginica (3.0)
|   |   |   Petal.Width > 1.5: versicolor (3.0/1.0)
|   Petal.Width > 1.7: virginica (46.0/1.0)

Number of Leaves  :   5

Size of the tree :   9
```

图 7-37 鸢尾花 iris 数据集 C4.5 决策树构建条件

数据分析与数据挖掘实用教程

```
> write_to_dot(iris_C4.5)
digraph J48Tree {
N0 [label="Petal.Width" ]
N0->N1 [label="<= 0.6"]
N1 [label="setosa (50.0)" shape=box style=filled ]
N0->N2 [label="> 0.6"]
N2 [label="Petal.Width" ]
N2->N3 [label="<= 1.7"]
N3 [label="Petal.Length" ]
N3->N4 [label="<= 4.9"]
N4 [label="versicolor (48.0/1.0)" shape=box style=filled ]
N3->N5 [label="> 4.9"]
N5 [label="Petal.Width" ]
N5->N6 [label="<= 1.5"]
N6 [label="virginica (3.0)" shape=box style=filled ]
N5->N7 [label="> 1.5"]
N7 [label="versicolor (3.0/1.0)" shape=box style=filled ]
N2->N8 [label="> 1.7"]
N8 [label="virginica (46.0/1.0)" shape=box style=filled ]
}
```

图 7-38　鸢尾花 iris 数据集 C4.5 决策树结点

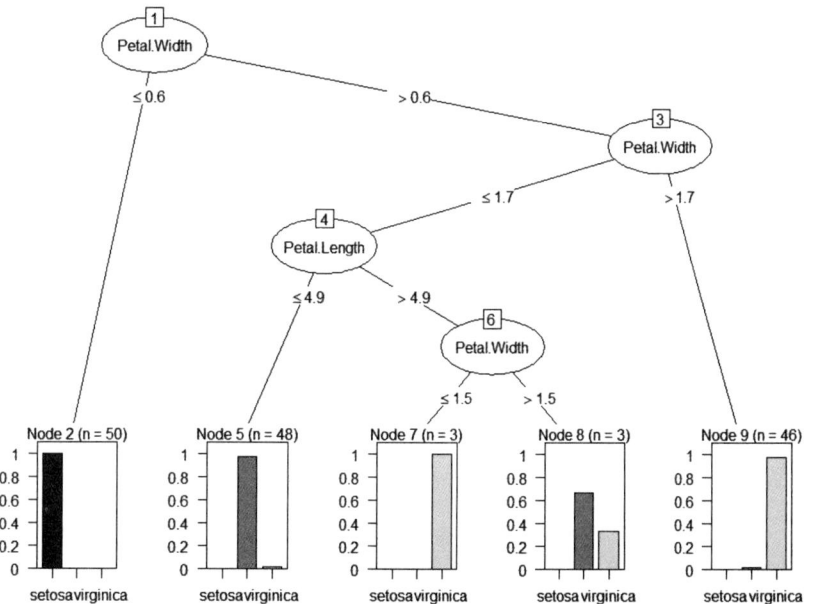

图 7-39　鸢尾花 iris 数据集 C4.5 决策树

分析：

图 7-37、图 7-38 与图 7-39：图形的可读性优于结点显示的形式。

4．计算鸢尾花 iris 数据集的 C4.5 分类训练误差错误率

代码：

```
table_C4.5=table(iris$Species,predict(iris_C4.5))  #1
table_C4.5  #1
(E1=sum(table1_C4.5)-sum(diag(table_C4.5)))/sum(table_C4.5)  #2
```

代码解释：

#1：构建混合矩阵并显示。

#2：计算训练误差错误率。

218

结果：

```
> table_C4.5=table(iris$Species,predict(iris_C4.5))
> table_C4.5

            setosa versicolor virginica
  setosa        50          0         0
  versicolor     0         49         1
  virginica      0          2        48
> (E1=sum(table_C4.5)-sum(diag(table_C4.5)))/sum(table_C4.5)
[1] 0.02
```

图 7–40　鸢尾花 iris 数据集 C4.5 分类训练误差错误率

分析：

图7-40：错误分类3个，训练误差错误率2%。

5. 蘑菇数据集载入与显示

代码：

```
(mushroom <- read.table("agaricus-lepiota.txt", header=TRUE,
quote="\""))  #1
(mushroom <- mushroom[,-17])  #2
```

代码解释：

#1：读入原始数据集。

#2：删除第17列。

结果：

```
   V1 V2 V3 V4 V5 V6 V7 V8 V9 V10 V11 V12 V13 V14 V15 V16 V17 V18 V19 V20 V21 V22 V23
1   p  x  s  n  t  p  f  c  n   k   e   e   s   s   w   w   p   w   o   p   k   s   u
2   e  x  s  y  t  a  f  c  b   k   e   c   s   s   w   w   p   w   o   p   n   n   g
3   e  b  s  w  t  l  f  c  b   n   e   c   s   s   w   w   p   w   o   p   n   n   m
4   p  x  y  w  t  p  f  c  n   n   e   e   s   s   w   w   p   w   o   p   k   s   u
5   e  x  s  g  f  n  f  w  b   k   t   e   s   s   w   w   p   w   o   e   n   a   g
6   e  x  y  y  t  a  f  c  b   n   e   c   s   s   w   w   p   w   o   p   k   n   g
7   e  b  s  w  t  a  f  c  b   g   e   c   s   s   w   w   p   w   o   p   k   n   m
8   e  b  y  w  t  l  f  c  b   n   e   c   s   s   w   w   p   w   o   p   n   s   m
9   p  x  y  w  t  p  f  c  n   p   e   e   s   s   w   w   p   w   o   p   k   v   g
10  e  b  s  y  t  a  f  c  b   g   e   c   s   s   w   w   p   w   o   p   k   s   m
```

图 7–41　蘑菇数据集

```
> (mushroom <- mushroom[,-17])
   V1 V2 V3 V4 V5 V6 V7 V8 V9 V10 V11 V12 V13 V14 V15 V16 V19 V20 V21 V22 V23
1   p  x  s  n  t  p  f  c  n   k   e   e   s   s   w   w   o   p   k   s   u
2   e  x  s  y  t  a  f  c  b   k   e   c   s   s   w   w   o   p   n   n   g
3   e  b  s  w  t  l  f  c  b   n   e   c   s   s   w   w   o   p   n   n   m
4   p  x  y  w  t  p  f  c  n   n   e   e   s   s   w   w   o   p   k   s   u
5   e  x  s  g  f  n  f  w  b   k   t   e   s   s   w   w   o   e   n   a   g
6   e  x  y  y  t  a  f  c  b   n   e   c   s   s   w   w   o   p   k   n   g
7   e  b  s  w  t  a  f  c  b   g   e   c   s   s   w   w   o   p   k   n   m
8   e  b  y  w  t  l  f  c  b   n   e   c   s   s   w   w   o   p   n   s   m
9   p  x  y  w  t  p  f  c  n   p   e   e   s   s   w   w   o   p   k   v   g
10  e  b  s  y  t  a  f  c  b   g   e   c   s   s   w   w   o   p   k   s   m
```

图 7–42　删除第 17 列的蘑菇数据集

分析：

图7-41与图7-42：蘑菇数据集有23个变量，8124个观测值，变量用V1,V2…,V23表示。V1是分类变量，表示能否食用，水平"e"（edible）表示可食用，水平"p"（poisonous）表示有毒。其余变量均为分类变量，表示各种蘑菇各部分的形状、颜色、

气味、生长特点、生长环境等属性，全部用字母表示其水平（最多有12个水平）。其中，V17只有一个水平，对建模不起作用，删除。

6. 建立蘑菇数据集的 C4.5 决策树

代码：

```
mush_C4.5<-J48(V1~.,data=mushroom)
mush_C4.5
write_to_dot(mush_C4.5)
plot(mush_C4.5)
```

结果：

```
> mush_C4.5<-J48(V1~.,data=mushroom)
> mush_C4.5
J48 pruned tree
------------------

V6 = a: e (400.0)
V6 = c: p (192.0)
V6 = f: p (2160.0)
V6 = l: e (400.0)
V6 = m: p (36.0)
V6 = n
|   V21 = b: e (48.0)
|   V21 = h: e (48.0)
|   V21 = k: e (1296.0)
|   V21 = n: e (1344.0)
|   V21 = o: e (48.0)
|   V21 = r: p (72.0)
|   V21 = u: e (0.0)
|   V21 = w
|   |   V9 = b: e (528.0)
|   |   V9 = n
|   |   |   V8 = c: p (32.0)
|   |   |   V8 = w
|   |   |   |   V22 = a: e (0.0)
|   |   |   |   V22 = c: p (16.0)
|   |   |   |   V22 = n: e (0.0)
|   |   |   |   V22 = s: e (0.0)
|   |   |   |   V22 = v: e (48.0)
|   |   |   |   V22 = y: e (0.0)
|   V21 = y: e (48.0)
V6 = p: p (256.0)
V6 = s: p (576.0)
V6 = y: p (576.0)

Number of Leaves  :  24

Size of the tree  :  29
```

```
> write_to_dot(mush_C4.5)
digraph J48Tree {
N0 [label="V6" ]
N0->N1 [label="= a"]
N1 [label="e (400.0)" shape=box style=filled ]
N0->N2 [label="= c"]
N2 [label="p (192.0)" shape=box style=filled ]
N0->N3 [label="= f"]
N3 [label="p (2160.0)" shape=box style=filled ]
N0->N4 [label="= l"]
N4 [label="e (400.0)" shape=box style=filled ]
N0->N5 [label="= m"]
N5 [label="p (36.0)" shape=box style=filled ]
N0->N6 [label="= n"]
N6 [label="V21" ]
N6->N7 [label="= b"]
N7 [label="e (48.0)" shape=box style=filled ]
N6->N8 [label="= h"]
N8 [label="e (48.0)" shape=box style=filled ]
N6->N9 [label="= k"]
N9 [label="e (1296.0)" shape=box style=filled ]
N6->N10 [label="= n"]
N10 [label="e (1344.0)" shape=box style=filled ]
N6->N11 [label="= o"]
N11 [label="e (48.0)" shape=box style=filled ]
N6->N12 [label="= r"]
N12 [label="p (72.0)" shape=box style=filled ]
N6->N13 [label="= u"]
N13 [label="e (0.0)" shape=box style=filled ]
N6->N14 [label="= w"]
```

图 7-43　蘑菇数据集 C4.5 决策树构建条件　　　图 7-44　蘑菇数据集 C4.5 决策树结点

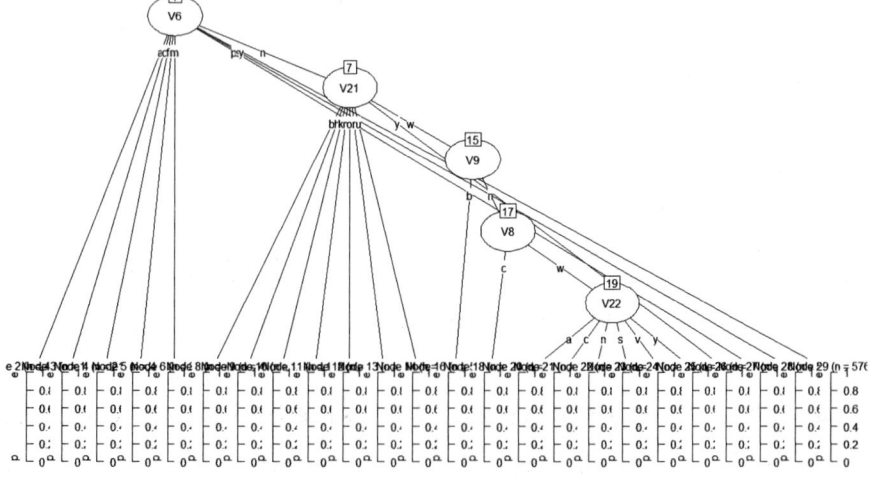

图 7-45　蘑菇数据集 C4.5 决策树

第7章 分类

分析：

图7-43、图7-44与图7-45：变量较多，图形显示结果较差，此时节点显示就非常必要。

7. 计算蘑菇数据集的 C4.5 分类训练误差错误率

代码：

```
table_C4.5=table(mushroom$V1,predict(mush_C4.5))
table_C4.5
(E1=sum(table_C4.5)-sum(diag(table_C4.5)))/sum(table_C4.5)
```

结果：

```
> table_C4.5=table(mushroom$V1,predict(mush_C4.5))
> table_C4.5

    e    p
e 4208    0
p    0 3916
> (E1=sum(table_C4.5)-sum(diag(table_C4.5)))/sum(table_C4.5)
[1] 0
```

图 7-46　蘑菇数据集 C4.5 分类训练误差错误率

分析：

图7-46：无错误分类，训练误差错误率0%。

7.9.2　实验2：CART分类

实验目的：了解CART决策树算法的基本原理并分别应用于数值型变量和分类变量的实际分类中。

实验数据集：数值型变量鸢尾花iris数据集和分类变量蘑菇数据集。

实验内容：

1. 安装和载入包，数据集载入

代码：

```
install.packages("tree")
require(tree)
data(iris)
(mushroom <- read.table("agaricus-lepiota.txt", header=TRUE, quote="\""))
(mushroom <- mushroom[,-17])
```

2. 建立鸢尾花 iris 数据集的 CART 决策树

代码：

```
iris.cart=tree(Species~.,iris)   #1
plot(iris.cart)   #2
text(iris.cart)   #3
```

221

代码解释：

#1：构建决策树。

#2：画出决策树。

#3：标注结点和条件。

结果：

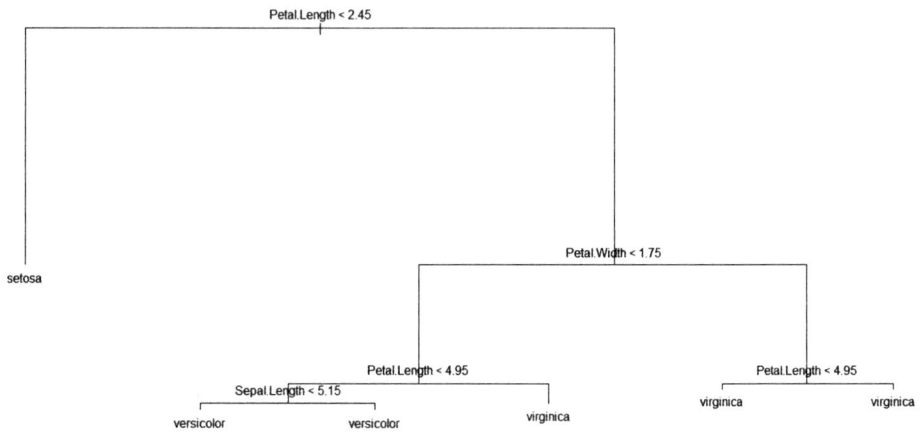

图7-47 鸢尾花 iris 数据集 CART 决策树

3．计算鸢尾花 iris 数据集的 CART 分类训练误差错误率

代码：

```
summary(iris.cart)  #1
iris.p <- predict(iris.cart, iris,type="class")  #2
(iris_table<-table(iris$Species,iris.p))  #2
(E<-( (sum(iris_table)-sum(diag(iris_table))) /sum(iris_table)))  #2
```

代码解释：

#1：统计信息含训练误差错误率。

#2：自行编写训练误差错误率。

结果：

```
> summary(iris.cart)

Classification tree:
tree(formula = Species ~ ., data = iris)
Variables actually used in tree construction:
[1] "Petal.Length" "Petal.Width"  "Sepal.Length"
Number of terminal nodes:  6
Residual mean deviance:  0.1253 = 18.05 / 144
Misclassification error rate: 0.02667 = 4 / 150
> iris.p <- predict(iris.cart, iris,type="class")#预测
> (iris_table<-table(iris$Species,iris.p))
            iris.p
             setosa versicolor virginica
  setosa        50         0        0
  versicolor     0        47        3
  virginica      0         1       49
> (E<-( (sum(iris_table)-sum(diag(iris_table))) /sum(iris_table)))
[1] 0.02666667
```

图7-48 鸢尾花 iris 数据集 CART 分类训练误差错误率

分析：

图7-48：CART为二叉树，高效；C4.5为多支树，虽然该数据集建立的也是二叉树，但由于机理不同，CART对此数据集的训练误差错误率（2.67%）比C4.5的训练误差错误率（2%）大一些。

4. 建立蘑菇数据集的 CART 决策树

代码：

```
mush.cart=tree(V1~.,mushroom)
plot(mush.cart)
text(mush.cart)
```

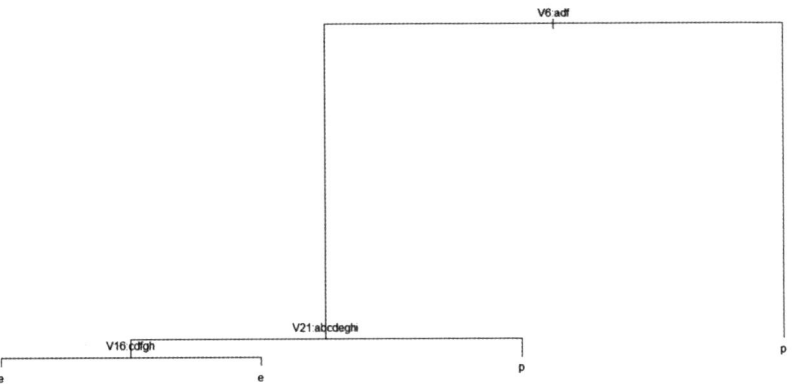

图 7-49　蘑菇数据集 CART 决策树

5. 计算蘑菇数据集的 CART 分类训练误差错误率

代码：

```
summary(mush.cart)
mush.p <- predict(mush.cart, mushroom,type="class")
(mush_table<-table(mushroom$V1,mush.p))
(E<-((sum(mush_table)-sum(diag(mush_table))) /sum(mush_table)))
```

结果：

```
> summary(mush.cart)

Classification tree:
tree(formula = V1 ~ ., data = mushroom)
Variables actually used in tree construction:
[1] "V6"  "V21" "V16"
Number of terminal nodes:  4
Residual mean deviance:  0.03135 = 254.6 / 8120
Misclassification error rate: 0.005908 = 48 / 8124
> #手动计算泛化误差
> mush.p <- predict(mush.cart, mushroom,type="class")#预测
> (mush_table<-table(mushroom$V1,mush.p))
   mush.p
      e      p
  e 4208      0
  p   48 3868
> (E<-( (sum(mush_table)-sum(diag(mush_table))) /sum(mush_table)))
[1] 0.005908419
```

图 7-50　蘑菇数据集 CART 分类训练误差错误率

分析：

图7-50：对此数据集，CART为二叉树，高效，C4.5为多支树，这里0.59%的训练误差错误率大于CART为0的训练误差错误率。

7.9.3 实验3：KNN分类

实验目的：了解KNN分类算法的基本原理并分别将其应用于数值型变量和分类变量的实际分类中。

实验数据集：数值型变量鸢尾花iris数据集和分类变量蘑菇数据集。

实验内容：

1．安装和载入包，数据集载入

代码：

```
install.packages ("caret")
require (caret)
data (iris)
(mushroom <- read.table ("agaricus-lepiota.txt", header=TRUE, quote="\""))
(mushroom <- mushroom[,-17])
```

2．建立鸢尾花iris数据集的KNN分类器

代码：

```
w.m <- knn3(Species~ ., iris,k=3)   #1
```

代码解释：

#1：这里最近邻设定为$k=3$，默认值$k=5$。

3．计算鸢尾花iris数据集的KNN分类训练误差错误率

代码：

```
w.p<-predict(w.m, iris, type="class")
table_w<-table(iris$Species,w.p)
table_w
(E= (sum(table_w)-sum(diag(table_w)))/sum(table_w))
```

结果：

```
> table_w
            w.p
            setosa versicolor virginica
setosa         50         0         0
versicolor      0        47         3
virginica       0         3        47
> (E= (sum(table_w)-sum(diag(table_w)))/sum(table_w))
[1] 0.04
```

图7-51 鸢尾花iris数据集KNN分类训练误差错误率

补充：k变化时的预测误差如表7-8所示。

第 7 章 分类

表 7-8　k 变化时的鸢尾花 iris 数据集 KNN 分类训练误差错误率

k	2	3	4	5	6	7	8	9	10
E	0.02	0.04	0.0333	0.0333	0.0267	0.0267	0.0267	0.02	0.0267

分析：

图 7-51 与表 7-8：对此数据集，k 值变化，训练误差错误率会相应变化。

4．建立蘑菇数据集的 KNN 分类器

代码：

```
w.m <- knn3(V1~., mushroom,k=3)
```

5．计算蘑菇数据集的 KNN 分类训练误差错误率

代码：

```
w.p<-predict(w.m, mushroom, type="class")
table_w<-table(mushroom$V1,w.p)
table_w
(E= (sum(table_w)-sum(diag(table_w)))/sum(table_w))
```

结果：

```
> table_w
   w.p
       e    p
  e 4208    0
  p    0 3916
> (E= (sum(table_w)-sum(diag(table_w)))/sum(table_w))
[1] 0
```

图 7-52　蘑菇数据集 KNN 分类训练误差错误率

补充：k 变化时的预测误差如表 7-9 所示。

表 7-9　k 变化时的蘑菇数据集 KNN 分类训练误差错误率

k	2	3	4	5	6	7	8	9	10
E	0	0	0	0	0	0	0	0.0002461841	0.0002461841

分析：

图 7-52 与表 7-9：对此数据集，k 值偏大时才会出现训练误差错误率。相比较鸢尾花 iris 数据集和蘑菇数据集，KNN 分类对数值型变量鸢尾花 iris 数据集的训练误差错误率要高于分类变量蘑菇数据集的训练误差错误率。

7.9.4　实验 4：Naïve Bayes 分类

实验目的：了解 Naïve Bayes 分类算法的基本原理并将其分别应用于数值型变量和

225

分类变量的实际分类中。

实验数据集：数值型变量鸢尾花 iris 数据集和分类变量蘑菇数据集。

实验内容：

1．安装和载入包，数据集载入

代码：

```
install.packages("klaR")
require(klaR)
data(iris)
(mushroom <- read.table("agaricus-lepiota.txt", header=TRUE, quote="\""))
(mushroom <- mushroom[,-17])
```

2．建立鸢尾花 iris 数据集的 Naïve Bayes 分类器

代码：

```
mm=NaiveBayes(Species~.,iris)
```

3．计算鸢尾花 iris 数据集的 Naïve Bayes 分类训练误差错误率

代码：

```
pp <- predict(mm)
(table_mushh<-table(iris$Species,pp$class))
(E<-(sum(table_mushh)-sum(diag(table_mushh)))/sum(table_mushh))
```

结果：

```
> (table_mushh<-table(iris$Species,pp$class))

            setosa versicolor virginica
setosa         50          0         0
versicolor      0         47         3
virginica       0          3        47
> (E<-(sum(table_mushh)-sum(diag(table_mushh)))/sum(table_mushh))
[1] 0.04
```

图 7-53　鸢尾花 iris 数据集 Naïve Bayes 分类训练误差错误率

4．建立蘑菇数据集的 Naïve Bayes 分类器

代码：

```
mm=NaiveBayes(V1~.,mushroom)
```

5．计算蘑菇数据集的 Naïve Bayes 分类训练误差错误率

代码：

```
pp <- predict(mm)
(table_m<-table(mushroom$V1,pp$class))
(E<-(sum(table_m)-sum(diag(table_m)))/sum(table_m))
```

结果：

```
> (table_m<-table(mushroom$v1,pp$class))

      e    p
  e 4175   33
  p  437 3479
> (E<-(sum(table_m)-sum(diag(table_m)))/sum(table_m))
[1] 0.05785327
```

图 7-54　蘑菇数据集 Naïve Bayes 分类训练误差错误率

7.9.5　实验 5：BP 分类

实验目的：了解 BP 分类算法的基本原理并将其应用于数值型变量的实际分类中。

实验数据集：数值型变量鸢尾花 iris 数据集。

实验内容：

1．安装和载入包，数据集载入

代码：

```
install.packages("nnet")
library(nnet)
data(iris)
```

2．划分测试集和训练集

代码：

```
trainIndex <-sample(1:150, 105)   #1
trainIndex   #1
testIndex <-setdiff(1:150, trainIndex)   #2
testIndex   #2
```

代码解释：

#1：采取 70% 数据作为训练集，30% 数据作为测试集的划分方式，其中训练集个数为 150*0.7=105。

#2：测试集。

3．建立鸢尾花 iris 数据集的 BP 分类器

代码：

```
ideal <-class.ind(iris$Species)   #1
 irisANN <-nnet(iris[trainIndex, -5], ideal[trainIndex, ], size=10,
softmax=TRUE)   #2
```

代码解释：

#1：必须抽象为数值，不然无法使用该算法。

#2：nnet(x,y,size,softmax)，其中 x 表示实验使用数据，y 表示分类目标数据，

数据分析与数据挖掘实用教程

size表示实验隐藏层单元数量，softmax为TRUE表示采用拟合方式是线性与最大似然相结合。

4．计算鸢尾花iris数据集的BP分类泛化误差错误率

代码：

```
testLabel <-predict(irisANN, iris[testIndex, -5], type="class")
my_table <-table(iris[testIndex,]$Species, testLabel)
(E <-1 -sum(diag(my_table)) / sum(my_table))
```

结果：

```
> (E <-1 -sum(diag(my_table)) / sum(my_table))
[1] 0.04444444
```

图7-55　鸢尾花iris数据集BP分类训练误差错误率

分析：

图7-55：多次运行程序，由于随机抽取的数据集不同，会导致结果出现差异。

7.9.6　实验6：SVM分类

实验目的：了解SVM分类算法的基本原理并将其分别应用于数值型变量和分类变量的实际分类中。

实验数据集：数值型变量鸢尾花iris数据集和分类变量蘑菇数据集。

实验内容：

1．安装和载入包，数据集载入

代码：

```
install.packages("e1071")
library(e1071)
data(iris)
(mushroom <- read.table("agaricus-lepiota.txt", header=TRUE, quote="\""))
(mushroom <- mushroom[,-17])
```

2．建立鸢尾花iris数据集的SVM分类器

代码：

```
model <- svm(Species ~ ., data = iris,
            method = "C-classification", kernel = "radial",
            cost = 10, gamma = 0.1)
summary(model)
```

结果：

```
> summary(model)
Call:
svm(formula = Species ~ ., data = iris, method = "C-classification",
    kernel = "radial", cost = 10, gamma = 0.1)


Parameters:
   SVM-Type:  C-classification
 SVM-Kernel:  radial
       cost:  10
      gamma:  0.1

Number of Support Vectors:  32

 ( 3 16 13 )


Number of Classes:  3

Levels:
 setosa versicolor virginica
```

图 7-56 鸢尾花 iris 数据集 SVM 分类器统计分析结果

分析：

图 7-56：可以输入"?svm"查看各参变量含义，可以尝试各种类型及参数，直至得到最优效果。

3．计算鸢尾花 iris 数据集的 SVM 分类训练误差错误率

代码：

```
pre=predict(model, iris,type='class')
table_m=table(pre,iris$Species)
(E<-(sum(table_m)-sum(diag(table_m)))/sum(table_m))
```

结果：

```
> table_m

pre          setosa versicolor virginica
  setosa         50          0         0
  versicolor      0         47         0
  virginica       0          3        50
> (E<-(sum(table_m)-sum(diag(table_m)))/sum(table_m))
[1] 0.02
```

图 7-57 鸢尾花 iris 数据集 SVM 分类训练误差错误率

4．建立蘑菇数据集的 SVM 分类器

代码：

```
model <- svm(V1 ~ ., data = mushroom,
            method = "C-classification", kernel = "radial",
            cost = 10, gamma = 0.1)
summary(model)
```

```
> summary(model)
Call:
svm(formula = V1 ~ ., data = mushroom, method = "C-classification",
    kernel = "radial", cost = 10, gamma = 0.1)


Parameters:
   SVM-Type:  C-classification
 SVM-Kernel:  radial
       cost:  10
      gamma:  0.1

Number of Support Vectors:  1196

 ( 541 655 )


Number of Classes:  2

Levels:
 e p
```

图 7-58　蘑菇数据集 SVM 分类器统计分析结果

5．计算蘑菇数据集的 SVM 分类训练误差错误率

代码：

```
pp <- predict(mm)
(table_m<-table(mushroom$V1,pp$class))
(E<-(sum(table_m)-sum(diag(table_m)))/sum(table_m))
```

结果：

```
> (E<-(sum(table_m)-sum(diag(table_m)))/sum(table_m))
[1] 0
```

图 7-59　蘑菇数据集 SVM 分类训练误差错误率

7.9.7　实验 7：Bagging 分类

实验目的：了解 Bagging 分类算法的基本原理并将其分别应用于数值型变量和分类变量的实际分类中。

实验数据集：数值型变量鸢尾花 iris 数据集和分类变量蘑菇数据集。

实验内容：

1．安装和载入包，数据集载入

代码：

```
install.packages("numDeriv")
install.packages("lava")
install.packages("prodlim")
install.packages("ipred")
library("numDeriv")
library("lava")
library("prodlim")
```

第 7 章 分类

```
library("ipred")
data(iris)
(mushroom <- read.table("agaricus-lepiota.txt", header=TRUE, quote="\""))
(mushroom <- mushroom[,-17])
```

2．建立鸢尾花 iris 数据集的 Bagging 分类器

代码：

```
model.bagging<-bagging(Species~.,data=iris)
```

3．计算鸢尾花 iris 数据集的 Bagging 分类训练误差错误率

代码：

```
pre=predict(model, iris,type='class')
table_m=table(pre,iris$Species)
(E<-(sum(table_m)-sum(diag(table_m)))/sum(table_m))
```

结果：

```
> (table_m=table(pre.bagging,iris$Species))

pre.bagging  setosa versicolor virginica
  setosa         50          0         0
  versicolor      0         50         0
  virginica       0          0        50
> (E<-(sum(table_m)-sum(diag(table_m)))/sum(table_m))
[1] 0
```

图 7-60　鸢尾花 iris 数据集 Bagging 分类训练误差错误率

4．建立蘑菇数据集的 Bagging 分类器

代码：

```
model.bagging<-bagging(V1~.,data=mushroom)
```

5．计算蘑菇数据集的 Bagging 分类训练误差错误率

代码：

```
pp <- predict(mm)
(table_m<-table(mushroom$V1,pp$class))
(E<-(sum(table_m)-sum(diag(table_m)))/sum(table_m))
```

结果：

```
> (table_m=table(pre.bagging,mushroom$V1))

pre.bagging    e      p
        e   4208      0
        p      0   3916
> (E<-(sum(table_m)-sum(diag(table_m)))/sum(table_m))
[1] 0
```

图 7-61　蘑菇数据集 Bagging 分类训练误差错误率

数据分析与数据挖掘实用教程

7.9.8 实验8：AdaBoost分类

实验目的：了解AdaBoost分类算法的基本原理并将其分别应用于数值型变量和分类变量的实际分类中。

实验数据集：数值型变量鸢尾花iris数据集和分类变量蘑菇数据集。

实验内容：

1. 安装和载入包，数据集载入

代码：

```
install.packages("adabag")
library(adabag)
data(iris)
(mushroom <- read.table("agaricus-lepiota.txt", header=TRUE, quote="\""))
(mushroom <- mushroom[,-17])
```

2. 建立鸢尾花iris数据集的AdaBoost分类器

代码：

```
a=boosting(Species~.,iris)
```

3. 计算鸢尾花iris数据集的AdaBoost分类训练误差错误率

代码：

```
z0=table(iris$Species,predict(a,iris)$class)
z0
(E0=sum(z0)-sum(diag(z0)))/sum(z0)
```

结果：

```
> z0

        e    p
e  4208    0
p     0  3916
> (E0=sum(z0)-sum(diag(z0)))/sum(z0)
[1] 0
```

图7-62　鸢尾花iris数据集AdaBoost分类训练误差错误率

4. 建立蘑菇数据集的AdaBoost分类器

代码：

```
a=boosting(V1~.,mushroom)
```

5. 计算蘑菇数据集的AdaBoost分类训练误差错误率

代码：

第 7 章 分类

```
z0=table(mushroom$V1,predict(a,mushroom)$class)
z0
(E0=sum(z0)-sum(diag(z0)))/sum(z0)
```

结果:

```
> z0

      e     p
e  4208     0
p     0  3916
> (E0=sum(z0)-sum(diag(z0)))/sum(z0)
[1] 0
```

图 7-63　蘑菇数据集 AdaBoost 分类训练误差错误率

分析:

各分类器的训练误差错误率如表 7-10 所示。

表 7-10　各分类器的训练误差错误率

分类算法	鸢尾花数据	蘑菇数据集
C4.5	0.02	0
CART	0.0267	0.0591
KNN（k=3）	0.04	0
Naive Bayes	0.04	0.0579
SVM	0.02	0
Bagging	0	0
Adboost	0	0

233

第 8 章 聚类

8.1 聚类的基本概念

聚类分析是一个既古老又年轻的学科分支。说它古老，是因为人们研究它的时间已经很长了，说它年轻，是因为实际应用领域不断提出新的要求，已有方法不能满足新的实际需要，因此聚类分析的方法和技术仍需不断完善和发展。

6.1 节中已经给出了聚类的基本概念。如图 8-1 所示，聚类是把数据对象集划分成多个组或簇的过程。聚类使簇内的对象具有很高的相似性，但与其他簇中的对象很不相似，如图 8-2 所示。相异性和相似性需根据描述对象的属性值评估，并且通常涉及距离度量。聚类是无指导的分类，是没有预先定义的类。

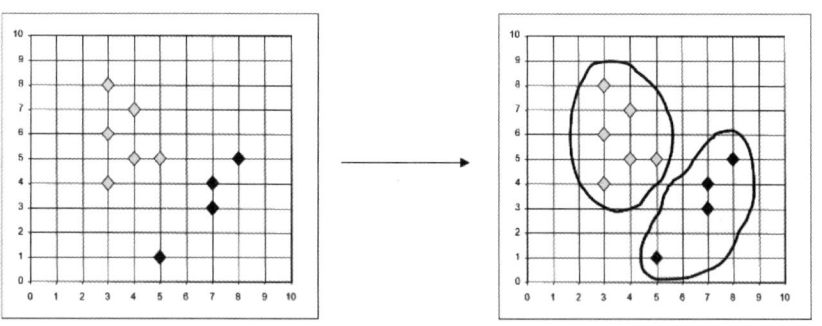

图 8-1　聚类的过程

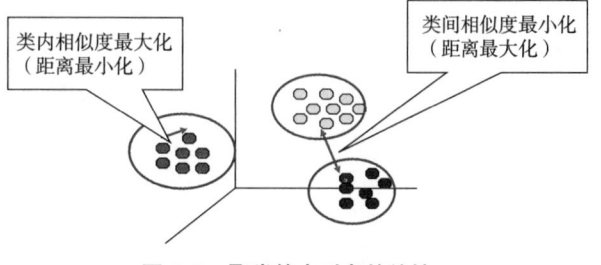

图 8-2　聚类簇内对象的特性

聚类分析简称聚类。由聚类分析产生的簇的集合称作一个聚类。在这种语境下，在相同的数据集中，不同的聚类方法可能产生不同的聚类。划分不是通过人，而是通过聚类算法进行的。聚类是有用的，因为通过聚类可能会发现数据内事先未知的群组。一个聚类分析系统输入的是一组样本和一个度量样本间相似性（或距离）的标准，输出的是簇集，即数据集的几个组，这些簇构成一个分区或者分区结构。聚类分析的一个附加结果是对每个簇进行综合描述，这种结果对于进一步深入分析数据集的特性尤为重要。

聚类还可以用于离群点检测，也可以作为独立的工具，查看数据分布的情况，观察每个簇的特征，集中对某些特定的簇做进一步的分析。聚类分析正在蓬勃发展，广泛应用于一些探索性领域，如统计学与模式分析、金融分析、市场营销、决策支持、信息检索、WEB挖掘、网络安全、图像处理、地质勘探、城市规划，土地使用、空间数据分析、生物学、天文学、心理学、考古学等。

如图8-3所示，聚类分析研究的主要内容包括：

➤ 模式表示（包括特征提取/选择）

模式表示是聚类算法的基础。一种好的模式表示能够产生简单、容易理解的簇，而一种差的模式表示可能会产生一种使真实结构难以辨别甚至不可能辨别的复杂簇。特征选择是提高聚类质量的有效的特征子集提取过程。

➤ 适合数据领域的模式相似性定义

模式相似性通常使用定义在"模式对"间的距离函数或相似系数来描述。

➤ 聚类或划分算法

聚类的划分可以采用许多方法，同时它也是聚类分析的核心。它可以是硬划分，也可以是软划分。所谓硬划分，是指将每个对象严格地划分到不同的簇中，这种划分的界限是明确的；软划分不明确地将对象划分到某个簇，通过每个对象属于不同簇的不确定性来描述，这种划分的界限是不明确的。

➤ 数据摘要（如有必要）

➤ 输出结果的评估（如有必要）

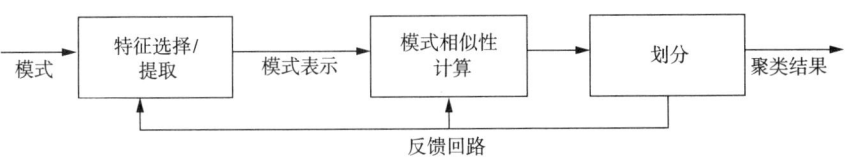

图8-3 聚类分析研究的主要内容

对于**不同类型的聚类**有不同的划分方法，可将聚类主要划分为以下几类：层次的与划分的，互斥的、重叠的与模糊的，完全的与部分的。

➤ 层次的与划分的

不同类型的聚类之间最常讨论的差别是：簇的集合是嵌套的还是非嵌套的，或者用更传统的术语——是层次的还是划分的。划分聚类简单地将数据对象集划分成不重叠的子集（簇），使得每个数据对象恰在一个子集中。图8-4给出了划分聚类的示意图。如果允许簇具有子簇，那我们会得到一个层次聚类，层次聚类是嵌套簇的集族，组织成一棵树。图8-5给出了层次聚类的示意图。

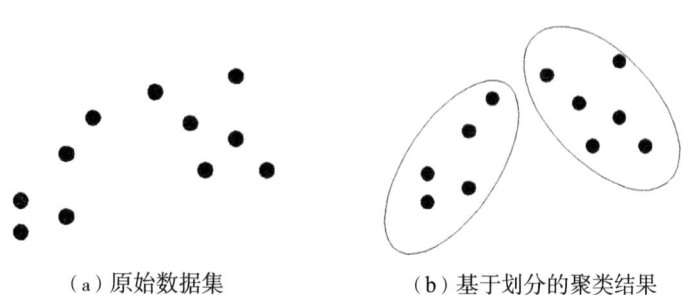

（a）原始数据集　　　　　　（b）基于划分的聚类结果

图8-4　划分聚类示意图

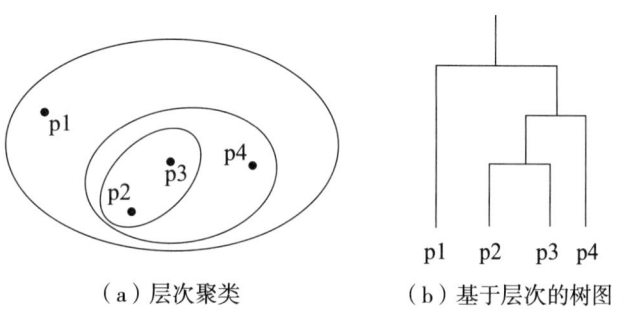

（a）层次聚类　　　　　　（b）基于层次的树图

图8-5　层次聚类示意图

> 互斥的、重叠的与模糊的

互斥的情况是，每个对象都指派到单个簇。在有些情况下，可以合理地将一个点放到多个簇中，这种情况可以被非互斥聚类更好地处理。在最一般的意义下，重叠的或非互斥的聚类用来反映一个对象同时属于多个簇（类）这一事实。在模糊聚类中，每个对象以一个0（绝对不属于）和1（绝对属于）之间的隶属权值属于每个簇。换言之，簇被视为模糊集。

> 完全的与部分的

完全聚类将每个对象指派到一个簇，而部分聚类不是这样。促进部分聚类的因素是，数据集中的某些对象可能不属于明确定义的簇。数据集中的一些对象可能代表噪声、离群点或"不感兴趣的背景"。

从**簇类型**的角度看，聚类也有很大的差异，主要包括明显分离的、基于原型的、基于图的、基于密度的和概念簇（共同性质的）。为了以可视的方式说明这些簇类型之间的差别，我们使用二维数据点作为数据对象。需要强调的是，这里介绍的簇类型同样适用于其他数据。

第 8 章 聚类

> 明显分离的

其中每个对象到同簇中每个其他对象的距离比到不同簇中任意对象的距离都近（或更加相似）。有时，会使用阈值来说明簇中所有对象相互之间必须充分接近（或相似）。仅当数据包含相互远离的自然簇时，簇的这种理想定义才能满足。图8-6给出了3个明显分离的簇。

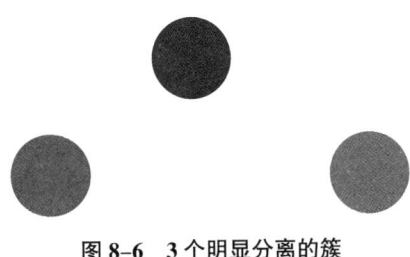

图 8-6　3 个明显分离的簇

> 基于原型的

其中每个对象到定义该簇的原型的距离比到其他簇的原型的距离更近（或更加相似）。对于具有连续属性的数据，簇的原型通常是质心，即簇中所有点的平均值。当质心没有意义时（例如当数据具有分类属性时），原型通常是中心点，即簇中最有代表性的点。对于许多数据类型，原型可以视为最靠近中心的点，在这种情况下，通常把基于原型的簇看作基于中心的簇。毫无疑问，这种簇趋向于呈球状。图8-7给出了4个基于中心的簇。

图 8-7　4 个基于中心的簇

> 基于图的

如果数据用图表示，其中结点是对象，边代表对象之间的联系，则簇可以定义为连通分支，即互相连通但不与组外对象连通的对象组。基于图的簇的一个重要例子是邻近的簇，其中两个对象是相连的，仅当它们的距离在指定的范围之内，也就是说在邻近的簇中，每个对象到该簇某个对象的距离比到不同簇中任意点的距离更近。当簇不规则或缠绕时，簇的这种定义是有用的。但是，当数据具有噪声时就可能出现问题，一个小的点桥就可能合并两个不同的簇。图8-8给出了8个基于图的簇。

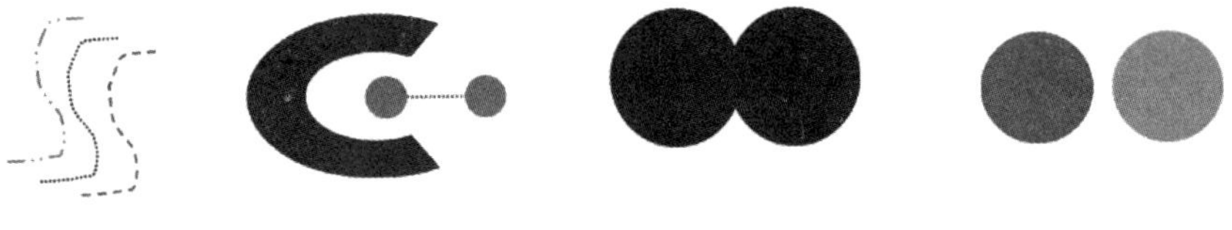

图 8-8　8 个基于图的簇

237

> 基于密度的

簇是对象的稠密区域，并被低密度的区域环绕。图8-9给出了6个基于密度的簇。

图8-9 6个基于密度的簇

> 概念簇（共同性质的）

通常，我们可以把簇定义为有某种共同性质的对象的集合。这个定义包括前面的所有簇定义。例如，基于中心的簇中的对象都具有共同的性质：它们都离相同的质心或中心点最近。然而，共享性质的方法还包含新的簇类型。如图8-10所示，给出了2个重叠环的簇，在这种情况下，聚类算法需要非常具体的簇概念来成功地检测出这些簇。

图8-10 2个重叠环的簇

除了以上聚类方法外，还有几种主要的聚类方法：

> 基于网格的方法

基于网格的方法把对象空间量化为有限个单元，形成一个网格结构。所有的聚类操作都在这个网格结构（即量化的空间）上进行。这种方法的主要优点是处理速度很快，其处理时间通常独立于数据对象的个数，而仅依赖于量化空间中每一维的单元数。对于许多空间数据挖掘问题（包括聚类），使用网格都是一种有效的方法。因此，基于网格的方法可以与其他聚类方法集成。

> 谱聚类算法

谱聚类算法建立在图论中的谱图理论基础上，其本质是将聚类问题转化为图的最优划分问题，是一种点对聚类算法，对数据聚类具有很好的应用前景。

> 蚁群聚类算法

蚁群算法作为一种新型的优化方法，具有很强的鲁棒性和适应性。蚁群算法在数据挖掘聚类中的应用所采用的生物原型为蚁群的蚁穴清理行为和蚁群觅食行为。

对聚类方法提出一个全方位的、简洁的分类是非常困难的，因为这些类别可能是重叠的，从而使得一种方法具有几种类别的特征。本书仅对上述方法中的划分方法、层次方法和基于密度的方法进行介绍。

8.2 划分方法

聚类分析最简单、最基本的方法是划分方法，它将数据组织成多个互斥的组或簇，使每个数据对象恰在一个子集。

给定 n 个数据对象的数据集 D 以及要生成的簇数 k，划分算法把数据对象组成 k（$k<=n$）个不相交的分区，其中每个分区代表一个簇，即 $C_1, C_2, \cdots C_k$。这些簇的形成旨在优化一个客观划分准则，如基于距离的相异性函数，使根据数据集的属性在同一个簇中的对象是"相似的"，而在不同簇中的对象是"相异的"。

简单来说，划分的 k 个聚类，应满足如下要求：

第一，每个组至少包含一个对象。

第二，每个对象必须属于且只属于一个组。在某些模糊划分技术中，此要求可以放宽。

给定 k，则此 k 个聚类对于选定的划分标准是最优的。划分式聚类算法需要预先制定簇数目或簇中心，通过反复迭代运算，逐步降低目标函数的误差值，当目标函数值收敛时，得到最终聚类结果。这类方法分为基于质心的划分方法和基于中心的划分方法。最具代表和知名的是 **k-means** 和 **k-medoids**。

8.2.1 k-means聚类

基于质心的划分方法是研究最多的算法，包括k-means聚类算法及其各种变体，这些变体依据初始簇的选择、对象的划分、相似度的计算方法、簇中心的计算方法等不同而不同。该方法将簇中所有对象的平均值看作簇的质心，根据一个数据对象与簇质心的距离，将该对象赋予最近的簇。

k-means算法是很典型的基于距离的聚类算法，采用距离作为相似性的评价指标，即认为两个对象的距离越近，其相似度就越大。该算法认为簇是由距离靠近的对象组成的，因此把得到紧凑且独立的簇作为最终目标。

k-means原理是初始随机给定 k 个簇中心，在未知样本类别的情况下，通过计算样本间的距离（欧式距离、马式距离、汉明距离、余弦距离等）来估计样本所属类别。按照最邻近原则把待分类样本点分到各个簇。然后按平均法重新计算各个簇的质心，从而确定新的簇心。一直迭代，直到簇心的移动距离小于某个给定的值。

k-means算法伪代码如下：

输入：结果簇的个数k，包含n个对象的数据集合D。

输出：k个簇的集合。

方法：

（1）选择任意K个对象作为初始的簇中心；

（2）repeat

（3）　　根据簇中对象的平均值，将每个对象重新赋给最类似的簇；

（4）　　更新簇的平均值，即重新计算每个簇中对象的平均值；

（5）until不再发生变化。

图8-11给出了k-means算法的处理流程。

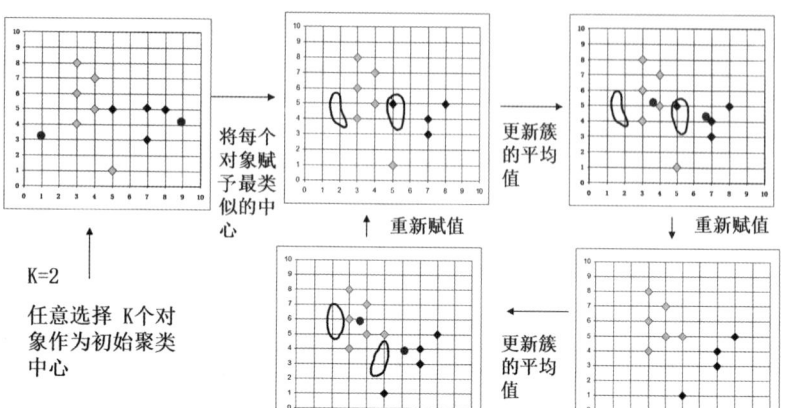

图 8-11　k-means 算法处理流程

对于k-means算法，簇C_i的质量可以用簇内变差量，它是C_i中所有对象和形心C_i之间的误差的平方和度量，定义形式如下：

$$E = \sum_{i=1}^{k} \sum_{x \in C_i} dist\left(\boldsymbol{p}, \boldsymbol{c}_i\right)^2 \qquad （8-1）$$

其中，E是数据集中所有对象的误差的平方和，$\boldsymbol{p}$是空间中的点，表示给定的数据对象，$\boldsymbol{c}_i$是簇$\boldsymbol{c}_i$的形心（$\boldsymbol{p}$和$\boldsymbol{c}_i$都是多维的）。$dist(\boldsymbol{x}, \boldsymbol{y})$表示两个对象之间的距离（通常采用欧式距离）。对于相同的k值，越小的E说明簇中对象越集中。

这里，质心的选取是需要特别注意的。

选择适当的初始质心是k-means算法的关键步骤。常见的方法是随机选取初始质心，但是簇的质量常常很差。处理选取初始质心问题的一种常用技术是多次运行，每次使用一组不同的随机初始质心，然后选取具有最小误差的平方和的簇集。这种策略简单，但是效果可能不好，这取决于数据集和寻找的簇的个数。

第二种有效的方法是，取一个样本，并使用层次聚类技术对它聚类。从层次聚类中提取k个簇，并用这些簇的质心作为初始质心。该方法通常很有效，但仅对下列情况有效：（1）样本相对较小，例如数百到数千（否则层次聚类开销较大）；（2）k相对于样本大小较小。

第三种选择初始质心的方法是，随机选择第一个点，或取所有点的质心作为第一个点。然后，对于每个后继初始质心，选择离已经选取的初始质心最远的点。使用这种方法，确保了选择的初始质心不仅是随机的，而且是散开的。但是，这种方法可能选中离群点。此外，求离当前初始质心集最远的点开销也非常大。为了克服这个问题，该方法通常用于点样本。由于离群点很少（多了就不是离群点了），它们多半不会在随机样本中出现，计算量也大幅减少。

第 8 章 聚类

k-means算法大部分的收敛在早期阶段，算法的空间复杂度为：

$$O((n+K)d) \tag{8-2}$$

算法的时间复杂度为：

$$O(n \times K \times l \times d) \tag{8-3}$$

其中，n 为样本点的个数，K 为簇的个数，l 为迭代的次数，d 为属性的个数。

例如，数据挖掘的任务是将如下的八个点〔用(x,y)代表位置〕：A1(2,10),A2(2,5),A3(8,4),B1(5,8),B2(7,5),B3(6,4),C1(1,2),C2(4,9)，聚类为三个簇。距离函数是欧几里得距离的平方（$d^2 = x^2 + y^2$），为了方便，每个过程取值以0.5进位。

首先画出数据样本示意图，如图8-12所示。

假设初始选择A1，B1，C1分别为每个簇的初始中心，第一次迭代中心为1：A1，2：B1，3：C1，计算欧几里得距离如表8-1所示。

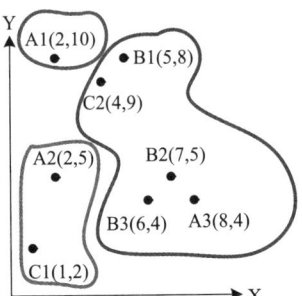

图 8-12　数据样本示意图

表 8-1　k-means 第一次迭代欧几里得距离的平方

d^2	A1	A2	A3	B1	B2	B3	C1	C2
1	_0_	25	72	13	50	52	65	5
2	13	18	_25_	_0_	_13_	_17_	52	_2_
3	65	_10_	53	52	45	29	_0_	58

分析表8-1：选取每列最小的值重新赋给最类似的簇，最终得到每行的斜体下划线数据构成的新簇，如图8-13所示。第一轮执行后的三个簇中心为：

1：A1；(2,10)

2：A3，B1，B2，B3，C2；(6,6)

3：A2，C1；(1.5,3.5)

第二次迭代中心为1：(2,10)，2：(6,6)，3：(1.5,3.5)，计算欧几里得距离如表8-2所示。

图 8-13　第一次迭代聚类

表 8-2　k-means 第二次迭代欧几里得距离的平方

d^2	A1	A2	A3	B1	B2	B3	C1	C2
1	_0_	25	72	13	50	52	65	_5_
2	32	17	_8_	_5_	_2_	_4_	41	13
3	42.5	_2.5_	42.5	32.5	32.5	20.5	_2.5_	36.5

数据分析与数据挖掘实用教程

分析表8-2：选取每列最小的值重新赋给最类似的簇，最终得到每行的斜体下划线数据构成的新簇，如图8-14所示。第二轮执行后的三个簇中心为：

1：A1，C2；(3,9.5)

2：A3，B1，B2，B3；(6.5,5)

3：A2，C1；(1.5,3.5)

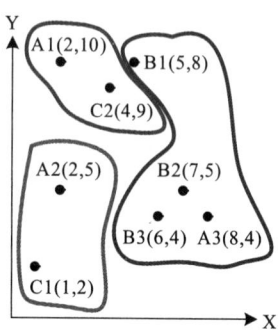

图8-14　第二次迭代聚类

第三次迭代中心为1：(3,9.5)；2：(6.5,5)；3：(1.5,3.5)，计算欧几里得距离如表8-3所示。

表8-3　k-means第三次迭代欧几里得距离的平方

d^2	A1	A2	A3	B1	B2	B3	C1	C2
1	*1.25*	21.25	55.25	*6.25*	36.25	39.25	60.25	*1.25*
2	45.25	20.25	*3.25*	11.25	*0.25*	*1.25*	39.25	18.25
3	42.5	*2.5*	42.5	32.5	32.5	20.5	*2.5*	36.5

分析表8-3：选取每列最小的值重新赋给最类似的簇，最终得到每行的斜体下划线数据构成的新簇，如图8-15所示。第三轮执行后的三个簇中心为：

1：A1，B1，C2；(3.5,9)

2：A3，B2，B3；(7,4.5)

3：A2，C1；(1.5,3.5)

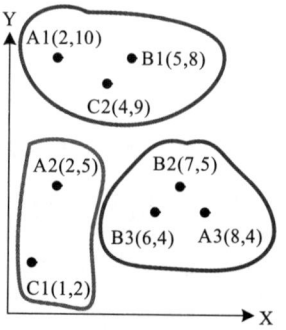

图8-15　第三次迭代聚类

第四次迭代中心为1：(3.5,9)，2：(7,4.5)，3：(1.5,3.5)，计算欧几里得距离如表8-4所示。

表8-4　k-means第四次迭代欧几里得距离的平方

d^2	A1	A2	A3	B1	B2	B3	C1	C2
1	_3.25_	18.25	45.25	_3.25_	28.25	31.25	55.25	_0.25_
2	55.25	25.25	_1.25_	16.25	_0.25_	_1.25_	42.25	29.25
3	42.5	_2.5_	42.5	32.5	32.5	20.5	_2.5_	36.5

分析表8-4：选取每列最小的值重新赋给最类似的簇，最终得到每行的斜体下划线数据构成的新簇。第四轮执行后的三个簇中心并未改变，即为最后的三个簇，分别为：

1：A1，B1，C2

2：A3，B2，B3

3：A2，C1

对于聚类分析而言，聚类表示和数据对象之间相似度的定义是最基础的问题，直接影响数据聚类的效果。对闵可夫斯基距离进行推广可以使聚类算法有效处理含分类属性的数据。这种改进的 **k-means方法** 可称为 **k-summary** 算法。假设数据集D有m个属性，其中有m_C个分类属性和m_N个数值属性，$m=m_C+m_N$，用D_i表示第i个属性取值的集合。首先给出两个定义。

定义1

给定簇C，$a \in D_i$，a在C中关于D_i的频度定义为C在D_i上的投影中包含a的次数，如下所示：

$$Freq_{C|D_i}(a) = |\{object \mid object \in C, object.D_i = a\}| \qquad （8-4）$$

定义2

给定簇C，C的摘要信息（CSI，Cluster Summary Information)定义为

$$CSI = \{n, Summary\} \qquad （8-5）$$

其中$n=|C|$为C的大小，$Summary$由分类属性中不同取值的频度信息和数值型属性的质心两部分构成，即：

$$Summary = \left\{ Stat_i, Cen \middle| Stat_i = \left\{ \left(a, Freq_{C|D_i}(a)\right) \middle| a \in D_i \right\} \right\}$$

$$1 \leqslant i \leqslant m_C, Cen = (c_{m_C+1}, c_{m_C+2}, \ldots, c_{m_C+m_N}) \qquad （8-6）$$

定义3

给定D的簇C、C_1和C_2的对象$p=[p_1, p_2, \cdots p_m]$与$q=[q_1, q_2, \cdots q_m]$，有如下性质：

（1）对象 p 和 q 在属性 i 上的差异程度（或距离），对于分类属性或二值属性：

$$dif(p_i, q_i) = \begin{cases} 1 & p_i \neq q_i \\ 0 & p_i = q_i \end{cases} = 1 - \begin{cases} 0 & p_i \neq q_i \\ 1 & p_i = q_i \end{cases} \tag{8-7}$$

对于连续属性或顺序属性：

$$dif(p_i, q_i) = |p_i - q_i| \tag{8-8}$$

（2）对象 p 和 q 间的差异程度（或距离）定义为

$$d(p, q) = \left(\sum_{i=1}^{m} dif(p_i, q_i)^x \right)^{\frac{1}{x}} \tag{8-9}$$

（3）对象 p 和簇 C 间的距离定义为 p 与簇 C 的摘要之间的距离，如下所示：

$$d(p, C) = \left(\sum_{i=1}^{m} dif(p_i, C_i)^x \right)^{\frac{1}{x}}$$

这里 $dif(p_i, C_i)$ 为 p 与 C 在属性 D_i 上的距离，对于分类属性 D_i，其值定义为 p 与 C 中每个对象在属性 D_i 上的距离的算术平均值，即：

$$dif(p_i, C_i) = 1 - \frac{Freq_{C|D_i}(p_i)}{|C|} \tag{8-10}$$

对于数值属性 D_i 定义为

$$dif(p_i, C_i) = |p_i - C_i| \tag{8-11}$$

（4）簇 C_1 和 C_2 间的距离定义为两个簇的摘要间的距离，如下所示：

$$d(C_1, C_2) = \left(\sum_{i=1}^{m} dif\left(C_i^{(1)}, C_i^{(2)} \right)^x \right)^{\frac{1}{x}} \tag{8-12}$$

这里 $dif\left(C_i^{(1)}, C_i^{(2)} \right)$ 为 C_1 与 C_2 在属性 D_i 上的距离，对于分类属性，其值定义为 C_1 中每个对象与 C_2 中每个对象的差异的平均值，如下所示：

$$dif\left(C_i^{(1)}, C_i^{(2)} \right) = 1 - \frac{1}{|C_1||C_2|} \sum_{p_i \in C_1} Freq_{C_1|D_i}(p_i) Freq_{C_2|D_i}(p_i)$$

$$= 1 - \frac{1}{|C_1||C_2|} \sum_{q_i \in C_2} Freq_{C_1|D_i}(q_i) Freq_{C_2|D_i}(q_i) \tag{8-13}$$

对于数值属性，定义为

$$dif\left(C_i^{(1)}, C_i^{(2)} \right) = \left| C_i^{(1)} - C_i^{(2)} \right| \tag{8-14}$$

为了更好地理解上述定理，我们可以举例说明：假设描述学生的信息包含性别、籍贯、年龄三个属性。两条记录 p 和 q 及两个簇 C_1、C_2 的信息如下，分别求出记录和簇彼此之间的距离。

$p=\{$男，广州，$18\}$，$q=\{$女，深圳，$20\}$

$C_1=\{$男：25，女：5；广州：20，深圳：6，韶关：4；$19\}$

$C_2=\{$男：3，女：12；汕头：12，深圳：1，湛江：2；$24\}$

依据定义，取$x=1$得到的各距离如下：

➤ $d(p, q)=1+1+(20-18)=4$

➤ $d(p,C_1)=(1-25/30)+(1-20/30)+(19-18)=1.5$

➤ $d(p,C_2)=(1-3/15)+(1-0/15)+(24-18)=7.8$

➤ $d(q,C_1)=(1-5/30)+(1-6/30)+(20-19)=79/30\approx2.63$

➤ $d(q,C_2)=(1-12/15)+(1-1/15)+(24-20)=77/15\approx5.13$

➤ $d(C_1,C_2)=1-(25\times3+5\times12)/(30\times15)+1-6\times1/(30\times15)+(24-19)=1003/150\approx6.69$

k-summary算法的伪代码如下：

输入：结果簇的个数k，包含n个对象的数据集合D

输出：k个簇的集合

方法：

（1）从数据集D中任意选择k个对象，并创建k个簇的摘要信息CSI；

（2）repeat

（3）　　for数据集D中每个对象P do

（4）　　　　计算对象P到k个簇中心的距离；

（5）　　　　将对象P指派到与其最近(距离最短)的簇；

（6）　　　　end for

（7）　　更新簇的摘要信息CSI；

（8）until k个簇的摘要信息不再发生变化。

举例，对于表8-5的数据集，使用k-summary算法将其划分为三个簇。

表8-5　weather 聚类数据集

outlook	temperature	humidity	wind
sunny	85	85	FALSE
sunny	80	90	TRUE
overcast	83	86	FALSE
rainy	70	96	FALSE
rainy	68	80	FALSE
rainy	65	70	TRUE
overcast	64	65	TRUE

（续表 8-5）

outlook	temperature	humidity	wind
sunny	72	95	FALSE
sunny	69	70	FALSE
rainy	75	80	FALSE
sunny	75	70	TRUE
overcast	72	90	TRUE
overcast	81	75	FALSE
rainy	71	91	TRUE

假定选择第 5 条记录 {rainy,68,80,FALSE}、第 7 条记录 {overcast,64,65,TRUE} 和第 10 条记录 {rainy,75,80,FALSE} 作为三个簇 C_1、C_2 和 C_3 的初始中心（摘要）。

划分对象到最近的簇，记录与三个簇之间的距离（使用欧几里得距离），如表 8-6 所示。

表 8-6　k-summary 第一次迭代欧几里得距离

记录号	到簇 C_1 的距离	到簇 C_2 的距离	到簇 C_3 的距离	所属簇标号
1	8.874120	14.517231	5.612486	3
2	7.842194	14.849242	5.634714	3
3	8.093207	14.168627	5.024938	3
4	8.062258	15.803481	8.381527	1
5	0.000000	7.794229	3.500000	1
6	5.244044	2.598076	7.088723	2
7	7.794229	0.000000	9.327379	2
8	7.778175	15.540270	7.664855	3
9	5.049752	3.605551	5.852350	2
10	3.500000	9.327379	0.000000	3
11	6.144103	6.062178	5.049752	3
12	5.431390	13.124405	5.267827	3
13	6.982120	9.874209	3.937004	3
14	5.722762	13.472194	5.873670	1

第一次划分后三个簇的摘要信息更新为：

簇 C_1：{rainy:3; 69.667; 89.000; FALSE:2,TRUE:1}。

簇 C_2：{overcast:1,rainy:1,sunny:1 ;66.0;68.333;FALSE:1,TRUE:2 }。

簇C_3：{overcast:3,rainy:1,sunny:4;77.875;83.875; FALSE:5,TRUE:3}。

重新划分对象到最近的簇，第二次迭代结果如表8-7所示。

表 8-7　k-summary 第二次迭代欧几里得距离

记录号	到簇 C_1 的距离	到簇 C_2 的距离	到簇 C_3 的距离	所属簇标号
1	7.940753	12.645816	3.620148	3
2	5.225472	12.903488	3.266186	3
3	6.853628	12.267844	2.797879	3
4	3.507928	13.985111	7.244610	1
5	4.579544	5.937171	5.325352	1
6	9.788031	1.040833	9.479418	2
7	12.344589	1.979057	11.721375	2
8	3.261731	13.674794	6.298251	1
9	9.520446	1.779513	8.241236	2
10	5.233439	7.382412	2.459039	3
11	9.885455	4.591659	7.096159	2
12	1.404358	11.247222	4.266512	1
13	9.021579	8.220908	4.718647	3
14	1.247219	11.611776	4.979646	1

第二次划分后三个簇的摘要信息更新为：

簇C_1：{overcast:1,rain:3,sunny:1 ;70.6;90.4; FALSE:3,TRUE:2}。

簇C_2：{overcast:1,rainy:1,sunny:2; 68.25;68.75; FALSE:1,TRUE:3}。

簇C_3：{overcast:2,rainy:1,sunny:2; 80.8;83.2; FALSE:4,TRUE:1}。

重新划分对象到最近的簇，第三次迭代结果如表8-8所示。

表 8-8　k-summary 第三次迭代欧几里得距离

记录号	到簇 C_1 的距离	到簇 C_2 的距离	到簇 C_3 的距离	所属簇标号
1	7.702597	11.677302	2.306513	3
2	4.730750	12.144315	3.459769	3
3	6.593937	11.360568	1.808314	3
4	2.830194	13.663363	8.383913	1
5	5.367495	5.651327	6.609841	1

（续表 8-8）

记录号	到簇 C_1 的距离	到簇 C_2 的距离	到簇 C_3 的距离	所属簇标号
6	10.583478	1.785357	10.309704	2
7	13.131260	2.861381	12.394354	2
8	2.445404	13.265910	7.366817	1
9	10.241094	0.856957	8.858329	2
10	5.653318	6.581223	3.337664	3
11	10.446531	3.443744	7.226341	2
12	0.883176	10.796411	5.583010	1
13	9.302150	7.119515	4.113393	3
14	0.509902	11.216617	6.288084	1

第三次划分后三个簇的摘要信息更新为：

簇 C_1：{ overcast:1,rain:3,sunny:1;70.6;90.4; FALSE:3,TRUE:2 }。

簇 C_2：{ overcast:1,rainy:1,sunny:2; 68.25;68.75; FALSE:1,TRUE:3}。

簇 C_3：{ overcast:2,rainy:1,sunny:2; 80.8;83.2; FALSE:4,TRUE:1}。

经过三轮划分后，三个簇的摘要不再发生改变，聚类结束。

簇 C_1 包含的记录集合为 {1,2,3,10,13}，摘要信息为：

C_1：{overcast:1,rain:3,sunny:1;70.6;90.4; FALSE:3,TRUE:2 }。

簇 C_2 包含的记录集合为 {4,5, 8,12, 14}，摘要信息为：

C_2：{overcast:1,rainy:1,sunny:2; 68.25;68.75; FALSE:1,TRUE:3}。

簇 C_3 包含的记录集合为 {6,7,9,11}，摘要信息为：

C_3：{overcast:2,rainy:1,sunny:2; 80.8;83.2; FALSE:4, TRUE:1}。

k-means 算法的**优点**是：

➢ 算法快速、简单。

➢ 针对大数据集效率较高并且具有可伸缩性。

➢ 时间复杂度近于线性，而且适合挖掘大规模数据集。

➢ 适用于球形簇。

k-means 算法的**缺点**是：

➢ 在 k-means 算法中 k 是事先给定的，这个 k 值的选定是非常难估计的。

➢ 在 k-means 算法中，首先需要根据初始聚类中心来确定一个初始划分，然后对初始划分进行优化。这个初始聚类中心的选择对聚类结果有较大影响，一旦初始值选择得不好，可能无法得到有效的聚类结果。

➢ 从k-means算法框架可以看出，该算法需要不断进行样本分类调整，不断计算调整后的新的聚类中心，因此当数据量非常大时，算法的时间开销是非常大的。

➢ 不能处理非球形簇，不能处理不同尺寸和不同密度的簇。

➢ 对离群点、噪声敏感。

8.2.2 k-medoids聚类

k-means算法对离群点敏感，因为这种对象远离大多数数据，因此分配到一个簇时，它们可能严重地扭曲簇的均值，影响其他对象到簇的分配。对此，我们可以不以簇中对象的均值作为参照点，而是挑选实际对象来代表簇，每个簇使用一个代表对象。其余的每个对象被分配到与其最为相似的代表性对象所在的簇中。这样，划分方法基于最小化所有对象与其对应的代表对象之间的相异度之和的原则来进行划分，定义如下：

$$E = \sum\nolimits_{x \in C_j} dist\left(\boldsymbol{p}, \boldsymbol{o}_i \right) \tag{8-15}$$

其中，E 是数据集中所有对象 $\boldsymbol{P}$ 与 C_i 的代表对象 $\boldsymbol{o}_i$ 的绝对误差之和。k-medoids聚类通过最小化该绝对误差，把 n 个对象划分到 k 个簇中。

k-medoids算法提出了新的质心选取方式：每次迭代后的质心不再是簇中所有对象的均值，而是选用簇中离平均值最近的代表对象作为簇中心。该算法使用绝对误差标准来定义一个类簇的紧凑程度。如果某样本点成为质心后，绝对误差能小于原质心所造成的绝对误差，那么k-medoids算法认为该样本点是可以取代原质心的，在一次迭代重计算类簇质心的时候，选择绝对误差最小的那个样本点作为新的质心。

k-medoids也采用欧几里得距离来衡量某个样本点到底属于哪个类簇。终止条件是，当所有的类簇的质心都不再发生变化时，即认为聚类结束。

围绕中心点划分（PAM，Partitioning Around Medoids）算法是k-medoids聚类的一种流行的实现。它用迭代、贪心的方法处理该问题。与k-means算法一样，初始点代表对象（称做种子）任意选取。考虑用一个非代表对象替换一个代表对象是否能够提高聚类质量。尝试所有可能的替换。继续用其他对象替换代表对象的迭代过程，直到结果聚类的质量不可能被任何对象替换提高。质量用对象与其簇中代表对象的平均相异度的代价函数度量。

具体地说，设 $o_1, o_2, \cdots, o_k$ 是当前代表对象（即中心点）的集合。为了决定一个非代表对象 o_{random} 是否是一个当前中心点 o_j（$1 \leqslant j \leqslant k$）的好的替代，需计算每个对象 p 到集合 $\{o_1, o_2, \cdots, o_{j-1}, o_{random}, o_{j+1}, \cdots, o_k\}$ 中最近对象的距离，并使用该距离更新代价函数。对象重新分配到 $\{o_1, o_2, \cdots, o_{j-1}, o_{random}, o_{j+1}, \cdots, o_k\}$ 中是简单的。假设对象 p 当前被分配到中心点 o_j 代表的簇中，如图8-16中a和b所示。在 o_j 被 o_{random} 替换后，对象 p 是否需要重新分配，被分配到 o_{random} 或者其他 o_i（$i \neq j$）代表的簇，取决于哪个最近。在图a中，对象 p 离 o_i 最近，因此被重新分配到 o_i。在图b中，p 离 o_{random} 最近，因此被重新分配到

o_{random}。此外，只要对象p离o_i比离o_{random}更近，那么它就仍然被分配到o_i代表的簇，如图c所示。否则，对象p将被重新分配到o_{random}，如图d所示。

每当重新分配发生时，绝对误差E的差会对代价函数产生影响。因此，如果一个当前的代表对象被非代表对象取代，则代价函数计算绝对误差值的差。交换的总代价是所有非代价对象产生的代价之和。如果总代价为负，则实际的绝对误差E将会减少，o_j可以被o_{random}取代或交换。如果总代价为正，则认为当前的代表对象o_j是可接受的，在本次迭代中没有变化发生。

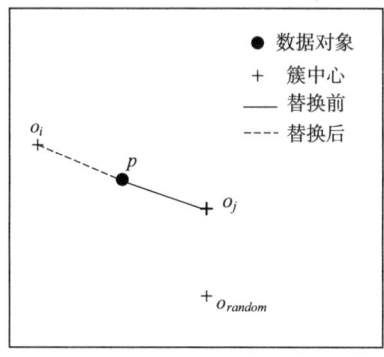

（a）重新分配给o_i

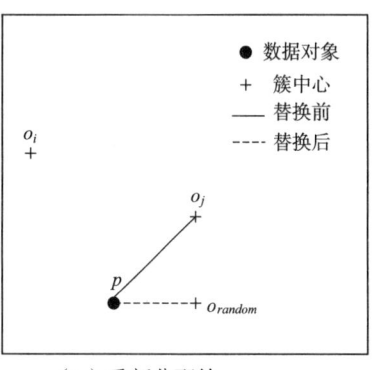

（b）重新分配给o_{random}

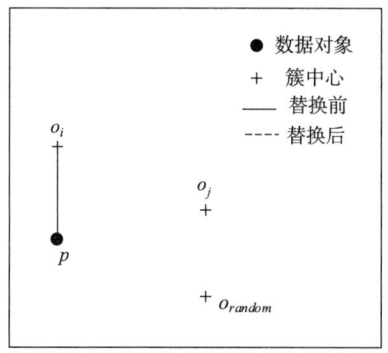

（c）不发生变化

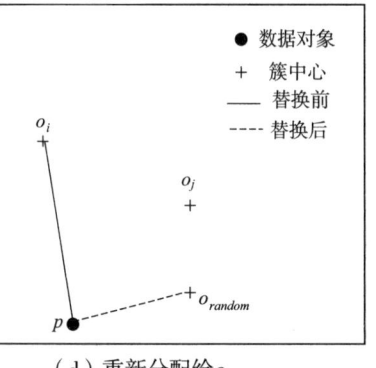

（d）重新分配给o_{random}

图8-16　k-medoids聚类代价函数的4种情况

k-medoids算法的伪代码如下：

输入：结果簇的个数k，包含n个对象的数据集合D

输出：k个簇的集合

方法：

（1）任选k个不同对象作为初始中心点；

（2）repeat

（3）　　把剩余对象分配到距离它最近的代表点所在的簇；

（4）　　随机选择一个非中心点对象o_{random}；

（5）　　计算用o_{random}交换o_j的总代价s；

第 8 章 聚类

（6） 如果 s<0, 则用 o_{random} 替换 o_j, 形成新的 k 个中心点；

（7） until k 个中心点不再发生变化。

由于 k-medoids 中心点是在已有的数据点里面选取的，因此相对于 k-means 来说，不容易受到那些由于误差之类的原因产生的离群点的影响。但是时间复杂度陡然增加了许多——在 k-means 中只要求一个平均值 $O(N)$ 即可，而在 k-medoids 中则需要枚举每个点，并求出它到所有其他点的距离之和，复杂度为 $O(N^2)$。

8.3 层次方法

尽管划分方法满足把对象划分成一些互斥的组群的基本聚类，但是在某些情况下，需要把数据划分成不同层上的组群，如层次。层次聚类方法就可以将数据对象组成层次结构或簇的"树"。对于数据汇总和可视化，可以用层次结构的形式表示数据是有用的。

层次聚类方法可能在合并或分裂点的选择方法上遇到困难。这种决定是至关重要的，因为一旦对象的组群被合并或被分裂，那么将在新产生的簇上进行下一步处理。它既不会撤销先前所做工作，也不会在簇之间进行对象交换。因此，如果合并或分裂选择不当，就可能导致低质量的簇。此外，这些方法不具有很好的可伸缩性，因为每次合并或分裂的决定都需要考察和评估许多对象或簇。

一种提高层次方法聚类质量的方向是集成层次聚类和其他聚类技术，形成多阶段聚类，例如 BIRCH 和 Chameleon。本节仅对经典的层次方法进行介绍。

层次聚类的类型 主要包括两类：凝聚的或分裂的。是凝聚的还是分裂的取决于层次分解时是自底向上（合并）形成的还是以自顶向下（分裂）形成的。

➢ 凝聚的

凝聚层次聚类使用自底向上的策略。它从令每个对象形成自己的簇开始，并且迭代地把簇合并成越来越大的簇，直到所有的对象都在一个簇中，或者满足某个终止条件为止。该单个簇成为层次结构的根。在合并步骤中，它找出两个最接近的簇（根据某种相似性度量），并且合并它们，形成一个簇。因为每次迭代合并两个簇，其中每个簇至少包括一个对象，因此凝聚方法最多需要 n 次迭代。更简单的描述是，从点作为个体簇开始，每一步合并两个最接近的簇，直到只剩下一个簇（或 k 个簇）。

➢ 分裂的

分裂层次聚类使用自顶向下的策略。它从把所有对象置于一个簇中开始，该簇是层次结构的根。然后它把根上的簇划分成多个较小的子簇，并且递归地把这些簇划分成更小的簇。划分过程直到最底层的簇都足够凝聚，或者仅包含一个对象，或者簇内的对象彼此都充分相似为止。更简单的描述是，从包含所有点的一个簇开始，每一步分裂一个簇，直到只剩下单点簇（或者有 k 个簇）。

在凝聚或分裂聚类中，用户可以指定期望的簇个数作为终止条件。传统的层次聚

251

数据分析与数据挖掘实用教程

类算法使用相似度或距离矩阵，每一次只合并或分裂一个簇。

图8-17显示了凝聚层次聚类算法AGNES和分裂层次聚类算法DIANA在一个包含5个对象的数据 {A,B,C,D,E} 上的处理过程。

通常，会使用一种称作树状图的树形结构来表示层次聚类的过程。它展示对象是如何一步一步被分组聚集或划分的。图8-18给出了5个对象的树状图。图中，$l=0$ 显示在第0层5个对象都作为单元素簇。$l=1$ 时，对象 A 和 B 被聚在一起形成第一个簇，并且它们在后续各层一直在一起。还可以用一个垂直的数轴来显示簇间的相似尺度。当两组对象的相似度大于某一值时，将被合并成一个簇。

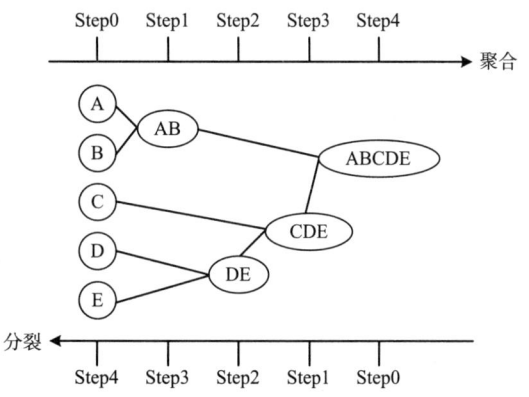

图 8-17　数据对象 {A,B,C,D,E} 的凝聚和分裂层次聚类

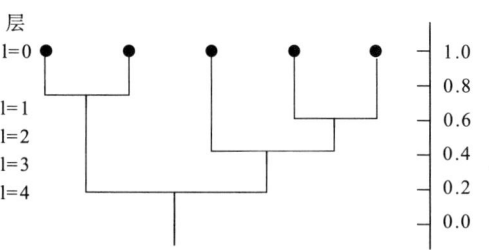

图 8-18　数据对象 {A,B,C,D,E} 的层次聚类树状图表示

分类方法的挑战是如何把一个大簇划分成几个较小的簇。把 n 个对象拆分成互斥的组合有 $2^{n-1}-1$ 种可能性，其中 n 是对象数。当 n 很大时，考察所有的可能性的计算量是令人望而却步的。因此，分裂方法通常使用启发式方法进行划分，但可能会导致不精确的结果。为了效率，分裂方法通常不对已经做出的划分决策回溯，一旦一个簇被划分，该簇的任何可供选择的其他划分都不再考虑。由于分裂方法的这一特点，凝聚方法远比分裂方法数量要多。

基本凝聚层次聚类伪代码流程如下：

输入：包含n个对象的数据集合D

输出：k个簇的集合

方法：

（1）计算邻近度矩阵；

（2）每个点作为一个簇；

（3）repeat

（4）   合并最接近的两个簇；

（5）   更新邻近度矩阵；

（6）until 仅剩下一个簇。

无论使用凝聚方法还是使用分裂方法，核心问题是度量两个簇之间的距离，其中每个簇一般是一个对象集。簇的邻近性定义区分了各种凝聚层次技术。4个广泛采用的簇间距离度量方法如下所示，分别是最小距离、最大距离、均值距离和平均距离，这些度量又称连接度量。

$$dist_{min}(C_i, C_j) = \min_{p \in C_i, p' \in C_j}\{|p - p'|\} \qquad (8\text{-}16)$$

$$dist_{max}(C_i, C_j) = \max_{p \in C_i, p' \in C_j}\{|p - p'|\} \qquad (8\text{-}17)$$

$$dist_{mean}(C_i, C_j) = |m_i - m_j| \qquad (8\text{-}18)$$

$$dist_{avg}(C_i, C_j) = \frac{1}{n_i n_j} \sum_{p \in C_i, p' \in C_j} |p - p'| \qquad (8\text{-}19)$$

其中$|p - p'|$是两个对象p和p'之间的距离，m_i是簇C_i的均值，而n_i是簇C_i中对象的数目。

➤ 最近邻聚类算法（单链算法）

当算法使用最小距离$dist_{min}(C_i, C_j)$来衡量簇间距离时，有时称其为最近邻聚类算法。如果最近的两个簇之间的距离超过用户给定的阈值时聚类过程终止，则称其为单链算法。如果把数据点看做图的结点，图中的边构成簇内结点间的路径，那么两个簇C_i和C_j的合并就对应于在C_i和C_j的最近的一对结点之间添加一条边。由于连接簇的边总是从一个簇通向另一个簇，结果图将形成一棵树。因此，使用最小距离的凝聚层次聚类算法也被称为最小生成树算法，其中的图的生成树是一个连接所有结点的树，而最小生成树是具有最小边权重和的生成树。

➤ 最远邻聚类算法（全链算法）

当算法使用最大距离$dist_{max}(C_i, C_j)$来度量簇间距离时，有时称其为最远邻聚类算法。如果最近的两个簇之间的最大距离超过用户给定的阈值时聚类过程终止，则称为全链算法。通过把数据点看作图中的结点，用边来连接结点，可以把每个簇看成是一个完全子图，也就是说，簇中所有节点都有边来连接。两个簇间的距离由两个簇中距离最远的结点间的距离确定。最远邻算法视图在每次迭代中尽可能少地增加簇的直径。如果簇较为紧凑并且大小近似相等，则这种方法将会产生高质量的簇，否则产生的簇可能毫无意义。

➢ 组平均或质心聚类算法

以上最小和最大距离度量代表了簇间距离度量的两个极端。他们趋向对离群点或噪声数据过分敏感。使用均值距离或质心是对最小和最大距离之间的一种折中方法，并且可以克服离群点敏感性问题。尽管均值距离计算最简单，但是平均距离也有它的优势，因为它既能处理数值数据又能处理分类数据。分类数据的均值向量很难计算或根本无法定义。

图8-19给出了簇的临近度的基于图的定义，其中图a为最小距离（单链）、图b为最大距离（全链）、图c为组平均、图d为中心点距离。

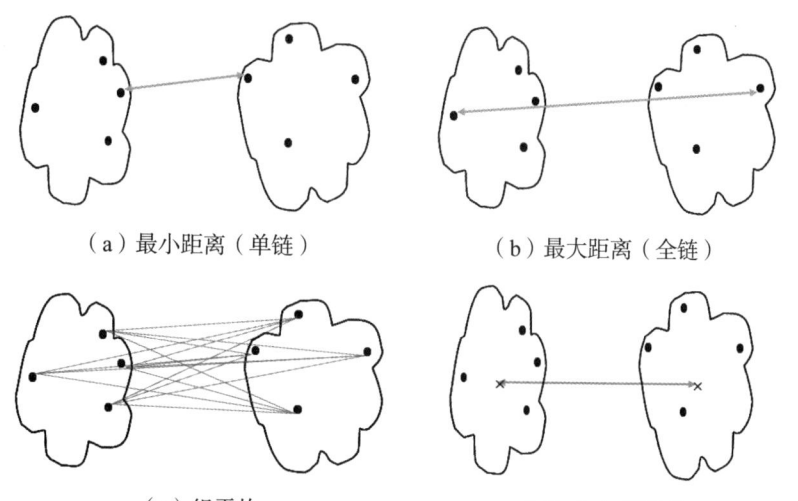

（a）最小距离（单链）　　　　　　（b）最大距离（全链）

（c）组平均　　　　　　　　　（d）中心点距离

图8-19　簇的临近度的基于图的定义

基本凝聚层次聚类算法使用临近度矩阵，起始于单个点，如图8-20所示。

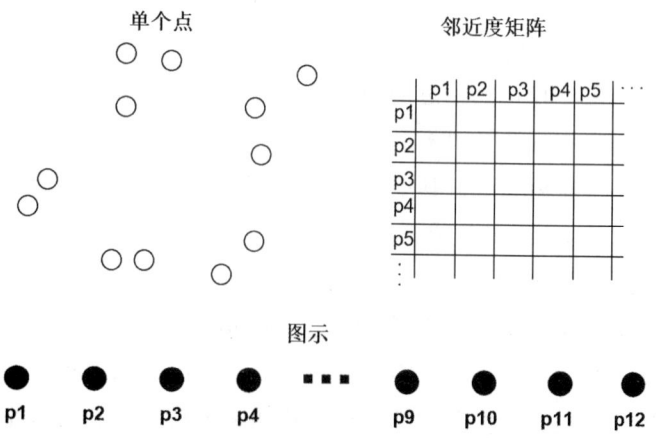

图8-20　单个点临近度矩阵

经过部分融合后，得到一些簇，如图8-21所示。

254

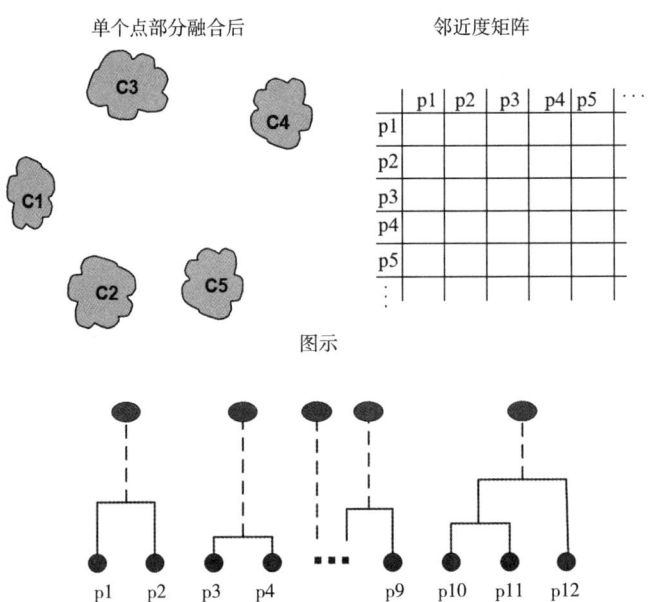

图 8-21   部分融合后临近度矩阵

假设合并两个最邻近的簇（C2 和 C5），并更新临近度矩阵，如图 8-22 所示。

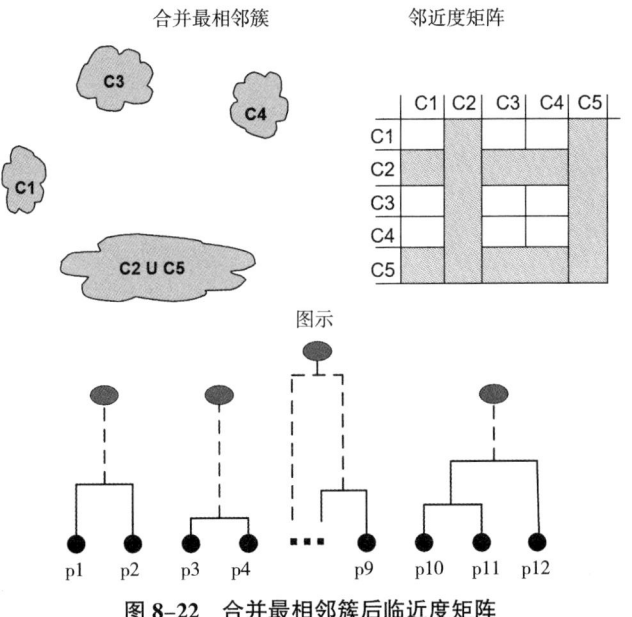

图 8-22   合并最相邻簇后临近度矩阵

假定临近度矩阵是对称的，需要存储 $m^2/2$ 个临近度，其中 m 是数据点的个数。记录簇所需要的空间正比于簇的个数为 $m-1$，不包括单点簇。因此总的**空间复杂度**为 $O(m^2)$。

基本层次聚类算法的计算复杂度分析也是很明确的，即需要 $O(m^2)$ 时间计算相邻度矩阵，因为起始有 m 个簇，涉及 $m-1$ 次迭代，每次迭代合并两个簇。如果相邻度矩阵采用线性搜索，对于第 i 次迭代，合并最接近的两个簇需要 $O(m-i+1)^2$ 时间，这正比于前簇个数的平方。更新临近矩阵只需要 $O(m-i+1)$ 时间。不做修改，时间复杂度将为

255

$O(m^3)$。如果某个簇到其他所有簇的距离存放在一个有序表或堆中，则查找两个最近簇的开销可能降低到 $O(m-i+1)$。然而，由于维护有序表或堆的附加开销，层次聚类所需要的总时间为 $O(m^2 \log m)$。

例如，样本数据为6个二维点，坐标如表8-9所示，二维图如图8-23所示。

表8-9　样本坐标

点	X	Y
p1	0.4005	0.5306
p2	0.2148	0.3854
p3	0.3457	0.3156
p4	0.2652	0.1875
p5	0.0789	0.4139
p6	0.4548	0.3022

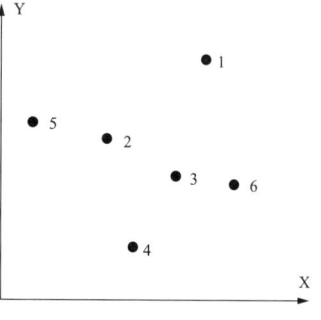

图8-23　样本二维图

6个点的欧几里得距离矩阵如表8-10所示。

表8-10　6个点的欧几里得距离矩阵

	p1	p2	p3	p4	p5	p6
p1	0.0000	0.2357	0.2218	0.3688	0.3421	0.2347
p2	0.2357	0.0000	0.1483	0.2042	0.1388	0.2540
p3	0.2218	0.1483	0.0000	0.1513	0.2843	0.1100
p4	0.3688	0.2042	0.1513	0.0000	0.2932	0.2216
p5	0.3421	0.1388	0.2843	0.2932	0.0000	0.3921
p6	0.2347	0.2540	0.1100	0.2216	0.3921	0.0000

对于层次聚类的单链算法，两个簇的临近度定义为两个不同簇中任意两点之间的最短距离（最大相似度）。使用图的术语，从所有点作为单点簇开始，每次在点之间加

第 8 章 聚类

上一条链，最短的链先加，这些链将点合并成簇。单链技术擅长于处理非椭圆形状的簇，但对噪声和离群点很敏感。

图8-24给出了单链算法应用于6个点的数据集例子的结果。图a用嵌套的椭圆序列显示嵌套的簇，其中与椭圆相关联的数指示聚类的次序。图b给出了树状图示意图，树状图中两个簇合并处的高度反映两个簇的距离。作为例子，公式（8-20）给出了簇 $\{3,6\}$ 和 $\{2,5\}$ 之间的距离。

$$dist\left(\{3,6\},\{2,5\}\right) = \min\left(dist\left(3,2\right),dist\left(6,2\right),dist\left(3,5\right),dist\left(6,5\right)\right)$$
$$= \min\left(0.15,0.25,0.28,0.39\right)$$
$$= 0.15 \qquad\qquad （8\text{-}20）$$

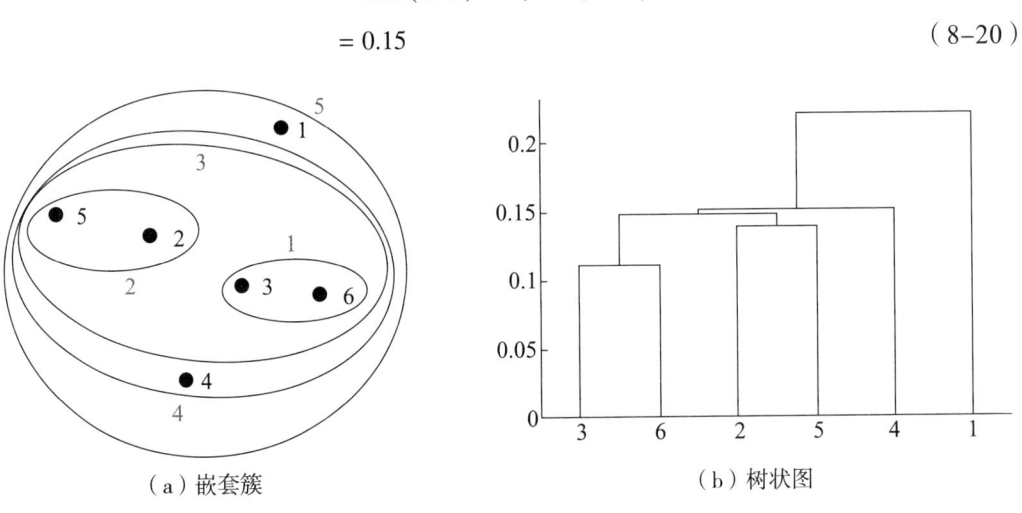

（a）嵌套簇　　　　　　　　　　　（b）树状图

图 8-24　6 个点的单链聚类

对于层次聚类的全链算法，两个簇的临近度定义为不同簇中任意两点之间的最长距离（最小相似度）。使用图的术语，如果从所有点作为单点簇开始，每次在点之间加上一条链，最短的链先加，直到其中所有的点都完全被连接（即形成团），一组点才形成一个簇。完全连接对噪声和离群点不太敏感，但它可能使大的簇破裂，并且偏向于球形。

图8-25给出了全链算法应用于6个样本集的结果。与单链算法类似，点3和6首先合并，下面 $\{3,6\}$ 与 $\{4\}$ 合并，而不是与 $\{2,5\}$ 或 $\{1\}$ 合并，是因为

$$dist\left(\{3,6\},\{4\}\right) = \max\left(dist\left(3,4\right),dist\left(6,4\right)\right) = \min\left(0.15,0.22\right) = 0.22 \quad （8\text{-}21）$$
$$dist\left(\{3,6\},\{2,5\}\right) = \max\left(dist\left(3,2\right),dist\left(6,2\right),dist\left(3,5\right),dist\left(6,5\right)\right)$$
$$= \max\left(0.15,0.25,0.28,0.39\right)$$
$$= 0.39 \qquad\qquad （8\text{-}22）$$
$$dist\left(\{3,6\},\{1\}\right) = \max\left(dist\left(3,1\right),dist\left(6,1\right)\right) = \max\left(0.22,0.23\right) = 0.23 \quad （8\text{-}23）$$

257

数据分析与数据挖掘实用教程

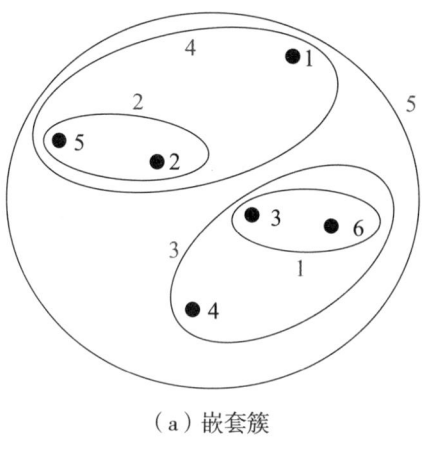
（a）嵌套簇

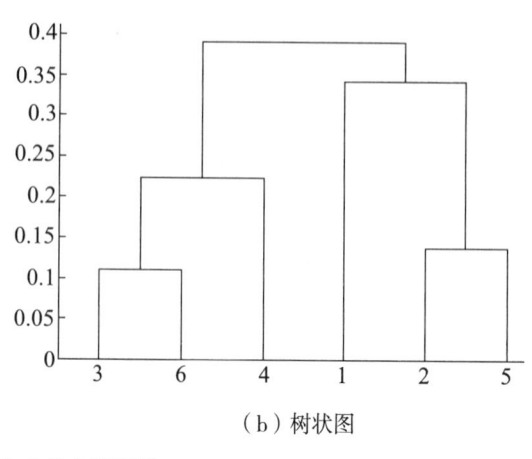
（b）树状图

图 8-25 6 个点的全链聚类

对于层次聚类的组平均，两个簇的临近度定义为不同簇的所有点对临近度的平均值，这是一种介于单链和全链之间的折中方法。对于组平均，簇 C_i 和 C_j 的临近度由公式（8-24）定义

$$proximity(C_i, C_j) = \frac{\sum_{x \in C_i, y \in C_j} proximity(x, y)}{m_i \times m_j}$$ （8-24）

其中 m_i 和 m_j 分别是簇 C_i 和 C_j 的大小。

图 8-26 给出了将组平均用于 6 个点样本数据集的结果。这里仅介绍某些簇之间的距离：

$$dist(\{3,6,4\}, \{1\}) = \frac{0.22 + 0.37 + 0.23}{3 \times 1} = 0.28$$ （8-25）

$$dist(\{2,5\}, \{1\}) = \frac{0.24 + 0.34}{2 \times 1} = 0.29$$ （8-26）

$$dist(\{3,6,4\}, \{2,5\}) = \frac{0.15 + 0.28 + 0.25 + 0.39 + 0.20 + 0.29}{3 \times 2} = 0.26$$ （8-27）

其中，因为 $dist(\{3,6,4\}, \{2,5\})$ 比 $dist(\{3,6,4\}, \{1\})$ 和 $dist(\{2,5\}, \{1\})$ 小，簇 $\{3,6,4\}$ 和 $\{2,5\}$ 在第 4 阶段合并。

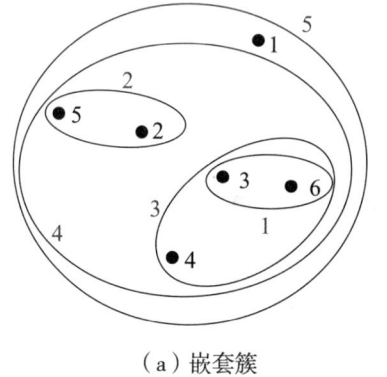
（a）嵌套簇

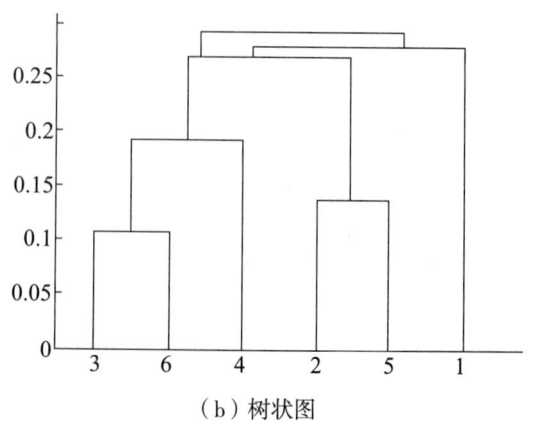
（b）树状图

图 8-26 6 个点的组平均聚类

258

第 8 章　聚类

质心方法通过计算簇质心之间的距离来计算两个簇的临近度。这种技术看上去和 k-means 值类似，实际上，Ward 方法才真正与它类似。Ward 方法中两个簇的临近度定义为两个簇合并时导致的平方误差的增量。该方法使用的目标函数与 k-means 相同。尽管看上去这一特点使得 Ward 方法不同于其他层次聚类方法，但是可以从数学上证明，当两个点的临近度取它们之间距离的平方时，Ward 方法与组平均非常相似。图 8-27 给出了 Ward 方法用于 6 个点样本数据集的结果。所产生的聚类与单链、全链、组平均不同。

质心方法还具有一种其他层次聚类不具备的特征：倒置的可能性。具体地说，合并的两个簇可能比不合并的簇对更相似。对于其他方法，被合并的簇之间的距离随层次聚类进展单调地增加。

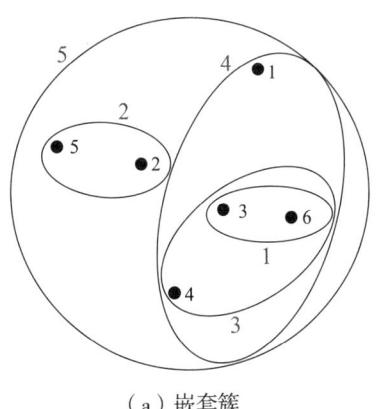
（a）嵌套簇

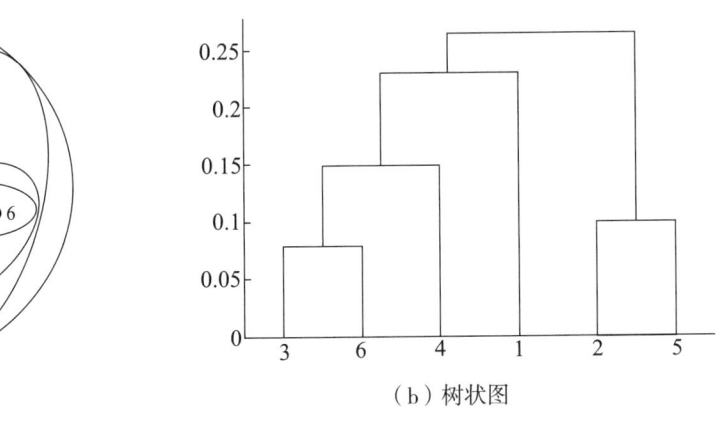
（b）树状图

图 8-27　6 个点的质心聚类

层次聚类的**优点**是：

➤ 不需要确定簇的数量。

簇的数量可以通过在适当层中切割树图得到。

➤ 它们可以应用于一些有意义的分类学。

生物科学中的例子（例如，动物界、语系重建……）。

层次聚类的**缺点**是：

➤ 一个步骤一旦完成便不能被撤消。

该规定可以避免考虑选择不同的组合，减少计算代价，问题是不能更正错误的决定。

8.4　基于密度的方法

划分和层次方法旨在发现球状簇，它们很难发现任意形状的簇，如图 8-28 所示。基于密度的聚类寻找被低密度区域分离的高密度区域。基本思想是只要临近区域的密度（对象或数据点的数目）超过某个阀值，就继续聚类。也就是说，对给定类中的每个数据点，在一个给定范围的区域中必须至少包含一定数目的点。该方法可以用来过滤"噪音"数据，发现任意形状的簇，如图 8-29 所示。

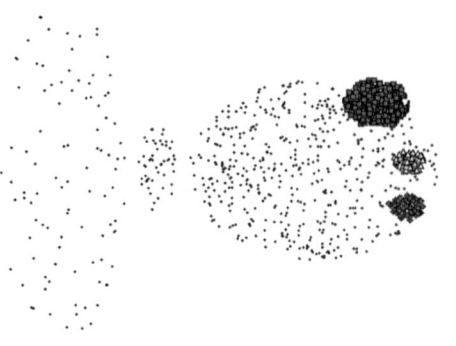

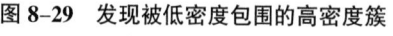

图 8-28　任意形状的簇　　　　　图 8-29　发现被低密度包围的高密度簇

DBSCAN（Density Based Spatial Clustering of Applications with Noise）是一种简单、有效的基于密度的聚类算法，本节仅介绍与DBSCAN相关的概念，其他的基于密度的方法，如OPTICS、DENCLUE等，本书不再进行介绍，感兴趣的读者可以参考其他书籍。

密度的定义有多种方式，本节仅讨论DBSCAN使用的基于中心的方法。在基于中心的方法中，数据集中特定点的密度通过该点 Eps 半径之内的点计数（包括点本身）来估计。如图8-30所示，点 A 的 Eps 半径之内的个数为7，包括A本身。显然，密度依赖于半径。如果半径足够大，则所有点的密度都等于数据集中的点数 m。同理，如果半径太小，则所有点的密度都是1。密度的基于中心的方法使得可以将点分类为：

➤ 核心点

这些点在基于密度的簇内部。点的邻域由距离函数和用户指定的距离参数 Eps 决定。核心点的定义是，该点的给定邻域内的点的个数超过给定的阈值 $MinPts$，其中 $MinPts$ 也是一个用户指定的参数。如图8-31所示，如果 $MinPts \leq 7$，则对于给定的半径（Eps），点A是核心点。

➤ 边界点

边界点不是核心点，但它落在某个核心点的邻域内。如图8-31，点B是边界点。边界点可能落在多个核心点的邻域内。

➤ 噪声点

噪声点是既非核心点也非边界点的任何点。如图8-31所示，点C是噪声点。

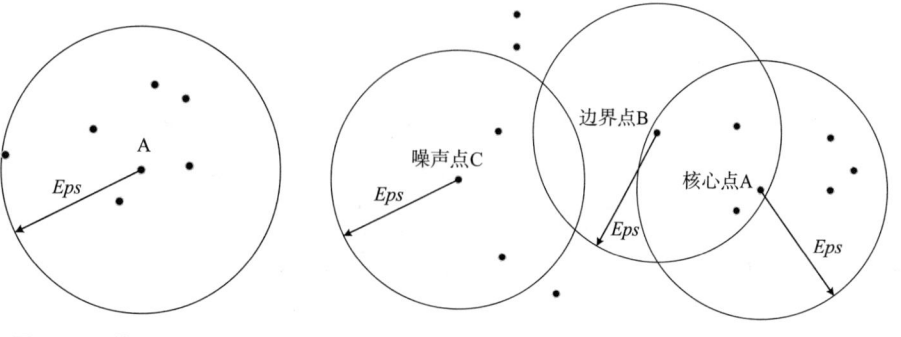

图 8-30　基于中心的密度　　　　图 8-31　核心点、边界点和噪声点

DBSCAN是一种基于高密度连通区域的基于密度的聚类。对象o的密度可以用靠近o的对象数度量。DBSCAN需找出核心对象，即其邻域稠密的对象。它连接核心对象和它们的邻域，形成稠密区域作为簇。用户指定的参数$\varepsilon > 0$作为每个对象的邻域半径。对象o的ε–邻域是以o为中心，以ε为半径的空间。由于邻域的大小由参数ε确定，为了确定一个邻域是否稠密，DBSCAN使用另一个用户指定的参数$MinPts$作为稠密区域的密度阈值。

> 直接密度可达

给定一个对象集合D，如果p在q的Eps邻域内，而q是一个核心对象，则称对象p从对象q出发时是直接密度可达的。

> 密度可达

如果存在一个对象链$p_1, p_2, \cdots p_n, p_1 = q, p_n = p$，对于$p_i \in D(1 \leqslant i \leqslant n)$，$p_{i+1}$是从$p_i$关于$Eps$和$MinPts$直接密度可达的，则对象$p$是从对象$q$关于$Eps$和$MinPts$密度可达的。

> 密度相连

如果存在对象$o \in D$，使对象p和q都是从o关于Eps和$MinPts$密度可达的，那么对象p到q是关于Eps和$MinPts$密度相连的。

如图8-32所示，给定圆的半径为ε，令$MinPts=3$。在被标记的点中，由于有标记的点M、P、O和R的Eps近邻均包含3个以上的点，因此它们都是核对象。M是从P"直接密度可达"，而Q则是从M"直接密度可达"。基于上述结果，Q是从P"密度可达"，但P从Q无法"密度可达"(非对称)。与之类似，S和R从O是"密度可达"的，O、R和S均是"密度相连"的。

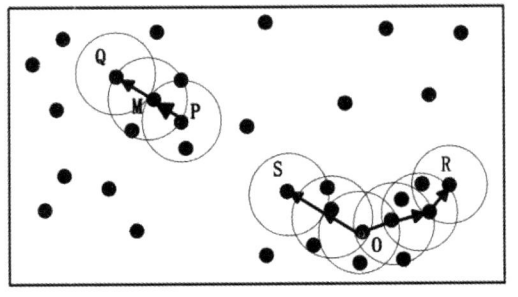

图8-32　基于密度的聚类中的密度可达和密度相连性

DBSCAN通过检查数据集中每点的Eps邻域来搜索簇，如果点p的Eps邻域包含的点多于$MinPts$个，则创建一个以p为核心对象的簇。然后，DBSCAN迭代地聚集从这些核心对象直接密度可达的对象，这个过程可能涉及一些密度可达簇的合并。当没有新的点添加到任何簇时，该过程结束。

DBSCAN算法伪代码如下：

输入：数据集D，参数MinPts, Eps

输出：簇集合方法

方法：

（1）首先将数据集 D 中的所有对象标记为未处理状态；

（2）for 数据集 D 中每个对象 p do

（3）　if p 已经归入某个簇或标记为噪声 then

（4）　　continue;

（5）　else

（6）　　检查对象 p 的 Eps 邻域 $N_{Eps}(p)$；

（7）　　if $N_{Eps}(p)$ 包含的对象数小于 MinPts then

（8）　　　标记对象 p 为边界点或噪声点；

（9）　　else

（10）　　　标记对象 p 为核心点，并建立新簇 C，并将 p 邻域内所有点加入 C；

（11）　　　for $N_{Eps}(p)$ 中所有尚未被处理的对象 q do

（12）　　　　检查其 Eps 邻域 $N_{Eps}(q)$，若 $N_{Eps}(q)$ 包含至少 MinPts 个对象，则将 $N_{Eps}(q)$ 中未归入任何一个簇的对象加入 C；

（13）　　　end for

（14）　　end if

（15）　end if

（16）end for

举例，针对如下二维数据集，取 *Eps*=3，*MinPts*=3，使用 DBSCAN 算法对其聚类（使用 Mahattan 距离）。数据集合如表 8–11 所示，依据数据画出的图示如图 8–33 所示。

表 8–11　DBSCAN 聚类二维数据集

P1	P2	P3	P4	P5	P6	P7	P8	P9	P10	P11	P12	P13
1	2	2	4	5	6	6	7	9	1	3	5	3
2	1	4	3	8	7	9	9	5	12	12	12	3

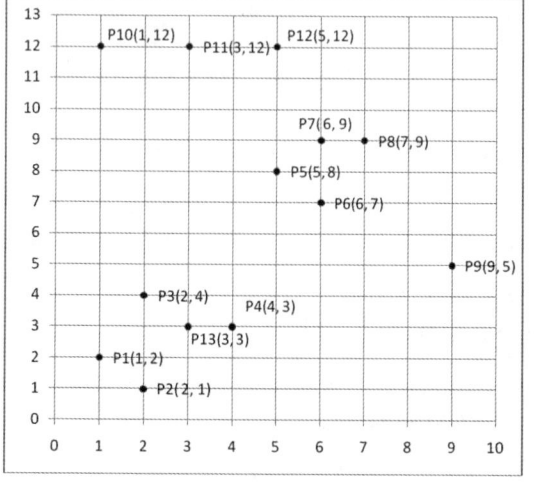

图 8–33　DBSCAN 聚类二维数据集图示

第 8 章 聚类

顺序扫描样本点，首先是 P1(1,2)。计算其 *Eps* 邻域，即找出样本点中与其聚类小于 *Eps* 的样本点。P1 样本点的 *Eps* 邻域为 {P1，P2，P3，P13}，P1 的密度为 4>*MinPts*，因此 P1 是核心点。以 P1 点建立新簇 C1，对 P1 邻域内的点，继续找其邻域内的核心点，找到后若该核心点未处理过则加入到簇 C1 中。

➢ 对 P2，其邻域为 {P1,P2,P3,P13}，为核心点，加入 C1。

➢ 对 P3，其邻域为 {P1,P2,P3,P4,P13}，为核心点，加入 C1。

➢ 对 P13，其邻域为 {P1,P2,P3,P4,P13}，为核心点，加入 C1。

➢ 继续考虑 P13 的邻域点，其中 P4 的密度为 3，但 P4 落在 P13 的邻域内，因此 P4 为边界点。

此时以 P1 核心点出发的那些直接密度可达的对象全部处理完毕，得到簇 C1，且包含点 {P1,P2,P3,P13,P4}。

继续扫描样本点 P5(5,8)，计算其 *Eps* 邻域，即找出样本点中与其聚类小于 *Eps* 的样本点。P5 样本点的 *Eps* 邻域为 {P5,P6,P7,P8}，P5 是核心点。以 P5 点建立新簇 C2。对 P5 邻域内的点，继续找其邻域内的核心点，找到后若该核心点未处理过则加入到簇 C2 中。

➢ 对 P6，其邻域为 {P6,P5,P7,P8}，核心点，加入 C2。

➢ 对 P7，其邻域为 {P5,P6,P7,P8}，核心点，加入 C2。

➢ 对 P8，其邻域为 {P5,P6,P7,P8}，核心点，加入 C2。

此时以 P5 核心点出发的那些直接密度可达的对象全部处理完毕，得到簇 C2，且包含点 {P5,P6,P7,P8}。

继续扫描样本点 P9(9,5)，计算其 *Eps* 邻域，即找出样本点中与其聚类小于 *Eps* 的样本点。P9 样本点的 *Eps* 邻域为空，为非核心点。

继续扫描样本点 P10(1,12)，计算其 *Eps* 邻域，即找出样本点中与其聚类小于 *Eps* 的样本点。P10 样本点的 *Eps* 邻域为 {P10,P11}，P10 是非核心点。

继续扫描样本点 P11(3,12)，计算其 *Eps* 邻域，即找出样本点中与其聚类小于 *Eps* 的样本点。P11 样本点的 *Eps* 邻域为 {P10,P12,P11}，P11 是核心点。以 P11 点建立新簇 C3，对 P11 邻域内的点，继续寻找其邻域内的核心点，找到后，若该核心点是未处理过的，则加入到簇 C3 中。

➢ 对 P10，是非核心点。

➢ 对 P12，是非核心点。

此时以 P11 核心点出发的那些直接密度可达的对象全部处理完毕，得到簇 C3，且包含点 {P11,P10,P12}。

继续扫描样本点，P12 和 P13 都已经处理过，算法结束。最后聚类结果为 3 个簇：

➢ C1：{P1,P2,P3,P4,P13}

➢ C2：{P5,P6,P7,P8}

➢ C3：{P10,P11,P12}

263

样本点P9由于未归类为任何一个簇，因此最后判定为噪声。另外，当*MinPts*=4时，则C3的点均被识别为噪声点。

从上面的例子可以看出，*Eps*和*MinPts*的选取非常重要。基本方法是观察点到它的*k*个最近邻的距离特性。对于属于某个簇的点，如果*k*不大于簇的大小的话，则*k*-距离将很小。尽管因为簇的密度和点的随机分布不同其有一些变化，但是如果簇密度的差异不是很极端的话，在平均情况下不会太大。对于在一个类中的所有点，它们的第*k*个最近邻大概距离是一样的，噪声点的第*k*个最近邻的距离比较远。所以，可以尝试根据每个点和它的第*k*个最近邻之间的距离来选取*Eps*和*MinPts*。对于某个*k*，经计算所有点的*k*-距离，以递增排序绘图，观察急剧变化的点，选取该距离为*Eps*参数，选取*k*的值为*MinPts*参数。

图8-34显示了一个样本数据集，用这种方法决定的*Eps*值取决于*k*，但并不随*k*的改变而剧烈变化。如果*k*值太小，则少量邻近点的噪声或离群点可能会被不正确地标记为簇。如果*k*值太大，则小簇可能会被标记为噪声。最初的DBSCAN算法取*k*=4，对于大部分二维数据集而言，这是一个合理的值。

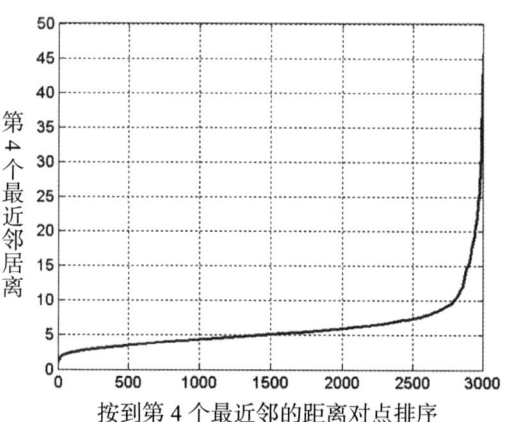

图8-34　样本数据的*k*-距离图

DBSCAN算法的**优点**是：

➤ 对噪音不敏感。

➤ 可以处理不同形状和大小的数据。

DBSCAN算法的**缺点**是：

➤ 当簇密度变化太大时，会出现问题。如图8-35，它包含4个埋藏在噪声中的簇。簇和噪声区域的密度由它们的明暗度表明。较密的两个簇A和B周围的噪声的密度与簇C和D的密度相同。如果*Eps*域值足够低，使DBSCAN可以发现簇C和D，则A、B和包围它们的点将变成单个簇。如果*Eps*域值足够高，使DBSCAN可以发现A和B，并且将包围它们的点标记为噪声，则C、D和包围它们的点也将被标记为噪声。

第 8 章 聚类

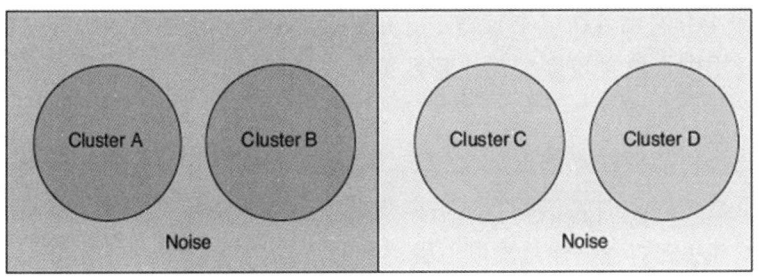

图 8-35 埋藏在噪声中的 4 个簇

➤ 对于高维数据，DBSCAN算法也会有问题。当临近计算需要计算所有的点对临近度时（对于高维），开销可能会很大。

8.5 聚类方法的评估

一个好的聚类方法应当产生高质量的聚类，类内相似性高、类间相似性低。聚类结果的质量依赖于方法所使用的相似性度量和它的实现，聚类方法的质量也用它发现某些或全部隐藏的模式的能力来度量。聚类方法的评估指标包括：

➤ 可伸缩性

许多聚类算法在小于几百个数据对象的小数据集合上运行良好，但是大型数据库可能包含数百万甚至数十亿个对象，在大型数据集的样本上进行聚类可能会导致有偏颇的结果。因此，需要具有高度可伸缩性的聚类算法。

➤ 处理不同属性类型的能力

许多算法是为聚类数值（基于区间）的数据设计的。然而，应用可能要求聚类其他类型的数据，如二元的、标称的（分类的）、序数的，或者这些数据类型的混合。最近，越来越多的应用需要能对图、序列、图像和文档这样的复杂数据类型进行聚类的技术。

➤ 发现任意形状的簇

许多聚类算法基于欧几里得或曼哈顿距离度量来确定簇。基于这些距离度量的算法趋向于发现具有相近尺寸和密度的球状簇。然而，一个簇可能是任意形状的，重要的是要开发能够发现任意形状的簇的算法。

➤ 对于确定输入参数的领域知识的要求

许多聚类算法都要求用户以输入参数（如希望产生的簇数）的形式提供领域知识。因此，聚类结果可能对这些参数十分敏感，通常，参数很难确定，对于高维数据集和用户尚未深入理解的数据来说更是如此。要求提供领域知识不仅加重了用户的负担，而且也使得聚类的质量难以控制。

➤ 处理噪声数据的能力

现实世界中的大部分数据集都包含离群点和（或）缺失数据、未知或错误的数据。一些聚类算法可能对这样的噪声敏感，从而产生低质量的聚类结果。因此，我们需要对噪声鲁棒性较好的聚类方法。

265

数据分析与数据挖掘实用教程

> 增量聚类和对输入次序不敏感

在许多应用中，增量更新（提供新数据）可能随时发生。一些聚类算法不能将新插入的数据（如数据库更新）合并到已有的聚类结构中去，而是需要从头开始聚类。一些聚类算法还可能对输入数据的次序敏感。也就是说，给定数据对象集合，当以不同的次序提供数据对象时，这些算法可能生成差别很大的聚类结果。因此，我们需要开发增量聚类算法和对数据输入次序不敏感的算法。

> 聚类高维数据的能力

数据集可能包含大量的维或属性。许多聚类算法擅长处理低维数据，如只涉及两三个维的数据。发现高维空间中数据对象的簇是一个挑战，特别是这样的数据可能非常稀疏，并且高度倾斜。

> 基于约束的聚类

现实世界的应用可能需要在各种约束条件下进行聚类。找到既满足特定的约束又具有良好聚类特性的数据分组是一项具有挑战性的任务。

> 可解释性和可用性

用户希望聚类结果是可解释的、可理解的和可用的。也就是说，聚类可能需要与特定的语义解释和应用相联系。重要的是研究应用目标如何影响聚类特征和聚类方法的选择。

对于监督分类，结果分类模型的评估是分类模型开发过程中必不可少的部分，并且存在广泛接受的评估度量和过程，如准确率和交叉确认。然而，由于簇的特性，簇评估技术未能被很好地开发，或者说不是聚类分析普遍适用的。尽管如此，簇评估（或者更传统的称呼——簇确认）是非常重要的。由于存在大量不同的簇类型，似乎每种情况下需要一种不同的评估度量。例如，k-means簇需要用簇内变差 E 来评估（见8.2.1节），但有些基于密度的簇不是球形，簇内变差便不起作用。本节只列举簇确认的一些重要问题，不做深入的剖析。能够识别数据中是否存在如下非随机结构是簇确认的重要任务之一：

（1）确定数据集的聚类趋势，即识别数据中是否实际存在非随机结构。

（2）确定正确的簇个数。

（3）不引用附加的信息，评估聚类分析结果对数据的拟合情况。

（4）将聚类分析结果与已知的客观结果（如外部提供的类标号）比较。

（5）比较两个簇集，确定哪个更好。

上述问题，第一至第三个不使用任何外部信息，第四个使用外部信息，第五个可以用监督或非监督方式执行。第三至第五个还可以进一步区分是评估整个聚类还是个别的簇。

用于评估簇的各方面的评估度量或指标一般分成如下三类：

第一类，非监督的。

这类标准是聚类结构的优良性度量，不考虑外部信息，如簇内变差 E。簇的有效性的非监督度量可以进一步分成两类：簇的凝聚性（紧凑型，紧致性）度量，确定簇中对象如何密切相关；簇的分离性（孤立性）度量，确定某个簇不同于其他簇的地方。非监督度量通常称为内部指标，因为它们仅使用出现在数据集中的信息。

第二类，监督的。

这类标准度量聚类算法发现的聚类结构与某种外部结构的匹配程度。例如，监督指标的熵，它度量簇标号与外部提供的标号的匹配程度。监督度量通常称为外部指标，因为它们使用了没在数据集中出现的信息。

第三类，相对的。

此类标准用于比较不同的聚类或簇。相对簇评估度量是用于比较的监督或非监督评估度量。然而，相对度量实际上不是一种单独的簇评估度量类型，而是度量的一种具体使用。例如，两个k-means聚类可以使用簇内变差 E 或熵进行比较。

8.6 实验

8.6.1 实验1：k-means聚类

实验目的：掌握k-means算法的基本原理并将其应用于数值型变量的分析中。

实验数据集：数值型变量鸢尾花iris数据集。

实验内容：

1. 鸢尾花 iris 数据集载入与预处理

代码：

```
data(iris)
kmeans.iris <-iris[1:4]   #1
kmeans.iris[1:10,]   #1
```

代码解释：

#1：聚类分析使用数据集前4列并显示。

结果：

```
> kmeans.iris <-iris[1:4]
> kmeans.iris[1:10,]
  Sepal.Length Sepal.width Petal.Length Petal.width
1          5.1         3.5          1.4         0.2
2          4.9         3.0          1.4         0.2
3          4.7         3.2          1.3         0.2
4          4.6         3.1          1.5         0.2
5          5.0         3.6          1.4         0.2
6          5.4         3.9          1.7         0.4
7          4.6         3.4          1.4         0.3
8          5.0         3.4          1.5         0.2
9          4.4         2.9          1.4         0.2
10         4.9         3.1          1.5         0.1
```

图 8-36　处理后的鸢尾花 iris 数据集

分析：

图8-36：保留4项花瓣与花萼测量数据作为聚类数据。

2．建立 k-means 模型

代码：

```
set.seed(20)   #1
(kmeans.m=kmeans(kmeans.iris,3))   #2
aggregate(kmeans.iris,by=list(kmeans.m$cluster),FUN=mean)   #3
(new.iris=data.frame(kmeans.iris,kmeans.m$cluster))   #4
table(new.iris$kmeans.m.cluster, iris$Species)   #5
for(i in 1:3)print(row.names(new.iris)[kmeans.m$clus==i])   #6
```

代码解释：

#1：选取随机数种子，以保证每次运行结果相同。

#2：使用iris项测量数据，建立k-means聚类模型，聚类数目设定为3。

#3：计算3个聚类结果的聚类中心。

#4：显示分类。

#5：查看聚类结果与鸢尾花品种的关系。

#6：显示3个聚类中的数据。

结果：

```
> (kmeans.m=kmeans(kmeans.iris,3))
K-means clustering with 3 clusters of sizes 50, 38, 62

Cluster means:
  Sepal.Length Sepal.Width Petal.Length Petal.Width
1     5.006000    3.428000     1.462000    0.246000
2     6.850000    3.073684     5.742105    2.071053
3     5.901613    2.748387     4.393548    1.433871

Clustering vector:
  [1] 1 1 1 1 1 1 1 1 1 1 1 1 1 1 1 1 1 1 1 1 1 1 1 1 1 1 1 1 1 1 1 1 1
 [34] 1 1 1 1 1 1 1 1 1 1 1 1 1 1 1 1 3 3 2 3 3 3 3 3 3 3 3 3 3 3 3 3
 [67] 3 3 3 3 3 3 3 3 3 3 3 2 3 3 3 3 3 3 3 3 3 3 3 3 3 3 3 3 3 3 3 3 3
[100] 3 2 3 2 2 2 2 3 2 2 2 2 2 3 3 2 2 2 2 3 2 3 2 3 2 2 3 3 2 2 2 2
[133] 2 3 2 2 2 3 2 2 2 3 2 2 2 3 2 2 3

Within cluster sum of squares by cluster:
[1] 15.15100 23.87947 39.82097
 (between_SS / total_SS =  88.4 %)

Available components:

[1] "cluster"      "centers"      "totss"        "withinss"
[5] "tot.withinss" "betweenss"    "size"         "iter"
[9] "ifault"
```

图 8-37　k-means 聚类模型

```
> aggregate(kmeans.iris,by=list(kmeans.m$cluster),FUN=mean)
  Group.1 Sepal.Length Sepal.Width Petal.Length Petal.Width
1       1     5.006000    3.428000     1.462000    0.246000
2       2     6.850000    3.073684     5.742105    2.071053
3       3     5.901613    2.748387     4.393548    1.433871
```

图 8-38　k-means 聚类中心

```
> (new.iris=data.frame(kmeans.iris,kmeans.m$cluster))
   Sepal.Length Sepal.Width Petal.Length Petal.Width kmeans.m.cluster
1           5.1         3.5          1.4         0.2                1
2           4.9         3.0          1.4         0.2                1
3           4.7         3.2          1.3         0.2                1
4           4.6         3.1          1.5         0.2                1
5           5.0         3.6          1.4         0.2                1
6           5.4         3.9          1.7         0.4                1
7           4.6         3.4          1.4         0.3                1
8           5.0         3.4          1.5         0.2                1
9           4.4         2.9          1.4         0.2                1
10          4.9         3.1          1.5         0.1                1
```

图 8-39　k-means 分类显示结果

第 8 章 聚类

```
> table(new.iris$kmeans.m.cluster, iris$Species)

    setosa versicolor virginica
  1     50          0         0
  2      0          2        36
  3      0         48        14
```

图 8-40   k-means 聚类结果与鸢尾花品种关系

```
> for(i in 1:3)print(row.names(new.iris)[kmeans.m$clus==i])
 [1] "1"   "2"   "3"   "4"   "5"   "6"   "7"   "8"   "9"   "10"  "11"  "12"  "13"
[14] "14"  "15"  "16"  "17"  "18"  "19"  "20"  "21"  "22"  "23"  "24"  "25"  "26"
[27] "27"  "28"  "29"  "30"  "31"  "32"  "33"  "34"  "35"  "36"  "37"  "38"  "39"
[40] "40"  "41"  "42"  "43"  "44"  "45"  "46"  "47"  "48"  "49"  "50"
 [1] "53"  "78"  "101" "103" "104" "105" "106" "108" "109" "110" "111"
[12] "112" "113" "116" "117" "118" "119" "121" "123" "125" "126" "129"
[23] "130" "131" "132" "133" "135" "136" "137" "138" "140" "141" "142"
[34] "144" "145" "146" "148" "149"
 [1] "51"  "52"  "54"  "55"  "56"  "57"  "58"  "59"  "60"  "61"  "62"
[12] "63"  "64"  "65"  "66"  "67"  "68"  "69"  "70"  "71"  "72"  "73"
[23] "74"  "75"  "76"  "77"  "79"  "80"  "81"  "82"  "83"  "84"  "85"
[34] "86"  "87"  "88"  "89"  "90"  "91"  "92"  "93"  "94"  "95"  "96"
[45] "97"  "98"  "99"  "100" "102" "107" "114" "115" "120" "122" "124"
[56] "127" "128" "134" "139" "143" "147" "150"
```

图 8-41   k-means 显示 3 个聚类中的数据

分析：

图 8-40：采取引用附加信息的评估方法。鸢尾花数据集 iris 是一个比较典型的数据集，k-means 也是一个非常优秀的聚类算法，即便如此，由于数据集后两个类比较接近，聚类方法也不能将其完全分开。

3．图形显示

代码：

```
plot(new.iris[c(1:4)],col = iris$Species)   #1
plot(new.iris[c(1:4)],col = kmeans.m$cluster)   #2
```

代码解释：

#1：显示真实分类。

#2：显示 k-means 聚类结果。

结果：

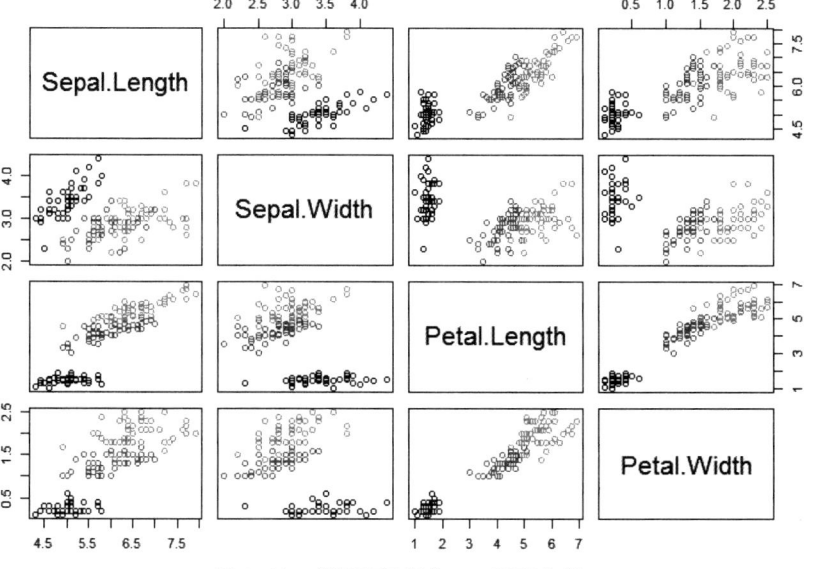

图 8-42   鸢尾花数据集 iris 真实分类

269

数据分析与数据挖掘实用教程

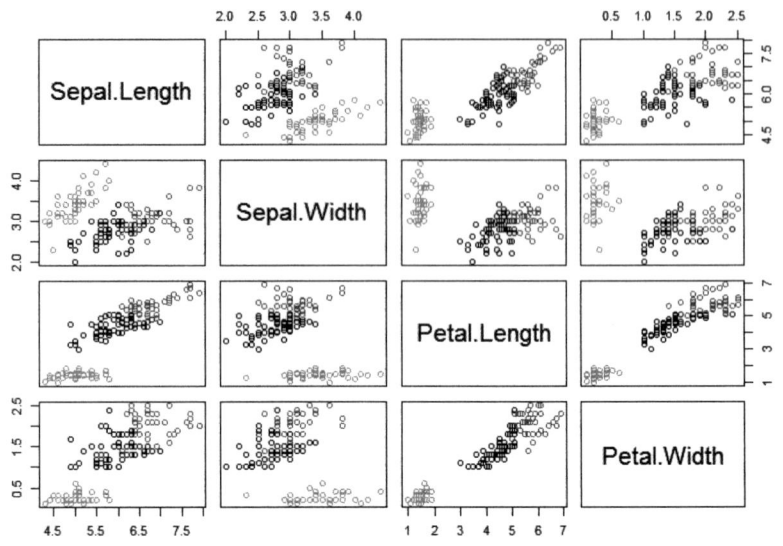

图 8-43   鸢尾花数据集 iris k-means 分类

分析：

图 8-43：第一类和第二类相距较近，这也是导致聚类结果不十分准确的主要原因。

8.6.2   实验 2：PAM 聚类

实验目的：掌握 PAM 算法的基本原理并将其应用于数值型变量的分析中。

实验数据集：数值型变量鸢尾花 iris 数据集。

实验内容：

1．安装和载入包，数据集载入与预处理

代码：

```
install.packages("fpc")
library(fpc)
data(iris)
iris[1:10,]
PAM.iris=iris[1:4]
PAM.iris[1:10,]
```

2．建立 PAM 模型

代码：

```
pamk.result<-pamk(PAM.iris)   #1
pamk.result$nc   #2
table(pamk.result$pamobject$clustering,iris$Species)   #3
```

代码解释：

#1：建立 PAM 聚类模型。

270

第 8 章 聚类

#2：显示最佳聚类数。

#3：显示聚类结果与iris花种类的关系列表。

结果：

```
> pamk.result<-pamk(PAM.iris)
> pamk.result$nc
[1] 2
> table(pamk.result$pamobject$clustering,iris$Species)

    setosa versicolor virginica
1      50          1         0
2       0         49        50
```

图 8-44　PAM 聚类结果与鸢尾花品种关系

分析：

图8-44：PAM最佳聚类数为2；聚类结果明显分出setosa类，而将versicolor和virginica合为1类。

3．图形显示

代码：

```
layout(matrix(c(1,2),1,2))   #1
plot(pamk.result$pamobject)   #2
layout(matrix(1))   #3
```

代码解释：

#1：修改画布为1行2列。

#2：做图，其中左图为主成分分解图，右图为平均侧轮廓图。

#3：修改画布为1行1列。

结果：

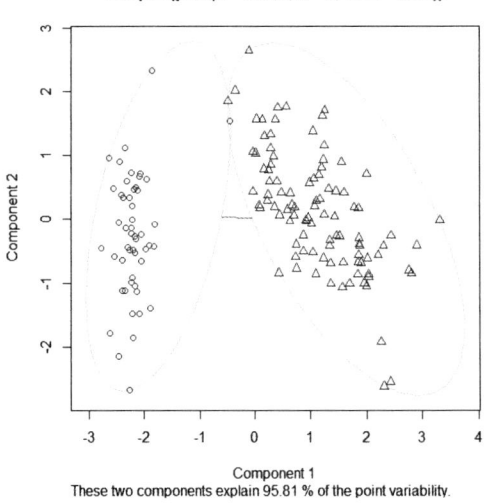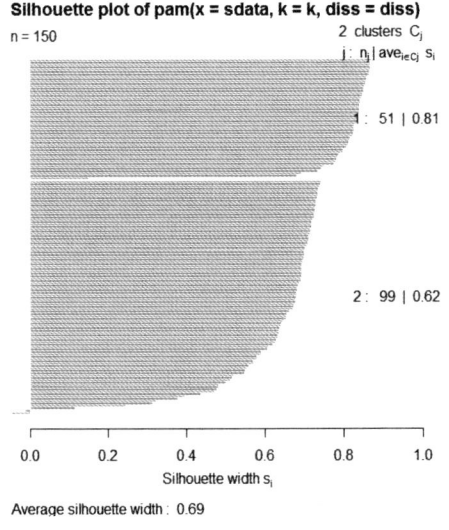

图 8-45　PAM 图形显示

271

分析：

图8-45：左图中，函数pamk()生成了2个簇，一个是"setosa"，另一个是"versicolor"和"virginica"的混合，图中代表了95.81%的变量点。右图中，在右侧平均轮廓图中，横轴si值比较大时（接近1）表明相应的观测点能够被准确地划分到相似性较大的簇中；当si的值比较小时（接近0）时，表明观测点位于这两个簇的重叠部分；如果观测点si为负数，则说明观测点被划分到错误的簇中。在上面的结果图中，两个簇的si均值分别为0.81和0.62，表明这两个簇的划分结果较好。

4．变换参数

结果：

```
> pamk.result<-pamk(PAM.iris,3)
> pamk.result$nc
[1] 3
> table(pamk.result$pamobject$clustering,iris$Species)

    setosa versicolor virginica
1       50          0         0
2        0         48        14
3        0          2        36
```

图8-46　PAM变换参数聚类结果与鸢尾花品种关系

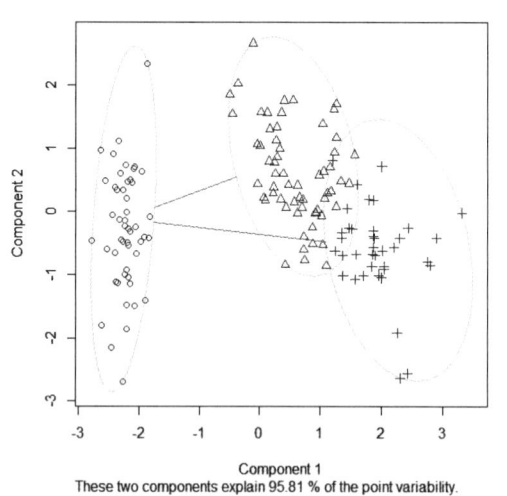

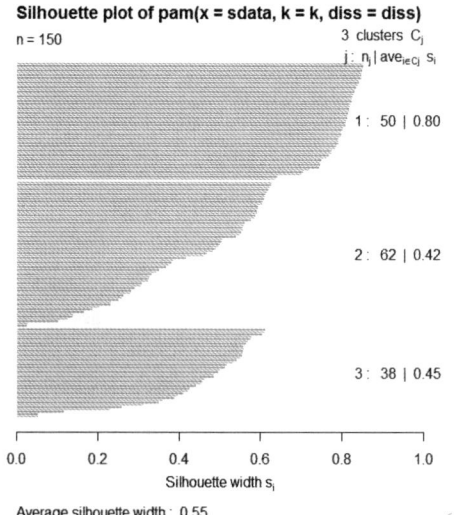

图8-47　PAM变换参数图形显示

分析：

图8-46：置簇个数后，第一个簇为"setosa"，该簇与其他簇能够很好地被划分开；第二个簇主要由"versicolor"构成，其中也含有几个"virginica"类的实例；第三个簇主要是"virginica"类的实例，其中也包含了2个"versicolor"的实例。

图8-47：簇二和簇三的si值较未划分簇个数的情况有所下降。

8.6.3 实验 3：层次聚类

实验目的：掌握层次方法的基本原理并将其应用于数值型变量的分析中。

实验数据集：cities0.txt 数据集，如图 8-48 所示，数据集是一些大城市的建筑数据，包括人口、面积（km²）、高层建筑数目、高层建筑的点数（按照每个建筑的层数确定的该城市建筑的总点数）。

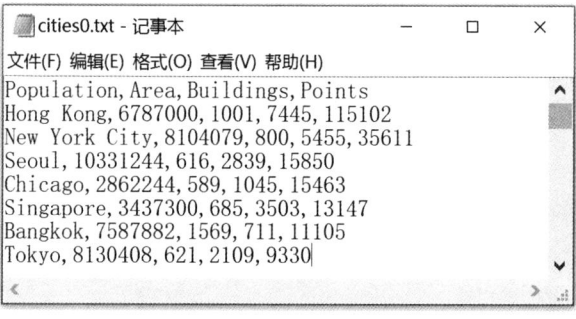

图 8-48　cities0.txt 数据集

实验内容：

1. 读入数据集

代码：

```
w=read.table("cities0.txt",sep=",",header=T)
```

2. 建立单链层次聚类模型

代码：

```
(dist=dist(w))  #1
hc_sng=hclust(dist,method="single")  #2
plot(hc_sng,hang=-1);  #3
cutree(hc_sng,4)  #4
rect.hclust(hc_sng, k=4)  #5
a=identify(hc_sng)  #6
```

代码解释：

#1：计算距离矩阵。

#2：建立单链层次聚类模型。

#3：画图，所有数字表述均在下方。

#4：写出树结构（参数由上一步图形观察得到）。

#5：图中显示树聚类结果。

#6：手工标注。

结果：

数据分析与数据挖掘实用教程

```
> (dist=dist(w))
              Hong Kong New York City     Seoul     Chicago  Singapore     Bangkok       Tokyo    Shanghai   Sao Paulo
New York City 1.319477e+06
Seoul         3.545636e+06 2.227254e+06
Chicago       3.926026e+06 5.241876e+06 7.469000e+06
Singapore     3.351254e+06 4.666833e+06 6.893945e+06 5.750659e+05
Bangkok       8.076342e+05 5.168007e+05 2.743367e+06 4.725640e+06 4.150584e+06
Tokyo         1.347576e+06 3.735151e+04 2.200846e+06 5.268168e+06 4.693110e+06 5.425315e+05
Shanghai      2.361125e+06 1.042006e+06 1.185572e+06 6.283474e+06 5.708417e+06 1.557839e+06 1.015322e+06
Sao Paulo     3.814570e+06 2.496137e+06 2.689364e+06 7.737820e+06 7.162762e+06 3.012181e+06 2.469653e+06 1.454360e+06
Toronto       4.306874e+06 5.622661e+06 7.849755e+06 3.808512e+06 9.558296e+05 5.106390e+06 5.648915e+06 6.664220e+06 8.118566e+06
Kuala Lumpur  5.386728e+06 6.702750e+06 8.929851e+06 1.460881e+06 2.035918e+06 6.186485e+06 6.729010e+06 7.744315e+06 9.198661e+06
Rio de Janeiro 8.568569e+05 2.167044e+06 4.394004e+06 3.075027e+06 2.499967e+06 1.650640e+06 2.193159e+06 3.208465e+06 4.662808e+06
Shenzhen      5.543108e+06 6.859152e+06 9.086252e+06 1.617282e+06 2.192320e+06 6.342885e+06 6.885410e+06 7.900713e+06 9.355061e+06
Houston       4.775681e+06 6.091539e+06 8.318627e+06 8.497011e+05 1.424710e+06 5.575261e+06 6.117785e+06 7.133089e+06 8.587435e+06
```

图 8-49　计算距离矩阵

```
> cutree(hc_sng,4)
     Hong Kong  New York City         Seoul        Chicago      Singapore        Bangkok
             1              1             2              3              3              1
         Tokyo       Shanghai      Sao Paulo        Toronto   Kuala Lumpur  Rio de Janeiro
             1              2             2              3              4              1
      Shenzhen        Houston       Istanbul       Curitiba   Buenos Aires       Honolulu
             4              4             2              4              3              4
   Los Angeles         Moscow          Osaka         London      Vancouver         Dallas
             3              2             1              4              4              4
       Atlanta        Beijing        Caracas         Mumbai  San Francisco   Philadelphia
             4              1             4              4              4              4
   Mexico City          Dubai          Paris        Nanjing        Seattle Gold Coast City
             2              4             4              3              4              4
         Miami       Montréal         Boston        Calgary         Recife         Taipei
             4              4             4              4              4              3
      Benidorm          Macao      Frankfurt    Minneapolis          Cairo       Brisbane
             4              4             4              4              1              4
        Denver     Pittsburgh      Las Vegas        Detroit         Madrid        Glasgow
             4              4             4              4              3              4
      Aventura        Chengdu   Johannesburg       Salvador      Rotterdam      Fortaleza
             4              3             4              4              4              4
    New Orleans         Milan     Miami Beach       Londrina         Ottawa         Warsaw
             4              4             4              4              4              4
     Barcelona Tel Aviv Yaffo        Pattaya         Durban         Berlin Balneário Camboriú
             4              4             4              4              3              4
    Jersey City     Mississauga        Nagoya      Cleveland       Charlotte       Edmonton
             4              4             4              4              4              4
```

图 8-50　单链层次聚类树结构

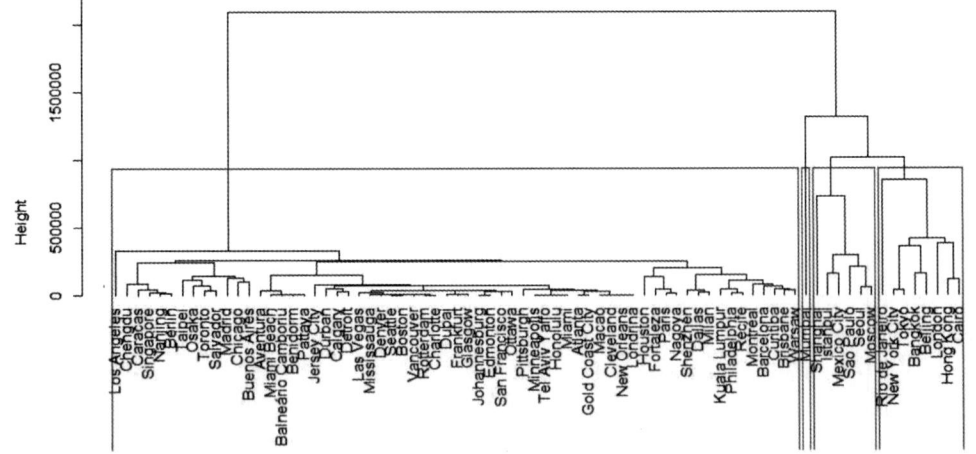

图 8-51　单链层次聚类树图

3. 建立全链层次聚类模型

代码：

```
hc_cmp=hclust(dist,method="complete")
plot(hc_cmp,hang=-1);
cutree(hc_cmp,4)
rect.hclust(hc_cmp, k=4)
```

274

结果：

```
> cutree(hc_cmp,4)
     Hong Kong    New York City           Seoul          Chicago        Singapore
             1                1               2                3                3
       Bangkok            Tokyo        Shanghai        Sao Paulo          Toronto
             1                1               2                2                3
  Kuala Lumpur    Rio de Janeiro        Shenzhen          Houston         Istanbul
             4                1               4                4                2
      Curitiba     Buenos Aires        Honolulu      Los Angeles           Moscow
             4                3               4                3                2
         Osaka           London       Vancouver           Dallas          Atlanta
             3                1               4                4                4
       Beijing          Caracas          Mumbai    San Francisco     Philadelphia
             1                3               2                4                4
   Mexico City            Dubai           Paris          Nanjing          Seattle
             2                4               4                3                4
Gold Coast City           Miami        Montréal           Boston          Calgary
             4                4               4                4                4
        Recife           Taipei        Benidorm            Macao        Frankfurt
             4                3               4                4                4
   Minneapolis            Cairo        Brisbane           Denver       Pittsburgh
             4                1               4                4                4
     Las Vegas          Detroit          Madrid          Glasgow         Aventura
             4                4               3                4                4
       Chengdu     Johannesburg        Salvador        Rotterdam        Fortaleza
             3                4               3                4                4
   New Orleans            Milan      Miami Beach         Londrina           Ottawa
             4                4               4                4                4
        Warsaw        Barcelona  Tel Aviv Yaffo          Pattaya           Durban
             4                4               4                4                4
        Berlin Balneário Camboriú     Jersey City      Mississauga           Nagoya
             3                4               4                4                4
     Cleveland         Charlotte        Edmonton
             4                4               4
```

图 8-52 全链层次聚类树结构

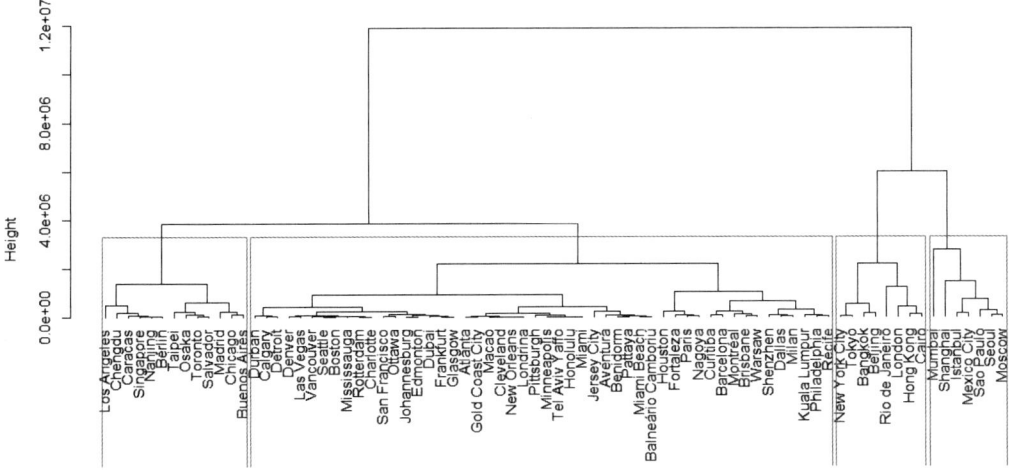

图 8-53 全链层次聚类树图

4．建立组平均层次聚类模型

代码：

```
hc_ave=hclust(dist,method="ave")
plot(hc_ave,hang=-1);
```

数据分析与数据挖掘实用教程

```
cutree(hc_ave,4)
rect.hclust(hc_ave, k=4)
```

结果：

```
> cutree(hc_ave,4)
      Hong Kong     New York City            Seoul           Chicago         Singapore
              1                 2                3                 2                 3
        Bangkok             Tokyo         Shanghai         Sao Paulo           Toronto
              1                 2                4                 2                 3
   Kuala Lumpur     Rio de Janeiro         Shenzhen           Houston          Istanbul
              4                 1                4                 3                 2
       Curitiba      Buenos Aires         Honolulu       Los Angeles            Moscow
              4                 3                4                 3                 2
          Osaka            London        Vancouver            Dallas           Atlanta
              1                 4                4                 4                 4
        Beijing           Caracas           Mumbai     San Francisco      Philadelphia
              3                 2                4                 4                 4
    Mexico City             Dubai            Paris           Nanjing           Seattle
              2                 4                3                 3                 4
Gold Coast City             Miami         Montréal            Boston           Calgary
              4                 4                4                 4                 4
         Recife            Taipei          Benidorm             Macao         Frankfurt
              3                 4                4                 4                 4
    Minneapolis             Cairo         Brisbane            Denver        Pittsburgh
              4                 1                4                 4                 4
      Las Vegas           Detroit           Madrid           Glasgow          Aventura
              4                 4                3                 4                 4
        Chengdu      Johannesburg         Salvador         Rotterdam         Fortaleza
              3                 4                3                 4                 3
    New Orleans             Milan       Miami Beach          Londrina            Ottawa
              4                 4                4                 4                 4
         Warsaw         Barcelona    Tel Aviv Yaffo           Pattaya            Durban
              4                 4                4                 4                 4
         Berlin Balneário Camboriú      Jersey City       Mississauga            Nagoya
              3                 4                4                 4                 3
      Cleveland          Charlotte         Edmonton
              4                 4                4
```

图 8-54   组平均层次聚类树结构

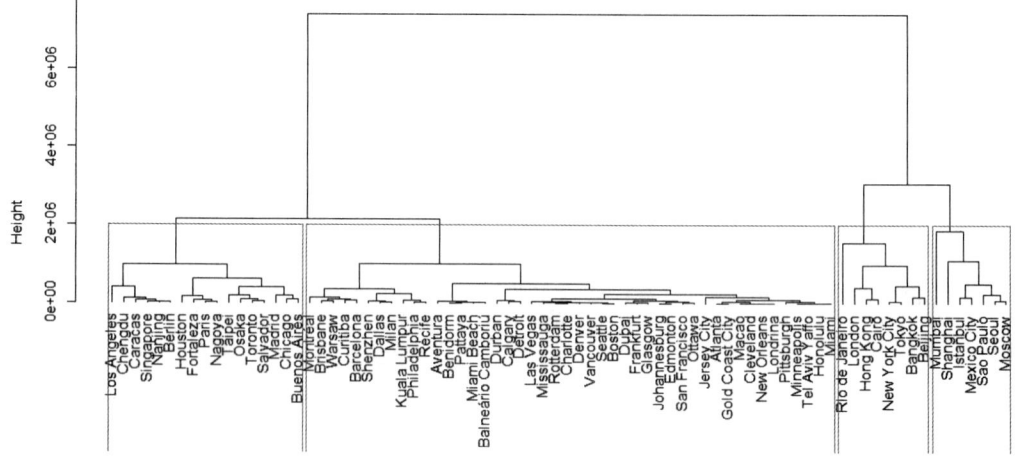

图 8-55   组平均层次聚类树图

5. 建立组中心点层次聚类模型

代码：

```
hc_mdn=hclust(dist,method="median")
```

276

第8章 聚类

```
plot(hc_mdn,hang=-1);
cutree(hc_mdn,4)
rect.hclust(hc_mdn, k=4)
```

结果：

```
> cutree(hc_mdn,4)
      Hong Kong      New York City          Seoul            Chicago          Singapore
              1                  1              2                  3                  3
        Bangkok              Tokyo        Shanghai          Sao Paulo            Toronto
              1                  1              2                  3                  3
   Kuala Lumpur      Rio de Janeiro       Shenzhen            Houston           Istanbul
              3                  1              3                  3                  3
       Curitiba        Buenos Aires        Honolulu        Los Angeles             Moscow
              3                  3              3                  3                  2
          Osaka              London       Vancouver             Dallas            Atlanta
              3                  3              3                  3                  3
        Beijing             Caracas          Mumbai      San Francisco       Philadelphia
              1                  3              4                  3                  3
    Mexico City               Dubai           Paris            Nanjing            Seattle
              2                  3              3                  3                  3
 Gold Coast City              Miami        Montréal             Boston            Calgary
              3                  3              3                  3                  3
         Recife              Taipei        Benidorm              Macao          Frankfurt
              3                  3              3                  3                  3
    Minneapolis               Cairo        Brisbane             Denver         Pittsburgh
              3                  3              3                  3                  3
      Las Vegas             Detroit          Madrid            Glasgow           Aventura
              3                  3              3                  3                  3
        Chengdu        Johannesburg        Salvador          Rotterdam          Fortaleza
              3                  3              3                  3                  3
    New Orleans               Milan     Miami Beach           Londrina             Ottawa
              3                  3              3                  3                  3
         Warsaw           Barcelona   Tel Aviv Yaffo            Pattaya             Durban
              3                  3              3                  3                  3
         Berlin Balneário Camboriú     Jersey City        Mississauga             Nagoya
              3                  3              3                  3                  3
      Cleveland           Charlotte        Edmonton
              3                  3              3
```

图 8-56　组中心点层次聚类树结构

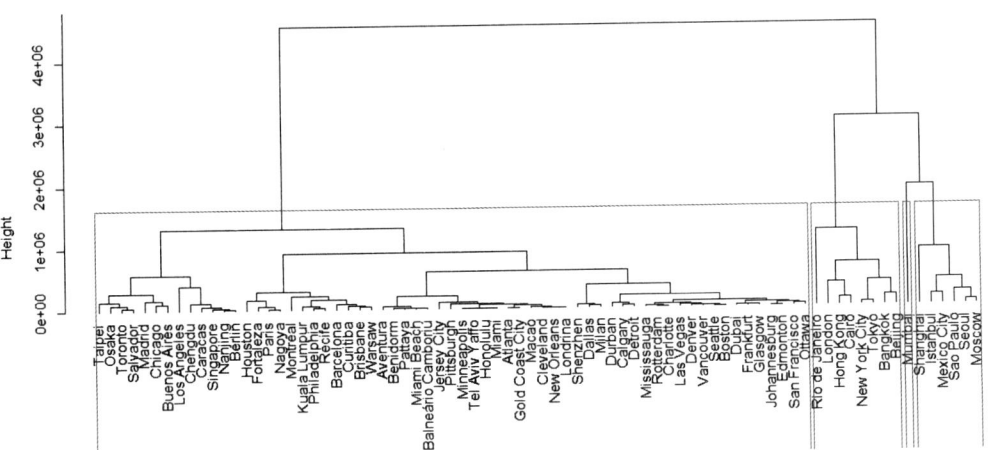

图 8-57　组中心点层次聚类树图

分析：

图8-51、图8-53、图8-55与图8-57：本数据集数据量并不大，显示效果却不是最优，说明层次聚类不适合大数据量的展示。

277

8.6.4 实验4：DBSCAN聚类

实验目的：掌握DBSCAN算法的基本原理并将其应用于数值型变量的分析中。

实验数据集：数值型变量鸢尾花iris数据集。

实验内容：

1．安装和载入包，数据集载入与预处理

代码：

```
install.packages("fpc")
library(fpc)
data(iris)
iris2<-iris[-5]    #1
iris2[1:10,]    #1
```

代码解释：

#1：聚类分析使用数据集前4列，即去除第5列并显示。

2．建立DBSCAN模型

代码：

```
ds=dbscan(iris2,eps=0.42,MinPts=5)    #1
table(ds$cluster,iris$Species)    #2
```

代码解释

#1：建立DBSCAN模型并设置参数。

#2：查看聚类结果与鸢尾花品种的关系。

结果：

```
> ds=dbscan(iris2,eps=0.42,MinPts=5)
> table(ds$cluster,iris$Species)

    setosa versicolor virginica
  0      2         10        17
  1     48          0         0
  2      0         37         0
  3      0          3        33
```

图 8-58　DBSCAN 聚类结果与鸢尾花品种关系

3．图形显示

代码：

```
plot(iris2,col=ds$cluster)    #1
```

代码解释：

#1：显示DBSCAN聚类结果，如图8-59所示。

结果：

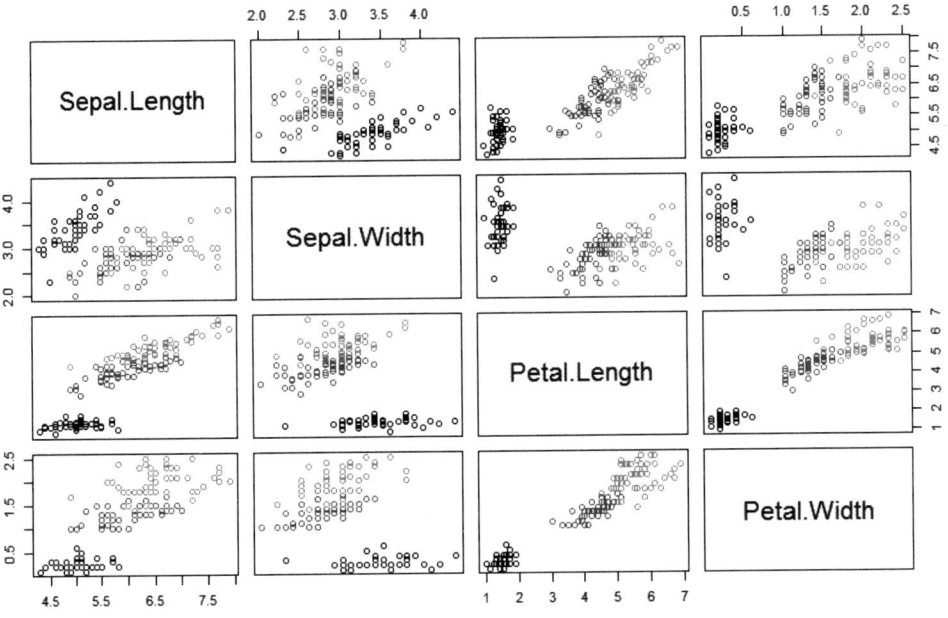

图 8-59　鸢尾花数据集 iris DBSCAN 分类

参考文献

[1] 迈尔-舍恩伯格，库克耶. 大数据时代：生活、工作与思维的大变革［M］. 盛杨燕，周涛，译. 浙江：浙江人民出版社，2013.

[2] 郑毅. 证析：大数据与基于证据的决策［M］. 北京：华夏出版社，2013.

[3] 李爱国，库向阳. 数据挖掘原理、算法及应用［M］. 西安：西安电子科技大学出版社，2012.

[4] 郭晓科. 大数据［M］. 北京：清华大学出版社，2013.

[5] 弗兰克斯. 驾驭大数据［M］. 黄海，车皓阳，王悦，等译. 北京：人民邮电出版社，2013.

[6] 姚宏宇，田溯宁. 云计算：大数据时代的系统工程［M］. 北京：电子工业出版社，2013.

[7] 张俊林. 大数据日知录：架构与算法［M］. 北京：电子工业出版社，2014.

[8] 李涛等. 数据挖掘的应用与实践——大数据时代的案例分析［M］. 厦门：厦门大学出版社，2013.

[9] 易向军. 大嘴巴漫谈数据挖掘［M］. 北京：电子工业出版社，2014.

[10] Minelli，Chambers，Dhiraj. 大数据分析：决胜互联网金融时代［M］. 阿里巴巴集团商家业务事业部，译. 北京：人民邮电出版社，2014.

[11] Murray. 数据可视化实战［M］. 李松峰，译. 北京：人民邮电出版社，2013.

[12] 威克姆. ggplot2：数据分析与图形艺术［M］. 统计之都，译. 西安：西安交通大学出版社，2013.

[13] 迈尔-舍恩伯格. 删除：大数据取舍之道［M］. 袁杰，译. 浙江：浙江人民出版社，2013.

[14] 徐子沛. 大数据［M］. 广西：广西师范大学出版社，2013.

[15] 赵国栋，易欢欢，糜万军，等. 大数据时代的历史机遇：产业变革与数据科学［M］. 北京：清华大学出版社，2013.

[16] 张华平，高凯，黄河燕，等. 大数据搜索与挖掘［M］. 北京：科学出版社，2014.

[17] 王星，等. 大数据分析：方法与应用［M］. 北京：清华大学出版社，2013.

[18] Maciaszek. 需求分析与系统设计［M］. 马素霞，王素琴，谢萍，等译. 北京：机械工业出版社，2009.

［19］陈燕．数据挖掘技术与应用［M］．北京：清华大学出版社，2011.

［20］梁循．数据挖掘算法与应用［M］．北京：北京大学出版社，2006.

［21］蒋盛益，李霞，郑琪．数据挖掘原理与实践［M］．北京：电子工业出版社，2011.

［22］Han，Kamber．数据挖掘概念与技术［M］．范明，孟小峰，译．北京：机械工业出版社，2010.

［23］纪希禹，韩秋明，李微，等．数据挖掘技术应用实例［M］．北京：机械工业出版社，2009.

［24］Tang，Steinbach Kumar．数据挖掘导论［M］．范明，范宏建，等译．北京：人民邮电出版社，2011.

［25］张良均，陈俊德，刘名军，等．数据挖掘实用案例［M］．北京：机械工业出版社，2013.

［26］Russell．社交网站的数据挖掘与分析［M］．苏统华，魏通，赵逸雪，等译．北京：机械工业出版社，2015.

［27］李春葆，李石君，李筱驰．数据仓库与数据挖掘实践［M］．北京：电子工业出版社，2014.

［28］Haykin．神经网络与机器学习［M］．申富饶，徐烨，郑俊，等译．北京：机械工业出版社，2011.

［29］Harrington．机器学习实战［M］．李锐，李鹏，曲亚东，等译．北京：人民邮电出版社，2013.

［30］周志华．机器学习［M］．北京：清华大学出版社，2016.

［31］Conway，White．机器学习实用案例解析［M］．陈开江，刘逸哲，孟晓楠，译．北京：机械工业出版社，2013.

［32］祖尔，耶诺，密斯特．R语言初学者指南［M］．周丙常，王亮，译．西安：西安交通大学出版社，2011.

［33］李诗羽，张飞，王正林．数据分析：R语言实战［M］．北京：电子工业出版社，2014.

［34］Lantz．机器学习与R语言［M］．李洪成，许金炜，李舰，等译．北京：机械工业出版社，2015.

［35］Chang．R数据可视化手册［M］．肖楠，邓一硕，魏太云，译．北京：人民邮电出版社，2014.

［36］方匡南，朱建平，姜叶飞．R数据分析方法与案例详解［M］．北京：电子工业出版社，2015.

［37］Torgo．数据挖掘与R语言［M］．李洪成，陈道伦，吴立明，译．北京：机械工业出版社，2014.

［38］Adler．R语言核心技术手册［M］．刘思喆，李舰，陈钢，等译．北京：电子工业出版社，2014.

［39］Teetor．R语言经典实例［M］．李洪成，朱文佳，沈毅成，译．北京：机械工业出版社，2013.

［40］Grolemund．R语言入门与实践［M］．冯凌秉，译．北京：人民邮电出版社，2016.

［41］黄文，王正林．数据挖掘：R语言实战［M］．北京：电子工业出版社，2014.

［42］Wickhamw．高级R语言编程指南［M］．李洪成，等译．北京：机械工业出版社，2016.

［43］汤银才．R语言与统计分析［M］．北京：高等教育出版社，2008.

［44］李倩星．R语言实战：编程基础、统计分析与数据挖掘宝典［M］．北京：电子工业出版社，2016.

［45］薛薇．R语言数据挖掘方法及应用［M］．北京：电子工业出版社．2016.

［46］Miller．预测分析建模：Python与R语言实现［M］．程豪，译．北京：机械工业出版社，2016.

［47］左飞. R语言实战——机器学习与数据分析［M］. 北京：电子工业出版社，2016.

［48］洪锦魁，蔡桂宏. R语言——迈向大数据之路［M］. 北京：清华大学出版社，2016.

［49］李明. R语言与网站分析［M］. 北京：机械工业出版社，2014.

［50］任昱衡. 数据挖掘：你必须知道的32个经典案例［M］. 北京：电子工业出版社，2015.

［51］Dennis. R语言初学指南［M］. 北京：人民邮电出版社，2016.

图书在版编目(CIP)数据

数据分析与数据挖掘实用教程 / 殷复莲编著 . -- 北京:

中国传媒大学出版社,2017.9

("十三五"规划全媒体人才培养丛书·数据科学系列)

ISBN 978-7-5657-2160-1

Ⅰ.①数… Ⅱ.①殷… Ⅲ.①数据处理 ②数据采集

Ⅳ.① TP274

中国版本图书馆 CIP 数据核字(2017)第 244128 号

数据分析与数据挖掘实用教程

SHUJU FENXI YU SHUJU WAJUE SHIYONG JIAOCHENG

编　　著	殷复莲	
策划编辑	阳金洲	
责任编辑	黄松毅	
特约编辑	李克俭	
责任印制	日　新	
封面设计	风得信设计·阿东	

出版发行	中国传媒大学出版社	
社　　址	北京市朝阳区定福庄东街 1 号　邮编:100024	
电　　话	86-10-65450528　65450532　传真:65779405	
网　　址	http://www.cucp.com.cn	
经　　销	全国新华书店	
印　　刷	北京艺堂印刷有限公司	
开　　本	787mm×1092mm　1/16	
印　　张	18.25	
字　　数	357 千字	
版　　次	2017 年 9 月第 1 版　　2017 年 9 月第 1 次印刷	
书　　号	ISBN 978-7-5657-2160-1/TP·2160　　定　价　49.00 元	

版权所有　　翻印必究　　印装错误　　负责调换